KB252354

구약신학

브레바드 S. 차일즈

구약 신학

OLD TESTAMENT THEOLOGY
IN A CANONICAL CONTEXT

박문재 옮김

크리스챤
다이제스트

BREVARD S. CHILDS

OLD TESTAMENT THEOLOGY
IN A CANONICAL CONTEXT

FORTRESS PRESS   PHILADELPHIA

차　　례

서 문

　현대의 구약 연구는 현재 방향에 있어서 많은 변화들을 겪고 있다. 새로운 세대에게 이전의 접근방식들은 흔히 설득력이 덜한 것으로 보인다. 하지만 보다 새로운 모델들은 아직 확고한 방향 설정을 하고 있지 못한 상태이다. 이런 이유로 나는 이전의 나의 주석서와 개론서들보다 덜 전문적인 형태로 구약신학에 대한 나의 이해를 전개해 보기로 하였다.

　오늘날의 상황에서 가장 절실하게 필요한 것은 우리가 잘 알고 있는 이전의 연구 경향들을 다시 한번 설명하는 것이라기보다는 새로운 방식의 신학적 성찰을 제시하는 것이라고 생각한 것이다.

　나는 잊을 수 없는 나의 은사들인 아이히로트, 폰 라트, 침멀리로부터 구약신학 강의들을 들은 특권을 감사함으로 회상해본다.

　내가 은사들과 의견이 일치하지 않은 것들을 기록하지 않을 수 없었던 것은 은사들로부터 무엇보다 먼저 배운 정직한 신학적 탐구 자세때문이다.

　어쨌든 나는 이 위대한 학자들과의 단절이라기보다는 계승이라는 느낌을 갖게 된다.

뉴 헤이븐
1985년 4월

약 어 표

AbTANT	Abhandlungen zur Theologie des Alten und Neuen Testaments, Zürich
AnBibl	Analecta Biblica, Rome
BGBE	Beiträge zur Geschichte der biblischen Exegese, Tübingen
BibB	Biblische Beiträge, Fribourg
BSt	Biblische Studien, Neukirchen-Vluyn
BWANT	Beiträge zur Wissenschaft von Alten und Neuen Testament, Leipzig, Stuttgart
BZAW	Beihefte zur *Zeitschrift für die alttestamentliche Wissenschaft*, Giessen, Berlin
EJ	*Encyclopaedia Judaica*, Jerusalem 1971–2
ET	English translation
EvTh	*Evangelische Theologie*, Munich
FRLANT	Forschungen zur Religion und Literatur des Alten und Neuen Testaments, Göttingen
FS	*Festschrift*
GA	*Gesammelte Aufsätze*
GSAT	*Gesammelte Schriften des Alten Testaments*
HTR	*Harvard Theological Review*, Cambridge, Mass.
Interp	*Interpretation*, Richmond, Va.
JAAR	*Journal of the American Academy of Religion*, Boston
JBL	*Journal of Biblical Literature*, Philadelphia, Missoula, Chico
JNES	*Journal of Near Eastern Studies*, Chicago
JSOT	*Journal for the Study of the Old Testament*, Sheffield
JSOT Suppl	*Journal for the Study of the Old Testament, Supplements*, Sheffield
JSS	*Journal of Semitic Studies*, Manchester
KuD	*Kerygma und Dogma*, Göttingen

NJPS	The Jewish Publication Society translation, Philadelphia
OBeO	Orbis Biblicus et Orientalis, Freiburg, Göttingen
SBS	Stuttgarter Bibelstudien, Stuttgart
SBT	Studies in Biblical Theology, London and Naperville
SJLA	Studies in Judaism in Late Antiquity, Leiden
StBib	*Studia Biblica et Theologica*, Pasadena
StTh	*Studia Theologica*, Lund, Aarhus
SVT	*Supplements to Vetus Testamentum*, Leiden
TDNT	*Theological Dictionary of the New Testament*, ET of *TWNT*, Grand Rapids 1964–1976
TDOT	*Theological Dictionary of the Old Testament*, ET of *TWAT*, Grand Rapids 1974ff.
ThB	Theologische Bücherei, Munich
ThBl	*Theologische Blätter*, Leipzig
TRE	*Theologische Realenzyklopädie*, Berlin, New York
TWAT	*Theologisches Wörterbuch zum Alten Testament*, ed. G. J. Botterweck and H. Ringgren, Stuttgart 1970ff.
TWNT	*Theologisches Wörterbuch zum Neuen Testament*, ed. G. Kittel, Stuttgart 1932ff.
VuF	*Verkündigung und Forschungen*, Munich
WdF	Wege der Forschung, Darmstadt
WMANT	Wissenschaftliche Monographien zum Alten und Neuen Testament, Neukirchen-Vluyn
ZAW	*Zeitschrift für die alttestamentliche Wissenschaft*, Giessen, Berlin
ZTK	*Zeitschrift für Theologie und Kirche*, Tübingen

1

구약신학 서론

1. 현재의 과제

오늘날 대부분의 성경학자들은 구약신학이 전체 신학분과에서 최고봉에 서 있다는 전통적인 입장을 더 이상 공유하고 있지는 않지만, 이 신학 분과가 기본적인 중요성을 갖고 있다는 점에 대해서는 여전히 강력하게 주장하고 있다. 물론 중요한 만큼 어렵기도 하다. 구약신학을 저술하기 위해서는 무엇보다도 먼저 구약 전체에 대한 해석이 요구되는데, 이 일은 엄청난 작업이다. 그런 다음에 문헌의 서로 다른 특징들 가운데서 어떤 것이 일차적이고 어떤 것이 부차적인지를 신학적으로 판단해야 할 필요가 있고, 그 일관된 통일성과 관련하여 결정을 내려야 한다. 마지막으로 이 분과는 성경에 대한 주석에서와 동일한 방식으로 본문에 구속당하지는 않기 때문에 그로 인해 생겨나는 자유는 구약신학의 저자에게 해석에 있어서 이례적인 도전을 주는데, 여기에는 높은 수준의 가능성과 아울러 일종의 위협도 내포되어 있다.

구약신학을 저술하는 과제가 어떻게 진행되어야 하는지에 관하여 오늘날의 학자들 사이에 상당히 다른 이견들이 존재한다는 것을 결코 놀라운 일로 받아들여서는 안된다. 구약에 대한 신학적 성찰이 일반적으로 성경에 대한 역사비평적 연구라는 표제 아래 포괄될 수 있는 성경 본문에 대한 이전의 분석적인 연구와 어떻게 관련되는가 하는 점에 있어서는 조금의 이견도 없다. 구약 성경에 대한 정경적인 접근방식은 성경 본문의 신학적 차원들을 밝혀내는 데 성과를 가져다줄 길을 열어준다는 것이 나의 주장이다. 특히 구약신학을 수행하는 가장 좋은 방법을 찾지 못하고 있는 현 상황에 비추어 볼 때 자료에 대한 다른 접근방식을 시도해보는 것은 적절한 일로 생각이 된다.

2. 구약신학 분과의 역사에 대한 개관

구약신학과 관련된 오늘날의 논쟁을 조망해보기 위해서는 이 분과의 역사에 대한 간략한 개관이 요구된다. 이 역사는 최근에 자주 길게 조명되었기 때문에 (참조. Dentan, Kraus, Reventlow, Clements, Hayes) 여기서는 간략하게 개관해 볼 수 있게 되었다.

신약신학 또는 교의신학과 구별되는 신학 분과로서의 구약신학은 고대, 중세, 종교개혁 시대에는 기독교회에 알려지지 않았다. 물론 구약은 연구되었고 사용되었지만, 그것은 다른 신학 분과와 결합되어서였다. 의미심장한 것은 유대 회당에서는 특별한 신학 분과를 발전시키지 않았고 단지 랍비 전승을 따라 성경을 연구하였다는 것이다.

몇 가지 이유로 인해 종교개혁 이후 시기에서는 처음에는 보다 넓은 성경신학이라는 분야의 일부분으로 생각된 구별된 연구 분야로서 구약신학 분과가 전개되었다. 한편으로 성경을 토대로 한 신학을 발전시키는 주요한 힘은 스콜라적인 신학에서 주로 철학적 개념과 용어를 사용하는 것에 대한 항의로서 독일 경건주의 분파 내부에서 생겨났다. 다른 한편으로 여러 계열의 신학의 다른 극단에는 전통적인 짐에 의해 방해받지 않고 직접적으로 성경에 호소하는 것을 통해 신학에 보다 세심한 서술적이고 역사적이며 어원학적인 연구를 제공하려고 하는 합리주의자의 시도가 있었다. 1787년 가블러(J. P. Gabler)는 자신의 유명한 강연을 통해 성경신학과 교의신학을 날카롭게 구별하는 결과를 가져온 정확한 개념적 이론을 극명하게 밝혀놓았다. 그는 성경 기자들이 무엇을 생각하였는가를 기술하는 분석적인 과제를 교회가 나중에 성경을 어떻게 수용하고 사용하려고 하였는가를 해석하는 건설적인 과제로부터 구별하였다.

처음에 신구약신학은 함께 다루어지다가 19세기 초부터 점점 구약신학은 신약신학과 구약신학의 저술 모두에 유능하였던 저작자들(예를 들면, de Wette, Ewald) 가운데에서조차 신약과 구별되는 분과로 등장하였다. 이렇게 구약신학이 나름대로의 영역을 가지게 된 것은 부분적으로는 구약과 신약 각각에 관련된 문헌적, 역사적, 어원학적 자료들이 점점 더 많이 집적되었다는 것, 부분적으로는 점점 더 연관시키기가 어렵게 되었던 신약과 구약 사이의 커다란 차이에 대한 새로운 인식에 기인하는 것으로 설명할 수 있다.

19세기 전반에는 독일의 관념론 철학의 영향 아래에서 구약에 대한 몇몇 인상적인 해석들이 시도되었다(Vatke, Ewald). 하지만 19세기 후반 동안에 이 신학 분과는 벨하우젠 및 그의 학파와 관련된 문헌비평학적 분석으로부터의 새로운 충격에 비추어서 구약신학의 개념을 옹호하는 데 점점 더 몰두하게 되었다. 두 개의 표준적인 19세기 독일 구약신학(Oehler, Schultz)의 변모와 영어권에서 많이 사용되는 데이빗슨(A. B. Davidson)의 구약신학 안에서의 풀리지 않는 긴장은 이 신학 분과 내에서의 점증하는 불확실성을 보여주는 특징적인 신호들이다.

19세기 말 구약에 대한 새로운 비평적 접근방식의 효과는 신학 분과의 통합성 자체를 위협하는 것이었다. 누가 이 문제들을 궁극적으로 어떻게 극복하였는가와 상관없이 '비평의 확실한 결과들'로부터 생겨난 구약 문헌의 성격과 관련된 폭넓은 의견일치가 있었다. 이 결과들에는 첫번째로 구약의 다양한 부분들 및 오경과 같은 단일한 문학 저작 내에서 나타나는 서로 다른 층들과 관련하여 본문 내에는 관점들의 엄청난 다양성에 대한 인식이 포함되어 있었다. 두번째로 역사적 시기에 의해 조건지워진 문헌의 특질이 확고하게 정립되었고 이스라엘 외부로부터의 광범위하고 다양한 문화적 영향력이 널리 받아들여졌다. 세번째로 이스라엘 종교의 변모하는 형태들에 있어서 발전과 성장의 문제들은 호프만(J. C. K. von Hofmann)의 '구원사'(Heilsgeschichte)라는 형태로든 벨하우젠의 문서설(documentary hypothesis)이라는 형태로든 주요한 문제가 되었다. 마지막으로 구약과 신약의 차이에 대한 새로운 인식은 어쨌든 통일된 종교적 실체로서 신약과 구약을 신학적으로 다루었던 전통적인 방식에 주요한 장애로 등장하였다. 20세기 초부터 많은 저술가들은 구약신학 대신에 '이스라엘의 종교'라는 명칭을 사용하는 것을 선택함으로써 19세기 후반의 비평적 연구의 많은 성과들을 계승하여 관점을 이동시켰다는 것을 아주 논리적으로 보여주었다.

궁켈(H. Gunkel)과 그의 '종교사학파'(religionsgeschichtliche school)가 문헌비평 모델을 통해 변화를 가져오는 데 결정적인 역할을 했다고 흔히 생각하지만, 구약에 대한 신학적 인식에 있어서 어떠한 중요한 변화도 이 진영으로부터 생겨나지 않았다. 오히려 결정적인 반응은 1920년대에 독일에서 주로 고백 신학의 태동 및 1930년대에 국가사회주의의 발흥에 의해 야기된 교회에 대한 새로운 정치적 위협에 대응하여 생겨났다. 흔히 부절적하긴 하지만 몇몇 매우 창의적인 시도들이 성경과 신학을 재결합하는 것과 관련하여 그 여파로 생겨났는데(Barth, Girgensohn, Vischer), 이것들은 구약신학에서 새로운 시대를 준비하는 데 기여하였다.

1930년대와 1960년대 사이의 기간은 구약신학의 '황금기'라 불리었다 (Dentan, 72). 실제로 아무런 활동이 없었던 기간을 거쳐 구약신학의 도도한 흐름이 유럽의 몇몇 지도적인 신학자들과 관련하여 나타나기 시작하였다(Köhler, Eichrodt, Vriezen, von Rad, Zimmerli). 이들 가운데서 아이히로트와 폰 라트의 저작들은 주요한 방법론적 진보들을 이루어내었고 수십년 동안 학문적 논의를 주도하였다. 이 시기에 불행히도 영국과 미국의 신학계는 대륙의 학계를 약하게 모방할 뿐 계속해서 진척이 없었다. 이들 가운데 휠러 로빈슨(H. Wheeler Robinson)의 유작이 가장 중요하였다.

부인할 수 없는 몇몇 중요한 성과들이 이 위대한 시기에 생겨났다. 첫째, 종교사와 구별되는 구약신학이라는 분과의 완전한 정당성이 이 분야 안에서 확고하게 다시 한번 정립되었다. 둘째, 신학적 작업을 위하여 역사비평적 학문을 긍정적인 방식으로 수행하는 능력은 특히 폰 라트와 그의 학파와 결부된 강하게 고백 신학적인 학자들의 폭넓은 분파에 의해 주로 실현된 것처럼 보였다. 셋째, 구약신학에 대한 되살아난 관심은 신선한 문제 제기와 해석자들의 지평의 확대를 통하여 주석 작업에 영향력을 행사하였다는 것은 점점 더 분명해졌다. 특히 폰 라트의 구약신학은 불트만의 신약신학과 마찬가지로 이 분야 전체에 걸쳐 비평 작업의 많은 부분에 초점을 제공하였다.

3. 지속적인 문제들

이 기간 동안의 중요한 진보들에도 불구하고 한 묶음의 풀리지 않은 문제들은 그대로 남아있었다. 처음에 이것들은 가장자리만을 갉아먹고 있는 듯이 보였으나 점차로 이 분과 학문의 구조들을 손상시키기 시작하였다(참조. Reventlow의 개관). 이 문제들 가운데 몇 가지는 다음과 같이 간략하게 요약될 수 있다.

(a) 이 분과 학문이 구약신학으로 인식되어야 하는지 아니면 이스라엘 종교의 역사로 인식되어야 하는지에 관한 근본적인 문제는 결코 성공적으로 해결되지 못하였다. 이 분과 학문이 어떤 의미로 성경을 교회의 삶에 있어서 신학적으로 규범이 되는 것으로 인정하는 데 노력을 경주해야 하는지 아니면 고대 근동의 종교에 대한 연구에 있어서와 마찬가지의 연구 방법을 공유하는 고대 문화의 한 측면에 대한 객관적이고 역사적인 기술에 주로 치중하느냐 하는 문제도 마찬가지이다. 아이히로트와 폰 라트는 모두 적절한 승인이나 방법론적 해명이 없이 규범적인 범주들을 도입하였다.

(b) 엄청난 다양성과 많은 발전의 층들이 설득력있게 드러난 문헌을 신학적으로 다루는 문제는 항상 변하는 콜라쥬에 응집력을 부과하려는 그 어떠한 시도도 강하게 침식하는 결과를 가져왔다. 아이히로트, 폰 라트, 베스터만(Westermann)—몇 명만을 들자면—은 종교적 발전의 요소들을 신학적으로 어떻게 조화시킬 것인지에 대한 아주 다양한 이해를 보여준다. 'J' 또는 'P'의 신학을 분리해내려는 다양한 시도들은 문제를 악화시켰을 뿐이다.

(c) 클레멘츠(Clements)는 구약신학 분과는 성경 본문이 구체적인 믿음의 공동체들에 의해 실제에 있어서 어떻게 선포되고 사용되는가 하는 문제에 개입하지 않는다는 점을 지적함으로써 중요한 문제를 신호로 알렸다. 오히려 고집센 역사적 연구라는 탈을 쓰고 문헌의 의미는 그 현실적인 역사적 수용과는 무관하게 연구되었다. 주석의 역사가 때때로 소개될 때 그것은 오로지 현대 저작자의 새로운 제안을 위한 포장 역할만을 하고 있다.

(d) 마지막으로 유대교와 신약신학에 대한 구약신학의 관계는 혼란스럽고 뒤죽박죽인 상태로 남아있다. 아이히로트는 주로 포로기 이후의 후기 시대에 대한 벨하우젠의 낮은 평가를 공유하면서 어떤 형태로든 신약은 유대교가 상실하였던 것을 예언적 종교로부터 회복하였다고 생각하였다. 게제(Gese)는 구약과 신약을 통합하는 전승사적 궤적, 그가 랍비 유대교의 발전과 날카롭게 구별하고 있는 과정을 마음에 그릴 때에도 이 문제를 해결하지 못했다.

요컨대 이 분야가 막다른 궁지로 몰렸다고 결론을 내리는 것은 불공평한 것도 아니요 과장도 아닌 듯 하다. 우리가 오직 감사할 수밖에 없는 지난 세대로부터 인상적인 유산에도 불구하고 현재의 궁지를 극복할 방향성을 제시할 수 있는 신선한 제안의 필요성은 극에 달해 있다.

4. 구약신학에 대한 정경적 접근방식

이 장의 나머지에서 나의 관심은 구약신학에 대한 정경적 접근방식의 개요를 설명하는 것이다. 이 접근방식은 현재 당면하고 있는 중요한 방법론적 문제들 가운데 많은 부분을 해결함으로써 이 분과에 대한 신선한 접근방식을 제시할 뿐만 아니라 구약신학을 해방하여 기독교회의 삶 속에서 좀더 강력한 신학적 역할을 할 수 있게 하기 위하여 자료에 대한 새로운 길을 열어줄 것이라고 나는 생각한다.

맨처음 말해둘 것은 구약신학에 대한 정경적 접근방식은 신학적 성찰의 대상은 구약의 정경 저작들, 즉 이스라엘에서 수용된 전승들인 히브리 성경이라는 것을 단호하게 단언한다는 것이다. 신학적 성찰을 위한 자료들은 본문 배후에 있는 사건들이나 체험들 또는 믿음의 공동체에 의한 성경 해석과 실천과 동떨어진 어떤 사건들이나 체험들이 아니라는 것이다. 하지만 성경 본문은 끊임없이 이스라엘의 삶에 있어서의 사건들과 반응들을 증거하기 때문에 문헌은 그 외부적 전거로부터 분리될 수 없다. 이러한 요소들만을 보고 정경적 접근방식을 단순히 구조주의의 한 형태로 설명하려고 한다면 그것은 처음부터 오해하는 것이다(이에 대한 반대 의견으로는 Barton). 더욱이 이 분과에 있어서 지속적으로 혼동되고 있는 것 중의 하나는 '구약'신학이라는 용어에 내재되어 있는 공식적인 정경 범주들을 주장하면서도 실제로는 이 분과를 문헌의 정경적 형태와 기능에 참으로 의거함이 없이 소위 객관적인 학문으로 발전시키고 있다는 것이다. 내가 제안하고 있는 정경적 접근방식은 정경이라는 범주들 안에서 작업하는 것과 일치하는 접근방식을 발전시킨다는 것을 분명히 한다.

구약신학 분과는 오랜 발전의 역사의 결과로 형성되어 전해진 일단의 성경에 대한 신학적 성찰로부터 유래한다. 이 과정은 이스라엘 역사의 포로기 이전 시대의 초기에서 시작되어 헬레니즘 시대 동안의 유대 회당에 의한 최종적인 구성으로 이어졌다. 그 역사에서 핵심적인 것은 그것을 미래의 신자들의 세대가 이용할 수 있게 하기 위하여 신학적으로 자료를 형성하는 일을 계속하였던 해석 활동이었다. 이 과정에서 최종적인 단계였던 엄밀한 의미에서의 정경화 작업은 권위있는 문헌의 범위를 확정하였다. 학자들은 정경의 범위에 대한 최종적인 확정이 주로 유대 회당 측의 영향력으로 되었는지(Leiman) 그것을 자신의 새로운 전통과 대조시키기 위한 목적으로 기독교가 옛 과정을 단절한 것으로부터 유래하였는지(Gese)에 대해서는 의견이 서로 다르지만, 유대인과 기독교인들은 히브리 성경 또는 구약의 정경화 과정이 끝났고 서로 다른 정경화 과정이 두 가지 신앙에 있어서 랍비 전통과 복음주의적 전통의 성장으로 시작되었다는 점에는 의견이 같다.

결정적으로 중요한 점은 기독 교회가 자신의 권위있는 경전으로 된 정경 안에서 자기 자신의 신앙에 있어서 구약의 완전무결성을 인정하였다는 것이다. 기독 교회는 구약을 신약의 구도 안에 통합하거나 그 형태를 상당한 정도로 변경하지 않았다. 요약해서 말하면 기독 교회는 이전에 형성된 회당의 경전들을 자신의 정경의 일부로 받아들였고 그것들을 다양한 기독교적 해석 방향을 따라 해석하려고 하였다는 것이다. 물론 여러 가지 역사적 이유들로 인하여 교회은 일반적으로 히브리 성경의 헬라어 판을 사용하였지만 칠십인역(Septuagint)은 기독교적 역본이 아니라 유대적 역본임을 잊어서는 안된다.

이 성경 분과의 주제가 히브리 성경에 대한 신학적 성찰이지만 이 분과가 구약신학이라는 명칭을 띠고 있는 것은 대단히 의미심장하다. '구약'이라는용어는 이 분과가 기독교 신학의 일부이며 기독 교회에 의해 자신의 정경 내로 수용된 유대 경전들이 이 분과의 대상임을 올바르게 인식하고 있다. 하지만 이러한 논술은 대단히 논란이 많은 성격을 띠고 있기 때문에 보다 자세한 설명이 필요하다.

구약신학 분과는 히브리 성경을 구약으로 지칭하는 기독교적 관행 때문만이 아니라 훨씬 더 깊은 차원에서 본질적으로 기독교적 분과 학문이라는 것이 나의 주장이다. 이 분과 학문에 기본적인 것은 구약을 어떻게 해석하고 수용할 것인가에 관한 개념인데, 이것은 그 수행에 있어서는 커다른 차이점들이 있음에도 불구하고 기독교 신학으로부터 유래하는 몇몇 특징들을 공유한다. 첫째, 성경 본문은 신약 및 교회의 계속된 삶과의 일종의 변증법적 관계를 통하여 오래 전에 정립된 완결된 실체로 보아진다. 둘째, 어떤 종류의 관계가 이스라엘의 삶과 역사 및 예수 그리스도의 삶과 역사 사이에 전제되어 있다는 것은 비록 명시적으로 표현되지 않는다 할지라도 여전히 구약신학의 한 특징으로 남는다. 셋째, 흔히 전체에 대한 여러 철학적 해석 방법들(관념론, 실존주의, 구원사 [Heilsgeschichte])의 사용을 통해 구약의 특정한 부분들을 그 '핵심' 또는 '중심'으로 지칭하려는 다양한 시도들은 고도로 세속화되어 있는 경우일지라도 기본적으로 기독교적인 입장을 확증한다.

더욱이 유대교 학자들이 성경신학의 저술에 참여하지 않아 왔다는 것은 우연이 아니다. (이따금의 예외는 이 준칙을 확증하는 데 기여한다.) 이 점을 밝히는 목적은 기독교를 위한 변호를 늘어놓거나 이해력의 내재적인 우월성을 은근히 내비치자는 것이 아니다. 오히려 그것은 유대인들은 히브리 성경을 성경신학의 필요성이 없는 다른 방식으로 이용하여 왔다는 것을 시사한다. 무엇보다도 히브리 성경은 후대의 랍비 전통과의 변증법적 관련 속에서 닫혀진 실체로 보아지지 않고 오히려 성경은 그 권위가 어떻게 기능하는가에 대한 서로 다른 이해로부터 결과하는 전통과 단절되지 않는 연속성이 존재하는 것으로 생각되고 있다. 둘째, 기록된 전통에 대한 권위있는 주석으로서의 구전(口傳)의 역할에 대한 유대적 이해는 기독교의 이해와는 아주 다른 동력(미드라쉬적인)을 가져온다. 끝으로, 유대인에 있어서 성경의 핵심은 토라인데, 이것도 성경에 대한 관계에 있어서 기독론적으로 인식하는 기독교 공동체와는 다른 관계를 현재의 신앙 공동체에 정립해주고 있다.

내 의견으로는 구약신학의 역사에 있어서 혼란의 많은 부분은 그것이 기독교적 사업임을 인정하지 않으려고 하는 데서 기인한다고 생각한다. 그런데도 기독교 전제들의 존재는 실제로 오늘날의 모든 구약신학은 물론이고 이스라엘의 객관적인 종교에 대한 탐구라고 주장되는 구약신학에 있어서도 함축되어 있는 바, 이같은 것은 유대 학자들이 쉽게 지적해낼 수 있다. 하지만 일단 구약신학이 기독교 신학의 분과 학문이라는 점이 설정되었다 하더라도 이 분과의 정확한 형태를 결정하는 것은 여전히 매우 복잡하고 논란이 많은 문제로 남는다. 몇몇 고전적인 해결책들이 제시되어 왔으나, 내 견해로는 그것들은 성경 본문을 조명하는 데 성공하지 못했을 뿐만 아니라 진정으로 정경적인 방법론에 대치된다. 예를 들면 예수 그리스도를 준거로 삼는 것을 견지하기 위하여 구약의 어의적인 전체 범위를 문자적이지 않은 비유적인 수준으로까지 끌어올린 많은 중세 신학의 접근방식은 기독교 정경이 성경의 이 부분에 맡겼던 완전무결성을 파괴하였다. 또한 구약 전체를 예언과 성취하는 고정된 도식 안에서 무리하게 해석한 것은 하나의 관계만을 절대시함으로써 신약에서조차도 채택하고 있는 많은 다른 선택들을 손상시켰다.

역으로 기독교인들은 그리스도의 오심 이전에 살고 있는 것처럼 구약을 읽어야 한다고 주장하는 것은 믿음을 실천하는 공동체에 있어서 기독교 성경 내에서 구약의 현재적 기능을 진지하게 고려하지 못한 시대착오적인 발상이다. 기독교인들은 구약을 유대인의 입장에서 읽고 신약만을 기독교인의 입장에서 읽어야 한다는 흔한 제안에 대해서도 이와 비슷한 신학적 반론들이 성립된다. 그러한 제안은 기독교 성경 안에서의 구약의 정경성의 신학적 의미를 파괴할 뿐이다.

마찬가지로 나는 구약은 기독교 성경 내에서 다름아닌 기독교 이전의 형태로 예수 그리스도에 대한 증언으로 기능한다고 주장하고자 한다. 그러므로 구약신학의 과제는 구약을 신약의 증언과 동일시함으로써 구약을 기독교화하는 것이 아니라 교회가 고백하고 예배하는 이스라엘의 하나님에 대한 자기 나름대로의 신학적 증언을 듣는 것이다. 기독교인들은 이스라엘에게 자신을 계시하신 하나님이 예수 그리스도의 하나님이자 아버지라고 고백하지만 예수 그리스도의 아버지가 누구신가를 이해하기 위해서는 여전히 이스라엘의 증언을 들을 필요가 있다. 예수의 오심은 옛 언약 안에서의 하나님의 계시의 기능을 제거하지 않는다. 말할 필요도 없이 구약신학이 교조주의로 우편향되거나 역사주의로 좌편향되는 것을 피하는 데는 기술과 지혜가 동시에 요구된다.

내가 제안하고 있는 구약신학 분과의 윤곽은 유대교 및 성경신학과의 관계를 간략하게 서술함을 통해서 보다 정확하게 드러날 수 있을 것이다. 나는 구약신학이 회당과 공동으로 사용하고 있는 경전들에 대해 성찰하는 기독교적 분과학문이라는 점을 강조하였다. 구약의 헬라어 역본이 아니라 히브리 원문을 기독교적으로 사용해야 할 주요한 이유 중의 하나는 유대인과 기독교인들 사이의 이러한 공통적인 본문의 연대를 보존하자는 신학적 관심이다. 역사적으로 기독교는 유대 경전의 헬라어 역본을 통하여 1세기의 유대교에 접했고, 따라서 신약은 칠십인역에 의해 지울 수 없을 정도로 각인이 되어 있다. 그러나 기독교인들이 유대의 경전들과 어떻게 관련되어 있는가 하는 신학적 문제는 신약의 관행에 대한 호소를 통하여 성서엄수주의적으로(biblicistically) 결정될 수 있는 것이 아니고 신학적으로 언명되어야 한다.

이 논의는 1세기의 조우(遭遇)의 역사적 순간을 뛰어넘어 이스라엘이 히브리어로 보존하였고 지금도 보존하고 있는 권위있는 경전들에 대한 교회의 지속적인 관계를 드러내준다. 정경적 접근방식은 히브리 성경을 이스라엘이 그 증언의 일차적인 담지자로 남아 있다는 그 고백으로 인하여 진지하게 받아들인다. 공통의 성경 본문으로 살아가지만 흔히 매우 다른 방식으로 해석하는 회당과의 대화를 지속하는 것은 구약에 대한 교회의 신학적 성찰의 필수적인 부분으로 남아 있다. 이 대화의 목표는 두 가지 종교적 해석이 끊임없이 공통 본문의 수렴을 향하여 서로 반응하지 않을 수 없게 함으로써 모든 해석들을 풍부하게 하고 그 해석들에 도전을 주는 데 기여하게 하는 데 있다.

또한 구약신학 분과는 몇몇 중요한 방식에서 성경신학과 다르다. 성경신학은 구약과 신약에 대한 통괄적인 성찰을 제공한다. 두 개의 서로 다른 언약의 증언들을 관련시키는 힘겨운 문제로 인하여 그 강조점은 다르다. 더욱이 기독교 성경 전체를 신학적으로 해석하려는 그 관심으로 인하여 성경신학은 신약과 구약에서 생겨나는 개별적인 문제들보다도 교의신학의 전통들과 보다 더 많은 대화를 하는 경향이 있다. 하지만 구약신학과 성경신학에 있어서 본문에 대한 신학적 접근방식은 해석학적으로 다르지 않다. 둘 다 기독교 신학 내에서 생겨난 분과 학문들이며 둘 다 이 과제를 수행하기 위하여 서술적이고 추론적인 도구들을 적용하고 있다.

전해받고 이미 형성된 대로의 본문을 대상으로 신학적으로 성찰한다는 것이 정경적 접근방식의 기본적인 입장이다. 그러나 정경적 본문의 규범적인 지위를 강조한다고 하여 본문을 형성한 정경화 과정의 의미를 부인하는 것은 아니다. 흔히 말하는 '정적인' 정경의 본문과 '동적인' 전승사적 과정 사이의 대조는 이 문제를 나쁘게 호도하는 것이다. 마찬가지로 정경에 대한 관심은 하나의 특정한 역사적 반응을 교리적 원칙으로 이끌어올린다고 주장하는 것은 정경의 기능을 파악하는 데 완전히 실패하고 있다. 오히려 기본적인 문제는 본문과 과정 사이의 관계에 있다. 최종적인 정경 문헌은 전해진 전승이 수많은 결정들을 통해 선별되고 전승되고 형성된 오랜 발전의 역사를 보여준다. 그 종교적 전승을 해석하는 이러한 과정은 이스라엘이 이용할 수 있었던 역사적 선택들에 대한 끊임없는 비판적 평가와 어떤 신학적 목표들을 향해 전해진 전승을 변화시키는 것을 포함하였다. 성경 본문의 최종적인 형태가 이스라엘의 신학적 성찰의 보다 초기 단계들로부터 많은 것을 보존하여 왔다는 것은 너무도 명백하다. 하지만 다양한 요소들이 뒤섞여 있어서 전체적인 증언을 파괴하는 통시적인 재구성을 어렵게 만들고 있다.

전승사적 비평가들과의 논쟁은 전승의 깊은 차원의 신학적 의미에 대한 것이 아니다. 오히려 문제는 경시되거나 수정되거나 본문의 아득한 배경 속에 놓여져 있게 된 전승 안의 여러 특징들이 구약신학을 서술하려는 시도 속에서 최종적인 형태에서 그것들에 맡겨진 역할과 동떨어지게 해석될 수 있느냐의 여부에 있다. 예를 들면 재구성된 야휘스트(Yahwist) 자료에 그 현재적인 정경적 맥락과 무관하게 신학적 자율성을 부여하고자 하는 것은 전승의 담지자들의 중요한 신학적 의도를 저버리고 본문의 의미를 그 수용으로부터 분리하는 것이다.

이보다 더 논란이 되는 것은 이스라엘의 전승 내에서 실제적인 층들을 반영한 것이 아니라 이스라엘의 신앙 외부에 놓여있는 비평적 구조물인 소위 전승사적 궤적을 재구성하는 통상적인 방법론이다. 비슷한 비유를 들자면 신약의 비유들의 성장 안에서 서로 다른 단계들을 추적하는 것과 신앙 공동체 내에서의 수용과 전승과는 아무 상관없이 보다 이전의 단계들을 추정하여 재구성하는 것은 전혀 별개의 문제이다. 구약신학에 대한 정경적 접근방식은 신학적 성찰이라는 비판적인 과정은 정경의 천명을 통해 규정된 전해진 전승 내에 입지하는 것으로부터 생겨난다는 것을 고집한다.

구약신학에 대한 정경적 접근방식은 자기 시대에 의해 규정받는 특질을 알지 못하고 외부에 서서 전해받은 전승에 대하여 자기 나름대로의 판단기준을 따라 성경 자료의 진리 여부를 판결할 수 있는 능력을 자신하는 방법론을 거부한다. 물론 구약의 신적 계시는 역사적인 이스라엘 공동체가 형성한 증언의 형태로부터 추상화되거나 제거될 수 없다는 확신은 정경적 접근방식의 핵심에 놓여 있다. 마찬가지로 온전히 인간이었던 사도들의 증언으로부터 동떨어져서는 기독 교회에 의해 예배되고 있는 예수 그리스도를 향해 열려있는 길은 존재하지 않는다. 신학적 성찰의 과제는 정경적 맥락 안에서부터 생겨난다고 주장하는 것은 전해진 전승만이 아니라 하나님의 성령의 조명을 기다리는 듣는 자들의 신실한 성품을 전제한다. 이 후자의 요소는 더 이상의 상세한 설명을 불필요하게 만들 정도로 칼빈에 의해 아주 철저하게 전개되었다(「기독교 강요」, 1권 7장).

또한 정경적 접근방식은 구약신학 분과가 기술적(記述的) 특성과 추론적(推論的) 특성을 결합하고 있는 것으로 본다. 그것은 역사상의 이스라엘 신앙을 증언하고 있는 고대의 본문을 올바르게 해석하는 기술적 과제를 인정한다. 그럼에도 또한 그것은 신학적 사업은 본문에 대한 그의 자세가 그 의미에 영향을 미치는 오늘날의 해석자에 의한 해석을 포함한다는 것을 이해한다. 이런 이유로 구약신학은 과거의 역사적 과정을 기술하는 것과 동일시될 수 없으며(반대의견으로는 Gese) 성경이 끊임없이 증언하고 있는 주제와의 씨름을 포함한다. 요약해서 말하자면 구약신학은 각각의 새 세대가 참여해야 하는 지속적인 사업이라는 것이다. 이 접근방식의 중요한 함의(含意)는 해석자는 구약신학을 잃어버린 하나의 열쇠의 발견을 통하여 그것을 이해할 수 있는 폐쇄적인 현상학적 퇴적물－아이히로트(Eichrodt)는 ‘자족적인 실체’(Theology I, 11)라고 말하였다－로 인식하지 않는다는 것이다. 소위 ‘구약의 중심’에 관한 최근의 논의들 가운데 많은 수는 구약신학을 단순히 역사적 사업으로 보는 개념으로부터 생겨났던 것으로 보인다(참조. Reventlow).

구약의 형성 과정 안에서 중요한 측면들 중 하나는 전승에 대한 새로운 시각을 낳기 위하여 정경의 서로 다른 부분들이 점점 더 많이 교체된 방식이다. 정경화 과정은 전승을 독립적인 책들로만이 아니라 토라, 선지서, 성문서와 같은 보다 큰 정경 단위로 묶는 것을 포함하였다. 예를 들면 율법은 지혜의 관점으로부터 보아졌다 ; 찬송과 예언은 상호 관련되었다 ; 그리고 이스라엘의 이야기 전승들은 지혜문학화되었다(참조. Sheppard). 이렇게 정경화 과정은 자료를 현실화하는 신선한 방식들을 끊임없이 권장하는 유연성의 차원에서 이루어졌다.

현대의 구약신학을 체계화함에 있어서 이러한 정경화 과정으로부터 도출되는 몇 가지 중요한 함의들이 있다. 이 정경화 과정은 그 형성과 합치되게 정경의 현대적 현실화 작업에 있어서 그와 비슷한 유연성의 요소를 적용하는 것에 대한 보증을 제공해준다. 달리 말하면 새로운 동력은 새로운 신학적 결합물의 다양성을 위한 잠재력을 보존하고 있는 모음집으로부터 나온다. 역사적으로 구약의 율법이 흔히 서로 다른 시대에 속하였고 많은 이야기 전승으로부터 다른 담지자들에 의해 전해졌음에도 불구하고 제안된 정경적 모델에 따르는 하나의 구약신학은 신학적 상호작용을 수행하고자 한다. 그러므로 십계명과 오경의 이야기 부분들과의 원래적인 문헌적 역사적 관계와는 상관없이 해석을 위해 상호 도움을 주는 그 새로운 정경적 맥락 안에서 신학적 교체가 가능하다. 물론 문헌의 구조, 내용, 본문간의 관련성으로부터 나오는 상호 작용을 통제하고 지배하는 준칙들이 있지만, 그것들은 실천을 통해 가장 잘 예시될 수 있다. 정경적 접근방식의 이러한 차원에 대한 인식은 나아가 이 접근방식을 원래의 역사적 순서에 얽매여 있는 통상적인 기술적(記述的) 방법론으로부터 구별한다.

계몽운동의 중요한 유산들 가운데 하나이기도 한 현대적인 성경 연구의 검인 중의 하나는 형식과 내용 양면에서 시대에 의해 조건지워진 성경의 특질에 대한 인식이다. 성경의 모든 진술을 올바른 교리의 원칙으로 단순히 옮기는 데 자유로울 수 있었던 비평 이전의 방법론은 더 이상 가능하지 않다. 물론 그런 식으로 성경을 사용한 것은 계몽운동 이전 시대에서 보편적이었다고 말하는 것은 기독교 신학의 역사에 대한 소묘이다. 아우스티누스, 루터, 칼빈―오직 소수만을 열거한다 해도―은 모두 '비평 이전'이라는 용어가 시사해주는 것보다 훨씬 더 복잡한 성경 이해를 가지고 작업을 했다. 그럼에도 불구하고 시대에 의해 조건지워진 성경의 특질에 관한 문제는 계몽운동의 발흥과 역사비평적 방법론의 등장으로 주요한 해석학적 문제가 되었다는 것은 여전히 사실이다.

현대의 구약신학자들은 이 문제를 해결하기 위하여 본문에 대한 다양한 해석학적 접근방식들을 적용하여 왔다. 어떤 사람은 비평을 통해 이 문헌으로부터 '영속적인 진리' 또는 '지속적인 가치를 지닌 요소들'을 추출해내려고 하였다. 또는 그 윤리적 목표에 도달하기 위하여 초기의 유산을 서서히 버린 도덕적 진보의 역사가 분별되기도 했는데, 이것은 흔히 산상수훈에서 찾아졌다. 끝으로, 어떤 유형의 의식(意識), 인류 평등의 이데올로기, 해방의 요소들이 발견되었고 규범적인 신학적 기능으로 생각되어졌다. 하지만 이러한 제안들의 많은 수가 편향적인 성격을 지니고 있었음에도 불구하고 적어도 현대의 교회에 있어서 성경의 권위에 대한 어느 정도의 이해를 견지하고 성경을 완전히 상대화시키는 것에 저항하려는 관심은 항상 표명되었음을 보는 것은 중요하다.

구약에 대한 정경적 이해 속에 함축되어 있는 해석학은 이 문제에 대한 해결책을 찾음에 있어서 놀라울 정도로 다른 방향을 지향한다. 정경으로서의 성경에 대한 강조는 하나님의 진리가 믿음의 공동체에 의해 받아들여지고 전해진 대로 그 권위있는 형태를 획득한 과정에 주의를 집중시킨다. 따라서 이스라엘의 발자취를 띠고 있는 것과 동떨어져서는 그 어떠한 성경적 계시도 없다. 구약 전체가 역사상의 민족에 의해 규정되었기 때문에 성경의 모든 것은 시대에 의해 조건지워져 있다. 순수한 교리나 오염되지 않은 경건은 없다. 요소들을 그 현재적 형식으로부터 분리해냄으로써 알갱이와 껍데기, 진정한 표현과 비진정한 실존을 구별해내려는 그 어떠한 시도도 정경의 기능에 정면으로 배치된다.

더욱이 정경적 접근방식을 진지하게 취급하는 것은 이전의 선조들과 마찬가지로 그 상황이 역사와 연계되어 있는 계몽운동 이후의 현대의 기독교인들의 시대에 규정당하는 특질을 인정하는 것이다. 계몽운동의 불운한 유산들 중의 하나는 시간의 흐름 바깥에 서서 명료한 합리성을 가지고 진리와 오류, 빛과 어둠을 구별해낼 수 있다는 새로운 자신감이었다.

계몽운동의 이러한 유산에 의식적으로 반대하는 정경적 접근방식은 성경이 하나님의 진리를 실은 기구로서 어떻게 기능하는가에 대한 다른 이해를 통하여 이 문제에 접근하고자 한다. 성경을 교회의 순종의 삶에 있어서 규범적인 것으로 받아들임으로써 구약신학자는 전승 분파 내에 자신의 입지를 정하고 스스로를 믿음의 공동체인 이스라엘과 동일시한다. 더욱이 구약신학자는 하나님의 백성이 그 모든 구체적인 역사적 상황 속에서 하나님의 뜻을 분별하려고 분투하였을 때 증언으로서의 정경이 보여주는 해석학적 과정을 함께 한다. 하나님의 백성이 성경의 전승을 형성한 것은 그 백성이 하나님의 말씀에 대한 신실한 응답으로서의 전승을 어떻게 수용하려고 하였는가를 보여주었다.

전해받은 증언의 유사한 맥락 속에서 현대의 성경신학자들은 이스라엘의 증언 내에 입지를 정하고 하나님의 뜻을 분별해내려고 분투한다. 자신의 연약함을 충분히 알고 있기 때문에 그는 그 앞에서는 성경의 연약함이 아무런 장애도 될 수 없는 하나님의 성령을 통한 새로운 조명을 예감하면서 기다린다. 그러한 이해가 궁극적으로 성령의 조명으로부터 나오기는 하지만 이 신적인 활동은 교회의 성경을 통하여 기능한다. 말하자면 전적으로 시대에 의해 규정된 전승 형태 안에서 기능한다. 성경의 메시지를 푸는 하나의 해석학적 열쇠는 없다. 그러나 정경은 이해를 위한 투쟁이 일어나는 장(場)을 제공해준다.

5. 정경적 접근방식과 오늘날의 논쟁

현재 이 분야에서 거론되고 있는 많은 고전적인 문제들을 자세하게 논의하기에는 지면이 너무 한정되어 있다. 하지만 나는 정경적 접근방식이 현재 논란 중인 주요한 문제들 가운데 몇몇을 어떤 식으로 극복하고자 하는지를 간략하게 말해두고자 한다(참조. Reventlow).

(a) 구약신학이 '조직적으로' 구성되어야 하는지 아니면 '전승사적으로' 구성되어야 하는지에 관한 다른 사람들보다도 아이히로트(Eichrodt)와 폰 라트(von Rad) 사이의 이견과 관련하여 나는 이 두 가지 선택적 대안 모두는 구약을 기술(記述)을 통해 분석되어야 하는 일단의 닫혀진 자료로 보는 데서 기인한다고 말하고 싶다. 그럼에도 불구하고 구약신학이 그 정경적 맥락에서 그 성경을 권위있는 것으로 보존하고 있는 믿음의 공동체에 의한 끊임없는 해석 활동으로 보아진다면 구약신학의 구성의 문제는 매우 상대화된다. 때로 형성의

과정은 조직적인 특징들을 도입하였다. 때로 그 과정은 자료를 역사적으로 구성하였다. 하지만 이보다 더 중요한 것은 성경을 해석하는 신학적 활동 안에는 자료와 씨름하는 데 있어서 이용할 수 있는 수없는 다른 선택들이 존재한다는 점이다. 실질적인 문제는 해석 방법과 그것이 본문에 가져다주는 조명의 질(質)에 있다.

(b) 정경적 접근방식은 다시 한번 구약신학의 대상을 신앙으로 해석된 역사(Geschichte)로 보는 폰 라트와 재구성된 과학적 역사(Historie)로 보는 헤세(Hesse)를 비롯한 다른 사람들을 둘러싼 논쟁으로 첨예하게 양극화된 상황을 극복하고자 한다. 이 접근방식은 이스라엘이 실제적인 시간과 공간 속에서 하나님과의 만남을 증언하였음에도 통상적인 역사적 기록의 범주들을 훨씬 뛰어넘는 복합적이고 다층적인 방식을 통하여 본문에 그 증언을 기록하였다는 사실을 중요시한다. 정경적 접근방식은 이스라엘의 신앙 해석의 전망으로부터 역사를 바라보며 이 점에서 폰 라트의 편에 선다. 하지만 이 접근방식은 정경의 본문 형태와 분리된 전승사적 궤적에 대하여 신학적 가치를 부여하는 데 관심을 갖지 않는다는 점에서 다르다.

이 문제를 다른 식으로 표현하자면 정경적 접근방식은 처음부터 'Geschichte'와 'Historie' 간의 대비를 구축하기보다는 역사적 지시 대상의 신학적 사용을 통해 성경 본문을 따르고자 한다. 때로는 구약의 구절의 본질은 객관적인 역사 탐구로 접근할 수 있는 것을 거의 기록하지 않은 것으로 해석되었다. 어떤 때는 주전 587년의 예루살렘의 멸망과 같은 공통적인 역사적 인식에 뿌리를 둔 사건이 신학적 과제에 있어서 핵심적으로 중요하다. 요컨대 믿음의 전승들의 담지자로서의 이스라엘의 역사적 역할에 초점을 맞춤으로써 역사의 서로 다른 차원들이 자유롭게 인식되긴 하지만 이스라엘의 체험의 이러한 두 측면은 정경이라는 형태 내에서 섬세한 균형을 가지고 함께 결합되어 있으며 몇몇 거대한 역사 이론에 의해 위협받아서는 안된다.

(c) 끝으로, 역사를 계시와 동일시하고자 했던 판넨베르그(Pannenberg)와 관련하여 정경적 접근방식은 역사를 신학적 가치의 담지자로 보는 그 어떠한 견해에 대해서도 역사상의 이스라엘의 구체적인 현실과 동떨어진 것이라는 판단 하에 의심스러운 눈으로 본다. 그러한 시도는 단순히 학문적인 것이 아니라 그보다 훨씬 더한 위험을 초래한다. 성경은 이스라엘 역사의 구원 사건들이 각각의 새로운 믿음의 세대에 의해 수용되는 데 있어서 지속적인 매체로서 봉사

한다. 따라서 하나님의 자기 계시 활동은 끊임없이 인간의 시간과 공간 속으로 확대되고 있는데, 이것은 성경을 통한 계시의 본질에 관한 논쟁의 핵심이다.

6. 구약신학의 중요성

마지막으로 구약신학 분과가 성경신학이라는 보다 큰 분야 안에서의 초라하고 제한된 사업으로 인식되고 있다 할지라도 이 분과의 중요성을 정당화하는 말을 해두는 것이 좋겠다.

(a) 첫째, 전략적인 견지에서 신학적 성찰에 있어서 오직 구약에만 집중하는 것은 우리로 하여금 기독교 정경 전체를 동시에 다루려고 하는 것보다도 훨씬 더 자세하고 깊게 그 주제를 다룰 수 있게 해준다. 몇 가지 점에서 신약을 포함하여 다룰 때 생겨나는 엄청난 양의 자료와 문제의 엄청난 복잡성과 맞붙기 전에 구약에만 일차적으로 주의를 집중하는 것은 현명하게 보인다.

(b) 신학 분과 학문 내에서 구약에 주의를 돌리는 것은 구약을 단순히 어원학적, 역사적, 문헌적 전망으로부터 다루는 오늘날 널리 퍼진 관행에 대한 주요한 견제가 된다. 조직신학자들이 구약을 많이 알지 못하는 것은 부분적으로 성경 전문가들이 구약을 신학적으로 말하는 데 있어서 침묵함에 기인한다.

(c) 구약이 단순히 신약을 위한 포장으로 사용되는 것으로부터 보호하는 방식으로 구약을 취급하는 것은 구약신학의 주요한 기능이다. 오히려 구약의 증언을 그 응집력, 다양성, 해결되지 않는 긴장과 관련하여 독자적으로 이해하는 것은 신학적으로 중요하다.

(d) 끝으로 구약에 대한 신학적 성찰은 예수가 기원하였고 설교 대상으로 삼았으며 거기로부터 초대 교회가 형성된 바 있는 유대 민족에 대한 히브리 성경의 효과를 해명함으로써 신약에 대한 보다 정확한 경청을 가능하게 만든다. 주석의 역사가 웅변적으로 보여주고 있듯이 구약 없는 기독 교회는 그 믿음을 다양한 형태의 영지주의적, 신비주의적, 낭만적인 사변으로 변모시키는 항상적인 위험을 안고 있다.

참고 문헌

(a) 구약신학에 관한 책들

R. E. **Clements**, *Old Testament Theology. A Fresh Approach*, London 1978; A. B. **Davidson**, *The Theology of the Old Testament*, Edinburgh and New York 1904; W. **Eichrodt**, *Theology of the Old Testament*, ET London and Philadelphia, I, 1961; II, 1967; G. H. A. **Ewald,** *Die Lehre der Bibel von Gott*, 4 vols., Leipzig 1871–76; P. **van Imschoot**, *Theology of the Old Testament*, ET London 1965; E. **Jacob,** *Theology of the Old Testament*, ET London and New York 1958; W. C. **Kaiser**, Jr, *Toward an Old Testament Theology*, Grand Rapids 1978; G. A. F. **Knight**, *A Christian Theology of the Old Testament*, London and Richmond 1959; L. **Köhler,** *Old Testament Theology*, ET London 1957; K. **Marti,** *The Religion of the Old Testament*, ET London and New York 1907; J. L. **McKenzie,** *A Theology of the Old Testament,* New York and London 1974; G. F. **Oehler,** *Theology of the Old Testament*, ET Edinburgh 1874 and New York 1883; O. **Procksch,** *Theologie des Alten Testaments*, Gütersloh 1950; G. **von Rad**, *Old Testament Theology*, ET Edinburgh and New York, I, 1962; II, 1965; H. W. **Robinson,** *Inspiration and Revelation in the Old Testament*, Oxford 1946; H. **Schultz**, *Old Testament Theology*, ET 2 vols., Edinburgh 1892; B. **Stade**, *Biblische Theologie des Alten Testaments*, ed. A. Bertholet, Tübingen I, 1905; II, 1911; W. **Vatke**, *Die biblische Theologie wissenschaftlich dargestellt*, I. *Die Religion des Alten Testamentes*, Berlin 1835; T. C. **Vriezen,** *An Outline of Old Testament Theology*, ET Oxford and Boston 1958; C. **Westermann,** *Elements of Old Testament Theology*, ET Atlanta 1982; W. **Zimmerli**, *Old Testament Theology in Outline*, ET Atlanta and London 1978.

(b) 중요한 논쟁들

J. **Barr**, *The Bible in the Modern World*, London and Philadelphia 1973; C. **Barth**, 'Grundprobleme einer Theologie des Alten Testaments', *EvTh* 23, 1963, 342–72; J. **Barton**, *Reading the Old Testament. Method in Biblical Study*, London and Philadelphia 1984; F. **Baumgärtel**, *Verheissung. Zur Frage des evangelischen Verständnisses des Alten Testaments*, Gütersloh 1952; F. F. **Bruce**, 'The Theology and Interpretation of the Old Testament', in *Tradition and Interpretation*, ed. G. W. Anderson, Oxford 1979, 385–416; W. **Brueggemann**, 'A Convergence in Recent Old Testament Theologies', *JSOT* 18, 1980, 2–18; R. C. **Dentan**, 'The Nature of Old Testament Theology', *Preface to Old Testament Theology*, New York [2]1963, 87–125; S. J. **DeVries,** *The Achievements of Biblical Religion. A Prolegomenon to Old Testament Theology*, Lanham, Md. and London 1983; L. **Diestel**, *Geschichte des Alten Testamentes* *in der christlichen Kirche*, Jena 1869; W. **Eichrodt**, 'Zur Frage der theologischen Exegese des Alten Testamentes', *ThBl* 17, 1936, 73–87; 'Excursus: The Problem of Old Testament Theology', ET *Old Testament Theology*, I, 512–20; J. P. **Gabler**, '*Oratio de justo discrimine theologiae biblicae et dogmaticae regundisque recte utriusque finibus*' (1787), reprinted *Opuscula Academica* II, Ulm 1831, 179–94; ET *SJT* 33, 1980, 133–58; K. **Girgensohn**, *Die Inspiration der Heiligen Schrift*, Dresden 1925; J. **Goldingay**, *Approaches to Old Testament Interpretation*, Leicester and Downers Grove 1981; M. H. **Goshen-Gottstein**, 'Christianity, Judaism and the Modern Bible Study', *SVT* 28, 1975, 69–88; A. H. J. **Gunneweg**, *Understanding the Old Testament*, ET London and Philadelphia, 1978; ' "Theologie" des Alten Testaments oder "Biblische Theologie"?' *Textgemäss, FS E. Würthwein*, ed. A. H. J. Gunneweg and O. Kaiser, Göttingen 1979, 39–46; H. **Gunkel**, 'Ziele und Methoden der Erklärung des Alten Testaments', *Reden und Aufsätze*, Göttingen 1913, 11–29; F. **Hahn**, *The Old Testament in Modern Research*, Philadelphia ³1970; G. F. **Hasel**, *Old Testament Theology. Basic Issues in the Current Debate*, Grand Rapids ²1975; J. H. **Hayes** and F. C. **Prussner**, *Old Testament Theology. Its History and Development*, London and Philadelphia 1985; F. **Hesse**, *Das Alte Testament als Buch der Kirche*, Gütersloh 1966; J. C. K. **von Hofmann**, *Weissagung und Erfüllung*, 2 vols., Nördlingen 1841; R. **Knierim**, 'The Task of Old Testament Theology', *Horizons in Biblical Theology*, VI, 1984, 25–57; H.-J. **Kraus**, *Geschichte der historisch-kritischen Erforschung des Alten Testaments*, Neukirchen 1956, ³1982; *Die Biblische Theologie. Ihre Geschichte und Problematik*, Neukirchen-Vluyn 1970; R. B. **Laurin** (ed.), *Contemporary Old Testament Theologians*, Valley Forge 1970; N. **Lohfink**, *The Christian Meaning of the Old Testament*, ET London 1968; K. H. **Miskotte**, *When the Gods are Silent*, ET London 1967; W. **Pannenberg**, *Revelation as History*, ET New York 1968 and London 1969; G. **von Rad**, 'Postscript', *Old Testament Theology*, II, 410–29; R. **Rendtorff**, 'Zur Bedeutung des Kanons für eine Theologie des Alten Testaments', *Wenn nicht jetzt, wann dann? FS H.-J. Kraus*, ed. H. G. Geyer et al, Neukirchen-Vluyn 1983, 3–11; H. Graf **Reventlow**, *Problems of Old Testament Theology in the Twentieth Century*, ET London and Philadelphia 1985; S. **Schechter**, *Some Aspects of Rabbinic Theology*, New York 1923; W. F. **Schmidt**, 'Theologie des Alten Testaments vor und nach Gerhard von Rad', *VuF* 17, 1972, 1–25; G. T. **Sheppard**, 'Hearing the Voice of the Same God through Historically Dissimilar Traditions', *Interp* 36, 1982, 21–33; R. **Smend**, 'Theologie im Alten Testament', *Verifikationen, FS G. Ebeling*, ed. E. Jüngel, J. Wallmann, W. Werbeck, Tübingen 1982, 11–26; D. G. **Spriggs**, *Two Old Testament Theologies. A Comparative Evaluation of the Contributions of Eichrodt and von Rad to our Understanding of the Nature of Old Testament Theology*, SBT II. 30, 1974; W. **Vischer**, *The Witness of the Old Testament to Christ. I. The Pentateuch*, ET London 1949; G. E. **Wright**, *God Who Acts*, SBT I.8, 1952; *The Old Testament and Theology*, New York 1969; W. **Zimmerli**, 'Biblische Theologie. I. Altes Testament', *TRE* VI, 426–55.

2

계시로서의 구약

그 역사의 많은 부분에 걸쳐 기독교 신학은 성경의 내용을 설명하기 위하여 '계시'라는 용어를 사용하여 왔다. 하지만 여러 가지 이유—역사적, 철학적, 신학적—로 말미암아 이 용어가 적절한 것이라고 더 이상 단순히 전제할 수만은 없게 되었다. 계시 개념 전체에 대한 몇몇 주요한 공격들은 현대에 이르러서 제시되었다. 그러므로 나의 정경적 해석 방법 안에서 계시의 사용을 재정의하기 전에 주요한 반론들 중의 몇 가지를 간략하게 검토하는 것이 중요한 듯하다.

이 용어에 포함된 보다 큰 철학적 신학적 문제들은 구약신학의 범위를 훨씬 뛰어넘는다는 것을 나는 알고 있다. 실제로 이 문제는 성경에서의 계시의 사용, 하나님에 관한 지식의 본질, 어떻게 믿음이 수용되는가 하는 것과 같은 기독교 신학의 수행 전반에 걸친 수많은 중요한 문제들을 건드린다.

더욱이 이 용어의 사용은 통일성이 거의 없으며 명제적으로 보느냐 실존적으로 보느냐에 따라 크게 달라진다. 나의 관심은 훨씬 더 협소하게 인식하여 성경 연구 안에서 이 용어의 사용에 대하여 구체적으로 언급하는 것이다. 두 가지 주요한 공격들이 최근에 제기되었는데, 이에 대해 나는 차례로 말할 것이다. 첫번째의 것은 분석철학 진영에서 제기되고 있고, 두번째의 것은 사회학적 분석으로부터 생겨난다.

1. 분석철학의 비판

구약(그리고 성경 전반)과 관련하여 '계시'라는 용어를 사용하는 문제는 제임스 바르(James Barr)로부터 신랄한 비판을 받아 왔다. 몇 편의 논문을 통하여 그는 성경과 관련하여 이 용어를 사용하는 것은 보장을 받지못하며 무의미하다고 주장한다. 그의 공격은 처음에는 칼 바르트의 신학적 모델에 집중되어 있지만 범위에 있어서 보다 폭넓다. 그는 다음과 같은 점들을 지적한다.

(a) 계시라는 용어는 현대 신학에서 '이성' 또는 '종교'와 대응되는 말로서 생겨났다. 이 용어는 직접적인 개입을 통하지 않고 하나님에 관하여 알게 된 모든 것을 '이성'으로 일률적으로 취급하고 '계시'를 특별한 만남들을 위해 남겨놓는다. 그는 이 양극 분열은 성경에 대한 현대적 연구에 의해 지탱될 수 없다고 결론을 내린다.

(b) 계시라는 용어에 대한 성경의 사용은 이와 다른 방식으로 기능한다. 이 용어를 하나님에 관한 지식에 대한 인간의 원천을 위한 포괄적인 개념이라고 생각할만한 토대가 성경에는 거의 없다. 사실 계시와 관련된 용어가 나오지 않는다는 것은 충격적이다. 그리고 그 용어가 등장할 때 그것은 구체적인 역할을 가지고 있는데, 예를 들면 종말론 강화에서는 지금은 숨겨져 있지만 장래에는 드러날 것을 가리킨다. 하나님에 관한 지식은 이스라엘의 체험과의 연속선 상에서 진행되고 전승들, 제도들, 이야기들을 통하여 전해지는 것이 보통이다. 여기서 중요한 것은 이미 알려져 있는 것에 그 이상의 것이 덧붙여질 것이냐의 여부에 관한 문제이다.

(c) 끝으로, 계시라는 용어를 주요한 개념으로 사용하는 것은 성경에 대한 비평 이전의 이해로 되돌아갈 위험성이 있다는 것이다. 이 용어는 성경을 하나님에 관한 시간을 초월한 명제적 진리들의 집합으로 인식하였던 교리적 입장에 그 기원을 두고 있는 반면에, 지금 역사 비평가는 온전히 시대에 의해 조건지워진 성경의 특질을 보고 성경이 오랜 발전을 통하여 걸러져 왔으며 진리와 오류를 동시에 반영하고 있다고 본다.

계시라는 용어의 사용에 대한 바르(Barr)의 공격은 다우닝(F. G. Downing)의 저서인 「기독교는 계시를 갖고 있는가?」를 통해 성경적 철학적 성격의 주요한 지지를 받았다. 다우닝은 계시를 "바로 그 시점까지 안개에 가려져 있었던 것을 분명하고 가시적이고 이해가능하게 하기 위하여 몇몇 모호성을 제거하는 것"(10)이라고 정의함으로써 시작한다. 그런 다음 그는 다양한 성경적 용어 사용을 분석하고 그것이 계시의 개념과는 다른 방식으로 기능한다고 결론을 내린다. 하나님은 이스라엘을 위한 행위들을 통하여 은폐로부터 나오지만 하나님의 전술한 행위와 하나님 자신의 성품 사이에는 어떠한 연관도 설정되고 있지 않다. 더욱이 구약은 하나님이 여전히 은폐되어 있다고 분명히 밝히고 있다. 따라서 다우닝은 이렇게 결론을 내린다 : "구약의 기자들은 하나님이 자신을 계시하였다는 말을 들을 정도로 하나님과 인간의 관계가 밀접하고 명료하다고 감히 말하지 않는다"(47). 다우닝에 의하면 계시라는 용어는 기독교가 하나님을 섬기는 데 있어서 지성의 역할을 부당하게 강조하기 시작했을 때 비로소 중요하게 되었다고 한다(249).

분명히 바르와 다우닝은 몇 가지 중요한 문제들을 제기하였다. 실제로 이 용어에 대한 전통적인 사용은 흔히 오늘날에는 의미가 없는 이전 시대의 신학적 싸움을 반영하고 있는 다양한 철학적 내포(內包)들로 과부하가 걸려 있다. 하지만 나는 성경과 관련된 기본적인 신학적 문제들이 적절하게 다루어졌다고 확신할 수 없다.

(a) 바르와 다우닝은 모두 계시라는 용어를 평범한 어법에 따라 정의함으로써 시작한다. 바르는 계시가 이제까지 알려지지 않은 정보를 암시한다는 점을 강조하고, 다우닝은 계시가 모호성의 제거를 가져온다는 점을 강조한다. 이렇게 제안된 정의들을 토대로 성경의 특징들이 현대적 용례와 합치하지 않는다는 것을 보이기는 쉽다. 하나님에 관한 지식은 역사적 연속체 외부에 있지도 않으며 모든 모호성을 제거하지도 않는다. 그러나 여기서 말하고자 하는 요점은 구약(그리고 신약)에서의 하나님에 관한 지식은 제시된 단순하고 상식적인 정의들을 훨씬 뛰어넘는 아주 다양한 것들을 포함한다. 그것은 드러내기도 하고 숨기기도 하는 사건들, 경험되기도 하고 인지되지도 하는 사건들, 과거를 지향하기도 하고 미래를 지향하기도 하는 사건들을 포괄한다. 달리 말하면 '계시'라는 신학 용어는 자기 백성에 대한 하나님의 관계와 관련된 엄청나게 방대한 활동의 영역을 포괄하기 위한 부적절하게 단축된 표현이다.

개혁자들이 사용한 '하나님의 말씀'이라는 어구가 그 통상적인 문법 요소들의 의미들을 훨씬 뛰어넘는 것과 마찬가지로 계시라는 용어도 신학적 구성물이다. 계시라는 용어의 사용이 잘못 해석할 위험성을 어느 정도 가지고 있다는 것은 신학의 역사를 보면 분명해진다. 그러나 바르와 다우닝의 논문들을 보면 성경에서의 하나님의 밝히 드러내는 것들과 관련하여 전 범위의 의미들을 전달할 수 있는 보다 나은 용어가 아직 나타나지 않았다는 것은 분명하다. 이 용어는 기독교인들이 하나님을 섬기는 데 있어서 지성의 역할을 부당하게 강조하기 시작하였을 때 비로소 등장하였다는 다우닝의 가설은 밑받침을 받지 못하는 매우 의심스러운 것이다.

(b) 계시라는 용어가 성경에서는 이후의 신학적 용법과는 다른 기능을 가지고 있음을 보이기 위하여 바르와 다우닝에 의해 제시된 구약에 대한 해석은 권위있는 정경 문헌으로서의 성경의 역할을 제대로 다루지 못하고 있다. 그들의 주석은 그 질(質)에 있어서 평면적이고 환원주의적이어서 손상을 입고 있다. 정경화 과정은 흔히 전체로서의 이 문헌에 그 부분 부분들을 뛰어넘는 기능을 담당시켰다. 이 모음집은 믿음의 공동체를 교육하며 훈계하며 덕을 세움을 통해 신학적 역할을 획득하였고, 이것은 그 원래의 어의적 수준을 변화시켰다. 흔히 특정한 이야기가 자기 백성과 함께 하는 하나님의 방식들의 범례로 생각되었다. 따라서 전통적인 이야기를 통해 전달된 하나님에 관한 지식은 지금까지 알려지지 않은 하나님에 대한 정보를 밝힌다는 그 엄밀하게 언어적인 의미에서는 계시가 아니었음에도 불구하고 성경으로서의 새로운 역할을 통하여 그것은 독특한 종교적 역할을 수행하였다. 그것은 이 일단의 문헌을 통해서만 전해진 방식으로 공동체에게 하나님을 드러내었다.

이러한 분석은 정경화 작업이 속된 문헌을 그 기원과는 질적으로 다르게 만들므로써 신성한 문헌으로 변화시켰다는 것을 시사하는 것은 아니다. 성경 자료의 종교적 기능은 극히 다양한 수준의 저작을 통하여 수많은 방식으로 전달되었지만 그것은 언제나 하나님의 실체―그의 임재, 그의 구원 활동, 그의 뜻―를 가지고 장래의 세대들에 계속해서 말할 목적으로 그러하였다. 다양한 신의 현현 기사들은 몇몇 히브리 동사들(예를 들면, galah, ra'ah)의 제한적인 사용을 통하여 하나님의 모습의 외관적인 형태를 묘사할 수 있었지만 그 정경적 형태에서의 이 이야기들의 전체적인 맥락은 이스라엘로 하여금 그 하나님을 알고 순종하기를 배울 수 있게 하는 수단을 제공하는 데로 향해 있었다. 표제들조차도 이야기를 원래의 제한된 기능을 뛰어넘게 만든 그 이야기의 신학적 의미를 가리키고 있다(참조. 창 18 : 1 ; 출 3 : 2).

구약의 본질적인 특징은 이야기, 찬송시, 예언적 신탁을 통하여 이스라엘과 하나님의 관계를 묘사하는 그 극히 다양한 방식들이다. 이 장르들은 통상적으로 자신의 모든 원래의 고유성을 견지하고 있다. 정경적 맥락에서의 계시라는 용어의 사용은 전승, 이성, 체험과 동격의 관계 속에 설정되어 있지 않다. 실제

로 정경의 역할을 강조하는 핵심적인 목표들 중의 하나는 믿음의 공동체에 의
한 하나님 체험들을 수용하고, 수집하고 체계화하는 수평적 차원들을 강조하는
것이다. 정경적 접근방식은 말씀과 전승이 언제나 긴장관계에 있는듯이 하나님
의 진리의 수직적 차원만을 강조하는 입장에 대해 동일하게 비판적일 것이다.
요컨대 계시라는 용어가 정경 안에서 그 기능을 정당하게 다루는 방식으로 해
석된다면 이 용어의 계속적인 사용은 충분히 근거가 있는 것으로 보인다.

2. 사회학적 분석의 비판

계시라는 용어의 사용에 대한 두번째의 주요한 공격은 구약에 대한 문화적
유물론적 읽기라고 스스로 설명하는 사회학적 접근방식을 통해 고트발트(N.
Gottwald)에 의해 최근에 제기되었다(*The Tribes of Yahweh*).
아예 처음부터 고트발트는 자신의 작업의 전제들을 분명하게 설명한다. 종교
는 다른 모든 사회적 현상들과 관련된 하나의 사회적 현상으로 해석되어야 하
며 상호 연결된 사회적 현실이라는 그물망의 한 측면일 뿐이다. 신학(이데올로
기)은 문화 현상의 합리화 또는 사회정치적 조직들에게 권력을 부여하기 위하
여 전통적인 합의 속에서 이러한 사회적 현실들을 표현하려고 하는 특정한 형
태의 상징 언어이다. 그의 접근방식의 동력은 주어진 사회 현상으로부터 이차
적인 이데올로기의 형성으로 나아가는 것이다. 특히 이스라엘의 사회학을 기술
하는 과제는 그 종교 이데올로기를 잡아서 사회 체제 내에서 그 상관물들을 설
정하기 위하여 그것을 물질적 대응물들로 환치하는 것이다. 이 해석학적 과정
은 우리로 하여금 역사상의 이스라엘 종교가 역사적으로 돌연변이에 의해 생겨
난 이스라엘 공동체의 필요들을 사회학적으로 표현하는 데 어떻게 기여하였는
가를 볼 수 있게 해준다.
나중에 제1장에서 나는 주전 1250－1000년이라는 이스라엘 역사의 한 시기
에 대해 고트발트가 그의 사회학적 분석을 구체적으로 적용한 내용을 상세하게
검토할 것이다. 여기서 나의 관심은 해석학적 전제들과 그것들이 계시라는 용
어의 사용에 미친 효과에 있다. 고트발트의 커다란 공로는 구약에 대한 일관된
사회학적 접근방식의 급진적인 함의들을 인상적인 방식으로 아주 분명하게 설
명하고 있다는 점에 있다. 최근 몇 년 동안에 다른 많은 성경학자들이 사회학적

방법론을 가지고 장난을 해왔지만 내가 제시하고 있는 정경적 접근방식의 반대편 극단에 있는 한 방법론의 온전한 함의들을 탐구한 공로는 고트발트에게 돌아간다.

고트발트는 자신의 해석학적 입장을 즉시 설정한다. 그는 성경 본문을 자신이 비판적인 사회학적 분석을 통하여 드러내고자 하는 본문 배후에 있는 주요한 사회적 현실들에 대한 상징적 표현으로 읽는다. 그는 성경의 이데올로기의 각각의 측면에는 사회 체제와의 직접적인 상호관련을 통하여 환치해낼 수 있는 문화적 물질적 대응물이 있다고 전제한다. 분명히 고트발트의 접근방식에는 계시라는 전통적인 용어가 들어설 여지가 없다. 그는 종교적 신념들을 사회적 현실들로부터 구별하려는 시도조차도 '관념론적'이라고 매도한다. 물론 그렇게 함에 있어서 그는 현실의 성격과 관련된 수많은 인식론적인 전제들을 행하고 있다. 이스라엘이 자신의 신앙을 어떻게 설명하였는가와는 상관없이 고트발트는 자신의 입지를 완전히 전승의 외부에 두고서 하나의 문화 현상인 신앙고백 배후에 있는 실질적인 세력을 발견해내기 위하여 그 신앙을 '비신화화'할 수 있다고 가정한다.

내 판단으로는 고트발트의 입장은 수많은 신학적 환원주의(reductionism)로 귀착된다. 기독교 신학의 핵심에는 세상에서 활동하고 있는 모든 내재적인 힘들과는 질적으로 다른 새로운 현실을 하나님이 존재케 하여 왔다는 신앙고백이 놓여 있다는 것은 분명하다(사 65 : 17 ; 롬 4 : 17). 아주 폭넓고 다양한 용어들―새 창조, 거듭남, 새 예루살렘, 성령 안에서의 삶―을 사용하여 성경은 헤아릴 수 없이 예기치 않은 방식들을 통하여 인간 사회 속으로 뚫고 들어오는 하나님의 활동을 증언한다. 이 신앙고백들이 단순히 공통적인 사회 현상들에 대한 상징적인 표현들이라고 주장하는 것은 독특한 성경의 증언을 무(無)로 만들어버릴 뿐만 아니라 그 언어적 차원에서 본문을 귀기울여 들을 필요성을 파괴해버린다. 사회학자는 본문 배후에서 실제로 활동하고 있는 세력들을 탐구할 특권을 가지고 있고 이러한 우월한 입지로부터 전승 이상의 더 좋은 것을 알게 된다.

물론 신학자들은 신학과 이데올로기는 쉽게 분리되지 않으며 그 어떠한 신학적 체계도 시대에 의해 조건지워지는 특질과 동떨어져 있을 수 없다는 것을 오랫동안 잘 알고 있다. 이 문제를 해결하려고 했던 여러 가지 형태의 관념론 철학의 실패는 잘 알려진 사실이다. 그러나 신학과 사회적 현실을 간단하게 동일시할 수 있다고 제안하는 것은 성경 내에 있는 하나님의 방식과 세상 사이의 복합적인 긴장관계들을 정당하게 다룰 가능성을 파괴해버린다. 전승을 비신화화하는 자신의 방법론의 예들을 제시함으로써 성경신학을 성경 사회학으로 대치하려는 고트발트의 시도는 오직 고도의 환원주의를 보여줄 따름이다. 내 판단으로는 우리가 현대의 비평적 해석자에게 요구할 수 있는 최소한도의 요구는 어떤 변증법적 긴장이 신학과 문화 사이에 유지되고 있다는 것이다. 우리가 이 둘을 어떻게 잘 통합하느냐 하는 것이야말로 이 과제를 수행하는 데 있어서 성공 여부를 판가름하게 될 것이다.

요컨대 정경의 맥락 안에서의 계시라는 용어의 사용은 경험적인 이스라엘의 삶과 분리될 수도 없고 동일시될 수도 없는 성경 전승의 신학적 차원들에 대하여 개방되어 있다는 관심을 나타낸다. 계시라는 용어는 구약신학의 과제에 속하지만, 그것은 오로지 하나님의 현실에 대한 신학적 성찰이라는 전반적인 과제를 보여주는 단축된 정식으로서 그렇다고 할 수 있다. 이 용어를 정경적 맥락 안에 확고하게 두고자 하는 것은 인지적, 경험적, 역사적 요소들을 지나치게 강조함에서 기인하는 해석의 오류들을 방지하기 위함이다.

실제로 성경과 관련하여 계시라는 용어를 사용하는 것은 최근의 비평가들이 생각하는 것보다 훨씬 더 중대한 위협을 수반한다. 하나님에 대한 증언을 성경으로부터 다루는 것이 가능한 대상으로 옮기는 것은 인간의 죄악됨 중의 하나이고, 계시를 하나님 자신의 견지에서 살아계신 하나님을 만나는 수단으로서 다루지 못하게 한다. 신학적 문제는 비평 이전의 해석과 현대의 역사적 해석 간의 날카로운 대비를 단정한다고 해서 풀리는 것이 아니다. 바르트와 불트만은 1920년대 바로 그러한 교훈을 우리에게 가르치고자 하였다.

말씀을 길들이려는 위협은 이 스펙트럼의 오른편과 왼편 모두에 동일하게 존재한다. 정경적 접근방식이 성경의 계시를 다루는 폐쇄적인 체계로 인식된다면 그것 또한 실패할 것이 분명하고 거부되는 것이 옳다. 하지만 그 접근방식이 하나님이 지속적으로 성령을 통하여 각각의 새로운 세대에게 살아 있게하는 신적 계시에 대한 증언의 인간적 형태를 진지하게 다루는 수단으로 기여할 수 있다면, 그것은 신학의 임무를 수행함에 있어서 당면한 실제적인 문제들과 씨름하는 데 유용한 도구로서 기여할 수 있을 것이다.

참고 문헌

J. **Barr**, 'Revelation through History in the Old Testament and in Modern Theology', *Interp* 17, 1963, 193–205; 'Revelation', *Dictionary of the Bible*, ed. James Hastings, rev. ed. F. C. Grant and H. H. Rowley, Edinburgh and New York 1963, 847–9; *Old and New in Interpretation*, London and Philadelphia 1966; K. **Barth**, *Church Dogmatics*, I/1–2, ET Edinburgh 1936, ²1975; 1956; R. **Bultmann**, 'The Concept of Revelation in the New Testament' (1929), ET *Existence and Faith*, New York 1960, 58–91; 'What Does it Mean to Speak of God?', ET *Faith and Understanding*, London and New York 1969, 53–65; F. G. **Downing**, *Has Christianity a Revelation?*, London 1964; N. K. **Gottwald**, *The Tribes of Yahweh*, Maryknoll, NY 1979 and London 1980; R. **Knierim**, 'Offenbarung im Alten Testament', *Probleme biblischer Theologie*, *FS G. von Rad*, ed. H. W. Wolff, Munich 1971, 206–35; R. **Rendtorff**, 'The Concept of Revelation in Ancient Israel', *Revelation as History*, ed. W. Pannenberg, New York 1968 and London 1969, 23–53; G. **Stroup**, *The Promise of Narrative Theology*, Atlanta and London 1981; T. C. **Vriezen**, *An Outline of Old Testament Theology*, ET Oxford and Boston 1968, 118–25; W. **Zimmerli**, 'Knowledge of God According to the Book of Ezekiel', in *I Am Yahweh*, ET Atlanta 1982, 29–98.

3

하나님은 어떻게 알려지는가?

1. 서론

나는 구약에 나타난 하나님에 관하여 말하려고 하는데, 그것을 어떤 식으로 할까? 이스라엘 전승의 처음에서 시작하여 발전의 역사에 있어서 구약에 나타난 하나님에 대한 가장 초기의 증언들을 추적해 볼까? 다양한 전승들(예언자적, 제사장적, 지혜문학적)을 모두 개략적으로 서술한 다음 이 전승들의 각각의 담지자들의 종교를 기술해 볼까? 상징들의 체계를 탐구하여 이러한 표현 형태들을 낳은 심리학적 사회학적 세력들을 식별해 내 볼까? 아니면 이와는 반대로 구약을 읽는 기독교 신학자로서 예수 그리스도에 나타난 하나님의 계시와 떨어져서는 하나님에 대한 온전한 지식은 없다는 신앙고백으로 시작하여 구약의 자료를 어떤 형태로든 이러한 믿음의 전망의 견지에서 보려고 해 볼까? 정경적 맥락은 이러한 통상적인 전망들을 어떻게 바꿔놓는가?

나는 다른 누구의 하나님이 아니라 바로 우리가 고백하는 하나님, 즉 이스라엘, 아브라함, 이삭, 야곱에게 자신을 알리신 하나님에 관하여 배우려고 구약에 다가간다. 나는 어떤 고대의 개념, 제우스나 몰록과 유사한 어떤 신화적 구성물에 접근하는 것이 아니라 우리 하나님, 우리 아버지께 다가간다. 구약은 하나님이 아브라함에게 자신을 계시하셨음을 증언하고 있고, 우리는 그 하나님이 우리의 삶 속으로 뚫고 들어오셨음을 고백한다. 나는 어떤 이상한 종교 현상에 관한 정보를 얻기 위하여 구약에 다가가는 것이 아니라, 믿음 안에서 나는 하나님의 자기 계시의 빛 아래에서 우리 자신을 이해하기 위하여 내가 찾고자 하는 지식을 얻으려고 한다. 교회의 성경의 맥락에서 나는 자신을 알리셨고 자신을 알리고 계시며 자신을 알리실 우리 하나님을 향하고자 한다.

나는 지금까지 알려지지 않은 대상이 아니라 우리가 이미 알고 있는 하나님에게 다가간다. 나는 하나님을 안다고 고백하는, 아니 하나님에 의해 아신 바 되었다고 고백하는 믿음의 공동체 안에 서있다. 우리는 고백과 송축과 소망 가운데서 삶을 영위한다. 따라서 나는 내가 이스라엘 역사의 처음에서 살고 있는 것처럼 행동할 수 없고 이미 그 이야기를 알고 있으며 믿음의 활동의 한복판으로 한참이나 들어가 있는 자로서 행동한다.

나는 권위있는 정경의 형태로 신성한 전승을 전해받은 믿음의 공동체에 속해 있다. 하나님이 알려져 있기 때문에 이미 형성되어 있는 믿음과 실천의 준칙이 존재한다. 구약은 하나님의 현실을 전제한다. 하나님은 자신의 피조물과의 관계를 정립하셨기 때문에 구약은 이스라엘이 이미 경험한 것으로 증언하고 있는 것의 가능성 여부를 사변적으로 고찰하지 않는다.

하지만 또한 이 관계의 본질과 지식의 질(質)은 구약에서 다양하다는 것도 사실이다. 창세기 4장은 "사람들이 처음으로 여호와를 부르기 시작했을 때"에 관하여 말하는데, 이는 관계의 변화를 보여준다. 분명히 하나님과 그분의 뜻에 대한 이해는 이스라엘의 삶, 민족들, 개인에 있어서 서로 다르다. 구약은 무관심하고 피상적인 관계로부터 강렬하고 전폭적인 밀접함에 이르기까지 온갖 정도의 지식을 충분히 알고 있다(시 77편). 실제로 처음(창1장)이 있고 끝(단 12장)이 있지만, 이러한 경계표들은 하나님의 의도 및 그분의 뜻의 신비와 관련이 있을 뿐 역사상의 이스라엘이나 현재의 예배 공동체가 하나님과의 관계를 예상할 수 있는 위치에 있다는 점을 나타내지는 않는다.

요컨대 이스라엘이든 우리 자신이든 시간에 있어서 우리가 무(無)로부터 하나님에 대한 이해를 발전시키기를 시작할 수 있는 여지란 없다. 오히려 우리는 그들과 마찬가지로 이미 시작된 그분의 창조를 통하여 하나님의 역사 속으로 들어간다. 물론 이러한 자세는 각각의 새로운 세대를 믿음으로 교육시키는 것과 결코 다르지 않다. 한 아이가 재림에 관한 믿음에 들어서지 않았다면 혼동이라도 일으킬 것처럼 들어가야 할 정확한 지점이란 존재하지 않는다. 오히려 우리는 이미 고백된 삶을 공유하며 성장함에 따라 이미 전해받았고 경험한 그 믿음의 근거들을 이해하려고 하는 것이다. 물론 믿지 않을 가능성도 남아있다. 시편 기자는 마음 속으로 하나님이 없다고 말하는 바보에 관하여 말한다(시 14 :

1). 하지만 하나님의 존재가 문제되고 있는 것이 아니라 하나님의 뜻에 주의를 기울이지 않는 삶의 태도가 문제되고 있다는 것은 문맥으로부터 분명하게 알 수 있다.

지금까지 나는 기독교의 정경의 맥락에서 구약을 신학적으로 성찰하는 것은 이 사업을 수행하는 데 있어서 취해야 할 전망(안목)을 정립해준다고 주장하였다. 그것은 기독교적 신앙과 거리를 두고 단순히 하나님에 대한 이스라엘의 신앙의 발전을 기술하거나 고대의 신에 관한 다른 개념들을 묘사하려고 하는 자세를 배제한다. 그렇다면 이러한 정경적 맥락은 하나님에 관한 구약의 신앙에 대한 성찰이 예수 그리스도에 대한 기독교적 신앙과 직접적으로 관련된다는 것을 함축하고 있는 것은 아닌가?

기독교의 정경이 예수의 이름이 언급되어 있지 않은 부분을 보존하고 있다는 바로 그 사실은 또 다른 신학적 선택을 구하는 것에 대한 최초의 보증을 제공해준다. 형식과 내용 양면에서 구약 정경이 함축하고 있는 뜻은 기독교적 삶이 여전히 단선적인 '구원사적'(heilsgeschichtliche) 틀로서가 아니라 신적 구속의 본질적인 종말론적 차원의 작도(作圖)로서 약속과 성취 사이에서 영위되고 있다는 것이다.

구약에 나타난 하나님의 계시를 성찰하는 것은 예수 그리스도 안에서의 온전한 계시로 말미암아 효력 없게 된 기독교 이전 단계가 아니다. 오히려 옛 언약의 증언을 통하여 하나님을 인식하는 것은 여전히 기독교 신학에 속하는 하나의 태도로 남아 있다는 것은 기독교 신앙의 본질에 속한다. 히브리 성경의 증언 속에서 하나님을 인식하려는 노력은 시대착오적인 발상이 아니라 구약이 교회에 있어서 계속해서 권위의 기능을 하고 있다는 의식적인 기독교적 이해이다. 성경신학의 궁극적인 과제는 신약과 구약 모두의 증언을 듣는 것이긴 하지만 그러한 사업은 교회의 성경으로서의 옛 언약을 독자적으로 진지하게 신학적으로 성찰하는 것의 정당성 내지 필요성에 의문을 제기하지 않는다.

2. 하나님은 피조물을 통하여 알려진다

하나님이 자신을 알리셨기 때문에 구약은 하나님에 관하여 이야기할 수 있다. 시편 기자는 하나님이 스스로를 증인으로 세우셨다고 증언한다 : "그 기이한 일을 사람으로 기억케 하셨으니"(111 : 4). 그렇다면 어떻게 하나님의 자신의 본성과 목적을 드러내셨는가? 구약 전체는 한 목소리로 이렇게 대답한다 : 무엇보다도 그의 피조물을 통해. 시편 기자는 이러한 진리를 다음과 같이 웅변적으로 증언한다 : "하늘이 하나님의 영광을 선포하고 궁창이 그 손으로 하신 일을 나타내는도다 날은 날에게 말하고 밤은 밤에게 지식을 전하니"(19 : 1). 마찬가지로 시편 8편에 시편 기자는 하나님의 손가락으로 만드신 것이라고 인정하고 있는 하늘의 광활함을 보고 — "주의 베풀어두신 달과 별들" — 그러한 피조물에 나타난 하나님의 긍휼에 대한 찬양을 터뜨린다 : "사람이 무엇이관대 주께서 저를 생각하시며. 주께서 저를 권고하시나이까". 끝으로 욥기 38장에서 하나님은 자신의 피조물의 경이로움을 다시 본다 :

> 내가 땅의 기초를 놓을 때에 네가 어디 있었느냐
> 네가 깨달아 알았거든 말할찌니라.
> 그 때에 내가 구름으로 그 의복을 만들고
> 흑암으로 그 강보를 만들고. (4-9절)

엄청난 신비와 놀라운 권능 앞에서 욥은 자기가 하나님과 다툴 수 없음을 고백한다. 내가 하마를 만들었을 때 너는 어디에 있었느냐?

하나님이 자신의 피조물 속에서 자신을 계시하신다고 말하는 것은 하나님이 자연을 통하여 알려진다고 말하는 것이 아니다. 해와 달을 자세히 살핌을 통해서 하나님을 발견하려고 하는 것은 우상숭배와 미신으로 빠지기 십상이다. 오히려 성경 기자의 고백은 하나님이 자신을 창조주로 계시하신다는 것이다. 어떠한 믿음의 행위도 포함되어 있지 않고 단지 대안이 없는 가정만이 포함되어 있다고 말하는 것(Westermann)은 내게는 성경의 증언을 불행히도 잘못 해석하고 있는 것으로 보인다.

창세기 1장은 이 신앙고백에 포함되어 있는 것에 대한 기본적인 성경적 증언을 보여준다. "태초에 하나님이 천지를 창조하시니라". 이 본문은 먼저 존재하시고 다음으로 행하신 하나님이 아니라 자신의 행위를 통하여 자신의 본성과 뜻을 알게 하신 하나님에 관하여 말하고 있다. 하나님은 자신에게만 독특한 행위를 통하여 무(無)로부터 "천지"를 생겨나게 하였다. 하나님은 단순히 어떤 것은 다른 무엇으로 변화시킨 것이 아니다. 강조점은 그 이전에는 지상적인 존재가 있을 시간이 없었던 완전히 새로운 시작에 두어져 있다. 하나님은 자신과는 다르고 그것에 대해 자신은 완전한 자유를 가지는 하나의 현실을 만들어냈다.

시편 33편에 나오는 보다 자세한 설명은 세상을 창조하심에 있어서 하나님의 말씀의 역할을 올바로 강조하고 있다 : "여호와의 말씀으로 하늘이 지음이 되었으며 그 만상이 그 입 기운으로 이루었도다". 하나님의 말씀에서 표현된 그의 뜻과 그 성취 사이에는 어떠한 상충도 존재하지 않는다. "하나님이 가라사대 빛이 있으라 하시매 빛이 있었고. 하나님이 가라사대 천하의 물이 한곳으로 모이고… 그대로 되니라". 창세기 1장은 자신의 피조물에 대한 하나님의 절대적인 자유와 권능을 강조한다. 마찬가지로 이사야 45장은 자신의 피조물에 대한 하나님의 절대적인 주권을 증언한다.

> 나는 여호와라 나 외에 다른 이가 없나니
> 나밖에 신이 없느니라.
> 나는 빛도 짓고 어두움도 창조하며
> 나는 평안도 짓고 환난도 창조하나니
> 나는 여호와라 이 모든 일을 행하는 자니라(5-7절)

피조물에 대한 통제권의 행사에 있어서 하나님의 주권에 대한 주장은 구약에서 하나님의 왕되심이라는 친숙한 심상(心像)으로 흔히 표현된다. 일련의 시편들(93, 95-99)은 하나님의 왕으로서의 통치에 대한 주제를 여러 모양으로 표현하고 있다. 피조물에 대한 구약의 증언의 몇몇 중요한 특징들은 다른 곳에서도 광범위하게 나타나지만 특히 이 시편들로부터 나온다.

첫째, 피조물 속에 표현된 하나님의 통치는 지속적이다. 그것은 오직 과거에만 관련되는 것이 아니다 ; 그것은 지속되고 있다. "세계도 견고히 서서 요동치 아니하도다"(시 93 : 1).

둘째, 하나님의 창조 행위는 반대 세력들을 거슬러 수행된다. 창세기 1 : 2은 창조를 비존재(non-being)가 아니라 혼돈과의 대항으로 본다. 시편 93 : 3도 마찬가지이다 : "큰 물이 그 소리를 높였고 큰 물이 그 물결을 높이나이다". 하나님의 창조가 이스라엘의 예배에서 끊임없이 송축되는 것을 보면 그것은 자신의 삶이 끈질긴 멸망의 세력들에 대항하는 하나님의 깨어있는 돌보심에 의해 지탱되고 있다는 이스라엘의 신앙을 반영하고 있다고 하겠다. 하나님의 권능에 대한 믿음은 이스라엘에게 있어서 단순히 철학적인 선택이거나 당연한 것으로 받아들여진 전제가 아니라 삶의 모든 것을 떠받친 실존적 믿음이었다.

창세기 1장은 하나님의 일하심은 자신의 피조물에 질서를 세우는 것이었다는 점을 강조한다. 하나님은 세상을 혼돈으로 창조하지 않았다(사 45 : 18). 질서 정연한 연속적인 행위들을 통하여 빛은 어둠으로부터 분리되고, 뭍이 형성되고 세상은 거주지가 되었다. 그런 후에 하나님은 그것을 좋다고 하시며 축복을 선언하였다. 창조는 하나님의 일하심이 목적을 지향하였다는 것을 함축하고 있다. 창조는 하나님이 장난삼아 하신 것이 아니었다. 따라서 세상은 "구원을 내고 의도 함께 움돋게"(사 45 : 8) 하려고 창조되었다.

대략 오십년 전에 폰 라트는 창조는 구약에 있어서 구속과 관련된 종속적인 주제였다고 주장함으로써 열띤 논쟁을 불러일으켰다('The Theological Problem', 53ff.). 그의 이론은 창조라는 동기(motif)가 고대 근동에 널리 퍼져 있었던 점으로 보아 이스라엘에서 그것이 뒤늦게 출현하였을 가능성은 거의 없었음을 보이려고 한 다른 학자들에 의해 이의가 제기되었다(Schmid, 'Creation'). 내 판단으로는 이 두 문제들이 논쟁에서 흔히 혼동되어 왔던 것 같다. 창조 주제가 이스라엘 전승 내에서 이차적으로 발전되었을 가능성은 있다. 하지만 성경 본문간의 대조를 바탕으로 이 두 주제의 현재의 신학적 기능을 결정하는 것은 다른 문제이다. 그것들이 상관물로서 기능한다고 주장함으로써 나는 이 밀접하게 결합된 주제들 사이의 수많은 종류의 창조적인 상호작용을 고려하지만, 과연 창조가 원칙적으로 종속적이었느냐 하는 것은 대단히 의심스럽다 하겠다.

구약 주석자들은 창세기 1–3장에서 이미 어느 정도의 언약 신학이 함축되어 있는지에 대하여 의견을 달리 한다. 거기에 신명기의 충분히 발전된 형태의 용어들이 나오지 않는다는 것은 확실하다. 그렇지만 창세기 1–3장의 증언은 인간의 창조가 나중에 생각해낸 것이 아니라 처음부터 하나님의 의도의 목표였다는 것을 매우 분명하게 해준다. 더욱이 바르트(CD. III /1)가 한때는 서로 독립된 것이었던 두 가지의 창조 이야기들 간의 관계 속에서 하나님의 긍휼의 은혜로운 행위로서의 창조의 외적 차원과 내적 차원의 상호작용을 본 것은 확실히 옳았다. 하나님의 은혜에 대한 합당한 응답으로서의 기쁨의 요소들 가운데 몇몇은 창세기 2장에 반영되어 있지만, 이러한 음조는 시편들 속에 명확하게 거듭 거듭 울리고 있다(100 : 1).

구약에서 창조는 흔히 지속적인 섭리적 밑받침으로 보아지지만 특히 예언서들과 시편에서는 그 기능을 다르게 보는 방식이 나타나 있다. 그 심상은 새 창조에 관한 것이다. 하나님의 창조의 권능에 대한 이스라엘의 성찰은 고난과 패배를 배경으로 끊임없이 행해진다. 시편 기자 안에서의 엄청난 긴장은 하나님이 이전에 행하셨던 것에 대한 이스라엘의 기억과 이스라엘의 현재의 비탄의 상황 사이의 두려운 대비로부터 생겨난다. "내가 옛날 곧 이전 해를 생각하였사오며… 물들이 주를 보고 두려워하며… 하나님이 은혜 베푸심을 잊으셨는가… 지존자의 오른손의 해… 를 기억하여"(시 77 : 5-9).

때로 선지자는 하나님의 원래의 계획에 따른 세상이 열릴 때 이전 것이 잊혀지고(사 65 : 17) 이스라엘의 모든 슬픔이 제거되는 새 하늘과 새 땅의 창조에 관하여 이야기한다. 또 어떤 때는 옛 창조와 새 창조는 하나님의 단일한 구속의 목적을 포괄하는 인간 역사 전체에 걸친 하나의 통일된 종말론적 행위로 보아지기도 한다. 이사야 51 : 9 이하에서 원래의 창조 행위는 부지불식간에 바벨론으로부터의 구속이라는 새로운 행위와 합류하여 단일한 기쁨의 노래로 이어진다.

창세기 1장의 본질적인 증언은 하나님은 인간('adam), 즉 남자와 여자를 자기 자신의 형상을 따라 창조하였다는 것이다. 하나님은 자신의 피조물의 이 특정한 부분에 자기의 특수한 인(印), 수령인이 지울 수 없는 흔적을 남겨놓았다(창 5 : 1). 구약학자들은 유대 신학과 기독교 신학에서 아주 중요한 역할을 해왔으면서도 여전히 창세기 본문에서 모호하게 남아 있는 이 개념의 온전한 의미를 찾으려고 씨름을 계속하고 있다(8장 이하를 참조하라). 하지만 그 불명료성에도 불구하고 적어도 우리는 그것은 다른 모든 피조물들 가운데서 유일무이한 하나님과 인간 간의 특별한 관계를 의미한다고 말할 수 있다. 오직 '아담'('adam)만이 그 형상을 받는다. 더욱이 그것은 한 개인에 대한 인(印)이 아니라 창조주와 인간 존재 사이의 유사성으로서 기능한다. 인간의 양성(兩性) 형태인 남자와 여자가 어느 정도 이 형상의 본질적인 부분인지는 여전히 논란되는 것으로 남아 있다.

서로 다른 방식으로 이스라엘의 지혜자들과 시편 기자들은 인간의 창조의 특별한 성질에 대하여 증언한다. 전도서는 하나님이 사람의 마음 속에 영원을 심어두었기 때문에(3 : 11) 인간은 자신에게 이질적인 소외를 극복하려고 끊임없이 노력한다고 말한다. 시편 기자는 자신이 하나님의 임재를 피할 수 없다고 하면서—"내가 주의 앞에서 어디로 피하리이까"—말을 돌려 그의 지으신 피조물의 경이로움을 성찰한다 :

주께서 내 장부를 지으시며
나의 모태에서 나를 조직하셨나이다
내가 주께 감사하옴은 나를 지으심이 신묘막측하심이라.
주의 행사가 기이함을 내 영혼이 잘 아나이다.(139 : 13−14)

3. 지혜를 통한 계시

구약에는 지혜에서 발견되는 하나님의 계시의 또 다른 주요한 통로가 있다. "여호와께서는 지혜로 땅을 세우셨으며 명철로 하늘을 굳게 펴셨고"(잠 3 : 19). 인간의 재능을 피해가고 인간의 부지런한 탐구를 허용치 않는 하나님의 창조의 신비가 있다. 이 지식은 하나님을 떠나서 고군분투하여 얻어질 수 없다. 그것은 하나님의 목적 안에 숨겨져 있으며 그의 지으신 것들 속에 심겨져 있다 :

그 값을 사람이 알지 못하나니
사람 사는 땅에서 찾을 수 없구나.
그런즉 지혜는 어디서 오며
명철의 곳은 어디인고
모든 생물의 눈에 숨겨졌고.
하나님이 그 길을 깨달으시며
있는 곳을 아시나니(욥 28 : 13−23)

창조의 처음에−"하나님이 하늘을 두시고 깊음 위에 운행하셨을 때"−하나님은 자신이 지으신 것에 여전히 그 창조주의 지혜를 증언하고 있는 신적인 각인을 심어놓았다. 이 흔적은 애굽의 '마트'(maat)와 같은 비인격적인 세계 질서가 아니라 인간을 진리의 삶의 길들로 인도하려고 하는 능동적인 지혜의 음성이다.

자신의 피조물 안에서의 지혜의 형태로 된 하나님에 대한 이러한 계시는 자신의 피조물을 적극적으로 끌어들이려고 한다. 지혜는 사람을 악의 길과 그릇된 말로부터 구원하는 힘이다(잠 2 : 12). 지혜로 말미암아 왕은 다스리고 통치자들은 올바른 것을 공포한다(잠 8 : 15). 폰 라트는 피조물의 '자기 계시'의 형태로서의 이러한 질서에 관하여 말한다. "피조물은 단지 존재하기만 하는 것이 아니라 진리를 수행하기도 한다"(*Wisdom in Israel*, 165).

자신의 피조물 안에서의 하나님의 목적에 대한 본질적인 증언으로서의 지혜는 현실의 구조 자체에 포섭되어 있으며 이 역할을 통해 인간을 진리의 길로 인도하려고 한다. 하지만 지혜는 이성이나 인간의 명철함을 통해 발견될 수 없다. 지혜의 길은 여호와를 경외하는 데 있다. 지혜는 모든 이들을 오도록 초청하기 때문에 — "나를 사랑하는 자들이 나의 사랑을 입으며 나를 간절히 찾는 자가 나를 만날 것이니라"(잠 8 : 17) — 지혜를 통하여 하나님의 뜻을 발견할 수 있다는 약속은 선지자에 의해 제시된 약속과 놀라울 정도로 유사성을 띤다 : "너희가 전심으로 나를 찾고 찾으면 나를 만나리라"(렘 29:13).

마찬가지로 시편 기자는 하나님의 창조의 경이로움을 이렇게 찬양한다 :

> 여호와여 주의 하신 일이 어찌 그리 많은지요
> 주께서 지혜로 저희를 다 지으셨으니(시 104 : 24)

> 저가 가축을 위한 풀과
> 사람의 소용을 위한 채소를 자라게 하시며
> 땅에서 식물이 나게 하시고(시 104 : 14 - 15).

따라서 하나님의 위대한 지혜를 통한 창조는 하나님과 사람으로 하여금 즐거워 하지 않을 수 없게 한다(시 104 : 32 - 34). 시편 기자가 하나님의 긍휼에 압도되어 찬양을 발하는 것은 조금도 이상한 일이 아니다 : "여호와를 찬양하라". 정경적 전망에 있어서 어떻게 지혜 주제들이 이스라엘의 예배 속으로 온전히 통합되었고 원래 아주 다른 기원에도 불구하고 예배 공동체에 의해 통일적인 찬양의 응답 속에서 굳건하게 결합되었는가를 아는 것은 아주 중요하다.

4. 역사를 통한 계시

하나님은 이스라엘의 역사를 통해서도 자신을 계시하신다. 역사 안에서의 자신의 계시는 종류에 있어서 그의 창조를 통한 계시와 다르지 않는 것으로 보아진다. 시편 기자는 창조와 세상의 보전 안에서 하나님을 찬양하는 것으로부터 아브라함과의 언약과 야곱을 향한 약속을 언제나 기억하고 있는(vv. 7ff.) 백성들 가운데서 자신의 행위들을 알게 하신 분으로 아주 쉽게 넘어갈 수 있다. 출애굽기는 안식일을 포함한 창조를 하나님과 이스라엘 백성과의 영속적인 언약의 징표로 분명하게 연결시킨다(31 : 12ff. ; 참조. 20 : 8ff.).

창세기 전체를 관통하는 커다란 주제 중의 하나는 하나님이 족장들의 삶 속으로 침투하셔서 그들에게 자신의 뜻과 목적을 알리셨다는 것이다. 창세기의 모든 이야기들은 이러한 하나님의 자기 계시의 활동을 예시하는 데 기여한다. 하나님은 마므리 상수리 나무 아래에서 아브라함에게 나타나셨고(18 : 1) 하늘까지 이어져 있는 사다리 꼭대기에서 야곱에게 나타나셨으며(28 : 12ff.) 사막에서 하갈에게 나타나셨다(21 : 17). 마찬가지로 모세는 자기가 하나님을 발견하였을 때에야 자기가 하나님에 의해 발견되고 있었음을 체험하였다고 생각하였다(출 3 : 5ff.).

시편 기자는 이스라엘을 위한 그의 기이한 행하심을 통하여 하나님의 큰 호의를 자세히 설명하는 것을 결코 잊지 않았고(105 : 1ff.) 도움을 요청하는 강렬한 호소(126 : 1ff.)는 하나님이 구원 속에서 다시 개입하실 수 있다는 확고한 확신을 토대로 하고 있다(77 : 5ff.). 다니엘서 9장의 긴 기도는 하나님께서 언약의 약속들에 따라 구원 속에서 다시 한번 자신을 계시하여 달라는 간청이 수반된 죄의 고백이라는 동일한 양식을 보여준다.

하지만 하나님이 역사의 사건들을 통하여 이스라엘을 위한 그의 의로운 뜻과 구속 계획을 계시한다는 주제는 선지자들에 의해 매우 완벽하게 전개되고 있다. 이사야에서 역사에 대한 하나님의 주관의 의미는 특히 분명하게 나타난다. 강대한 앗수르는 "나의 진노의 막대기요 그 손의 몽둥이는 나의 분한이라", 이를 하나님은 자기 백성을 치러 보낸다. 그의 목적이 완수되었을 때(14 : 24ff.) 하나님은 교만한 압제자를 꺾으실 것이다. 또 하나님이 이스라엘에 재앙을 내리기 위하여 땅끝으로부터 부르는 "북방으로부터의 원수"(5-7장)에 대한 주제를 예레미야가 사용하는 것은 역사 속에 들어가지만 온전히 역사를 초월하는 하나님의 심판의 마귀적 차원을 묘사한다. 역으로 이스라엘의 구속자(go'ēl)로의 하나님의 계시는 제2이사야의 말씀 속에 아주 강력하게 등장한다 :

너희의 구속자요 이스라엘의 거룩한 자 여호와가 말하노라
너희를 위하여 내가 바벨론에 보내어 모든 갈대아 사람으로
자기들의 연락하던 배를 타고 도망하여 내려가게 하리라.
보라 내가 새 일을 행하리니.
너희가 그것을 알지 못하겠느냐(사43 : 14 − 19)

더욱이 하나님이 민족들의 역사를 통하여 자신을 계시하신다는 주제는 구약 전체에 걸쳐 나타난다. 바로가 모세를 "여호와가 누구관대… 나는 여호와를 알지 못하니"(출 5 : 2)라고 말하며 모세를 비웃었을 때 여호와는 심판의 큰 기사(奇事)들을 통하여 애굽 왕에게 자신을 알게 하여 그로 하여금 "여호와는 의로우시고 나와 나의 백성은 악하도다"라고 고백하게 만들었다. 이와 마찬가지로 느부갓네살의 방자함을 보시고 이스라엘의 하나님은 그가 지극히 높으신 자 앞에서 다음과 같이 고백할 때까지 그의 위로부터 그를 내치시는 심판을 통하여 자신을 계시하였다 :

그 권세는 영원한 권세요
그 나라는 대대에 이르리로다.
누가 그의 손을 금하든지 혹시 이르기를
네가 무엇을 하느냐 할 자가 없도다(단 4 : 34f.)

또 여호와는 법률적 소송이라는 비유적 형태로 우상들의 권능에 이의를 제기한다. 여호와는 우상들에게 역사 속에서 어떤 일을 해보라고 도전한다 : "복을 내리든지 화를 내리라 우리가 함께 보고 놀라리라"(사 41 : 23). 그런 후에 여호와만이 과거를 설명할 수 있고 미래를 예측할 수 있다. 여호와만이 왕들을 격동시키며 나라들을 쓰러뜨릴 수 있으므로 이를 보는 모든 사람들은 "이가 옳다"(41 : 26)고 증언하지 않을 수 없다.
이스라엘이 교만하게 되고 특별한 특권을 부당하게 요구할 때 아모스는 선택된 백성에게 다른 민족들에 대한 하나님의 유사한 관심을 상기시킨다 :

이스라엘 자손들아 너희는 내게 구스 족속 같지 아니하냐
내가 이스라엘을 애굽 땅에서 블레셋 사람을 갑돌에서

아람 사람을 길에서 올라오게 하지 아니 하였느냐(암 9 : 7)

그리고 말라기는 죄악된 백성에게 "해 뜨는 곳에서부터 해 지는 곳까지의 이 방 민족 중에서 내 이름이 크게 될 것이라"(1 : 11)고 다짐을 준다. 궁극적으로 구약에 있어서 하나님의 계시는 모든 민족들에게 미치며 종말 때에 대한 위대 한 종말론적 묘사들은 땅의 모든 민족들이 하나님의 말씀에 의해 가르침받기 위하여 모여든다는 견지에서 그려지고 있다(사 2 : 1ff.).

그렇지만 역사 안에서의 하나님의 계시는 하나님이 자신의 발자취들을 드러 내기도 하시고 감추기도 하시는 장(場)으로 남아 있다(사 45 : 15). 특히 선지 자 이사야는 하나님의 목적의 기이함에 대하여 치열하게 씨름한다. 실제로 하 나님은 자신이 틀림없이 수행하실 하나의 목적을 갖고 계신다 :

만군의 여호와께서
맹세하여 가라사대
나의 생각한 것이 반드시 되며
나의 경영한 것이 반드시 이루리라.(14 : 24ff.)

그러나 선지자가 기이하고 낯설다고 규정하고 있는 것은 하나님의 일하심이 다.

이사야 28 : 23에서 선지자는 자신의 주장을 분명히 하기 위하여 농부의 비유 를 든다. 농부의 일이 시절에 맞춰 이루어지는 것과 마찬가지로─그는 쟁기로 갈고 땅을 고르고 씨를 뿌린다─하나님의 목적은 자신의 때와 뜻에 따라 달라 진다 : "하나님은 늘 떨기만 하지 아니하고." 그러므로 우리에게는 인간 역사의 지평 위에서 심판과 구속을 통하여 움직이는 하나님의 손을 알아차릴 필요가 있다.

히브리 선지자들은 일관되게 역사 안에는 도덕적 차원이 있다고 주장하였다 는 것은 확실하다. 이 점에서 선지자의 해석은 역사를 순전히 내재적인 요인들 의 복합적인 관련으로 파악하는 계몽운동 이후의 역사가들의 모든 이론들과 첨 예하게 대비된다. 그러나 성경이 선한 행위와 악한 행위를 대비시키기 위하여 도덕성의 역사를 구성하는 데 주로 관심을 갖고 있다고 추론한다면 그것은 구 약에 대한 중대한 오해이다. 실제로 많은 현대의 독자들을 혼란스럽게 하는 구약의 특징들 중의 하나는 바로 윤리 문제들에 대하여 거칠게 다루는 이 분야에 대한 관심의 결여이다. 오히려 선지자들은 오직 훨씬 더 깊은 차원에서 세상에서의 하나님의 목적에 대한 심원한 신학적 성찰로부터 인간의 어리석음을 지배하는 하나님의 신비스러운 손을 보고 있는 것이다.

5. 이름을 통한 계시

마지막으로 하나님은 자신의 이름을 통하여 자신의 정체를 계시하신다. 구약에서 이름은 단순히 자의적인 표찰이 아니라 그 이름 배후에 있는 실체를 증언한다. 어떤 인물의 성격이 변화될 때 그의 이름도 변화되어야 한다. 족장들에게 하나님은 서로 다른 이름들을 통하여 자신과의 특이한 관계를 계시하였다. 하나님은 '영원한 하나님'(El Olam) 또는 '전능의 하나님'(El Shaddai)였다. 하나님의 경륜 내에서의 각각의 새로운 시대는 하나님의 이름에 대한 다른 계시를 받았다.

하지만 모세에게 계시된 하나님의 이름인 여호와는 과거와 미래 사이의 하나님의 계시의 연속성을 분명하게 하였다. 출애굽기 6 : 2에 따르면 하나님은 모세에게 이렇게 말씀하셨다 : "나는 여호와(YHWH)로라 내가 아브라함과 이삭과 야곱에게 전능의 하나님(El Shaddai)으로 나타났으나 나의 이름을 여호와(YHWH)로는 그들에게 알리지 아니하였고". 여호와라는 이름을 통하여 언약의 하나님은 모세를 통하여 자기 백성과 영원한 관계를 맺으셨다 : "이는 나의 영원한 이름이요 대대로 기억할 나의 표호니라"(3 : 15).

더욱이 여호와라는 이름의 의미는 모세에게 주의깊게 설명되었다 : "나는 스스로 있는 자니라"(Ehyeh asher ehyeh). 하나님의 존재는 정적인 실체가 아니다. 하나님은 자신의 구속 행위들을 통하여 모세에게 그가 자기의 참된 본성에 대하여 어떻게 배울 것인지를 알리신다. 이스라엘은 하나님이 이스라엘을 위하여 행하신 것을 통하여 하나님이 누구신지를 알게 될 것이다. 그러므로 하나님의 이름은 그후로 영원토록 예배를 통하여 송축되어야 했다.

자신의 이름을 통한 하나님의 뜻의 계시는 계속해서 특히 에스겔서에서 주요한 역할을 한다. "너희는 내가 여호와인 줄 알리라"(7 : 1, 27 ; 12 : 16 ; 20 : 38)라는 후렴구는 자기 존재에 대한 참된 지식을 드러내는 하나님의 행위들을 가리킨다. 하나님은 모든 사람이 자기가 누구인지, 즉 여호와인 줄을 알게 하기 위하여 이스라엘의 역사에서 활동하신다. 하나님의 이름을 망령되이 일컫지 말라는 금지 명령은 이스라엘의 구속을 위하여 제공되어 부당한 목적을 위하여 함부로 사용될 수 없는 이 지식의 남용을 금하는 것이다.

6. 구약의 하나님은 남성 신인가?

때때로 해석의 역사에서 구약의 하나님은 피에 굶주린 '사나이다운'(macho) 남성 신으로 묘사되어 왔다. 아이러니컬하게도 이와 같은 묘사는 최근에 몇몇 여성해방운동의 문헌에 다시 등장하였다. 기독교인들은 이스라엘의 하나님이 남성 신이 아님을 어떻게 아는가? 우리는 구약의 정경이 우리에게 그분의 진정한 본성을 계시하고 있기 때문에 그것을 안다! 구약 자체가 하나님을 일관되게 남성 대명사로 지칭하고 있고 하나님을 전적으로 왕, 아버지, 남편과 같은 고대 근동의 문화의 맥락에서 기술하고 있는데도 그렇게 주장하는 것이 어떻게 가능한가? 성경은 그 문제의 해결책이 아니라 문제의 근원이 아니던가?

물론 우리는 이에 대해 구약에서 여성적인 많은 심상들이 하나님에 관하여 사용되고 있다는 점을 지적함으로써 쉽게 대답할 수 있다. 예컨대 하나님은 어머니로서 그녀의 고난받는 자녀들을 위로하며(사 66 : 12), 출산의 고통을 감내하며(사 42 : 14), 암탉으로서 자신의 흩어진 무리를 모은다. 하지만 이러한 관찰이 사실이라 할지라도 그것은 훨씬 더 깊은 차원의 이해에서 작용하고 있는 해석학적 문제의 핵심을 적중시키지 못한다.

기본적인 신학적 혼동은 믿음의 공동체에 있어서 성경의 의미는 성경이 종교적 규범으로서 기능하기 위하여 '순수'를 요구하는 생명 없는 책 속에 묻히지 않는다는 것을 보지 못함으로써 생겨난다. 오히려 의미는 종교적 공동체가 신성한 본문을 사용하는 그 사용과 구체적인 믿음의 상황 속에서의 본문의 응집력으로부터 도출된다. 성경 전체의 증언의 주요한 취지는 이스라엘의 하나님을 그가 은혜로 말미암아 존재케 하고 지탱하고 있는 자신의 피조물과 질적으로 다른 존재임을 묘사하는 데 있다.

구약은 이 차이를 강조하는 쪽으로 기울어 있다. 하나님은 비틀거리며 약하게 되어 죽어가는 유한 존재가 아니다 ; 이스라엘의 하나님은 영원에 거하신다.

하나님은 졸지 않으시고 이스라엘을 지키시며, 하나님 안에는 회전하는 그림자도 없다. 흔히 히브리어에 특유한 관습적인 언어의 사용으로 인하여 하나님이 무엇과 같은지를 보지 못하는 것은 성경의 본문간 관련성의 특질을 완전히 오해하는 것이다. 케리그마적인 의도에 대한 감각 없이 구약을 읽는 것은 가장 나쁜 문자주의에 빠지는 것이다.

여기서 중요한 점은 성경에서 '아버지'나 '왕'과 같은 용어들은 신자들이 온전한 하나님의 실체를 나타내기에는 부적합하다고 언제나 느껴왔던 관습적인 언어를 통하여 계속해서 예배를 받고 계시는 하나님의 성품으로부터 그 신학적 내용성을 얻는다는 것이다. 하나님을 지칭하는 그러한 성경의 용어들이 걸림돌이 된다면 그 문제가 심상(心像)들에 있는지 아니면 교회의 경전으로서의 성경을 읽어내는 데 필요한 '독자로서의 자질'을 더 이상 소유하고 있지 못한 세대에 있는지에 대한 해석학적 문제 제기가 있어야 한다.

여전히 나는 소위 '포괄적인 언어'의 사용을 통하여 하나님의 구원의 초대의 보편적인 성질을 명백하게 하는 것은 오늘날 설교와 가르침을 통한 구약의 현실화에 있어서 적합하다고 판단한다. 좋은 번역은 그 구체적인 역사상의 청중과 호흡을 같이 한다. 하지만 성경의 메시지를 그런 식으로 옮기는 것은 성경을 시대에 의해 조건지워진 약점들로부터 '해방시키려는' 것과는 전적으로 다른 해석학을 나타낸다.

7. 하나님의 자기 계시의 특징들

하나님은 어떻게 알려지는가에 관한 구약 내에서의 강조점의 상당한 다양성에도 불구하고 몇몇 특징적인 양식들이 보인다 :

(a) 구약의 하나님은 일관되게 인간을 찾는 데 있어서 주도권을 쥐고 있다. "아담아 네가 어디 있느냐". 하나님은 족장 이야기에서나 선지자의 신탁에 있어서나 앞장 서서 기사(奇事)의 새롭고 신선한 지평을 여신다.

(b) 하나님은 계시에 있어서 어느 하나의 수단에 한정되어 있지 않지만, 하나님의 오심은 예기치 못한 놀라운 수단을 통해서이다. 하나님은 불과 천둥 속에서 모세에게 말씀하셨지만 엘리야의 경우에는 불로서 오시지 않음으로써 엘리야를 실망시키는 것을 선택하셨다. 대신에 하나님은 고요하고 세미한 음성으

로 자신의 임재를 알리셨다(왕상 19:12). 이와 관련하여 아이러니를 자주 사용하는 것은 일종의 하나님의 유머를 시사해주는 것으로 보인다(참조. 발람, 나아만, 요나의 이야기들).

(c) 하나님은 이스라엘에게 자신의 정체를 드러내기도 하시고 숨기기도 하신다. 처음에 하나님의 형상 자체인 것으로 보이는 것이 단지 하나님의 외관만을 나타낸 것으로 곧 밝혀진다 : 하나님의 '영광', '사자', '얼굴'. 모세는 "대면하여" 하나님과 이야기를 나누는 것이 허용되었지만 모세가 본 것은 단지 하나님의 떠나가는 뒷모습이었을 뿐이다(출 33 : 23). 선지자 이사야가 왕이신 여호와를 보았을 때 여호와의 가장 작은 옷자락이 성전을 가득 채웠다(사 6 : 1).

(d) 이상(異像)에서 말씀되어진 내용으로 신속하게 옮겨가는 것은 하나님의 임재에 대한 구약의 계시의 특징이다. 두려운 하나님의 나타나심 앞에서 겁에 질린 야곱은 아브라함과 모세와 마찬가지로 구두의 약속을 받는다(창 28 : 13ff.). 하나님은 말씀하시는 존재이기 때문에 그의 주요한 매체는 자신의 말씀이다. 하나님은 족장들과 의사소통을 하실 때 그들의 이름을 부르신다. 때로 하나님의 음성이 천둥으로 들려온다면 '여호와의 음성'(qol YHWH)은 곧 이스라엘이 알아들을 수 있는 해석된 말씀이 된다. 선지자의 문헌에서 이상(異像)은 모든 것을 포괄하는 하나님 말씀의 힘에 종속되는 것이 보통이다 :
"여호와께서 이렇게 말씀하셨다".

(e) 구약의 하나님은 완벽하게 통일된 불변의 실체로 결코 보아지지 않는다. 하나님의 영원성의 요소들은 커다란 움직임과 행위에 대한 심상들과 긴장관계에 놓여 있다(겔 1 : 4ff.). 하나님의 초월성은 그의 내재성을 손상시키지 않으며, 하나님의 신비스러운 타자성(他者性)은 그의 은혜로운 임재를 손상시키지 않는다. 기독 교회가 구약의 이러한 성경적 증언에 대하여 삼위일체라는 술어로 응답해야만 함을 느꼈다는 것은 결코 우연이 아니었다.

참고 문헌

B. W. **Anderson,** *Creation versus Chaos*, New York 1967; B. W. **Anderson** (ed.) *Creation in the Old Testament*, London and Philadelphia 1984; K. **Barth**, *The Doctrine of Creation*, *Church Dogmatics*, ET III/1–4, Edinburgh 1958ff.; R. C. **Dentan**, *The Knowledge of God in Ancient Israel*, New York 1968; L. **Gilkey**, *Maker of Heaven and Earth*, New York 1959; H.-J. **Hermisson**, 'Observations on the Creation Theology in Wisdom', in B. W. Anderson (ed.) *Creation*, 118–34; C. J. **Labuschagne**, *The Incomparability of Yahweh in the Old Testament*, Leiden 1966; G. **von Rad**, 'The Theological Problem of the Old Testament Doctrine of Creation', in Anderson (ed.) *Creation*, 53–64; *Wisdom in Israel*, ET London and Nashville 1972, 144–76; J. **Reumann,** *Creation and New Creation*, Minneapolis 1973; J. C. **Rylaarsdam**, *Revelation in Jewish Wisdom Literature*, Chicago 1946; H. H. **Schmid**, 'Creation, Righteousness, and Salvation: "Creation Theology as the Broad Horizon of Biblical Theology" ', in Anderson (ed.), *Creation*, 102–17; S. **Terrien**, *The Elusive Presence*, New York 1978; C. **Westermann**, *Creation*, ET Philadelphia and London 1974; *The Elements of Old Testament Theology*, ET Atlanta 1978, 9–34; W. **Zimmerli**, *I am Yahweh*, ET Atlanta 1982; *Old Testament Theology in Outline*, ET Atlanta and London 1978, 17–58.

4

계시에 있어서 하나님의 목적

하나님이 이스라엘과 열방들에게 자신을 계시하게 된 동기를 탐구하는 것은 뻔한 문제인듯이 보인다. 왜 하나님은 자신을 알리셨는가?

1. 자기 계시의 목표

놀랍게도 구약은 하나님의 동기에 관해서는 실제로 입을 다물고 있다. 우리가 이 문제를 직접적으로 다루고 있는 곳을 찾아보는 것은 헛수고가 된다. 하나님의 계시를 하나님이 외로우셔서라는 것과 같이 어떤 하나님의 필요에 그 토대를 두고 있지 않다는 것은 분명하다. 하나님이 자신의 하나님됨을 진정으로 표현하기 위하여 어떤 성취를 요구하였다거나 인간과의 교제를 구했다는 암시는 없다. 그러한 것은 구약에 생소한 것일 뿐이다.

창조를 통한 자기 계시 배후에 있는 동기는 이스라엘과의 언약을 맺는 것이었다고 주장하는 것조차도 오경 안에서 다른 방식으로 기능하는 하나의 주제를 잘못 해석하는 것이다. 출애굽기 31 : 12 이하에서 창조와 언약 맺음 사이에 분명한 관련성이 언급되어 있다는 것은 확실하다. 또한 창세기 1장에는 안식일에서 정점에 도달하는 연속적인 창조의 행위들과 2장에서 시작되는 인류의 세대의 역사 사이의 관련성이 함축되어 있다. 그러나 이러한 관련성은 하나님의 자기 계시를 위한 동기를 제공해주지 않는다. 오히려 언약은 시편89편에서 다윗과의 언약과 관련하여 말하고 있는 바와 같이 자신의 말에 대한 하나님의 신실

하심을 보여주는 것을 그 주된 기능으로 갖는 계시의 한 수단일 뿐이다 :

> 그러나 나의 인자함을 그에게서 다 거두지 아니하며
> 나의 성실함도 폐하지 아니하며
> 내 언약을 파하지 아니하며
> 내 입술에서 낸 것도 변치 아니하리로다(vv. 33f.)

　진실은 구약은 일관되게 하나님 중심적이라는 것이다. 구약은 하나님의 주된 행위는 자신을 계시하는 데 있다고 전제하며 이것을 꿰뚫어 더 나아가려고 하지 않는다. 따라서 하나님에 대한 이스라엘의 이해는 하나님의 계시에 토대를 두고 있으며 하나님의 존재 자체를 통하여 이해하려고 하는 시도는 결코 없다.

　물론 이스라엘은 하나님의 자기 계시의 서로 다른 측면들 배후에 있는 동기를 숙고함으로써 하나님의 목적 안에서의 이상하거나 갈등적인 행위들의 의미를 이해하려고 하였다. 예를 들면 이사야는 하나님의 계획의 이해할 수 없음에 경탄을 금치 못하고ー"그 일이 비상할 것이며. 그 공이 기이할 것임이니라" (28:21)ー그것을 시절에 따라 변화하는 농부의 활동과 비교하였다(28 : 27). 또 신명기 7장은 궁극적으로 자기 백성을 향한 하나님의 사랑의 신비에 호소함으로써 이스라엘의 선택을 설명하려고 하였다 :

> 너희가 다른 민족보다 수효가 많은 연고가 아니라 너희는 모든 민족 중에 가장 적으니라 여호와께서 다만 너희를 사랑하심을 인하여…(vv. 6ff.)

　이 두 경우에 하나님의 목적의 신비는 자신의 목적에 적합한 경우에만 부분적으로 드러내시는 하나님 자신의 계획에 그 근거를 두고 있다. 이러한 절대 주권에 대한 주장이 도전을 받을 때 하나님은 비타협적인 권세를 가지고 이 도전을 반박하신다 :

> 질그릇 조각 중 한 조각 같은 자가
> 자기를 지으신 자로 더불어 다툴찐대 화 있을찐저
> 진흙이 토기장이를 대하여 너는 무엇을 만드느뇨 할 수 있으며
> 너의 만든 것이 너를 가리켜 그는 손이 없다 할 수 있겠느뇨…

　　이스라엘의 거룩하신 자 곧 이스라엘을 지으신 여호와께서 가라사대…
　　내 아들들의 일과 내 손으로 한 일에 대하여 내게 부탁하라
　　내가 땅을 만들고 그 위에 사람을 창조하였으며
　　내가 친수로 하늘을 펴고
　　그 만상을 명하였노라…
　　구원자 이스라엘의 하나님이여
　　진실로 주는 스스로 숨어 계시는 하나님이시니이다(사 45 : 9－15)

　또 욥이 하나님을 희생시켜 자신의 품격을 세우려고 하였을 때 하나님의 야유를 상기하라 :

　　내가 땅의 기초를 놓을 때에 네가 어디 있었느냐
　　네가 깨달아 알았거든 말할찌니라(38 : 4)

　그렇지만 하나님은 하나의 목적, 즉 'ēśah를 가지고 계신다. 하나님이 행하시는 모든 것은 장난끼나 심심풀이로 행해지는 것이 아니다. 시편 기자는 "여호와의 도모는 영영히 서고 그 심사는 대대에 이르리로다"(33 : 11)라고 말하면서 하나님께 찬양을 돌린다. 또 그는 세상을 지탱하는 하나님의 은혜로운 섭리와 세심한 배려를 묵상하면서 다시 한번을 찬양을 터뜨린다 :

　　여호와여 주의 하신 일이 어찌 그리 많은지요
　　주께서 지혜로 저희를 다 지으셨으니(104 : 24)

　이와 마찬가지로 이사야는 하나님의 도모(圖謀)를 소중히 여긴다 :

　　나의 생각한 것이 반드시 되며
　　나의 경영한 것이 반드시 이루리라(14 : 24)

　끝으로 제2이사야는 창조 자체가 질서정연한 계획을 포함하고 있다고 주장한다. 그는 땅을 혼돈으로 창조한 것이 아니라－실제로 말 자체가 모순이다－거기에 거주토록 하기 위하여 땅을 창조하였다(45 : 18).

우리가 하나님의 목적이 무엇이었느냐고, 즉 자신을 계시하신 하나님의 동기를 묻는다면 구약은 침묵한다. 하지만 우리가 하나님의 목적이 무엇이었느냐고, 즉 자기 계시가 지향하고 있는 '목표'를 묻는다면 구약의 대답은 청산유수와 같을 것이다. 하나님은 모든 사람으로 하여금 하나님이 누구신지를 보고 알게 하기 위하여 자신을 계시하셨다 :

나는 여호와라 나 외에 다른 이가 없나니
나밖에 신이 없느니라
너는 나를 알지 못하였을찌라도 나는 네 띠를 동일 것이요
해 뜨는 곳에서든지 지는 곳에서든지 나 밖에 다른 이가 없는줄을 무리로 알게 하리라
나는 여호와라 다른 이가 없느니라…
나는 여호와라 이 모든 일을 행하는 자니라(사 45 : 5－7)

또 선지자 에스겔은 하나님의 목적을 다음과 정식(定式)으로 가르치는 데 지칠 줄을 모른다 : "너희로 여호와를 알게 하기 위하여"－그러면 생명을 얻으리라.

하나님이 누구시냐에 대한 계시는 하나님의 활동으로부터 나온다. 하나님의 행사를 아는 것은 하나님이 누구신가를 이해하는 것이다. 하나님의 행위들과 하나님의 존재 사이에는 어떠한 충돌도 없다. 세상은 하나님의 목적이 상영되는 연극장이다. 시편 기자에게 하나님의 의도는 그의 행사들 속에 풍부하게 드러나 있다는 것이 너무도 자명한 것으로 보였다. 그러므로 끊임없이 이렇게 호소한다 : "와서 여호와의 행적을 볼찌어다"(시 46 : 8). "너희는 가만히 있어 내가 하나님됨을 알찌어다 내가 열방과 세계 중에 높임을 받으리라"(46 : 10). 우리는 하늘에서 하나님의 지으신 것을 볼 수 있으며(시 8 : 3) 깊음 속에서 하나님의 기사(奇事)를 볼 수 있다(시 107 : 23f.).

그러므로 유일하게 적절한 반응은 그의 만드신 것들 속에 분명히 드러나 있는 하나님의 임재의 영광 앞에서 찬양을 드리는 것 뿐이다 :

하나님께 고하기를 주의 일이 어찌 그리 엄위하신지요
주의 큰 권능으로 인하여 주의 원수가 주께 복종할 것이며

온 땅이 주께 경배하고 주를 찬양하며…
와서 하나님의 행하신 것을 보라… 와서 들으라…
하나님이 내 영혼을 위하여 행하신 일을 내가 선포하리로다(시 66 :
3-16)

2. 하나님의 뜻을 모호하게 함

그러나 구약은 하나님이 자신의 행사들을 통하여 나타내신 자신의 은혜로운 목적은 모든 사람에 의해 보아지거나 이해되지 않는다는 것을 잘 알고 있다. 자신을 인간에게 알리심에 있어서 하나님의 뜻을 모호하게 한 수많은 틈새들이 존재한다. 창세기 3장에 증언되어 있는 '타락'의 교리는 구약 전체가 기능하는 틀을 제공한다고 말하는 것은 구약 정경 안에서의 다양성을 올바르게 다루고 있지 않은 것이다. 이렇게 아담의 원죄의 견지에서 인간의 소외를 다룬 특정한 체계화는 그 사용에 있어서 매우 한정되어 있다. 더우기 창세기 처음의 몇 장의 역할에 대한 유대적 해석과 기독교적 해석 사이에는 놀라울 정도의 차이가 존재한다. 그렇지만 하나님과 그의 피조물 사이에는 주요한 균열이 존재한다는 것은 여러 가지 다른 형태들을 통하여 구약 전체에 끊임없이 반복되어 나타난다.

선지자 이사야는 이 소외를 자신의 설교의 주요한 주제로 기술한다 :

내가 자식을 양육하였거늘
그들이 나를 거역하였도다
소는 그 임자를 알고
나귀는 주인의 구유를 알건마는
이스라엘을 알지 못하고
나의 백성은 깨닫지 못하는도다(1 : 2-3)

또 제2이사야는 이렇게 말한다 :

너희 귀머거리들아 들으라 너희 소경들아 밝히 보라

소경이 누구냐 내 종이 아니냐
누가 나의 보내는 나의 사자 같이 귀머거리겠느냐…
네가 많은 것을 볼찌라도 유의치 아니하며
귀는 밝을찌라도 듣지 아니하는도다(42 : 19-20)

이스라엘은 창조주보다 피조물들을 더 경배한다 :

…저희가 더욱 범죄하여
그 은으로 자기를 위하여 우상을 부어 만들되
자기의 공교함을 따라 우상을 만들었으며
저희가 그것에 대하여 말하기를
제사를 드리는 자는 입을 맞출 것이라 하도다(호 13 : 2)

그 결과

자기 영광을 풀 먹는 소의 형상으로 바꾸었도다
애굽에서 큰 일을 행하신
그 구원자 하나님을 저희가 잊었나니(시 106 : 20-21)

그러므로

이 땅에는 진실도 없고 인애도 없고
하나님을 아는 지식도 없고
오직 저주와 사위와 살인과 투절과 간음 뿐이요.
그러므로 이 땅이 슬퍼하며(호 4 : 1-3)

이와 비슷한 방식이긴 하지만 흔히 다른 심상들을 통하여 시편 기자는 이스라엘의 반역과 망각을 증언한다(106 : 7). 이스라엘 민족은 사악하고 교만하게 되었다. 모든 사람은 이웃에 대하여 거짓을 말하고(52 : 2ff.) 지식이 없어서 모두 어그러진 길로 나아갔다(14 : 3). 마찬가지로 지혜자들은 어떻게 사람이 지혜의 길을 잃어버리고 졸면서 정처 없이 가며 넘어지는가 또는 온갖 위험을 알지 못하는 순진한 어린 아이처럼 걷는가를 성찰한다(잠 7 : 6ff.).

　그러므로 그의 행사들 속에서 하나님의 목적을 이해하는 것은 하나님의 역사(役事)를 보는 자의 상태와 뗄 수 없을 정도로 결부되어 있다. 하나님이 세상에서 무엇을 행하고 계시는지를 보기 위해서는 하나님의 은혜와 참된 지각력이라는 은사가 필요하다. 하나님은 자기를 사랑하는 자, 겸손히 통회하는 자에게 구원을 통해 자신을 계시하신다. "너희가 전심으로 나를 찾고 찾으면 나를 만나리라"(렘 29 : 13). 교만하고 오만무례한 자에게가 아니라 깨어진 심령을 가진 자에게 하나님은 자신의 목적을 수행하신다(시 138 : 8). 하나님을 아는 지식은 자기 자신을 아는 지식과 분리할 수 없을 정도로 연계되어 있다.

3. 종말에 있어서 하나님의 목적의 회복

　계시의 진리에 대한 인간의 무지와 맹목(blindness)에 비추어 볼 때 하나님의 궁극적인 목적에 대한 주요한 성경적 증언은 성경 이야기의 처음이 아니라 끝에 제시되어 있다는 것은 이상한 일이 아니다. 더욱이 끝이라는 의미는 구약 전체에 있어서 하나님의 목적은 종말론적 특질을 갖고 있다는 것이다. 물론 창세기 1−2장에 나오는 창조 기사는 피조물과의 교제 가운데 살아갈 조화와 아름다움의 열매맺는 세상을 제공하는 데 있어서 하나님의 의도의 선하심과 은혜를 묘사한다. 하지만 이 묘사는 아주 조심스러운 것 중의 하나로서 그릇된 지식과 하나님의 소유권으로부터의 교만한 독립을 향한 인간의 추구를 위한 배경으로 기능한다.

　오히려 하나님의 계시의 참된 목표가 가장 명료한 형태로 등장하는 것은 하나님의 개입에 의한 하나님의 목적의 은혜로운 회복에 대한 예언서의 증언에서이다. "물이 바다를 덮음 같이 여호와를 아는 지식이 세상에 충만할 것"이기 때문에 세상은 해(害)와 착취와 폭력이 없는 회복된 조화를 지니는 것으로 묘사된다(사 11 : 9). 또 그 날에는 "이 나라와 저 나라가 다시는 칼을 들고 서로 치지 아니하며 다시는 전쟁을 연습지 아니하리라"(사 2 : 4). 예레미야는 "작은 자로부터 큰 자까지 다 나를 알게" 될 새 언약에 관하여 이야기한다(31 : 31). 회복된 예루살렘, 하나님의 도성은 다시 "의의 성읍"(사 1 : 26)이라 불릴 것이다. 새 하늘과 새 땅의 창조는 "새벽 별들이 함께 노래하며 하나님의 아들들이 다 기쁘게 소리"할 때(욥 38 : 7) 또는 지혜가 하나님과 함께 "사람이 거처할 땅에서 즐거워하며 인자들을 기뻐하였을" 때(잠 8 : 30f.) 첫 창조를 회상하며 기뻐하는 결과를 가져올 것이다.

끝으로 하나님의 목적에 대한 지식이 받는 사람의 상태에 달려있는 것과 마찬가지로 자신의 피조물에 대한 하나님의 구원의 목표는 구속된 자들의 참여를 가져온다 :

나의 기뻐하는 금식은
…압제당하는 자를 자유케 하며
모든 멍에를 꺾는 것이 아니겠느냐
또 주린 자에게 네 식물을 나눠 주며
유리하는 빈민을 네 집에 들이며…
그리하면 네 빛이 아침 같이 비췰 것이며
네 치료가 급속할 것이며…
여호와의 영광이 네 뒤에 호위하리니…
나 여호와가 너를 항상 인도하며
…네 영혼을 만족케 하며…(사 58 : 6ff.)

하나님의 자기 계시의 목표는 첫 창조에서 어렴풋이밖에 예시되지 않은 것으로서 최종적인 화해, 새 예루살렘, 변화된 세상을 염원하는 소망의 성취를 가리키고 있다.

결론적으로 나는 자기 피조물과 관련한 하나님의 목적을 가리키는 가장 적합한 성경적 용어는 '구원' 또는 '구속'이라고 주장하고 싶다. 이 용어들은 많이 남용되는 용어인 '해방'(liberation)보다 선호되어야 할 이유가 많다. 물론 해방이라는 단어는 실제로 성경적 함의의 일부분인 사회적 정치적 개선의 차원을 포함하는 명칭상의 이점을 갖고 있다. 하나님의 개입은 단순히 영적이고 내면적인 차원에만 국한될 수 없다는 것은 확실하다. 하지만 오늘날 사용하고 있는 해방이라는 용어는 이데올로기적인 색채를 농후하게 띤 정치적 경제적 함의들을 지나치게 갖고 있음으로 해서 이 단어의 풍부한 종교적 함의들을 빼앗겨버렸다는 약점을 갖고 있다.

오늘날 신학계에서 사용되는 해방이라는 용어는 하나님의 의도, 즉 죄사함,

믿음의 응답, 진정한 자유를 성취하는 데 있어서 인간적인 모든 계획의 기본적인 무능함에 대한 구약의 이해에 기본적인 특징들을 진지하게 취급하지 못하고 있다. 성경 기자들의 소망은 아무리 의미있고 경건한 것일지라도 인간의 사회적 프로그램들에 닻을 내리고 있는 것이 아니라 자신의 영원한 목적을 따라 이미 열매를 맺고 있는 하나님의 구원에 닻을 내리고 있다.

'하나님 나라'—자신이 창조한 만물에 대한 하나님의 통치—라는 성경적 용어를 구원과 동등한 것으로 사용하는 것은 하나님의 일하심을 개별적인 인간 영혼으로 제한하는 것을 막아주는 데 기여할 뿐만 아니라 세상에 활력을 불어넣는 종말론적 힘인 하나님의 우주적 뜻을 완성시키는 데 있어서의 하나님의 주도권을 가리키는 것도 될 것이다.

참고 문헌

J. **Fichtner**, 'Jahwes Plan in der Botschaft des Jesaja', *ZAW* 63, 1951, 16–33; J. **Jeremias,** *Die Reue Gottes. Aspekte alttestamentlicher Gottesvorstellung,* BS 65, 1975; C. **Westermann,** *Elements of Old Testament Theology,* ET Atlanta 1982, 35–84; G. E. **Wright**, *God Who Acts*, SBT I. 8, 1952; W. **Zimmerli,** *Old Testament Theology in Outline*, ET London and Atlanta 1978, 43–8.

5
하나님의 율법

1. 하나님을 아는 지식과 하나님의 뜻

하나님을 아는 것은 하나님의 뜻을 아는 것이다. 구약에서 하나님을 아는 것은 신비 체험이나 단순한 인격 간의 관계가 아니다. 그것은 영성(靈性)의 느낌도 아니다. 오히려 하나님을 아는 지식은 전체를 통하여 하나의 내용을 지니고 있는 하나님의 뜻에 대한 순종으로 정의된다. 하나님이 "나는 여호와니라"라고 자신의 이름을 통하여 자신을 계시하실 때 하나님은 동시에 자신의 뜻도 계시하시는 것이다(출 20 : 2ff.). 하나님을 아는 지식이 하나님의 계시에 바탕을 두고 있듯이 하나님의 뜻도 그와 동시에 알려진다. 이스라엘은 먼저 하나님을 알고 그후에 하나님이 무엇을 원하시는지를 발견한 것이 아니다. 하나님을 아는 것과 그 뜻을 아는 것은 동일하며, 둘 다 하나님의 자기 계시에 토대를 두고 있다. 하나님을 아는 지식이 없는 것은 하나님의 뜻에 불순종하는 것으로 묘사되며, 따라서 그것은 하나님의 진노를 불러일으킨다.

이사야는 지식이 없어 죽어가는 불순종하는 백성에 관하여 이야기하고(5 : 13) 호세아는 불법이 횡행하는 것이 지식의 결여의 결과들이라고 설명한다(4 : 1). 호세아는 언약을 깨뜨리고 율법을 범하면서도 "나의 하나님이여 우리 이스라엘이 주를 아나이다"(8 : 2)라고 부르짖는 백성을 정죄한다. 역으로 압제받는 자들이 자유케 되고 헐벗은 자들이 입히우는 곳에 하나님은 임재하시며 알려지신다(사 58 : 6ff.).

2. 하나님의 명령

하나님은 처음부터 자신의 뜻을 분명하게 밝히셨다 : "여호와 하나님이 그 사람에게 명하여 가라사대 동산 각종 나무의 실과는 네가 임의로 먹되 선악을 알게 하는 나무의 실과는 먹지 말라."(창 2 : 16). 창세기 2장의 기자에게 있어서 인간적이라는 것은 자유 가운데서 공동체 안에서 하나님의 명령 아래 사는 것이었다. 또 하나님은 아브라함에게 "너는 너의 본토 친척 아비 집을 떠나 내가 네게 지시할 땅으로 가라"(창 12 : 1)고 명하셨다. 또 야곱에게는 "네 고향 네 족속에게로 돌아가라 내가 네게 은혜를 베풀리라"(창 32 : 9)고 하셨다. 또한 하나님은 모세에게 "이제 내가 너를 바로에게 보내어 너로 내 백성 이스라엘 자손을 애굽에서 인도하여 내게 하리라"(출 3 : 10)고 명하셨다. 그때 모세가 이 명령에 저항하자 하나님은 자신의 계획을 기꺼이 모세와 협상하고자 했으며 마침내 모세의 저항의 진정한 이유가 불신앙인 것으로 밝혀졌다. 요컨대 하나님은 구약 전체를 통하여 자유로게 의사를 밝히는 의지를 가진 인격으로 등장한다.

역으로 하나님의 말씀이 땅에서 "희귀하게" 될 때(삼상 3 : 1) 그것은 가장 혹독한 하나님의 심판이었다. 아모스는 하나님의 심판을 이렇게 묘사한다 :

양식이 없어 주림이 아니며 물이 없어 갈함이 아니요
여호와의 말씀을 듣지 못한 기갈이라
사람이 이 바다에서 저 바다까지
북에서 동까지 비틀거리며
여호와의 말씀을 구하려고 달려 왕래하되
얻지 못하리니(8 : 11-12)

사울은 "하나님은 나를 떠나서 다시는 대답지 아니하셨기" 때문에 자신의 삶에 대하여 절망한다. 하나님이 자신의 임재를 거두실 때 사람은 어찌 할 바를 알지 못한다는 것이 성경의 깊은 확신이다!

3. 하나님의 뜻과 그 실현

창세기 1장의 창조 기사는 하나님의 뜻과 그의 행위 사이에는 어떠한 충돌도 없다는 것을 아주 극명하게 증언한다. 하나님이 "있으라"고 말씀하셨을 때 그것이 있었다. 그러므로 예언과 성취 사이에 일시적인 차별이 있다고 할 때 그것은 하나님의 은혜에 속한다. 하나님은 자기 백성들에게 회개의 모든 기회를 주기 위하여 심판의 결단을 미루신다.

이 주제에 관한 정말 주목할만한 장(章)들 중의 하나는 소돔의 멸망을 앞에 두고 하나님과 아브라함 사이에 오고간 대화이다(창 18 : 22ff.). 하나님은 아브라함을 신임하시고 그 큰 악으로 인하여 소돔을 멸할 자신의 결심을 그에게 밝히신다. 그때 하나님은 열 사람의 의인을 찾는다면 심판을 거두어달라는 아브라함의 부탁을 들어준다. 대화를 하는 중에 아브라함은 하나님의 뜻과 그의 행위 사이의 차별을 은근히 내비친다 : "세상을 심판하시는 이가 공의를 행하실 것이 아니니이까". 하지만 이 긴장은 너무도 명백한 것이고 ─ 그것은 이 장에서 문학적인 표현 도구로 기여하고 있다 ─ 하나님이 아브라함의 타협책을 받아들여서 공의를 위한 자신의 뜻과 긍휼에 기인한 자신의 행위를 맞춤으로써 해소된다.

이와 비슷한 맥락에서 "자신의 결심을 후회하시는" 하나님이라는 히브리의 관용어구는 하나님의 뜻의 완전무결함을 보전하면서도 인간 역사와 관련한 결단과 유연성을 보여준다(참조. Jeremias).

4. 시내산 증언의 정경적 형태

구약에서 하나님의 뜻에 대한 가장 온전하고 가장 직접적인 표현은 시내산에서의 율법의 계시에서 찾아볼 수 있다. 실제적인 의미로 창세기는 그것의 서문(prologue)이고 신명기는 그것의 결어(epilogue)이며, 오경의 핵심은 그 사이에 있는 출애굽기, 레위기, 민수기에 담겨 있는 시내산 전승이다. 율법의 신학에 대한 논의를 시작함에 있어서 출애굽기 19장에서 민수기 10장에 걸친 이 복합적인 전승 내에 있는 많은 문학적 문제들을 열거하는 것이 비평 주석들과 구약신학들의 통상적인 절차이다. 십계명, 언약법, 성결법, 제사장적 규례와 같은 여러 별개의 단위들이 구별되고 따로 평가된다. 하지만 이 장(章)들이 실제로 복잡한 발달의 역사를 겪었다는 것을 보여주는 많은 증거에도 불구하고 내 견해로는 그 발달사를 역사적으로 재구성하는 것에 직접적으로 의존하여 구약신학을 저술하는 것은 방법론적으로 잘못이라고 생각한다. 오히려 내가 제안하고자 하는 접근방식은 그 정경적 형태의 본문간 관련성에 따라 구약신학을 기술하고 이 일단의 자료가 성경의 맥락 안에서 어떻게 체계화되고 설명되었는가를 이해하려고 하는 것이다. 깊은 차원이 정경의 본문을 조명해주고 경쟁적인 해석 방법으로 보아지지 않을 때 그러한 접근방식의 사용은 흔히 아주 큰 도움을 줄 수 있다.

일정한 대략적인 해석 방향들은 즉시 분명해진다. 시내산 계시(출 19장)는 총체적으로 애굽으로부터의 구원과 관련되어 있다. 율법의 수여(출 20장 이하)와 언약의 인침(출 24장)은 하나님의 백성의 형성의 정점이다. 더욱이 십계명은 구약 전승 안에서 특별한 위치가 부여되어 있는데, 이는 이 이야기 내에서의 그 형식, 용어 사용, 위치를 통해 분명히 드러난다. 십계명의 계명들은 시내산에서의 하나님의 계시와 밀접하게 결부되어 있고 여호와 자신으로부터의 직접적이고 매개되지 않은 전달을 증언하고 있다 : "하나님이 이 모든 말씀으로 일러 가라사대…".

십계명은 이스라엘 역사의 특정한 역사상의 시기나 중앙 성소와 같은 특정한 제도를 언급하지 않음으로써 다른 대부분의 율법 규정들과 구별된다. 정경에 있어서 십계명은 시내산 전승 전체의 신학적 요약 역할을 한다. 그러므로 다음에 이어지는 모든 자세한 규정은 십계명 속에서 발견되는 율법의 핵심에 종속되어 있고 그것에 의해 해석된다. 출애굽기 20 : 21 이하에서 이어지는 언약의 책은 사람들이 하나님의 나타나심에 놀라 도망갔을 때 모세의 중보를 통해 전달된 추가적인 계명들로서의 역할을 담당하였다(20 : 18ff.). 이 모든 규정이 언약 설정의 맥락에서 보아졌다는 것은 24장으로부터 분명히 알 수 있다.

레위기의 율법들은 그 전사(前史)와는 상관 없이 시내산 사건과 굳게 결합되어 왔다. 이러한 연관은 문학상으로 출애굽기 29장에 이어지는 레위기 8-9장, 즉 아론과 그 아들들의 취임에서 분명히 나타난다. 더욱이 이 예식은 하나님의 뜻의 정확한 집행에 따라 전개된다 : "여호와께서 모세에게 명하심과 같았더라"(8 : 9, 13, 17, 21, 29 등). 레위기의 율법들을 시내산에 결부시키려는 동일한 의도는 희생제사의 율법들에 대한 결론적인 서명(subscription)에서도 분명히 나타난다(7 : 37-38). 레위기의 편집자는 8-9장에서 아론의 취임으로

시작된 희생제사 체계가 모세를 통한 시내산에서의 하나님의 계시로부터 유래
하였음을 보이기 위하여 자료를 구성하였다(7 : 38). 아론이 시작한 희생제사
들은 단순한 관습으로부터 유래한 것이 아니라 하나님의 뜻에 대한 직접적인
순종에서 기인한 것이었다. 아론의 취임은 합당한 예배에서의 순종과 응답의
구체적인 예시가 되었지만 나답과 아비후는 거룩치 못한 부정행위에 대한 심판
의 예를 보여주었다(레 10 : 1ff.).

모든 자료를 시내산에서의 계시와 직접적으로 결부시키는 방식으로 레위기
를 구성한 것의 정경적 효과는 이스라엘에 있어서 권위있는 경전으로서의 그
역할을 이해하는 데 있어서 대단히 중요하다. 원래 서로 아주 다른 시기들로부
터 유래하였고 서로 상당히 다른 사회적 상황들을 반영하였던 레위기의 율법들
은 하나의 거대한 신학적 구조물, 즉 모든 이후의 세대들을 위하여 시내산에서
모세에게 알려진 하나님의 뜻에 종속되었다. 이 해석학적 움직임은 단순히 전
승을 비역사화한 것으로 규정되어서는 안된다. 오히려 레위기에서는 이스라엘
의 삶에 있어서 역사상의 한 시기가 이 민족의 이후의 모든 역사를 측정하는 규
준이 되었다. 율법이 이스라엘에게 권위있게 기능하려면 그것은 시내산에서 유
래하여야 한다. 역으로 그것이 시내산으로부터 유래하였다면 그 율법은 권위가
부여되어야 한다. 이스라엘의 율법들의 역사적 기원에 대한 오늘날의 재구성과
는 질적으로 다른 시내산에 대한 신학적 이해가 정경화 과정에서 작용하고 있
음이 분명하다.

끝으로 시내산 자료의 신학적 의의(意義)에 대한 이해에 있어서 신명기에 부
여된 정경적 역할에 대한 정확한 분석이 중요하다. 다시 한번 정경적 접근방식
은 신명기의 오랜 형성 과정에서 여러 세력들이 그 자료에 자취를 남겨놓았다
는 것을 부인하지 않는다 ; 하지만 중요한 주석학적 문제는 이러한 보다 초기의
단계들이 정경의 맥락 안에서 어떻게 기능하는가를 결정하는 데 있다.

신명기의 처음 장(章)은 모세가 백성들에게 말한 목적은 "이 율법 설명하
기"(5절)에 있었다는 것을 즉시 분명히 밝힌다. 이제 땅을 건너가야 할 새로운
세대에게 모세는 시내산 언약을 해석해준다. 모세는 새로운 율법을 제시하는
것이 아니라 시내산 이래의 이스라엘의 역사를 들려줌을 통해서 단번에 민족을
구성하였었던 하나님의 율법에 대한 순종을 가르치려고 한다(5 : 22). 모세는
백성들이 잠시 후에 들어갈 새로운 상황에 하나님의 율법을 적용한다. 그러므
로 옛 전승의 새로운 적용을 제공하고 있는 것이 신명기의 정경적 기능으로 부

여되고 있다. 새로운 해석은 언약에 대한 새로운 헌신을 통해 하나님의 뜻에 응답하도록 촉구하는 방식으로 새로운 세대에게 과거의 전승들을 현실화하려고 한다.

율법의 설명은 지금 가나안 땅으로의 진입에 의해 일어나는 이스라엘의 이제까지 경험해보지 못한 새로운 상황의 맥락 안에 놓여진다(18 : 9 ; 19 :1ff.). 이스라엘은 이전처럼 계속되는 것이 아니라(12 : 8) 모세에 의해 새로운 헌장이 주어진다. 이것은 신명기의 율법들의 매우 다른 성격이 정경화 과정에서 인식되었고 그 변화가 정복이라는 새로운 역사적 상황의 틀 내에서 변용되었다는 것을 함축한다(참조. 14 : 24ff.). 12-26장에서 율법들에 질서를 부여한 것의 효과는 율법 안에서 변화의 원칙을 정당화하고 그와 아울러 역사상의 발달 과정에서 활동한 모든 다양한 세력들을 하나의 신학적 범주에 종속시키는 것이다. 이것은 정경적 체계화 과정은 아주 다양한 서로 다른 율법들을 하나의 책이라는 최종적인 형태로 만들어내었지만 실제로 율법의 새로운 형태들을 산출해낸 구체적인 사회정치적 세력들을 무시하였다는 것이다.

시내산 전승들을 이해하는 데 있어서 신명기의 정경적 역할의 신학적 함의들은 근본적으로 중요하다. 모세는 그 종교적 역사를 형성한 중요한 사건들을 경험하지 못했던 새로운 세대에게 하나님의 뜻을 설명해주는 것으로 묘사된다. 그러므로 신명기는 미래의 세대들이 율법을 어떻게 접근해야 하며 율법이 그 해석을 위한 지침으로서 어떻게 기능하는가에 대한 권위있는 주석으로 기여한다. 따라서 하나님의 언약은 과거의 역사에 묶여 있는 것이 아니라 이스라엘의 모든 세대에 여전히 제공되고 있다.

또 하나님의 약속은 여전히 미래에 놓여 있으며 이스라엘은 믿음 속에서 그 유업의 소유를 기대할 수 있을 뿐이다. 또 신명기는 율법은 일편단심의 헌신이라는 응답을 요구한다고 가르친다. 신명기 기자는 율법을 가르쳐 백성들의 의지로 만들려고 애를 쓴다. 하나님의 율법은 하나님 백성의 살아있는 전승들을 공유하는 능동적인 선택을 촉구하는 역동적인 명령으로 남아 있다. 끝으로 가슴과 영혼과 마음을 다하여 하나님을 사랑하라는 견지에서 율법을 요약하고 있는 신명기의 능력은 온갖 형태의 율법주의에 대한 주요한 견제가 된다. 신명기에 따르면 모세 율법 전체는 생명과 구원을 위한 유일한 토대를 제공하는 것을 자기 백성의 삶을 위한 영원한 목적으로 삼으시는 하나님의 생생한 뜻을 증언한다.

5. 율법의 신학적 함의들

(a) 구약의 여러 율법들의 다양성에도 불구하고 이 자료에는 자기의 언약 백성에게 하나님의 한 가지 뜻을 표현하고 있다는 신학적 통일성이 존재한다. 역사적인 언약의 맥락 안에서 계명들은 역사상의 이스라엘을 하나님 백성으로 변화시킴에 있어서 서로 다른 기능들을 하였다. 그러므로 우리는 하나님의 율법은 히브리 정경의 첫 부분에 해당하며 언약 관계를 구성하는 것이라고 말할 수 있다.

(b) 율법은 약속과 위협 양자를 포함하고 있다. 율법은 생명 또는 죽음을 가져오는 결단을 요구한다. 삶에 대한 지침으로서 신실한 자들을 돕는 계명들은 그와 마찬가지로 불순종하는 자들에게는 죽음으로 작용한다. 율법의 이러한 이중적인 측면은 언약을 인치는 예식(출 24장)과 축복과 저주의 의식을 통해 오경 전체에 걸쳐 강조된다. 선지자들에 의해 선포된 심판의 집행은 율법 자체 안에 처음부터 포함되어 있었다.

(c) 하나님의 율법은 언약 백성의 기쁨과 덕세움을 위하여 제정된 하나님의 선물이었다. 그것은 짐이 아니라 가장 고귀한 보화와 하나님의 호의를 분명하게 보여주는 징표로 주어졌다. 율법의 원래의 의도에 대한 가장 심원한 증언은 시편 119편에서 찾아볼 수 있다 :

> 내가 주의 법을 어찌 그리 사랑하는지요
> 내가 그것을 종일 묵상하나이다.
> 내가 주의 법도를 영원히 잊지 아니하오니
> 주께서 이것들로 나를 살게 하심이니이다(97, 93절)

(d) 언약의 파기와 하나님으로부터 이스라엘의 소외를 보여주는 가장 분명한 징표는 하나님의 율법이 짐이 되고 민족을 멸하는 수단이 되었을 때 나타났다. 이러한 무시무시한 일은 에스겔에서 선지자가 "내가 그들에게 선치 못한 율례와 능히 살게 하지 못할 규례를 주었고 그들이 장자를 다 화제로 드리는 그 예물로 내가 그들을 더럽혔음은 그들로 멸망케 하여"(20 : 25f.)라고 증언했을 때 현실로 드러났다. 하지만 율법에 대한 이러한 이해의 온전한 함의들을 보기 위해서는 우리는 사도 바울의 증언을 기다려야 한다.

참고 문헌

B. S. **Childs**, *Exodus*, London and Philadelphia 1974, 385–496; R. E. **Clements**, 'The Old Testament as Law', *Old Testament Theology. A Fresh Approach*, London 1978, 104–30; W. **Eichrodt,** *Theology of the Old Testament*, ET, I, 70–97; J. **Ellul**, *The Theological Foundation of Law*, ET New York 1960; H. **Gese**, 'The Law', *Essays on Biblical Theology*, ET Minneapolis 1981, 60–92; Jörg **Jeremias,** *Die Reue Gottes*, BSt 65, 1975; G. E. **Mendenhall,** *Law and Covenant in Israel and the Ancient Near East*, Pittsburgh 1955; M. **Noth,** *The Laws in the Pentateuch and Other Studies*, ET Edinburgh and Toronto 1966, reissued London 1984; G. **von Rad**, 'The Law', *Old Testament Theology*, ET, II, 388–409; S. **Schechter,** *Some Aspects of Rabbinic Theology*, New York 1923, 116–60; E. E. **Urbach,** *The Sages. Their Concepts and Beliefs*, ET, I, Jerusalem 1975, 286–314; W. **Zimmerli**, 'The Theological Relevance of the Law', *The Law and the Prophets*, ET Oxford 1965 and New York 1967, 46–60.

6

하나님의 뜻을 아는 것과 행하는 것

1. 변증법적 축들

하나님의 뜻이라는 주제와 관련하여 여기서 꼭 다루어야 하는 또 하나의 중요한 측면이 있다. 그것은 이스라엘에 대한 하나님 자신의 뜻의 계시의 신학적 문제의 바로 핵심에 놓여 있다.

한편으로 오경에는 하나님이 자신의 뜻을 아주 극명하게 이스라엘에게 알리셨다고 말하는 수많은 구절들이 있다. 이야기, 율법, 예언, 지혜 문학을 통하여 구약 전체에 걸쳐 하나님의 명령들은 끊임없이 언급되어 있다. 미가의 응답은 선지자들의 전형을 보여준다 : "사람아 주께서 선한 것이 무엇임을 네게 보이셨나니 여호와께서 네게 구하시는 것이 오직 공의를 행하며 인자를 사랑하며 겸손히 네 하나님과 함께 행하는 것이 아니냐"(6 : 8).

반면에 많은 구약의 구절들에 비추어 보면 하나님의 뜻을 아는 것이 단순하게 전제될 수 없다는 것도 마찬가지로 분명하다. 이스라엘은 여전히 하나님의 뜻을 '찾고' '궁구하여야' 하며 그의 길들을 분별하며 가르침의 길을 추구하여야 한다.

하나님의 뜻을 아는 것과 행하는 것에 대한 구약의 서로 다른 접근방식 사이의 이러한 긴장을 우리는 어떻게 이해하여야 하는가? 이 문제는 성격상 신학적이므로 한 접근방식은 보다 초기의 전승 단계를 나타낸다거나 율법적 증언과 예언적 증언은 편차가 있다는 것과 같은 여러 가지 역사적 또는 문학적 해결책들에 의해 해결될 수 없다. 오히려 이 문제는 구약이 자기 백성에 대한 하나님의 뜻의 계시를 어떻게 이해하는가를 보여주는 것으로 보인다.

우리가 첫번째 언명(言明)으로 돌아가 본다면 구약은 하나님의 뜻은 분명한 정식(定式)들을 통하여 명료하게 설명될 수 있다고 자주 천명한다. 십계명은 하나님의 율법의 고전적인 표현이다. 율법의 다양하고 서로 다른 기능들에도 불구하고 하나님의 뜻의 통일성은 항상 존재한다. 전승 내에는 연속성이 있다. 하나님은 한 시기에서는 이렇게 명하시고 다른 시기에서는 저렇게 명하시는 것이 아니다. 더우기 하나님의 뜻은 불가능한 이상이나 단순한 '공유된 비젼(vision)'이 아니라 수행될 수 있는 주장이다. 신명기 30 : 11 이하는 이것을 간결하게 정식화하고 있다 : "내가 오늘날 네게 명한 이 명령은 네게 어려운 것도 아니요 먼 것도 아니라. 오직 그 말씀이 네게 심히 가까와서 네 입에 있으며 네 마음에 있은즉 네가 이를 행할 수 있느니라".

그러나 구약의 하나님은 자신의 율법의 생생한 저자이며 하나님은 계속해서 자기 백성에게 그들의 역사를 통하여 자신의 뜻으로 말씀하신다는 것도 마찬가지로 사실이다. 처음부터 끝까지 능동적인 참여가 존재한다. 이스라엘에게 율법은 하나님으로부터 떨어져 독립적으로 기능하는 생명 없는 원칙들로 증류될 수 없었다. 특히 선지자들은 인간의 죄악됨애 직면해서 이 민족으로 하여금 하나님의 거룩하심의 새롭고 무시무시한 차원들을 알게 하였다. 또 하나님의 뜻은 구체적인 역사적 상황들에 향해진 구체성을 지니고 있다. "웃시야 왕의 죽던 해에" 이사야에게 말씀되어진 명령들은 예루살렘의 멸망 이후에 그발 강가에서 에스겔에게 말씀되어진 명령들과 동일한 것이 아니었다. 하나님의 뜻의 구체적인 적용은 일관되게 결코 전적으로 윤리적 원칙으로부터 추론될 수 없는 흔히 급진적이고 예기치 않은 '상황 대응의'(ad hoc) 형태를 띠었다.

여기서 말하고자 하는 기본적인 사항은 구약—신약도 다르지 않다고 나는 생각한다—내의 그 어디에도 우리가 십계명에서 발견되는 것과 같은 하나님의 율법의 일반적인 명령들을 구체적인 역사적 상황 안에서 구체적으로 적용할 수 있도록 변용할 수 있는 체계나 기법은 기술되어 있지 않다는 것이다. 성경은 영원히 변치 않는 하나님의 뜻을 웅변적으로 증언하고 있지만 이와 아울러 특정한 상황들에 처해 있는 구체적인 개인과 민족들에 대한 하나님의 뜻의 놀랍고 신선한 적용을 이루 헤아릴 수 없이 다양한 방식으로 기술하고 있다. 하나님의 뜻 안에는 연속성, 즉 과거로부터 미래에 걸친 구속 목적이라는 일관성이 존재한다. 약속으로부터 성취로 나아가는 지속적인 움직임이 존재한다. 하지만 이러한 계시된 하나님의 뜻과 구체적인 순간에 살아계신 하나님 앞에서 순종하려고 하는 씨름 사이에는 여전히 긴장이 있다. 하나님을 알려고 하는 노력과 그것을 행하려고 하는 노력은 분리할 수 없을 정도로 결합되어 있다. 구체적인 순종의 행위들을 통하여 우리는 하나님의 뜻을 아는 법을 배우고 하나님의 뜻을 아는 지식은 그것을 행하라는 명령을 수반한다.

 성경에 계시된 하나님의 뜻으로부터 하나님 백성의 지속적인 삶을 통해 하나님의 뜻을 알고 행하는 것으로의 움직임에 관하여 말하는 것 이외에 우리는 말할 수 있는 것이 또 있는가? 실제로 있다. 오경이 이스라엘을 위한 하나님의 뜻의 주요한 주장들을 규정하는 데 기여하고 있다면 정경의 다른 부분들은 하나님을 아는 지식을 넓혀가게 하기 위하여 하나님의 백성을 가르치는 기능을 담당한다.

 '찾다' 또는 '하나님을 궁구하다'라는 용어는 원래 제의 상황에서 생겨난 것으로 성소에서 예배자가 신탁을 받는 것을 지칭하였던 것으로 보인다. 그러나 구약의 상당 부분에 걸쳐 이 용어는 새로운 비유적 의미를 획득하였다. 하나님의 뜻은 그의 율법을 통해 계시되었지만, 그것은 또한 새롭게 식별되어야 한다. 에스라는 하나님을 구하는 마음을 예비하라고 거듭 거듭 말한다(7 : 10). 역대기는 "하나님을 찾음"과 "그의 율법을 찾음"을 동일시한다(대하 19 : 3 ; 30 : 19). 신실한 자들이 "전심으로" 하나님의 뜻을 찾을 때 하나님은 "만나진다". 따라서 예레미야는 예루살렘에서 멀리 떠나 포로 가운데 있는 혼란스러워 하는 백성에게 이렇게 가르치려고 한다 : "너희가 전심으로 나를 찾고 찾으면 나를 만나리라 나 여호와가 말하노라"(29 : 13).

 특히 지혜 문학과 시편은 하나님을 찾음이 일어날 적합한 맥락이 있다는 것을 분명히 한다. 우리는 지혜를 구하려고 애를 써야 하며 의의 길을 새롭게 분별하려고 하여야 하지만 올바른 길에서 출발하여야 한다. "여호와를 경외함이 지혜의 근본이어늘". 이사야 26 : 8은 "주를 기다림"에 관하여 말하지만 이러한 기다림은 사람들이 "그의 율례들의 길"로 나아갈 때 일어나는 것이다.

 각각의 세대와 각각의 개인은 하나님의 뜻을 분별하는 법을 배우지만, 그것은 눈먼 자가 어두움을 헤치고 나아가는 것과 같지는 않다. 성경에 기록되어 있는 연속성이 대대로 존재한다. 깨어진 심령에게 하나님은 자신의 임재를 알리신다 ; 불순종하고 오만하고 교만한 자들로부터 하나님의 자신의 얼굴을 숨기

신다. 따라서 이스라엘은 신실한 자들의 경험들을 뒤돌아보고 신실하게 찾기만 한다면 하나님은 만나질 것이라는 약속을 내다본다.

2. 예시들

이 일련의 질문들의 맥락에서 구약에 나와 있는 몇몇 이야기들을 고찰해보는 것이 좋겠다. 사무엘상 28장에는 사울이 블레셋 군대 앞에서 두려워하여 어디로 향할지를 모르는 장면이 나온다. 그가 여호와를 구할 때 하나님은 대답하지 않는다. 그러자 사울은 영매로 하여금 죽은 사무엘을 불러와서 하나님의 대답을 억지로 강제하려고 한다. 그때 사울이 사무엘에게 자기가 어떻게 해야 하는지에 대한 하나님으로부터의 말씀을 애걸하자 선견자는 이렇게 대답한다 : "여호와께서 너를 떠나 네 대적이 되셨거늘 네가 어찌하여 내게 묻느냐". 사울이 들을 수 있었던 때가 있었으나, 그가 하나님의 음성에 귀기울이지 않았기 때문에 그러한 때는 지나가버렸다. 이제는 오직 심판의 말씀만이 있을 따름이다.

또 선지자 아모스는 끈질기게 하나님의 뜻을 무시한 민족은 아무리 열광적으로 찾아도 결코 하나님을 발견할 수 없다는 것을 분명히 한다 :

> 사람이 이 바다에서 저 바다까지
> 북에서 동까지 비틀거리며
> 여호와의 말씀을 구하려고 달려 왕래하되
> 얻지 못하리니(암 8 : 12)

족장들의 이야기 속에는 신실한 자들이 하나님이 그들에게 원하시는 것이 무엇인지에 대하여 잘 모른다는 것은 결코 문제로 되지 않는다. 오직 이방인들만이 이렇게 말한다 :

> 내가 무엇을 가지고 여호와 앞에 나아가며
> 높으신 하나님께 경배할까
> 내가 번제물 일년 된 송아지를 가지고 그 앞에 나아갈까
> 여호와께서 천천의 수양… 을 기뻐하실까

내 허물을 위하여 내 맏아들을
내 영혼의 죄를 위하여 내 몸의 열매를 드릴까

아니다! 선지자는 단호하게 말한다 :

주께서 선한 것이 무엇임을 네게 보이셨나니…(미 6 : 6-8)

오히려 이스라엘의 신실한 자들 가운데의 믿음의 위기는 맹렬하게 공격해오는 다른 위협으로부터 생겨난다. 실제로 모든 시편은 고뇌에 찬 부르짖음들의 합창이다 : "왜 의인이 고통을 받는가", "왜 당신은 나를 버리셨는가", "내가 어떻게 살 수 있는가". 그렇지만 하나님의 뜻은 계시되었고 온 마음을 다하여 하나님을 찾는 사람들은 그들이 하나님을 찾는 것이 헛되지 않을 것이라는 확신을 얻게 된다. 물론 하나님이 자신의 세상을 어떻게 경영하시며 자신의 주권을 어떻게 행사하시고 자신의 신비를 통해 무엇을 의도하고 계시는지는 또 다른 장(章)의 주제가 되는 다른 종류의 신학적 문제를 열어놓는다.

참고 문헌

F. **Büchsel**, V. **Herntrich**, 'Κρίνω', *TWNT* III, 920–54; *TDNT* III, 921–53; G. **Gerlemann**, E. **Ruprecht**, 'drš, fragen nach', *Theologisches Handwörterbuch zum Alten Testament*, ed. E. Jenni and C. Westermann, I, Munich and Zürich 1971, 460–67; H. **Greeven**, 'ζητέω', *TWNT* II, 894–8; *TDNT* II, 892–6; J. **Goldingay,** *Approaches to Old Testament Interpretation*, Leicester and Downers Grove 1981, 51–61; S. **Kierkegaard,** *Purity of Heart*, ET London 1961; E. L. **Long**, 'Soteriological Implications of Norm and Context', *Norm and Context in Christian Ethics*, ed. G. H. Outka and P. Ramsey, New York 1968 and London 1969, 265–95; P. S. **Minear**, *Commands of Christ*, Nashville and Edinburgh 1972; G. **von Rad**, *Wisdom in Israel*, ET Abingdon and London 1972, 53ff.; W. **Schrage**, *Die konkreten Einzelgebote in der paulinischen Paränese*, Gütersloh 1962; S. **Wagner**, 'dāraš', *TWAT* II, 313–29; *TDOT* III, 293–307.

7

십계명의 신학적 의의(意義)

문명사에 있어서 십계명의 중요성은 너무도 분명하다. 그것은 법률, 윤리, 사회이론, 철학의 발달에서 중요한 역할을 하였다. 기독교 신학 내에서 그것은 중심적인 역할을 하였으며 교회의 위대한 신학자들은 대부분 어떤 형태로든 십계명에 관한 글을 썼다. 또한 십계명에 대한 성찰은 교회에서와는 어느 정도 다른 형태이든 하지만 회당에서도 토대 역할을 하였다(참조. Childs, *Exodus*, 431ff.). 구약신학은 어느 수준과 어떤 방식으로 십계명을 독해하여야 하는가?

주석자들은 오랫동안 이 일단의 율법이 출애굽기에서 특별한 문학적 위치가 부여되었다는 것을 보아 왔다. 이 역할이 부차적인 듯이 보이기는 하지만 그것이 현재의 위치에 놓인 것으로 인하여 그것은 독특한 지위로 끌어올려졌다. 오직 이 말씀들만이 모세의 중보 없이 하나님으로부터 왔다. 오직 이 말씀들만이 특별한 이름을 가지고 있고—'열 가지 말씀'—신명기에 되풀이되었다. 이와 아울러 최종성의 의미가 부여되어 있다 : "하나님은 더 이상 더하지 않으셨다"—이것은 그것들을 나머지 율법들로부터 구별한다.

또한 십계명은 특별한 내용을 나타낸다. 그 명령들은 인구의 특정 부류가 아니라 이스라엘 안에 있는 모든 사람을 향하여 말씀되고 있다. 그것들은 이례적인 종합성을 가지고 직설적이며 직접적이다. 이 특질은 이 계명들을 확대하기도 하고 압축하기도 한 오랜 발달에 의해 역사적으로 획득되었다. 이 자료가 보여주는 서로 다른 설교 방향들 속에서 어떤 유연성을 볼 수 있다. 그러나 십계명은 영원한 신적인 원칙들로 변화되지는 않았다. 그것은 역사상의 이스라엘을 향한 명령으로 남아 있지만, 그 이스라엘은 시간과 공간에 있어서 시내산을 체험한 첫 세대를 뛰어넘어 확대된 하나님의 백성이다.

내 판단으로는 십계명이 이스라엘 내에서 어떻게 기능하였는지를 이해하고 그 운동의 동력과 그 현실화의 성격을 분별해내기 위하여 구약 전체 안에서의 해석의 범위를 개략적으로 묘사하는 것은 구약신학의 중요한 과제라고 생각한다. 예를 들면 이 이야기 자료는 성경 내에서 이 계명들이 정경 안에서 지금 어떻게 기능하는지에 대한 주요한 주석을 제공해준다. 요셉을 향한 보디발의 아내의 유혹에 관한 이야기는 구체적인 상황 속에서 간음을 금지하는 명령에 대한 하나의 해석을 보여준다. 다윗과 우리아에 관한 이야기는 살인이라는 범죄의 핵심을 지적한다. 역으로 성경의 율법은 독자로 하여금 이야기들을 단순히 도덕적 교훈으로 파악하고 하나님의 뜻에 비추어 선과 악 모두에 대한 가능성을 품고 있는 인간 실존의 참된 본성을 보지 못하는 것을 막아줌으로써 이야기 자료를 독해하는 데 있어서 중요한 기능을 한다.

마찬가지로 선지자들, 시편 기자들, 지혜자들의 글들은 십계명에 대한 정경적 이해를 직접적으로 담고 있다. 어떤 때는 선지자들은 실제로 십계명의 본문을 인용한다(호 4 : 2 ; 렘 7 : 9). 또 어떤 때는 정경의 본문간 관련성의 효과는 예언적 신탁을 보다 큰 구도의 계명들로 엮어 짜넣는다. 마찬가지로 잠언과 같은 지혜 문학은 내용에 있어서는 자주 중복됨에도 불구하고 역사적으로 시내산 전승과 관련되어 있다는 어떠한 징표도 보여주지 않는다. 하지만 그것은 듣는 자들에게 정절, 부모 공경, 진실됨 등등에 대하여 훈계한다. 하지만 정경 모음집의 취지는 이러한 다양한 증언들을 하나의 문학 자료 내에서 말하는 새로운 본문간 관련성을 제공하는 것이다. 물론 부분들의 정확한 성격은 주석학적으로나 신학적으로 세심하게 설명되어야 한다.

서문

계명들은 다음과 같은 서문에 의해 도입되고 있다 : "나는 너를 애굽 땅 종되었던 집에서 인도하여 낸 너의 하나님 여호와로라". 서문은 처음부터 지금부터 이어지는 명령들은 이스라엘을 이미 종살이로부터 구원해낸 바 있는 하나님의 뜻으로 이해된다는 것을 분명히 하고 있다. 여호와는 자신을 구속자 하나님으로 밝히고 자기가 이미 이스라엘을 위하여 행하였던 것으로 인하여 자기의 뜻을 알릴 권세를 설정하고 있다(참조. the Mekilta on Ex. 20). 이스라엘은 계명들을 행함으로써 하나님의 백성이 되는 것이 아니다. 이스라엘은 선택을 받았고 구속되었기 때문에 하나님의 은혜에 대한 적절한 응답으로서의 하나님의 율법을 받는다.

1. "너는 나 외에는 다른 신들을 네게 있게 말찌니라" (출 20:3)

"나 외에는"('al panay)—나를 무시하고, 내가 불리하게—이라는 히브리어 어구를 어떻게 옮기는 것이 정확한지는 차치하고 자기 백성에 대한 여호와의 독점적인 권리 주장이 행해지고 있다. 다른 신들의 권리 주장이 이스라엘에 관한 한 절대적으로 제거되어야 한다는 것은 유일신론에 대한 이론적 술어가 아니라 매우 실존적인 요구이다. 5절은 하나님의 명령이 주어지는 배경을 설정한다 : "그것들에게 절하지 말며 그것들을 섬기지 말라 나 여호와 너의 하나님은 질투하는 하나님인즉". 여호와만을 섬겨야 한다. 이 계명의 근거들은 서문에 의해 제공되는 권위를 뛰어넘어 하나님의 본성 자체에 의존한다. 하나님은 "질투하는 하나님"이기 때문에 자기 백성에 대한 하나님의 열정적인 사랑은 마음이 나누어진 충성을 용납하지 않을 것이다. 호세아는 자기 신부에 대한 하나님의 독점적인 권리 주장의 예를 보여준다. 하나님은 의, 사랑, 인애 속에서 이스라엘과 약혼하였고 지금 이스라엘의 반응을 기다린다 : "주는 내 하나님이시라" (2 : 23).

이스라엘의 우상숭배의 정수(精髓)는 갈멜산 위에서의 엘리야의 시합에 나타나 있다(왕상 18장). 문제는 이스라엘이 여호와를 거부하고 바알을 선택하기를 원하였다는 것이 아니라 오히려 그 둘을 모두 섬기기를 원하였다는 것이다. 엘리야는 양자택일의 결단을 요구하였다. "너희가 어느 때까지 두 사이에서 머뭇머뭇하려느냐 여호와가 만일 하나님이면 그를 좇고 바알이 만일 하나님이면 그를 좇을지니라". 불이 엘리야의 제단에 떨어졌을 때 백성들은 이렇게 고백하였다 : "여호와 그는 하나님이시로다 여호와 그는 하나님이시로다". 다시 한번 계명은 그 긍정적인 차원과 부정적인 차원 모두로 이해되었다.

구약 정경의 독자가 첫째 계명을 해석하기 위하여 어떻게 인도받고 있는지를 보여주는 또 하나의 지표는 신명기 13장에 나와 있다. 설교자는 우상숭배의 유혹들을 경고한다. 선지자 또는 꿈꾸는 자가 이적과 기사를 통하여 다른 신들을 섬기라고 백성들을 유혹했을 때 그 선택은 단호하게 거부되어야 했다. 신명기는 이어서 이렇게 말한다 : "이는 너희 하나님 여호와께서 너희가 마음을 다하고 성품을 다하여 너희 하나님 여호와를 사랑하는 여부를 알려 하사 너희를 시험하심이니라 너희는 너희 하나님 여호와를 순종하며 그를 경외하며 그 명령을 지키며 그 목소리를 청종하며 그를 섬기며 그에게 부종하고"(3-4절). 참된 예배를 꽃피우기 위하여 우상숭배는 금지된다.

끝으로 시편에서 우리는 하나님의 독점적인 권리 주장의 온전한 차원에 대한 분명한 묘사를 본다. 시편 50편에서 하나님은 이스라엘의 불완전한 예배를 꾸짖으신다. 잘못은 희생물의 숫자에 있지 않다. 하나님은 자기 백성으로부터 음식을 필요로 하지 않으신다. 하지만 하나님은 자기를 올바르게 아는 찬양과 감사를 요구하신다. 또 시편 73편에서 시편 기자는 자기 자신의 절망과 씨름한다. 그는 사악한 자의 번성을 시기하면서 하나님을 붙드는 것이 어떠한 차이를 가져오는지를 의아해한다. 그런 다음 그는 성소에 들어가서 깨닫기 시작한다. "주께서 내 오른손을 붙드셨나이다 주의 교훈으로 나를 인도하시고". 마지막으로 그는 하나님만을 붙들겠다고 고백하면서 찬양을 터뜨린다 :

> 하늘에서는 주 외에 누가 내게 있으리요
> 땅에서는 주 밖에 나의 사모할 자가 없나이다(25절)

하나님의 유일한 통치라는 주제에 관한 이렇게 풍부한 정경의 성찰에 비추어 첫째 계명에 대한 루터의 말은 정곡을 찌르고 있는 것이라 하겠다 :

"너는 나 외에는 다른 신들을 네게 있게 말찌니라" 이것은 무엇을 의미하는가? 우리는 다른 무엇보다도 하나님을 경외하고 사랑하며 의뢰하여야 한다(대요리문답).

2. "아무 형상이든지 만들지 말며…"(4절)

이 계명이 한때는 독립적으로 기능하였다 할지라도 정경에서의 현재의 위치 속에서 그것은 그것을 에워싸고 있는 첫째 계명에 종속되어 왔다(Zimmerli, 'Das zweite Gebot'). 이 계명도 하나님에 대한 적절한 예배에 관하여 말하고 있긴 하지만 조금 다른 점을 언급한다. 기본적인 문제는 하나님을 예배하는 적합한 도구에 대한 것이다. 이 계명은 형상의 사용을 절대적으로 금지한다. 하지만 핵심적인 문제는 이 금지명령을 설명하는 명시적인 이유가 출애굽기 어디에도 주어지지 않았다는 것이다. 하나님의 본성을 적절하게 대우하지 못하였던 형상은 무엇이었는가?

아마도 가장 도움이 되는 병행(parallel)은 시내산에 대한 신명기의 기사에서 찾아볼 수 있을 것이다(4 : 9ff.). 신명기 기자는 하나님이 어떤 형태로가 아니라 음성으로만 자신을 계시하였기 때문에 이스라엘은 새긴 형상을 만들지 않도록 주의하여야 한다고 주장한다. 형상들은 자신의 말씀을 통하여 스스로를 알리신 하나님을 향한 그릇된 응답이다. 폰 라트는 이러한 사고 위에서 뛰어나지만 어느 정도 사변적인 해석 방향을 확대해 나가려고 하였다. 그는 세상에 대하여 자신을 알리는 하나님의 자유는 형상에 의하여 침해당하였다고 추론한다. 형상은 "역사 속에서 자신의 은폐된 행동을 통하여 이스라엘을 끊임없이 불안하게 하였던"(I, 218) 여호와의 참된 본성을 제대로 다루기에 실패하였다. 마찬가지로 침멀리는 역동적인 역사를 통한 계시와 정태적인 형상을 통한 계시를 대비시킨다. 이 해석들은 자극을 주긴 하지만 나는 그 증거가 충분히 설득력있다고 보지 않는다. 아마도 구약의 증언의 매개변수들을 식별해서 성경이 어디에서 침묵하고 있는지를 주의깊게 기록하는 것이 보다 중요할 것이다.

여러 가지 점에서 황금 송아지 이야기(출 32장)는 형상의 사용과 관련한 가장 직접적으로 관련된 정경적 증거를 보여준다. 물론 십계명은 그 어디에도 인용되어 있지 않고 십계명이 역사적으로 묵시적인 역할을 하였다고 전제하는 것조차 이 구절의 동력을 잘못 해석하는 것이다. 하지만 이 이야기는 시내산 전승 안에서 중요한 정경적 기능을 담당하여 왔다. 그 이야기는 이상한 긴장감을 가지고 자세히 설명되고 있다. 한편으로 송아지를 만든 행위는 하나님에 의해 배교로 단정되어 절대적으로 비난받는다 : "네 백성이 부패하였도다"(7절).

다른 한편으로 또 다른 일련의 문제들을 야기시키는 다른 전망이 나타나 있다. 그들의 신의 가시적인 표지(標識)를 요구하는 백성들에 대한 아론의 반응은 이 이야기에 어떤 모호성을 던져넣는다. 그가 "내일은 여호와의 절일이니라"(5절)라고 공포하였을 때 그는 분명히 백성들과 다른 의도를 가지고 있었다. 아론은 송아지를 여호와의 예배로 통합시키려고 생각하였고, 그것을 오만무도한 배교로 해석하지 않았다. 오히려 아론은 새로운 '창의적인' 형태의 예배로 대치함으로써 모세의 신앙을 새로운 역사적 상황에 맞추려고 하였다. 따라서 그는 변화의 프로그램을 가지고 종교의 외투를 벗어버렸고 신앙을 그의 문화의 요구들 쪽으로 기울게 하였다. '사람들의 소리'(vox populi)와 '신의 소리'(vox dei)는 하나가 되었다.

정경에 있어서 형상을 만들어 하나님을 예배하는 것을 금하는 명령의 몇몇 측면들을 조명해주는 기능을 가진 몇몇 다른 귀절들이 있다. 우리는 미가의 신상 이야기(삿 17장), 여로보암이 경쟁적인 제의 성소를 세운 것(왕상 12장), 금 신상을 예배하라는 느부갓네살의 요구(단 3장)를 생각하게 된다. 서로 다른 신학적 강조점에도 불구하고 현안 문제는 이스라엘이 자기 자신의 형상과 하나님 자신의 형상을 혼동하지 않도록 하기 위하여 하나님의 자기 계시의 순수성을 보호해야 한다는 것이다. 이 계명의 경우에 구약 안에 있는 이야기 자료는 명령의 적극적인 차원들을 수행하기 위하여 부정적인 계명을 설명하는 방향으로 나아가는 것이 아니라 오히려 하나님의 본성에 대한 이러한 위협의 온전한 함의들을 계속해서 탐사하였다.

3. "너는 너의 하나님 여호와의 이름을 망령되이 일컫지 말라" (7절)

이 계명의 최초의 문제는 그 번역에 있다. 중요한 고대의 전승은 이 문장을 이렇게 옮겼다 : "너는 거짓되이 맹세하지 말라"(참조. Targum, Syriac, NJPS). 더욱이 이러한 번역을 밑받침하는 좋은 언어학적 증거가 있다. 레위기 19 : 12과 신명기 6 : 13에서 하나님의 이름을 입에 올리는 것은 맹세를 하는 것과 동일하다. 구약의 대부분의 구절들에 있어서 이 문제는 거짓 맹세를 통하여 하나님의 이름을 잘못 사용하는 것에 향해져 있다.

그렇지만 문자적 의미에 있어서 이 계명은 단순한 거짓 맹세보다 더 넓은 의미를 지니고 있는듯이 보이기 때문에 계속적인 신학적 성찰을 위한 보다 풍부한 질감을 제공한다. 이스라엘의 예배의 중심적인 부분은 이스라엘의 구속자인 하나님의 이름을 찬양하는 것이었다(출 34 : 5). 개인적인 필요나 공공의 필요가 있을 때마다 신실한 이스라엘 사람들은 구원을 요청하며 하나님의 이름을 불렀다(삼하 22 : 4). 맹세의 사용은 하나님의 이름을 존귀히 여기는 것으로부터 발전된 보다 제한된 관행이었다. 하나님의 이름을 부르는 것은 하나님의 지지에 호소함으로써 사람의 말의 진실성을 확증하는 데 기여하였다. 흔히 진리를 세우는 다른 모든 수단들이 실패했을 때 최후에 호소하는 법원으로서 사람들은 하나님의 이름을 부름으로써 자신의 소송을 의뢰하였다. 이러한 수단의 중대성은 십계명의 셋째 계명에서 즉각적으로 분명해진다. 맹세를 하는 것은 그 자체로 금지되지는 않았지만, 참되지 않거나 알맹이가 없는 어떤 것을 밑받침하기 위하여 맹세가 사용될 때 하나님의 이름은 욕됨을 입는다. 이 계명은 강력한 처벌에 의해 밑받침되고 있다. 즉 하나님은 이를 범하는 자를 처벌할 것이다.

이 계명의 핵심은 하나님을 욕되게 하는 것을 방지하자는 데 있다. 진리의 원천으로서 하나님은 거짓이나 속임수와 연계될 수 없다. 하나님의 자유는 인간의 조작에 의해 침해를 당할 수 없다. 셋째 계명은 초점에 있어서 급진적으로 하나님 중심적이다. 따라서 거짓 증거를 통하여 다른 사람에게 해를 끼치는 것을 금하는 여덟째 계명과 다르다.

하나님의 이름을 잘못 사용하는 것을 금하는 명령은 여러 가지 다른 남용(濫用)들과 구별되어야 한다. 이방인들에 의해 저질러지는 거리낌없는 신성모독 또는 하나님에 대한 모욕들은 하나님을 욕되게 하고 죽음으로 처벌될 수 있지만 맹세로 여겨지지는 않는다(레 24 : 10−23 ; 왕하 18 : 19ff.). 이 구별은 이 계명의 실질적인 관심 영역을 보이는 데 있어서 중요하다. 이 계명은 언약 내에 있는 사람들−기독교적 용어로 '신자들'−을 대상으로 말씀된 것이고 하나님을 욕되게 하는 것은 거리낌없는 훼방보다 훨씬 더 미묘한 위험이다.

실제적인 의미에 있어서 거짓 예언과 관련된 모든 문제는 하나님의 이름을 잘못 사용하는 것이라고 할 수 있다. 하나냐는 자신의 말이 하나님의 밑받침을 받고 있다는 것을 확증하기 위하여 "여호와께서 이같이 말씀하시되"라고 하나님의 이름을 들먹거린다. 예레미야는 그 말들을 거짓말로 규정하고 거부하고 그 말들을 무익하고 알맹이가 없는 것으로 치부해버린다(렘 28 : 15 ; 참조. 23 : 16ff.). 흥미롭게도 종교개혁자들은 하나님의 권세에 대한 중세 교회의 권리 주장을 공격하는 데 있어서 셋째 계명의 원칙을 확대 적용하였다.

이 계명을 신학적 보증으로 사용해 왔던 다른 두 분야가 있다. 자신의 피조물의 일부로서 하나님께 속한 것들을 잘못 사용하는 것은 어떤 의미로 하나님을 욕되게 하는 것인가? 이 문제는 욥기에서 간접적인 방식으로 다루어진다(참조. 렘 20 : 14ff.). 욥은 대화를 통해 실제로 하나님을 저주하지 않지만 궁극적으로 자신의 출생을 저주하고 창조의 지혜에 대한 소망을 포기한다(20 : 14). 욥기는 이 문제를 직접적으로 말하지는 않지만 정경의 본문간 관련성의 맥락에서 미묘한 관계가 함축되어 있음은 분명하다.

이 계명에 대한 신학적 성찰을 불러일으키는 두번째 영역은 일단의 이야기들, 특히 다윗의 마지막 나날들과 관련한 이야기들로부터 출현한다. 최소한 네 개의 구절에서 맹세들은 하나님의 이름을 부르는 것을 통하여 확증된다(왕상 1 : 17 ; 2 :8, 23, 42). 각각의 이야기들의 극단적인 모호성과 매우 의심스러운 인간의 음모들에 대하여 하나님의 확증을 구하는 기본적인 불일치로 인하여 신학적 문제가 생겨난다. 따라서 솔로몬은 자신의 대적인 시므이를 칼로 죽이지 않을 것을 여호와의 이름으로 맹세하였다. 죽을 때에 다윗은 아들 다윗에게 그 행동을 수행하라고 명령한다. 엄밀하게 말해서 맹세는 파기되지 않았지만, 다윗은 복수를 하기 위하여 일종의 속임수에 의지하고 있다. 성경의 이야기는 어떠한 도덕적 함의들을 이끌어내고 있지는 않지만 독자는 하나님의 이름이 실제로 그러한 인간의 교묘함을 통하여 욕되게 된 것은 아닌가 하고 깊이 생각하게 된다. 하나님의 이름에 대한 커다란 경의(敬意)를 내포하고 있긴 하지만 실제로 그 반대의 것을 나타내는 실행으로부터 이러한 긴장이 생겨난다.

4. "안식일을 기억하여 거룩히 지키라…"(8절)

출애굽의 정경 형태 속에서 이 계명은 긍정문 형태의 계명으로 표현되어 있다. 이 계명 다음에는 안식일을 준수하는 방식을 기술하는 긴 설명이 나오고 이 계명의 근거를 하나님이 제7일에 안식하신 것에 두는 동기 부여의 구절로 끝난다. 잘 알려진 바대로 신명기에 나오는 정식(定式)은 이 계명을 애굽으로부터의 구속과 결부시킨다. 병행 귀절들은 긍정문 또는 부정문 형태로 표현된 훨씬 짧은 정식들의 수많은 예들을 보여준다. 긍정문 형태와 부정문 형태 가운데 어느 쪽이 우선순위를 가지고 있느냐를 논쟁하는 것은 거의 신학적 의의가 없다.

왜냐하면 그것들은 동일한 동전의 양면이기 때문이다.

이 계명은 안식일을 '거룩히 지키라'는 권면으로 시작된다. 거룩히 지키는 것은 단순히 일을 피하는 것만을 뜻하는 것이 아니라 거룩하게 만드는 적극적인 행위를 전제한다. 그것은 특별한 것을 위해 이 날을 따로 구별해두기 위하여 통상적인 일과 활동을 중지하는 것을 전제한다. 구약 전체에 걸쳐 안식일은 거룩한 것으로 기술된다(출 16 : 23 ; 레 23 : 3 ; 느 9 : 14 ; 사 58 : 13) ; 하나님이 안식일을 복주셨을 때 안식일은 이러한 특질을 수여받았다(출 20 : 11). 안식일은 이스라엘에게나(출 16 : 28 ; 레 16 : 31) 여호와에게나(출 16 : 23 ; 레 19 : 3 ; 신 5 : 14) 거룩하다. 그러므로 안식일은 이스라엘의 거룩함을 하나님의 거룩함과 연결시키는 데 기여한다. 안식일의 특별한 성질의 정확한 본질은 더 이상 설명되지 않고 있지만 다음과 같은 구절을 통해 간략하게 규정된다 : "너의 하나님 여호와의 안식일인즉".

구약에는 두 가지 전승이 안식일을 안식의 날로서 준수하는 것에 대한 보증으로 나와 있다. 출애굽기에서 그 동기는 여섯 날 동안에 하늘과 땅을 만드시고 제칠일에 쉰 하나님의 창조 행위에 토대를 두고 있다. 이스라엘은 이 날을 특별하게 구별함으로써 하나님의 세상 창조를 증언한다. 신명기에서 이 계명은 하나님이 이스라엘을 애굽으로부터 구속한 것에 토대를 두고 있다. 그 명령은 "온 이스라엘"이 안식일에 참여해야 한다는 것이다. 이것은 노예들도 안식일의 준수에 참여할 때에만 실현될 수 있다. 애굽으로부터의 구속을 상기함을 통하여 이스라엘의 기억은 안식일을 적절하게 준수하는 것을 확실하게 하는 것으로 기능한다.

정경의 맥락 안에서 이 두 동기는 서로 서로를 해석한다. "하나님의 창조 활동은 해방하는 것이고 해방자로서의 하나님의 활동은 창조적이다. 전자 없이 후자가 있을 수 없다"(Siker, 16). 다시 한번 창조와 구원은 하나의 신학적 실체의 두 측면들임을 알 수 있다.

출애굽기 31장은 안식일의 의의를 보다 더 확장시킨다. 안식일은 이스라엘이 특별하게 구별되었다는 언약의 징표이다(13, 16－17절). 하지만 안식일은 이스라엘이 안식일을 거룩히 지킴을 통하여 믿음으로 응답할 때에야 비로소 징표가 된다. 안식일은 원래 하나님에 대한 이스라엘의 특별한 관계를 보여주는 긍정적인 징표로 의도되었지만, 또한 그것은 하나님의 명령들을 준행하는 것과 관련한 이스라엘의 실패를 보여주는 부정적인 징표임이 입증되기도 하였다(겔

20 : 12). 그렇게 해서 안식일은 짐이 되었고 축복은 저주로 변하였다(겔 20 : 26). 안식일을 훼방하는 것은 오직 하나님의 의로운 진노를 불러일으킬 뿐이다(느 13 : 17f.).

　구약은 안식일을 지키는 것이 무엇을 수반하는지와 관련한 상세한 질문에 대하여 오직 제한된 답변만을 준다. 후대의 랍비적 해석에서는 이에 대해 상세하게 답변을 주는 데 많은 주의가 기울여졌다. 레위기 23 : 32은 그 준수의 기간을 "저녁부터 저녁까지"로 규정하고 있지만 그 시점과 종결점은 정확히 어떠했는가? 안식일은 "너희 거하는 각처에서"(레 23 : 3) "대대로"(출 31 : 16) 준수되어야 했지만, 그 준수가 배제된 상황들이 있었는가?

　이 계명을 해석함에 있어서 또 다른 난점은 어떤 종류의 주석을 제공하여 주는 이야기 자료가 없다는 것이다. 사이커(Siker)는 이 계명이 여기 저기에 스며있어서 이야기들의 맥락 속에 등장하는 안식일 자료들조차도 명령들로 제시되고 있다는 흥미로운 점을 언급하고 있다(Siker, 17 ; 참조. 출 16 : 23-29 ; 34 : 31 ; 35 : 1-3 ; 레 16 : 30-31 등). 얼핏 보기에는 직설적인 듯이 보이는 민수기 15장의 이야기조차도 해석상의 문제를 제시한다. 어떠한 도덕적 설명도 제시되어 있지 않고 명령이 전제되어 있다. 그러나 34절에 나오는 논평은 이상하다 : "어떻게 처치할는지 지시하심을 받지 못한 고로 가두었더니". 이 불확실성을 어떻게 이해하여야 하는가?

　구약을 읽는 기독교인들은 유대의 할라카 전승과는 아주 다른 방향으로 나아갔다. 주요한 신학적인 문제는 이 계명은 일주일 중의 특정한 한 날을 거룩하게 준수하라는 원래의 명령을 뛰어넘어 어느 정도로 확대될 수 있는가를 결정하는 데 있었다. 특히 루터는 신약에 비추어서 안식일 계명에 대한 해석을 전개하였다. 이에 따르면 기독교인은 하나님의 말씀을 들을 수 있기 위해서는 어느 특정한 날에 구애를 받지 말고 하루 하루를 거룩하게 지켜야 한다.

　이와는 대조적으로 칼빈은 구약 자체 안에서 해석의 열쇠를 발견하는 데 훨씬 더 많은 관심을 기울였다. 그는 상당한 설득력을 가지고 안식일은 이스라엘을 향하여 육체적 안식과 아울러 영적인 안식, 즉 누구나가 하나님의 일하심을 깊이 생각해볼 수 있는 시간을 표현할 의도였다고 주장한다. 따라서 안식일은 하나님이 자기 백성을 온전케 하려고, 즉 거룩하게 하려고 일하고 계시다는 언약의 징표였기 때문에 안식일은 약속을 내포하고 있었다. 칼빈은 이 계명이 어느 정도로 외적인 규제 이상을 가리키는가를 결정하려고 할 때 구약 안에서의 정경적 문제를 제기한다. 그는 옛 안식일에서 두 가지 기능이 작용하고 있음을 발견한다 : (a) 안식일은 설교와 기도를 위한 정해진 기간으로 기여하였다 ; (b) 안식일은 종들과 일꾼들에게 안식을 주었다. 그런 다음 칼빈은 이렇게 결론을 내린다 : "이 두 가지 것이 유대인에게와 마찬가지로 우리에게도 적용된다는 것을 누가 부인할 수 있는가?"

이어서 칼빈은 기독교인의 주일 성수에 대한 신약의 영향을 탐구한다. 그러나 그가 성경의 증언으로부터 그 신학적 실질(實質)로 나아갈 때 구약의 맥락 안에서의 그의 이 계명에 대한 기본적인 연구는 정경적 주석의 인상적 예이다.

5. "네 부모를 공경하라 그리하면 땅에서 네 생명이 길리라" (12절)

이 계명은 흔히 두 개의 돌판에 의해 상징된 하나님에 대한 의무들과 이웃에 대한 의무들 간에 다리를 놓아주는 역할을 하는 것으로 간주되어 왔다. 이 계명은 십계명 내에서 긍정문 형태로 된 몇 안되는 계명들 중의 하나로서 약속이 수반되어 있다(엡 6 : 2). 오경 안에서 내용상 이 계명과 병행되는 것들 중의 많은 수는 부모를 저주하는 것을 금하는 부정문의 형태로 표현되어 있다(출21 : 15, 17 ; 레 20 : 9). 패역한 아들을 중대한 범죄로 보는 것은 신명기 21 : 18 이하에 규정된 처벌에 의해 분명해진다. 이 계명의 근저에 있는 구체적인 상황은 나이나 병으로 인하여 더 이상 일을 할 수 없게 된 부모를 집에서 쫓아내는 관습이었다고 보통 생각되고 있다. 이 계명은 부모에 대한 순종만이 아니라 통상적으로 하나님께 드리는 것과 같은 애정과 존경을 함축하고 있는 부모에 대한 공경을 요구한다.

종교개혁자들은 이 계명을 확대 해석하여 "하나님에 의해 설정된 우위의 정도는 깨뜨릴 수 없다"(Calvin)는 입장을 보증하는 것으로 삼았다. 루터는 여기에서 행정관과 국가의 신적인 권위의 토대를 놓아주는 주요한 밑받침을 발견하였다. 사람들은 나쁜 부모일지라도 그들이 하나님에 의해 주어진 까닭에 공경했어야 하는 것과 마찬가지로 행정관들에 대한 복종은 그들의 행위가 아니라 신적인 인가에 의거한다는 것이었다.

대부분의 현대 신학자들은 다섯째 계명에 대한 종교개혁자들의 사용은 심각한 문제들을 야기시킨다는 점에 의견의 일치를 보이고 있다. 특히 사백년의 정치 이론에 비추어 볼 때 난점들은 보다 악화되어 왔다. 현안 문제는 종교개혁자들이 너무도 성급하게 물려받은 사회 구조들을 정당화하려고 함으로써 '현재 상태의'(*status quo*) 정치를 신적인 기원을 갖는 것으로 옹호하는 것으로 끝났다는 데 있다. 현대의 성경신학자들은 실제로 이러한 전통적인 해석이 정경의 증언 전체를 정당하게 다루었느냐 하는 것을 묻지 않을 수 없게 되었다. 내 판단으로는 구약은 전통적으로 인식되어 온 것보다도 훨씬 더 여러 모양의 동력을 소유하고 있다.

분명히 이 계명은 부모에게 권위있는 역할을 부여하였고 부모에 대한 순종을 땅에서 오래 사는 것과 결합함으로써 부모의 권위를 하나님의 축복의 질서에 속하는 것으로 묘사하였다. 이와 동일한 주제는 구약의 지혜 문학의 기자들에 의해 더욱 발전되고 있는데, 그들은 계속해서 부모에 대한 공경을 삶의 구조에 편입된 지혜의 일부로 해석하고 있다(잠 1 : 8 ; 15 : 5 ; 19 : 26).

그렇지만 이 계명에 내포된 뉘앙스들은 우리가 자녀와 부모에 대하여 말하고 있는 구약의 이야기들의 다양성을 보게 될 때 나타나기 시작한다. 룻은 즉각적인 보상만이 아니라 그녀의 뛰어난 후손에 대한 명시적인 언급을 통하여 나오미에게 충실할 것을 화자에 의해 권고받는다(4 : 17). 마찬가지로 민족을 위한 에스더의 모르드개를 향한 순종은 찬양을 받는다. 하지만 보다 복잡한 상황은 요나단과 그의 아버지 사울과의 관계를 통해 묘사된다. 한편으로 요나단은 자기 아버지의 손에 학대를 당하지만 자기 편에서 소망없는 주장 속에서 죽는 절대적으로 순종하는 아들로 등장한다. 다른 한편으로 이 이야기들은 부모의 권위의 한계들을 개략적으로 묘사하기 시작한다. 사울은 자신의 신적인 권위를 잘못 사용할 뿐만 아니라(삼상 20 : 30ff.) 요나단으로 하여금 다윗을 위한 하나님의 목적에 배치되게 행동하도록 하려고 하다가 자기 아들에 의해 거절당한다.

몇몇 구약의 이야기들은 자녀에게 요구되는 순종에 의해 야기된 문제의 방향을 반대로 하여 신적 권위를 올바르게 행사하지 못하는 부모에게 초점을 맞추고 있다. 소돔 사람들의 분노를 가라앉히기 위하여 자기의 두 딸의 명예를 희생시키고자 하는 롯의 행위는 화자에 의해 명시적으로 정죄받지는 않고 있지만 그의 타협과 약점에 대한 보다 광범위한 묘사에 덧붙여진다. 또 엘리는 화자가 하나님에 의해 지명된 권세들에 대한 사무엘의 순종과 묵시적으로 대비시키고 있는 자신의 사악한 아들들을 올바로 징계하지 못한 것에 대해 구체적으로 정죄를 받는다(삼상 2 : 27ff.). 끝으로 압살롬의 반역과 관련된 이야기 순환에 있어서 주요한 동기(motif)는 완전히 무법한 태도로 행동하였던 자신의 아끼는 아들을 징계하지 못한 다윗에 대한 간접적인 비판에 있다(삼하 14 : 1ff.). 그 결과 다윗, 압살롬, 민족에게 재난을 가져온 일련의 연쇄적인 사건들이 발생하였다. 결국 압살롬에 대한 다윗의 절제되지 못한 사랑(삼하 18 : 33)은 화자에 의해 왕의 강점이 아니라 약점을 묘사하는 반역의 맥락에서 사용되었다.

유대 전승이 불순종한 아들과 관련한 이 계명을 어떻게 해석하였는가를 보는 것은 흥미롭다(참조. Sanhedrin). 미슈나는 율법의 영원한 가치를 당연하게 천명하였지만 불순종한 아들의 권리들을 보호하기 위하여 구약에서 규정한 죽음의 처벌이 실제로 실행되지 않도록 한 제한 규정으로 그 계명을 둘러쳤다.

요컨대 다섯째 계명은 믿음 안에서의 훈련을 제공하는 의무를 지닌 부모의 가족 내에서의 하나님에 의해 지명된 권위를 가장 강력하게 밑받침하고 있다. 하지만 이 계명은 지배 계층 일반의 권위에 대한 복종에 있어서는 어떠한 보증도 제공하지 않고 오직 하나님의 통치의 행사의 목표를 지향하고 있다. '현상'(status quo)이나 왕들의 신적인 통치에 대한 밑받침을 찾는 것은 구약의 보다 광범위한 증언을 잘못 해석하는 것이다.

6. "살인하지 말지니라"(13절)

이 계명은 구약신학에 있어서 극복할 수 없는 문제들을 제기하는 듯이 보인다. 구약 자체가 폭력으로 얼룩져 있지 않은가? 이를 넘어서서 가나안 사람들은 하나님의 지시에 따라 칼로 죽임을 당했고(신 13 : 15) 파문은 이스라엘의 거룩한 전쟁의 일환으로 제정되었다(요 6 : 1ff.). 특히 많은 현대의 기독교인들에게 거부감을 주는 것은 하나님에 대한 지속적인 호전적인 묘사이다(신 32 : 41-43 ; 사 63 : 1-6).

이에 덧붙여 현대 세계에서는 폭력의 문제들에 대한 새로운 감수성이 존재하기 때문에, 이는 이 문제에 대한 많은 전통적인 신학적 성찰에 불만족하는 결과를 가져왔다. 「대요리문답」에서 루터의 해석을 상기하라 : "우리는 모든 삶의 시련들 속에서 이웃을 해치기보다는 돕고 밑받침하기 위하여 하나님을 경외하고 사랑하여야 한다." 이웃 사랑에 대한 이와 같은 강력한 정식(定式)에도 불구하고 루터는 하나님이나 국가에 의해 살인할 힘의 사용에 대한 금지를 포함하지 않는다. 오늘날의 많은 기독교인들은 루터가 너무도 안이하게 이 계명에 제한들을 부과하지 않았는가 하고 의문을 제기할 것이다. 이 계명이 국가를 제한하거나 하나님을 제한하지 않는다는 것은 너무도 명백하지 않은가?

물론 기독교 전통에는 다양한 형태로 표현되어 온 이러한 신학적 문제를 해결하기 위한 다른 해석학적 선택들이 존재하였다. 어떤 이들은 구약은 원칙에 있어서 좀더 저열한 윤리적 차원을 나타내고 있었으며 이는 그리스도의 '사랑의 법'에 의해 대치되었다고 주장하였다. 19세기에 이러한 옛 기독교적 편견이 종교사적 접근방식과 결합되었을 때 구약은 도덕적 성숙을 향한 인류의 발달 과정에 있어서 초기의 원시적인 단계들을 보여주는 것으로 생각되었고 진지한 신학적 논의에서 제외되었다. 최초의 문제는 그 정경적 기능의 견지에서 여섯째 계명에 주의를 돌리는 것이 신학적 성찰을 위한 새로운 방향을 보여줄 수 있느냐 하는 것이다.

논의를 시작하는 기점은 이 계명의 문학적 형태에 관한 것이다. 이 계명은 구약의 다른 곳에서 보다 긴 기술(記述)들과 병행이 되고 있는 일련의 짧막하고 두 단어로 된 금지명령들 가운데 첫번째의 것이다. 출애굽기 21 : 12 ; 레위기 24 : 17 ; 신명기 27 : 24과 같은 구절들은 폭력의 조건 또는 살인의 대상과 같은 다른 요소들을 포함하고 있다. 이 단축된 형태는 모든 제한 규정들을 제거함을 통하여 이 금지명령의 적용 범위를 넓히자는 취지를 갖고 있다. 이 금지명령 배후에 놓여 있는 것은 옛적부터의 생명의 신성함이다 : "무릇 사람의 피를 흘리면 사람이 그 피를 흘릴 것이니"(창 9 : 6).

이 계명의 최초의 난점은 '죽이다'(rāṣaḥ)라는 동사의 정확한 의미를 이해하는 데 있다. 이것은 특별한 유형의 살인을 염두에 두고 있는 것이라고 오랫동안 생각되어 왔다. 흔히 이 동사는 "살인하지(murder) 말지니라"로 번역되어 왔는데, 이는 부분적으로 십계명의 살인 금지명령을 구약에서 흔히 나오는 생명을 취하는 것과 조화시키고 있는 것으로 보인다. 하지만 죽임과 살인의 기본적인 차이, 즉 고의성의 요소는 히브리 동사에서는 확인될 수 없다. 오히려 이 동사는 공동체의 삶의 위협하는 일종의 불법적인 죽임을 가리킨다. 이 계명은 언약 안에 있는 이스라엘 사람들을 불법적인 폭력으로부터 보호하려는 것이다(참조. Stamm).

최근 수 년 동안 이 동사는 흔히 피의 복수와 밀접한 관련 하에서 등장한다는 것을 관찰한 보다 세련된 해석이 제기되었다. 이스라엘의 초기 전승에서 폭력적으로 피를 흘리게 하는 것은 그 의도와는 상관 없이 객관적인 행위로 보아졌고 복수로 불리었다. 더욱이 후대의 시기에 이 동사는 적의, 속임수, 증오에 의해 저질러진 의도적인 죽임과 결부되게 되었다. 민수기 25장에서 동기(motivation)는 결정적인 요소로 되었고 이 용어는 살인과 거의 동의어가 되었다. 또한 예언서와 지혜 문학에서 이 동사는 한결같이 의도적이고 악한 폭력의 의미를 띠고 있다(사 1 : 21 ; 호 6 : 9 ; 잠 22 : 13).

요컨대 '라샤흐'(rāṣāḥ)라는 동사는 처음에 피의 복수라 불리었던 불법적인 죽임이라는 유형을 기술하는 객관적인 의미를 지니고 있었다. 점점 더 이 동사는 개인적인 증오나 악의와 같은 감정들로 발생한 사람들에 대한 폭력 행위들을 가리키기에 이르렀다. 이 계명은 폭력과 같은 행위들을 금하고 개인적인 분노의 감정으로부터 율법을 자기 손으로 집행하는 사람들의 권리를 거부한다.

내 견해로는 이 계명에 대한 치밀한 어원학적, 역사적, 문학적 분석의 주석학적 의의에 문제를 제기할 사람은 거의 없다고 본다. 하지만 신학적 과제는 이제 시작된 것에 불과하다. 이 계명이 보다 넓은 정경적 전승 안에서 획득한 뉘앙스들에 대한 감상을 얻기 위해서는 출애굽기 20장에 대한 우선적인 연구를 구약의 나머지 구절들로 보충하는 것이 필수적이다. 병행의 이야기 자료를 진지하게 고려해야 할 필요성은 특히 첨예하게 대두된다. 정경은 폭력의 문제에 대하여 다른 조명을 하고 있는 이야기들을 보유함으로써 다른 의제들을 설정해 왔을 가능성은 있는가?

(a) 출애굽기 2 : 11-15은 사회 정의를 획득하기 위한 수단으로서 행해진 폭력에 대한 고전적인 예를 보여준다. 모세는 자기 자신이 아니라 다른 사람을 위하여 불의를 시정하기 위하여 행동한다. 그는 자신의 목숨을 위태롭게 할 수 있는데도 자기 백성을 위한 사랑에서 살인하기로 동기를 부여받는다. 성경 본문은 그 어디에서도 이 이야기를 도덕적으로 설명하거나 살인을 금하는 십계명의 금지명령을 인용하지 않는다. 이 행위는 명시적으로 찬양되거나 정죄받지 않지만, 독자는 그 변칙성들을 숙고하게 된다.

이 상황의 모호성은 이 행위가 오직 하나의 의미만을 지니고 있지 않다는 점에 있다. 모세의 개입 행위는 오해의 소지를 남겨 놓고 있다. 모세는 자기 의도는 분명하였다고 생각하지만, 자기 동료를 학대하고 있었던 히브리인들은 완전히 다른 동기를 갖고 있었음으로 모세의 행위를 하나의 위협으로 보았다. 그는 모세의 행위 속에 함축된 권위의 주장을 비난했고 모세의 정직성을 의심케 하는 해석을 부가함으로써 그를 멸하려고 하였다. 모세에 대한 이러한 반응은 진정한 정의의 행위가 이런 식으로 이런 상황 속에서 행해질 수 있는가 하는 문제를 야기시킨다.

요컨대 이 성경 이야기는 폭력 또는 살인이 정의를 위하여 기능할 수 있는가라는 복잡한 문제에 대하여 하나의 분명한 대답을 제시하지 않는다. 하지만 그것은 그러한 행위에 내재해 있는 일련의 전반적인 도덕적 문제들을 제기한다. 폭력에 내재되어 있는 모호성들을 벗겨냄을 통하여 구약 성경은 독자로 하여금 도덕적 문제를 회피하는 것이 아니라 직면하지 않을 수 없게 만든다. 이런 식으로 출애굽기에 나오는 이 이야기는 여섯째 계명에 대한 간접적인 주석을 제공하며 율법의 새로운 차원을 열어준다.

(b) 밧세바의 남편 우리아를 죽이려는 다윗의 음모에 관한 이야기(삼하 11장)도 이 계명과 관련되어 있다. 의미심장하게도 이 이야기는 인간의 모든 행위에 영향을 미치는 사회적, 심리학적, 정치적 요인들이 뒤엉킨 사건을 다루고 있다. 다윗은 살인자가 될 의도는 없었다. 그는 밧세바와의 정사(情事)를 은폐하는 것으로 기뻐했을 것이다. 성경 기자는 다윗을 에워싼 거미줄이 어떻게 좁혀져 오는가를 묘사한다. 다윗은 처음에 우리아의 아내를 훔침으로써 우리아에게 상처를 입혔었다. 그런 다음 다윗은 하나님에 의해 지명된 직위의 권능을 남용하여 가차없이 자기 경쟁자를 멸망시켰다. 이 이야기는 하나의 폭력 행위가 아니라 자기 동료를 해치는 데 기여하는 모든 얽히고 설킨 사건들로서 살인을 묘사한다 : 음욕, 기만, 배신, 압제. 이 사건 전체의 아이러니는 다윗이 결코 실제로 우리아를 미워한 적이 없었다는 데 있다. 개인적인 분노는 관여되지 않았고, 오직 약자에 대한 강자의 권력의 남용만이 있었다. 선지자 나단은 다윗이 우리아를 살인한 행위는 하나님 자신에 대한 오만무도한 범죄라고 선포한다. "살인하지 말지니라".

이 계명에 대한 전망들의 미묘한 차이들을 계속해서 보여주는 모든 중요한 이야기들을 탐구하기에는 지면이 너무도 한정되어 있다(참조. 삿 9장 ; 왕상 21장 등). 하지만 주요한 신학적 장애로 등장하는 한 묶음의 분명한 이야기들이 있다. 여호수아는 가나안 땅을 정복하고 그 거민들을 멸하라는 하나님의 명령을 설명하고 있다. 이 정복의 역사는 폭력에 대한 구약의 비판적인 태도와 어떻게 조화될 수 있는가?

이 윤리적 문제를 해결하기 위하여 흔히 두 가지 고전적인 현대의 신학적 접근방식들이 사용되어 왔다. 한 입장은 그러한 살인이 오늘날 잘못된 것으로 보아진다면 그것은 오늘날과 마찬가지로 당시에도 잘못된 것이었음에 틀림없다고 주장한다. 이러한 접근방식의 난점은 그러한 비역사적인 사고 방식은 추상적이고 비시간적인 윤리 원칙들을 다루고 있지 않은 성경에 생소하다는 것이다. 이와는 대조적으로 구약은 주변 세계의 문화를 온전하게 공유하는 죄악되고 목이 곧은 백성에 대한 하나님의 구속 역사 이야기를 다루고 있다. 이 문제에 대한 이러한 접근방식들 간의 대화는 대화의 방향이 너무도 달라서 의미있는 의사소통을 할 수 없기 때문에 소득이 없는 것으로 입증된다.

정복의 윤리적 문제에 대한 두번째 접근방식은 이스라엘이 단지 하나님을 오해하였으며 구약의 이 부분은 정경의 나머지 부분, 특히 예언서와 신약에 비추어 수정될 필요가 있다고 주장한다. 이 입장은 성경으로서의 구약에 대한 정경적 읽기에 훨씬 더 맞는 것으로서 확실히 진지하게 고려해 볼 필요가 있다. 하지만 주요한 문제는 정경화 과정은 이 문제를 이런 식으로 이해하지 않았다는 것이다. 단 한번도 이스라엘이 정복과 관련한 하나님의 의도를 오해하였다는 것이 시사되어 있지 않다. 오히려 여호수아서의 신학적 증언은 다른 방식으로 행해졌다. 정경의 편집자들은 모세의 죽음으로부터 여호수아의 죽음에 이르는 이 시기의 자료를 모세의 율법에 순종하였던 하나님의 백성을 예시할 목적으로 해석하였다. 이스라엘이 순종하였을 때 하나님은 이스라엘을 위하여 싸우셨으며 그 누구도 대항할 수 없었다. 역으로 사사기는 불순종하는 이스라엘이 언약에 대한 신실치 못함을 통하여 그 유산을 상실하였을 때 축복의 상실을 예시하고 있다.

정복에 관한 자료의 정경적 형성의 취지는 여호수아서는 하나님의 경륜에 있어서 특별하지만 시대에 얽매인 역할을 담당하였다는 것이다. 정복은 계속해서 구약 전체에 걸쳐 이스라엘을 향하신 하나님의 목적의 일부분으로 인정되었지만, 결코 다시 반복되지는 않았다. 그것은 전적으로 과거에 할당됨을 통하여 신학적으로 효력이 없게 되었다. 상실한 에덴 동산과 마찬가지로 그것은 정경에 있어서 상실된 유산에 관한 묘사로서 기능하였다.

이스라엘의 선지자들이 이스라엘의 정복이라는 주제를 다루었을 때 그들은 거룩한 전쟁의 심상들을 역전시켰다. 그들은 자기 백성의 불순종과 내부의 불법으로 인하여 자기 백성과 싸우시는 하나님을 묘사하였다(사 10 : 5ff. ; 5 :

26ff. ; 렘 5:15ff.). 선지자들은 하나님의 축복을 다시 얻기 위해서는 사회 정의를 회복해야 할 것이라고 외쳤지만 이스라엘에게 미래의 거룩한 전쟁을 수행하라고 권한 적은 없었다. 오히려 선지자들은 하나님의 목적에 따른 미래를 하나님이 가져오실 보편적인 평화의 미래로 마음 속에 그렸다(사 2 : 1ff. ; 11 : 1ff.).

그 외에도 역대기 사가와 지혜자들의 증언은 이러한 모습을 확증해준다. 패배하여 사로잡힌 포로들의 대우에 관한 감동적인 기사(대하 28 : 8ff.)는 전쟁의 어리석음과 그 잔인성에 대한 하나님의 격렬한 불쾌감을 잘 드러내준다. 화자는 하나님의 진노에 대하여 경고하고 죄수들을 잘 입히고 먹이도록 태도를 바꾸라고 권면한다. 마찬가지로 지혜자들의 가르침은 언제나 관련된 모든 사람들의 죽음을 가져오는 폭력의 사용에 내재되어 있는 격렬한 광기에 대하여 경고한다(잠 1 : 11ff.).

요약하자면 원래의 계명은 언약에 있어서 근본이 되어 있었던 인간의 생명의 신성함을 보호하기 위하여 이스라엘에서의 온갖 형태의 악의적인 살인을 금하는 것이었다. 구약의 이야기들은 이 금지명령에 내재해 있는 자기 유익과 권력의 남용이라는 다양하고 미묘한 유혹들을 예시함을 통하여 이 명령에 대한 광범위한 주석을 제공해주고 있다. 예언을 통한 소망은 세상을 향한 하나님의 목적을 실현하는 것 속에서 하나님에 의해서만 성취되는 종말론적 목표인 평화의 세계를 그린다. 그렇지만 구약은 계속해서 악을 강력하게 활동하는 세력으로 인식한다. 살인이라는 상징은 여전히 "죽이기도 하시고 살리기도 하시는" 하나님께만 있다.

7. "간음하지 말지니라"(14절)

이 계명에 나오는 히브리어 동사는 명확하게 간음을 의미한다. 이 계명은 이스라엘 내에서의 혼인의 신성함을 위협하는 행위에 대한 금지를 지향한다. 음란한 행위는 구약 전체에 걸쳐 부정(不貞)으로 정죄되지만 간음과는 분명하게 구별된다. 하나님 백성의 거룩함은 전체적으로 구약에 의해 하나님이 정하신 규범적인 것으로 생각되고 있는 혼인 제도의 신성함과 결부되어 있다. 독신의 문제, 특히 종교적인 이유에서의 독신의 문제는 구약에서는 다루어지지 않았고 인정된 것은 더더욱 아니다. 동성애는 보편적으로 정죄되었고 혐오스러운 것으로 거부되었다(레 18 : 22).

구약에는 이스라엘이 한때 이웃 나라들과 마찬가지로 혼인과 관련하여 이중의 기준을 받아들였다는 징표들이 있다. 히브리어의 관용어법에 의하면 남편은 자기 혼인 이외의 다른 혼인에 대해서만 간음을 범할 수 있음에 반하여 여성은 자신의 혼인에 반해서만 간음을 범할 수 있다(Stamm, 100). 또 처녀를 유혹하는 것은 그에 상응하는 돈으로 보상된다(출 22 : 16 ; 신 22 : 28ff.). 끝으로 잠언의 어법은 성적인 유혹은 주로 여성 편에서 기인한다는 것을 함축하고 있다.

그러나 나는 특히 신학적 성찰이라는 맥락에서 이 주제에 대한 성경 본문들의 모든 범위에 주의를 기울여야 한다고 주장하고 싶다. 지금은 배경으로 밀려났거나 효력이 없게 되어 버린 자료는 그 정경적 맥락과 무관하게 다시 재생시켜 독자적인 생명을 불어넣어질 수 없다. 실제로 구약은 여성들에 대한 학대에 관한 무시무시한 예들로 가득차 있다(창 38장 ; 삿 19장 ; 삼하 13장 등). 그러나 필리스 트라이블(Phyllis Trible)이 이 이야기들을 그 현재의 정경적 의도와는 무관하게 해석할 때 그녀는 성경은 여성에 대한 남성들의 보편적인 편견을 공유하고 있음을 함축적으로 말하고 있다. 그녀는 이스라엘의 '고난받는 종'으로서의 여성의 신학적 의의를 회복하고자 하고 있다(*Texts of Terror*).

구약은 여성들에 대한 잔인한 행위의 많은 예들을 포함하고 있긴 하지만 일관되게 이 이야기들을 불순종과 죄의 예들로서 해석하여 왔다. 사사기 19장에 나오는 첩의 살인에 관한 기사는 성경 저자에게 이스라엘이 왕 없이 살았을 때의 완전한 불법을 예시하는 것이었다. 이러한 행위는 결코 묵과되지 않았고 분명하게 부끄러운 짓으로 판단되었다. 점점 더 이스라엘 내에서 간음에 대한 이 계명은 확대되어 온갖 형태의 성적인 부정(不貞)을 하나님의 거룩함에 대한 범죄로 포함하게 되었다.

다시 한번 이야기 전승 속에서 우리는 간음을 금하는 십계명의 금지명령에 대한 아주 미묘한 차이를 보여주는 해석을 얻는다. 약점이 있는 노예인 요셉은 보디발의 아내의 유혹을 받지만, 이 이야기의 주된 핵심은 요셉의 항거 이유들에 있다 : "그런즉 내가 어찌 이 큰 악을 행하여 하나님께 득죄하리이까"(창 39 : 9). 요셉은 고상한 체 하는 사람이 아니라 자신의 주인에 대한 불충성을 보여주는 것인 동시에 하나님에 대한 범죄이기도 한 유혹을 뿌리치는 사람이다.

다윗의 밧세바와의 간음에 관한 이야기(삼하 11장)는 유혹의 자세한 전말에 초점이 맞춰져 있는 것이 아니다. 밧세바가 어느 정도로 적극적인 역할을 했는 지는 아무런 논평도 없이 그냥 지나쳐 버린다. 오히려 성경 기자는 한 사람의 아내를 훔친 죄를 그 결과로서 야기된 그녀의 남편의 살해와 관련시킨다. 하나 님에 대한 범죄는 다윗의 회개로 인한 예외적인 적용이 아니었다면 이스라엘에 서 죽음에 의한 처벌을 불러일으켰음에 틀림없는 이 두 가지 악으로 기인한다.

마지막으로, 암논에 의한 다말의 강간(삼하 13 : 1ff.)은 인간의 부패의 가공 할만한 예로서 제시되고, 성경 기자는 그후에 그녀가 버림받는 행위의 잔인성 을 폭로함으로써 악의 전모(全貌)를 드러낸다. 오만무도한 잘못에 대하여 복수 할 수 없는 다말의 처지가 소름끼칠 정도의 현실감으로 묘사된다. 성경 기자에 게 있어서 그것이 부끄러운 행위였다는 것은 의심할 여지가 없다.

이스라엘에 있어서 혼인의 신성함을 가장 극명하게 밑받침해주는 예언은 이 혼이라는 악한 관행을 폭로하는 말라기에 의해 제시된다. 선지자는 혼인을 하 나님이 증인을 서신 한 남자와 그의 아내 사이의 깨뜨릴 수 없는 언약으로 해석 한다. 다시 한번 혼인 서약을 깨뜨림을 통하여 위태롭게 되는 거룩한 백성에 대 한 하나님의 명령에 강조점이 두어진다(말 2 : 15).

8. "도적질하지 말지니라"(15절)

10. "네 이웃의 집을 탐내지 말지니라 네 이웃의 아내나… 무릇 네 이웃의 소유를 탐내지 말지니라"(17절)

학자들은 여덟째 계명과 열째 계명의 관심사를 어떻게 정확하게 구별하느냐 에 대하여 의견을 달리 한다. 한 학설에 따르면 전자는 원래 사람을 도적질하는 것을 금하는 것이었고 후자는 재산을 도적질하는 것을 금하는 것이었다고 한 다. 하지만 이 해석이 이 전승의 역사적 발전을 올바르게 기술하였든 아니든 그 러한 차이는 보다 초기의 기록 이전 단계에 속한다. 성경 본문의 최종적인 형태 는 이 차이를 다른 방식으로 해석한다. 지금은 목적어를 가지고 있지 않은 여덟 째 계명은 모든 횡령 행위들을 포함하는 반면에 열째 계명은 잘못된 강탈 배후 에 있는 인간의 충동들을 말하는 기능을 하고 있다. 특히 신명기에 나오는 병행 어구(신 5 : 21)에서는 일종의 내면화를 통하여 이 명령을 현실화하려는 관심이 뚜렷이 드러난다. 따라서 이 두 계명은 서로 다른 해석 방향을 취하기는 했지만 원래의 전승들의 범위를 확장하여 왔다.

이 계명들이 이웃을 속여서 빼앗는 모든 시도들을 금하는 것을 지향하고 있다는 점에는 일반적으로 의견이 일치한다. 다른 사람의 약점을 이용하는 온갖 형태의 폭력, 기만, 부정직은 정죄된다. "탐하다"라는 용어는 횡령의 행위로 이끄는 내적인 충동을 함축하고 있다. 지혜자는 속이는 저울을 여호와께서 미워하시는 것으로 규정한다(잠 11 : 1). 또 선지자 아모스는 가난한 자들을 착취하도록 자기 남편들에게 압력을 가하는 사마리아의 부유한 부인들을 공격함으로써 압제 속에서 작용하고 있는 간접적인 세력들에 민감한 반응을 보인다(암 4 : 1-3).

주석의 역사 속에서 이 계명들은 사유 재산은 침범될 수 없으며 하나님의 보호 아래 있다는 견해를 밑받침하는 증거로 사용되어 왔다. 칼빈조차도 "각 사람이 소유하고 있는 것은 단순한 우연이 아니라 하나님의 분배에 의해 온 것이며 다른 사람의 재산을 빼앗는 것은 하나님의 섭리를 무시하는 것이다"(「기독교 강요」, Ⅱ, 8, 45)라고 주장한다. 이 해석이 속화되어 현대의 산업사회의 맥락 속으로 가져와졌을 때 이 계명들은 그 원래의 성경적 의도와 거의 정면으로 배치되는 방식으로 경제적 기득권층에 의해 사용되었다.

더욱이 구약의 세계에는 전혀 알려져 있지 않았던 재산, 사유재산권, 사회 계층, 국가 통제라는 완전히 새로운 개념들이 등장하였다는 것은 분명하다. 이러한 요소들에 대한 인식은 좌로나 우로나 확고하게 치우친 입장들을 막기 위해서는 성경의 계명들이 성숙한 신학적 성찰을 통하여 적용되어야지 단순히 성경 엄수주의적으로 적용되어서는 안된다는 것을 보여준다. 이 계명들을 자본주의 또는 사회주의 이데올로기와 일치시키기 위하여 이 계명들에 정치적 성향을 부여할 때의 위험성은 오늘날 첨예하게 대두되어 있다. 성경의 계명들은 이스라엘이 하나님의 의로운 통치에 합당한 삶의 방식을 나타낼 수 있도록 하기 위하여 하나님 백성의 사회적 성격을 보전하려고 애를 썼다.

이러한 하나님의 의도는 결코 어느 하나의 경제 체제와 동일시될 수 없다. 오히려 역으로 그것은 계속해서 시대에 의해 규정되는 온갖 형태의 인간 사회 내에서 그 구체적인 실현을 위해 애를 쓴다. 이 계명들은 주로 공동체의 삶 속에서 이웃의 복리를 보장하려는 목적으로 형성되었다. 자원에 대한 간접적인 통제, 눈에 보이지 않는 단체, 국가의 이해 관계를 통한 인간 착취의 위협은 하나님의 권면들의 난점과 신학적 타당성 모두를 증대시킨다.

9. "네 이웃에 대하여 거짓 증거하지 말지니라"(16절)

이 계명의 원래의 입법 배경은 분명하다. 이 계명은 피고를 해할 목적으로 장로들의 재판정 앞에서 거짓으로 증언하는 사람을 대상으로 한 것이다. 십계명의 맥락 안에서 직접적인 관심사는 진실과 거짓 그 자체에 있는 것이 아니라 이웃을 파괴하는 거짓말에 있다. 구약에서 거짓 증언의 고전적인 예는 이세벨이 나봇을 죽이기 위하여 거짓 증언할 증인들을 돈으로 샀다는 내용의 나봇의 포도원 이야기이다(왕상 21 : 1ff.). 이러한 불의에 대한 선지자 엘리야의 분노는 이 계명과 완전히 맥을 같이 하고 있다.

법정에서의 정의에 대한 관심은 구약의 곳곳에 스며들어 있다. 오경의 율법들은 끊임없이 이 악에 대하여 말한다(출 23 : 1, 6-8 ; 레 19 : 11, 16 ; 신 19 : 15ff.). 이스라엘의 사법 전승은 무거운 처벌과 여러 명의 증인들을 요구함으로써 이러한 남용을 견제하려고 하였다. 마찬가지로 선지자들도 정의를 굽히거나 가난한 자와 약한 자의 정당함을 입증하지 못하는 것을 거듭 거듭 비난하였다(암 2 : 7 ; 5 : 15 ; 미 3 : 11). 또 잠언은 정의를 왜곡시키지 말라는 권면으로 가득차 있다. 특별히 관심을 끄는 것은 이 금지명령이 비방과 중상을 비롯한 여러 분야들로 확대되어 온 방식이다(11 : 9, 11-13).

끝으로, 시편에는 거짓 증인들이 무죄한 자에게 가하는 고통과 비참을 강력하게 증언하고 있다. 인간 법정에서 정의를 찾을 수 없기 때문에 시편 기자는 끈질긴 비방과 악으로부터의 신원을 위해 하나님께로 피한다(12 : 2 ; 27 : 2 ; 64 : 8).

거짓 증거를 금하는 이 계명은 이미 확대되어 어떤 사람의 명예와 평판에 대하여 말로써 공격하는 것을 포함하고 있었기 때문에 후대의 해석이 이러한 신학적 방향을 지속한 것은 당연한 것이었다. 루터는 이 계명을 인간의 존엄성을 위한 필수적인 요구 조건으로서의 명예와 좋은 평판에 적용하는 것에 특히 강조하였다. "적절하게 입증될 수 없는 그 어떠한 보고도 거짓 증거이다"라는 루터의 단순한 정식(定式)은 사회 속에서의 모든 인간의 복리에 대한 성경의 관심을 잘 반영하고 있다.

참고 문헌

J. **Calvin**, *The Institutes of the Christian Religion*, ET ed. J. T. McNeill, Philadelphia and London 1959, I, 367–423; B. S. **Childs,** *Exodus,* London and Philadelphia 1979, 385–439; F. **Crüsemann**, *Bewahrung der Freiheit: Das Thema des Dekalogs in sozialgeschichtlicher Perspektive*, Munich 1983; H. **Gese**, 'Der Dekalog als Ganzheit betrachtet', *ZTK* 64, 1967, 121–38; W. **Harrelson**, *The Ten Commandments and Human Rights*, Philadelphia 1980; H.-J. Kraus, 'Die Gebote Gottes', *Systematische Theologie im Kontext biblischer Geschichte*, Neukirchen-Vluyn 1983, 159–83; M. **Luther**, *The Larger Catechism*, ET Philadelphia 1959; E. **Nielsen**, *The Ten Commandments in New Perspective*, ET, SBT II. 7, 1968; H. **Schlüngel-Straumann**, *Der Dekalog – Gottes Gebote*, SBS 67, 1973; J. **Siker**, 'The Theology of the Sabbath in the Old Testament. A Canonical Approach', *StBib* 11, 1981, 5–20; J. J. **Stamm** and M. E. **Andrew**, *The Ten Commandments in Recent Research*, STB II. 2, 1967; P. **Trible**, *Texts of Terror*, Philadelphia 1984; E. E. **Urbach**, *The Sages*, ET Jerusalem 1975, I, 315–79; W. **Zimmerli**, *The Law and the Prophets*, ET Oxford 1965; 'Das Zweite Gebot', *Gottes Offenbarung*, TB 19, 1969, 234–48; *Old Testament Theology in Outline*, ET Atlanta 1978, 109–40.

8
제의법과 정결법의 역할

1. 주제의 범위

십계명의 해석에 관한 구약의 율법에 대한 신학적 논의에 관심을 집중시키고 제의 율법들을 회피하거나 경시하는 것이 19세기 개신교 성경 연구의 전형적인 태도였다. 침멀리가 그러한 접근방식에 항의하였을 때 그는 결정적으로 중요한 점을 지적하였음에 틀림없다 : (구약의) 신앙은 자유로운 영성의 상에서가 아니라 특정한 예전적 형태들을 지닌 삶 속에서 살고 있다."(*Outlines,* 125).

이 장의 주제는 어떤 의미로 제14장에서 다루는 제의라는 주제에 속한다. 그러나 잘못된 인상을 주지 않기 위해서 정결법 분야를 십계명과 아주 밀접한 위치에서 다루는 것이 중요한 것으로 보인다. 또 제의 자료를 마치 폐쇄된 체계인 양 설명하는 것이 아니라 독자 편에서의 지속적인 신학적 성찰이 가능하게 열어놓는 방식으로 다양한 측면들을 기술하는 것이 구약신학에 대한 정경적 접근방식에 합치한다. 이 장에서 다루어지는 동일한 자료의 몇몇이 나중에 다른 관점에서 다루어진다 해도 그것은 중요한 문제가 아니다. 여기서 초점은 정결법을 십계명과 아울러 하나님의 뜻의 표현으로 고찰하는 데 두어질 것이다. 구약 문헌의 범위는 초기 및 후기의 율법 자료(출 23 : 18f. ; 34 :11−28 ; 레 11장 ; 17−26장 ; 민 12, 19, 25장 ; 신 12장 이하) 모두와 초기 및 후기의 역사서, 선지서, 시편에 나오는 제의와 관련된 언급들을 포괄한다.

2. 방법론의 문제들

　제의법과 정결법의 신학적 의의를 이해하기가 무척 난해하기 때문에 해석의 역사에서 몇 가지 전형적인 접근방식들이 제기되어 왔다.

　(a) 아주 초기의 기독교 해석자들은 숨겨진 상징적 토대가 있다는 전제 하에 이 율법들에서 도덕적 차원을 발견하려고 하였다. 이러한 모델의 다양한 형태들이 나타났고 19세기까지도 계속해서 지지를 받았다. 예를 들면 한 주석자는 되새김질하는 짐승들을 하나님의 말씀에 대한 묵상을 상징하는 것으로 보았고 발굽이 갈라진 짐승들을 확실하고 확고한 발걸음을 상징하는 것으로 보았다 (Keil, II, 122). 음식법은 이스라엘로 하여금 자신의 구별된 지위를 상기시키는 역할을 한다고 함으로써 상징설을 구원사(Heilsgeschichte)의 한 요소로 축소시킨 쿠르츠(Kurtz)의 해석은 보다 덜 인위적인 것이었다(26).

　(b) 둘째로, 유대인과 기독교인 모두에 의해 옹호된 몇몇 합리적이고 역사적인 설명들이 제시되었다. 예를 들면 음식법은 원시적인 위생학적 준칙들의 한 형태로 보아졌다. 또는 특정한 짐승들에 대한 금지명령(예를 들어, 출 23 : 19)은 가나안의 관습에 대한 반대로부터 생겨났다고 하는 주장도 있었는데, 이것은 최근에 몇몇 고고학적인 밑받침을 받았다.

　(c) 셋째로, 상징적 해석과 합리적 해석 모두를 거부하고 성경의 율법들을 자의적이고 신적인 포고들로 기술한 마이모니데스(Maimonides)의 견해는 많은 현대 학자들에 의해 흔히 심대한 절망감으로 인해 옹호되어졌다(*Code, Book 10*, Neusner, 7에 인용됨).

　(d) 넷째로, 로버트슨 스미드(W. Robertson Smith)의 보다 오래된 접근방식을 다시 가다듬은 현대의 몇몇 사회인류학자들은 정결법을 정함과 부정함이라는 어법을 통하여 사회적 체험을 질서지우는 총체적인 상징 체계로 봄으로써 폭넓은 비교종교학적 맥락에서 정결법을 설명하려고 하였다. 메리 더글라스(Mary Douglas)의 「정결과 위험」이라는 책과의 노이스너(Neusner)의 대화는 이 새로운 분석이 얼마나 진지하게 받아들여지고 있는지를 보여주는 좋은 예이다(Neusner, *Purity,* 28ff., 137ff.).

　(e) 끝으로, 유대적 전망으로부터 구약의 음식법에 대한 정교한 신학적 해석을 제시하려는 가장 철저한 최근의 시도는 밀그롬(Milgrom)의 논문이다('The Biblical Diet Laws'). 그는 '카쉬루트'(kashrut)는 짐승들을 죽임으로

써 사람들이 난폭하게 되는 것을 막기 위한 목적으로 고안된 윤리적 체계라고 주장한다. 더욱이 음식법은 짐승의 생명을 제한적으로만 살상하게 함으로써 생명에 대한 경외라는 근본 원리를 가르치는 데 기여하는 것으로서 '거룩함의 사다리의 가로장들(rung)'로서 이스라엘을 높은 도덕적 삶으로 이끄는 수단이다.

이 시점에서 나의 의도는 이러한 다양한 제안들에 대해 일일이 대응하는 것이 아니라 이러한 전술한 체계화들의 특징들을 수용하기도 하고 거부하기도 하는 내 자신의 정경적 읽기를 제시하는 것이다.

3. 정경적 해석을 향하여

내 판단으로는 일정한 개략적인 정경적 지침들이 처음부터 식별될 수 있다.

(a) 하나님의 뜻과 관련한 구약의 정식화(定式化)에는 하나님의 명령의 소위 제의적 측면과 윤리적 측면 사이에, 즉 형식과 정신 사이에 결코 긴장이 존재하지 않았다. 소위 '제의적' 십계명(출 34장)과 '윤리적' 십계명(출 20장)을 대비시키려는 시도들은 설득력이 없었다. 마찬가지로 율법의 제사장적 형태들과 예언자적 형태들을 대척적인 관계로 놓는 것은 정경에서 찾아볼 수 없는 구별을 도입하는 것이다. 제의적 차원을 폄하하는 보다 미묘한 형태는 여전히 아이히로트(Eichrodt)에서 보여지는데, 그는 객관적이고 제사장적인 개념들로부터 서서이 내면화적 영적인 이해로 진보해 나아갔다고 본다. 그러나 그러한 이분법은 정경적 보증을 받지 못한다.

(b) 구약의 제의적 명령들은 성경 기자에 의해 시내산 언약에 그 근거를 두고 있을 뿐만 아니라 현대의 비평적 전망으로부터 철저하게 시대에 의해 규정되어 있으며 그것들이 발생한 역사적 사회적 정황을 반영하고 있다. 초기 이스라엘의 농업 주기에 대한 가나안 제의의 영향은 두드러진다. 또 정결법과 고대 근동의 어휘와의 유사성은 흔히 명백하게 드러난다. 정경화 과정에서 이러한 역사적 구체성의 징표들을 제거하려는 어떠한 시도도 없었기 때문에 이스라엘의 구체적인 역사적 실존과 무관하게 영원한 윤리적 원칙들을 탐구하기 위하여 정황을 비역사화할 수밖에 없다고 느끼는 그 어떠한 현대의 신학적 성찰도 결함이 있는 것이다.

(c) 제의법과 정결법은 구약의 오경 부분에서만 다루어진 것이 아니라 일련

의 연속적인 발달 과정을 통해 조화를 이루고 정리되었을 뿐만 아니라 성경 전체의 전망으로부터의 신학적 성찰을 위해 사용된 계속적인 해석들이 정경의 다른 부분들에 제시되어 있다.

제의법과 정결법의 두드러진 특징들 중의 하나-십계명도 마찬가지이다-는 특정한 율법의 기저에 있는 동기가 거의 제시되고 있지 않다는 것이다. 오히려 율법이 지향하고 있는 목적에 주로 강조점이 두어진다. 이스라엘은 언약 백성으로서 하나님을 향하여 구별되어 있으며 이스라엘의 삶은 무엇보다도 거룩이라는 하나님의 본성을 반영하는 것이다(레 19 : 1ff.). 적절한 구별들은 '하나님을 기쁘시게 하는' 또는 '받으실만한'이라는 말로 기술된다. 고기를 피와 함께 먹지 말라는 것과 마술을 행하지 말라는 것은 동일한 차원에서 다루어진다(레 19 : 26). 때때로 잘 알려진 레위기 17 : 11 이하-"육체의 생명은 피에 있음이라"-의 경우에서처럼 제의적 규정의 동기가 제시되는 경우라 할지라도 이러한 동기 부여는 그 규정의 기능을 보다 자세하게 해명하는 데 있다. 피는 생명인 까닭에 속죄를 가져오지만, 이러한 설명은 생명에 대한 경외라는 일반화된 원칙과는 거리가 멀다.

실제적인 의미로 정결법을 총체적인 상징 체계로 보는 사회인류학적 견해는 본문 자체를 뛰어넘는 율법에 대한 분명한 윤리적 동기를 제공하려는 시도들보다 정결법의 정경적 기능에 보다 가깝다고 하겠다. 이러한 고찰은 이스라엘에서 윤리적이고 합리적인 요소들이 존재하였고 작용하였다는 점을 배제하는 것이 아니다. 그러나 구약의 제의적 본문들에 있어서 이러한 것들은 주로 전사(前史)의 단계에서 기능하고 있다.

한 가지 지배적인 특징은 율법은 이스라엘을 향하신 하나님의 뜻으로 제시되고 있으며 하나님의 신적인 본성을 반영하고 있다는 것이다. 하지만 이러한 정식화조차도 하나님의 거룩함, 구별됨, 순결함을 강조하는 것으로서 관례적인 경향을 띤다(레 19 : 1ff. ; 신 14 : 1ff.). 다시 강조점은 하나님의 뜻을 행하는 것의 효과, 즉 생명을 가져오는 것에 두어진다(레 18 : 5). 하나님의 명령들을 무시하는 것은 하나님의 진노와 인간의 멸망을 초래하는 것이다. 공격들이 제의법을 향할 때 그것들은 이스라엘의 삶과 실천 및 하나님의 삶과 실천 사이의 불일치를 드러내는 것으로서, 이것은 십계명의 율법들에 대한 이스라엘의 거부에 적용된 비판과 유사한 것이다(호 4 : 1-3).

성경의 율법의 핵심에는 강력한 파괴 세력으로서의 인간의 죄악됨에 대한 심원한 인식이 놓여 있다. 이로 인하여 그 힘을 견제하기 위한 노력 속에서 여러 형태의 제도적인 보호 장치들이 요구된다. 때때로 구약에서의 죄에 대한 개념이 거의 기계적인 것처럼 보일지라도 전체적으로 볼 때 죄는 기본적으로 언약의 하나님에 대한 범죄로 남아 있다. 그렇지만 이 점에 있어서 이스라엘과 이웃 이방 나라들 간의 대비는 절대적인 것은 아니며, 마술을 행하고 정결법의 목표를 실제로 파악하지 못하는 것에 대한 위협은 이스라엘의 모든 역사를 통하여 지속된다. 카우프만(Kaufmann)처럼 시내산에서 이스라엘은 이교(異敎)의 등을 부러뜨렸다고 주장하는 것은 기껏해야 반쯤 진실인 것이다.

예상할 수 있듯이 신명기는 제의법을 독자적으로 해석하였다. 많은 특징들은 보다 초기의 율법들과 아주 밀접한 연속성이 있다. 거룩한 백성의 관행이라는 말하는 것 이외에 정함과 부정함을 정교하게 구별하는 것의 동기는 제시되어 있지 않다(신 14 : 1ff.). 마찬가지로 혼합된 경작과 모직과 아마를 섞어 짜는 것과 관련된 금지명령은 단순히 진술되기만 한다. 이 율법들은 단지 "하나님의 목전에 선하고 의로울" 뿐이다(12 : 28). 그 어떠한 것도 그것들에 더해지거나 감해지지 않는다(12 : 32).

이미 가장 초기의 율법 단계에 존재하였던 제의법과 사회법 사이의 연계(출 20 : 21 - 23 : 22)는 더욱 더 확대되었다. 신명기 율법은 제의적 규정의 맥락에서 레위인, 길손, 고아, 과부에 대한 배려에 많은 주의를 기울이고 있다(신 14 : 29). 제의적 규정들은 언약법의 일부로 보아졌기 때문에 신명기 기자는 직접적으로 하나님과 관련되는 율법들과 성격상 주로 사회적인 율법들 사이를 자유롭게 이동할 수 있었다(27 : 9 - 27).

하지만 신명기 율법의 교훈적 형태는 특히 언약 규정 또는 레위법과 비교하여 새로운 방향으로 강조점을 옮겼다. 신명기 기자는 계속해서 청중들에게 율법을 준수하라고 권면하는데, 순종의 목적은 흔히 그로 인한 축복의 견지에서 표현된다. 하나님의 면전에서 먹는 신앙 공동체 속에서의 기쁨에 넘친 삶에 대한 묘사가 개략적으로 행해진다. 따라서 12 : 15에서 "네 마음에 즐기는 대로"(12 : 15), "욕구가 일어날 때마다" 먹는 것에 대한 강조는 오늘날의 채식주의자들에 의해 제기된 근거들인 '생명에 대한 경외'의 특징을 지니고 있지 않다. 구약, 특히 신명기는 조금도 금욕주의의 요소를 갖고 있지 않으며 오히려 땅의 축복들 속에서 하나님의 선한 창조를 누리는 것이라는 요소를 지니고 있다. 신명기에서는 아직 제의의 남용이 하나님의 온전한 창조 활동을 위태롭게 할 수 있다는 암시는 없으며, 창조 신학의 적극적인 측면이 다른 율법 체계의 것을 뛰어넘어 전개되고 있다.

또한 제의법과 정결법이라는 주제는 통상적으로 다른 논점을 말하고 있는 어떤 이야기의 배경으로 말해지기는 하지만 구약의 몇몇 이야기들에 나타난다. 민수기 12 : 1 이하에서 미리암은 모세에게 대들었다는 이유로 문둥병에 걸려 부정하게 되어 정하다고 선언될 때가지 칠일 동안을 진(陳)으로부터 격리된다. 요나단은 사울의 맹세를 통하여 일시적으로 설정된 음식에 대한 금지명령을 깨뜨리고(삼상 14 : 24), 그의 범죄는 둠밈의 사용을 통하여 밝혀진다. 하지만 이 이야기는 사울의 경건을 보여주기 위한 것이 아니라 사울에게 블레셋에 대한 승리를 가져다준 어리석은 맹세를 한 사울의 우매함을 보여주기 위한 것이다. 끝으로 이어지는 사건이 일으키는 도덕적 정치적 악의 전혀 새로운 차원을 기술하기 위한 도입문으로서 화자가 "부정함을 깨끗케" 한 밧세바의 행위에 대하여 언급한 것(삼하 11 : 4)에는 일종의 아이러니가 존재한다.

요컨대 이 이야기들은 이 주제에 대하여 직접적으로 말하고 있지 않지만 이스라엘의 도덕적 삶의 다른 영역들에 간접적으로 초점을 맞추고 있음으로써 정경 전체를 읽는 독자로 하여금 보다 큰 해석적 맥락 안에서 제의 규정과 율법 규정들을 보게 하고 있다.

정결법에 대한 훨씬 더 명시적인 신학적 비평은 시편과 예언서에서 찾아볼 수 있다. 19세기에는 흔히 제의법은 그 기원에 있어서 포로기 이후의 것으로서 전승에 깊은 뿌리를 두고 있지 않다는 것을 보여주려고 한 해석자들의 지배적인 역사적 관심들에 의해 이 자료의 의의는 상당히 무디어졌다. 이렇게 일방적으로 연대를 후기로 잡는 것은 역사적 증거가 없을 뿐만 아니라 신학적 핵심은 다른 곳에 있는 것처럼 보인다. 시편 50편은 창조주로서의 하나님의 주권이라는 맥락에서 제의의 남용에 대한 하나님의 심판을 규정한다. 시내산에서 제의의 합법성은 처음부터 천명된다(5절). 대비되고 있는 것은 제의적 활동과 비제의적 활동이 아니라 창조주이며 이스라엘의 구속자이신 하나님에 비추어 본 인간의 모든 응답이다 :

> 우리 하나님이 임하사 잠잠치 아니하시니
> 그 앞에는 불이 삼키고
> 그 사방에는 광풍이 불리로다(3절)

시편 기자는 하나님이 절대적인 자유와 권능 가운데 있는 것으로 묘사하고 이스라엘의 희생제사에 의존하지 않는 것으로 묘사한다 :

　　내가 가령 주려도 네게 이르지 않을 것은
　　세계게와 거기 충만한 것이 내 것임이로다(12절)

이스라엘은 하나님의 본성에 대한 그릇된 이해로 인하여 잘못을 범한다 : "하나님을 잊어버린 너희여… 이를 생각하라"(22절). 이것은 언약 백성의 지체들에 대한 사회적 압제가 올바른 제의적 규정들의 준수와 공존하는 것을 가능케 한다(18절 이하). 더우기 제의적 용어 사용을 뛰어넘어 하나님에 대한 올바른 응답을 적극적으로 정식화하고 있다는 점이 강력하게 지적되어야 한다 :

　　감사로 제사를 드리는 자가 나를 영화롭게 하나니
　　그 행위를 옳게 하는 자에게
　　내가 하나님의 구원을 보이리라(23절)

이스라엘의 제의에 대한 수많은 예언자의 비판 속에는 해석을 위한 정경적 지침이 아주 광범위하게 나타난다. 다시 한번 예언의 메시지의 토대는 하나님의 절대적인 주권과 모든 인간의 제도들이 하나님의 정의의 실행에 봉사하여야 한다는 것에 대한 선포로 나타난다. 따라서 이사야(1 : 10ff.)는 죄악과 엄숙한 성회를 결합한 과도한 제의 활동을 정죄하고 이스라엘에게 정의를 구하고 압제를 고치라고 요구한다(참조. 사 58 : 6ff.). 또 아모스는 하나님이 정의를 증가시키는 효과를 가져오지 않는 절기와 희생제사를 미워하신다고 증언한다(5 : 21ff. ; 미 6 : 6ff.).

여기서 말하고자 하는 주요한 신학적 논점은 정경은 그 자체 내에 제의적 종교만이 아니라 일반적인 종교에 대한 주요한 비평을 내포하고 있었다는 것이다. 공격의 토대는 하나님의 호의를 받을 가치가 있기를 구하는 인간의 모든 반응을 완전히 효력없게 만드는 하나님의 이상(異像)이다. 의로우시고 거룩한 하나님의 뜻에 응답할 수 없는 무능력은 언약의 모든 제도들을 상대화시키고 이스라엘로 하여금 직접적으로 하나님의 긍휼에 의지하게 하는 데 기여한다(호

14 : 1ff. ; 렘 31 : 12ff. ; 사 61 : 1ff. ; 겔 34 : 12 – 15).

구약 정경 안에는 이러한 증언들이 구원사적인 순서로 정렬되어 있지 않다는 것, 즉 제의적 계시로부터 예언서의 보다 높은 차원의 계시로 옮겨간 것이 아니라는 것을 깨닫는 것은 신학적으로 중요하다. 성경의 증언들은 신학적인 긴장을 유지하고 있으며, 특히 역사적으로 포로기 이후 시대에는 제의법과 정결법의 중요성에 대한 관심이 고조되었다(참조. 스 9 : 1ff.). 유대인과 기독교인 사이의 지속적인 신학적 논쟁은 이 구약의 긴장이 발전된 랍비적 전승과 복음적 전승의 견지에서 어떻게 다루어져야 하는가에 대한 매우 다른 해석 방법에 관한 것이다.

참고 문헌

Mary **Douglas,** *Purity and Danger*, London 1966; W. **Eichrodt**, *Theology of the Old Testament*, ET, I, Philadelphia and London 1962, 98–177; Y. **Kaufmann,** *The Religion of Israel*, Chicago 1960, 53–9, 101–21; C. F. **Keil**, *Manual of Biblical Archaeology*, ET, II, Edinburgh 1888; J. H. **Kurtz**, *Sacrificial Worship of the Old Testament*, ET Edinburgh 1863; B. A. **Levine**, *In the Presence of the Lord*, SJLA 5, 1974; J. **Milgrom**, 'The Biblical Diet Laws as an Ethical System', *Interp* 17, 1963, 288–301; reprinted in *Studies in Cultic Theology and Terminology*, SJLA 36, 1983, 104–18; J. **Neusner,** *The Idea of Purity in Ancient Judaism*, SJLA 1, 1973; W. **Paschen**, *Rein und Unrein. Untersuchung zur biblischen Wortgeschichte*, Munich 1970; G. **von Rad**, *Old Testament Theology*, ET, I, Edinburgh and New York 1962, 272–89; P. **Ricoeur,** *The Symbolism of Evil*, ET Boston 1967; W. R. **Smith,** *Lectures on the Religion of the Semites*, Edinburgh ²1894.

9

하나님의 계시의 수령자들

하나님은 자기 백성, 개개인, 열방들에게 자신을 계시하며, 이들 모두는 역사 내에서의 하나님의 신적인 목적을 서로 다른 방식으로 증언한다. 구약 전체에 걸쳐 주요하게 강조되고 있는 것은 하나님이 자신의 특별한 흔적을 지니고 있는 한 백성에게 자신을 위탁하셨다는 것이다. 그러나 이스라엘의 선택은 열방들에 대한 무관심을 함축하지 않는다. 열방들도 하나님의 관심의 징표들을 받는다. 더욱이 하나님은 계속적으로 구약의 처음부터 끝까지 이 말씀을 증언하는 택함받은 백성과 열방들을 통하여 개개인들에게 말씀하신다.

구약의 전망에서 볼 때 하나님의 계시를 받는 이렇게 서로 다른 수령자들이 서로 고립되어 있는 것이 아니라 하나님 및 서로에 대하여 관련되어 있다는 것을 깨닫는 것이 중요하다. 이러한 상호관련성은 성경적 증언의 핵심에 놓여 있다. 이스라엘은 실제로 "땅의 모든 족속 중에서"(암 3 : 2) 택함받았지만 세상의 모든 민족들이 그로 말미암아 축복을 받도록 하기 위한 명시적인 목적을 가지고 택함받았다(창 12 : 3). 역으로 열방들은 하나님의 "율법이 시온에서부터 나올 것이요 여호와의 말씀이 예루살렘에서부터 나올 것임이니라"(사 2 : 3)고 증언해야 한다. 열방들은 이렇게 고백한다 : "하나님이 과연 네게 계시고 그 외에는 다른 하나님이 없다"(사 45 : 14).

마찬가지로 개개인과 집단 사이의 관계는 유동적인 관계이다. 택함받은 백성 내부로부터 아브라함, 모세, 다윗 등 특정 개인들이 선별되었지만, 언제나 그들의 역할은 그 백성과 아주 밀접한 관계에 있었다. 또 아담은 개인이었지만 모든 인류를 대표하는 그의 역할은 '인류'라는 그의 종(種)에 특유한 이름으로부터 분명하게 드러난다. 대부분 하나님의 율법은 개개인에 대한 명령들이다 : "너희는… 말지니라". 그러나 항상 이 명령은 공동체와 관련된 행위를 포함한다 : "너희는 이웃을 사랑할지니라".

이제 하나님의 계시가 구약 내에서 수령된 방식에 내포된 신학적 함의들을 보다 자세하게 검토해볼 필요가 있다.

1. 하나님의 택하신 백성으로서의 이스라엘

오십년 넘게 구약에 있어서 언약의 지대한 중요성은 인식되어 왔다. 최초의 공로는 자신의 신학 전체를 이 개념을 중심으로 조직하려고 하였던 아이히로트 (Eichrodt)에게 돌아간다. 지난 수십년 동안 구약 내에서의 언약 전승들의 복합적인 전모(全貌)가 드러났고 많은 학문적 관심을 끌어 왔다. 언약의 서로 다른 형태들은 무엇인가? 이 용어의 전사(前史)는 어떠한가? 언약은 조건적으로 이해되었는가 무조건적으로 이해되었는가? 이 전승들은 누구에 의해서 어떠한 사회정치적 맥락 속에서 시행되었는가?

이러한 학문적 논쟁의 두 가지 두드러지게 다른 효과들은 구약신학과 관련하여 보아질 수 있다. 한편으로 어떤 학자들은 언약 전승들을 이스라엘 삶의모든 측면으로 투영하였고 이 용어를 아주 광범위하게 확장하여 실제로 이 하나의 표제 아래 모든 것을 통합시켰다(Eichrodt, Lohfink, Hillers 등). 다른 한편으로 어떤 학자들은 이 용어를 극히 제한하려고 하였으며(Kutsch), 이 용어가 신명기 사가 이후의 정식으로서 이스라엘의 역사적 토양 안에서 뿌리가 아주 박약하다고 규정하기조차 하였다(Perlitt).

학문적 논쟁에서 흔히 그러하듯이 논쟁을 벌인 양 진영은 하나의 입장을 구축하는 데 필요한 몇몇 증거를 갖고 있다. 나는 페를리트(Perlitt)가 이 언약에 대한 신명기 사가 이전의 언급을 보여주는 온갖 징표를 제거하려 한 것은 설득력이 없다고 본다(예를 들면, 호 8 : 1). 그러나 언약이라는 개념은 신명기 사가 (Deuteronomist)에 의해 크게 확장되었으며 처음에는 가지고 있지 않았던 중심적인 역할이 부여되었다는 것도 마찬가지로 분명하다. 여기서 중요한 신학적인 문제는 우리가 이 여러 전승 층의 취지를 어떻게 해석하느냐 하는 것이다. 정경적 접근방식은 후대에 이스라엘은 신학적 해석에 의한 정확한 역사적 발전을 희석시킬 정도로 주로 시내산 언약의 견지에서 자신의 신앙을 해석하였다는 것을 보여주는 전승 내에서의 많은 징표들에 그 주안점을 둔다.

논쟁자들 중 그 어느 편도 구약의 정경적 형태와 정경 안에서의 언약의 구체적인 기능을 진지하게 고려하지 않기 때문에 이 논증을 평결하기는 어렵다. 언약이 일체를 포괄한다고 주장하는 사람들은 보통 그 보증을 양식비평 및 전승사적 증거에서 찾는다. 역으로 그 범위를 극히 제한하고자 하는 사람들은 주로 편집비평적 증거로부터 논증을 한다. 내 판단으로는 어느 쪽도 본문간 관련성이라는 섬세한 틀을 통하여 나름대로의 해석 방법을 기록해 놓고 있는 성경이라는 문헌의 현재적 형태를 정당하게 다루지 못했다고 본다.

우리는 그 정경적 맥락에서 언약 신학에 관하여 무엇을 말할 수 있는가? 우선 이 하나의 민족과 언약을 맺은 것은 오경 전체의 중심적인 주제이며 여러 부분들을 하나로 꿰는 실이다. 창세기는 특정한 계통을 따라 하나님의 축복이 머물게 될 한 민족이 등장할 것이라는 족장들에게 계속해서 주어진 약속들을 가지고 언약을 기다린다. 약속의 형식이 다르듯이(창 15장과 17장을 대비해보라) 약속의 성격도 다르다(땅, 자손). 하지만 최종적인 형태의 오경 속에서 애굽 포수(捕囚)의 오랜 시기를 포괄할 정도로 길게 뻗쳐있는 족장의 약속의 정점은 애굽으로부터 탈출과 시내산에서의 언약의 완성이었다. 이스라엘은 하나님의 "(특별한) 소유"(출 19 : 5)로서 택함받았고 다음과 같은 하나님의 서약을 받았다 : "나는 너희 하나님이 되고 너희는 내 백성이 되리라". 지금 주로 레위기와 민수기에서 찾아볼 수 있는 뚜렷한 제사장적 전승들은 하나님의 백성을 거룩하고 행군 질서 아래에서 살아가는 순례자 백성으로 기술하고 있는 언약에 굳게 닻을 내리고 있다.

끝으로 신명기는 이어지는 각각의 세대에게 언약을 현실화하는 데 있어서 중요한 정경적 역할을 한다. 시내산 언약에 참여하지 못하였던 두번째 세대에게는 언약은 첫번째 세대와 마찬가지로 그들에게도 적용된다는 다짐이 주어진다. 가슴과 영혼과 마음을 다하여 하나님을 사랑하라는 동일한 명령은 하나님의 언약에 대한 이스라엘의 적절한 응답을 이룬다. 언약은 삶의 방식을 천명하고 하나님의 축복을 보증한다. 신명기의 구도는 언약 신학의 주요한 방향들을 설정한 오경의 전승들을 규범적이고 총체적으로 구성한 것이다. 이 지침들 내에는 여러 다른 강조점들과 전승층이 그대로 남아 있지만, 이것들을 그 정경적 맥락으로부터 분리함으로써 서로 제멋대로 뛰놀게 해서는 안된다.

언약은 하나님과 그의 백성 사이에 관계를 설정하였다. 이 용어는 원래 법률 용어였지만 그 관계는 조약으로 기능한 것이 아니라 이스라엘의 동의에 토대를 두지 않은 하나님의 주도권에 의한 은혜로운 긍휼의 행위로 이해되었다. 그러나 언약은 응답을 요구하였고 깨뜨려진다면 하나님의 심판을 초래하는 것이었다. 하나님의 언약에 나타난 뜻과 합치하는 사랑과 정의의 공동체적인 응답을 염두에 둔 하나님의 뜻은 분명한 언어로 하나님의 백성에게 밝혀졌다.

구약 예언서에서 언약이라는 전문 용어가 놀라울 정도로 희소하게 나옴에도 불구하고 그 메시지는 하나님의 특별한 백성이라는 전제 없이는 이해될 수 없다. 예를 들면 선지자 이사야는 출애굽과 시내산 언약에 대하여 거의 말하지 않지만 아주 처음부터 깨어진 관계라는 주요한 주제를 알린다 :

내가 자식을 양육하였거늘
그들이 나를 거역하였도다(1 : 2)

마찬가지로 아모스는 이스라엘의 불순종으로부터 언약 관계의 함의들을 끌어내기 전에 이스라엘의 하나님과의 특별한 언약 관계를 확인한다 :

내가 땅의 모든 족속 중에
너희만 알았나니
그러므로 내가 너희 모든 죄악을
너희에게 보응하리라(3 : 2)

선지자들의 메시지의 가장 중요한 측면들 중의 하나는 하나님이 자기의 택한 백성을 다루는 것의 연속성이 하나님의 심판의 집행에도 불구하고 유지된다는 것이다. 비평적인 구약 학자들은 오랫동안 절대적이고 최종적인 심판에 관한 어떤 예언의 말씀들(암 3 : 12 ; 8 : 1)과 회복되고 죄 사함받은 이스라엘에 관한 묘사(9 : 13−15) 사이의 첨예한 양극성(兩極性)에 고민하여 왔다. 보통 문헌 비평의 접근방식은 발전의 역사를 개략적으로 기술하고 회복의 메시지를 포로기 이후의 후기의 단계에 할당하는 것이었다. 하지만 이러한 조치는 분명히 예언의 메시지의 전체적인 기조(基調)에 역행한다.

하나님의 백성에 있어서의 심판과 구원의 문제는 이사야서에서 특히 첨예한 형태로 나타난다. 처음 열두 장(章)에서 선지자는 나무 전체가 완전히 멸해질 때까지(6장) 하나님의 보응하시는 팔이 여전히 심판을 통해 뻗쳐져 있는(5장) 거절당한 백성(3장)에 관하여 이야기한다. 그러나 이 동일한 장들에서 선지자는 평화와 조화 속에서 살아가며 세상의 낙원 상태로의 회복(11장)과 함께 하나님 나라의 변모(9장)를 기다리는 깨끗케 되고 거룩케 된 하나님의 백성(4장)을 묘사한다.

더욱이 이사야에서 새로운 백성의 소망은 단순히 미래에 대한 염원이 아니라는 것은 분명하다. 선지자는 신실한 남은 자들이 실제로 옛 백성의 죽음과 같은 고통 속에서 그 모습을 드러내며 존재하는 것을 본다. 새로운 백성의 징표들(임마누엘=하나님이 우리와 함께 계신다 ; 스알야숩=남은 자들이 돌아오리라)에는 지속적인 하나님의 긍휼로 살아갈 회복된 하나님의 백성에 대한 가시적인 증거가 있다. 대적의 위협적인 맹공격에도 불구하고 움직일 수 없는 구원의 돌은 하나님에 의해 놓여졌다(사 28 : 16). 하나님의 새 생명을 참되게 지니고 있는 자들은 미래의 소망이나 이상이 아니라 살아서 활동하고 있다.

때로 선지자는 자기의 눈으로 하나님의 때에 등장하는 것을 보는 바 순종하고 변화된 하나님의 백성에게 전적으로 초점을 맞춘다. 오직 하나님의 전망으로부터만이 하나님의 말씀을 전혀 들을 수 없는 부정하고 거부당하고 불순종하는 백성과의 연속성을 볼 수 있다. 특히 에스겔은 무시무시한 현실감으로 죄와 부패의 무서운 특질을 묘사하지만(23장), 그런 다음 그는 뼈들의 골짜기가 새로운 백성으로 전혀 예기치 않게 회복되는 것을 묘사한다(37 : 1-5).

예레미야에 있어서 새로운 백성의 심상(心像)은 하나님이 시내산에서 그가 했던 것과 마찬가지로 이스라엘 집과 자신의 관계를 회복하시면서도 이번에는 그들을 위한 자신의 목적을 새로운 방식으로 현실화하실 때 새로운 언약이라는 형태로 다가온다 :

이 언약은 내가 그들의 열조의 손을 잡고… 세운 것과 같지 아니할 것은… 그들이 내 언약을 파하였음이니라… 그러나 그날 후에 내가 이스라엘 집과 세울 언약은 이러하니 곧 내가 나의 법을 그들의 속에 두며 그 마음에 기록하여 나는 그들의 하나님이 되고 그들은 내 백성이 될 것이라(31 : 31ff.)

하나님이 자기에 대하여 자기 백성을 새로이 구성하시는 것의 엄청난 이적적인 성격은 마침내 호세아의 예언에 등장한다. 선지자는 "너희는 내 백성이 아니라"고 말하는 대신에 "사신 하나님의 자녀"라고 말하게 될 때를 그린다(1 : 10). 또 "그 날에는 내가 저희를 위하여…언약을 세우며…내가 네게 장가들어 영원히 살되 의와 공변됨과 은총과 긍휼히 여김으로 장가들며 진실함으로 네게 장가를 들리니"(2 : 18f.).

흔히 이스라엘과 열방들이 함께 하나님을 찬양하는 것으로 보여지는 것은 새로운 순종하는 하나님의 백성에 대한 예언적 묘사의 특징이다. 이스라엘은 여전히 하나님의 온 피조물을 신적 구원에 참여케 하는 수단이 된다.

2. 수령자로서의 개인

구약 안에는 '험악한 개인주의자'라는 계몽시대 이후의 현대적인 의미로서의 개인이라는 개념은 존재하지 않는다. 개인은 언제나 보다 큰 사회와 집단과 관련하여 보아진다. 하지만 개인의 윤곽은 동질적인 대중으로 용해되어 버렸다고 결론내리는 것은 마찬가지로 잘못된 것이다. 우리가 구약 안에서 개인의 품격을 느끼기 위해서는 아브라함, 모세, 드보라와 같은 인물들만을 상기해도 충분할 것이다. 실제로 구약보다 더 인상적으로 개인을 묘사하고 있는 문헌도 거의 없다. 그렇지만 구약은 개인적 존재 그 자체에 초점을 맞추고 있지는 않다.

구약 안에서 하나님의 계시와 관련된 개인의 역할이 전개되는 두 가지 주요한 방향들이 있다. 한편으로 개인은 인류 전체의 대표로 취급된다. 또 한편으로 개인은 하나님의 백성, 즉 이스라엘의 구성원으로 등장한다. 이 두 방향은 쉽게 구별될 수 있지만 예를 들면 욥과 요나와 같은 인물들 속에서 혼합되고 융합되는 때도 있는데 이는 신학적으로 중요하다.

(a) **인류의 대표로서의 개인.** 창세기 1 : 27은 하나님이 자기 형상대로 인간('adam)을 창조하시는 것에 관하여 이야기한다. 두 가지 주석학적 논점들이 즉각 이어진다. 첫째로, '아담'('adam)은 인류라는 종(種)의 특정한 남성 개체를 가리키는 히브리어 '이쉬'('is) 또는 여성 개체를 가리키는 '잇샤'('issah)와는 대조적으로 인류라는 종(種)을 가리키는 용어이다. 둘째로, 어떤 식으로든 형상과 관련된 좀더 자세한 설명이 이어진다. 하나님은 인간을 남자와 여자로

창조하셨고 인간에게는 이 땅의 나머지 피조물에 대한 통치권이 주어진다.

많은 학문적 정력이 인간의 형상은 정확히 어디에 있는가를 구체적으로 밝히려는 노력에 소비되어 왔다. 인간을 나머지 다른 피조물로부터 구별하는 것은 무엇인가? 흔히 그것은 인간의 이성, 양심, 영성에 있다고 주장되어 왔다. 부분적으로 바르트(Barth)가 따라가는 본회퍼(Bonhoeffer)는 이 형상은 남자와 여자 사이의 관계, 한 사람이 다른 사람을 '너'라고 부르는 사람들 사이의 공동체에 유비적으로 반영되어 있다고 말하였다.

주요한 주석학적 문제는 구약 안에 이 용어에 대한 설명이 실제로 전혀 없다는 것이다. 사실 그 신학적 의의는 유대인과 기독교인들에 의해 구약 이후 시기에 처음으로 발전되었던 반면에 구약 자체는 거의 암시를 주지 않는다. 창세기 5 : 1 이하는 아담의 아들, 셋(Seth)이 "자기와 같은 곧 자기 형상을" 닮았다고 말한다. 원래의 형상이 무엇이었든간에 그것은 '타락'을 통하여 상실되어 버린 것은 아닌 것 같다.

또 시편 8편은 창세기 1장의 창조 전승에 대한 폭넓은 주석 역할을 한다. 시편 기자는 창조된 질서 안에서의 사람의 독특한 위치에 강조점을 두지만－"저를 천사('elohim)보다 조금 못하게 하시고"－사람의 역할은 전적으로 하나님의 은혜로부터 기인한다－"인자가 무엇이관대 주께서 저를 권고하시나이까". 형상 그 자체는 하나님이 창조에 의해 지으신 모든 것에 대한 청지기 직무를 수행하는 인간의 능력에 있지 않지만, 시편 기자는 자신의 관심을 사람의 권능의 행사와 관련이 있는 형상의 신적 목적으로 즉각 돌림으로써 창세기의 전승을 따른다. 창세기 2장에서 아담에게 짐승들의 이름을 붙이는 과제가 주어질 때도 어느 정도 비슷한 기조(基調)가 울려퍼진다. 이에 따라 아담은 짐승들에게 창조 질서 내에서의 각자의 역할들을 맡김으로써 하나님 자신의 공동 창조자의 역할을 한다(von Rad, *Genesis*).

지혜문학들은 하나님의 계시의 수령자로서의 인류와 관련하여 특별한 음조를 울린다. 전도서는 사람의 마음 속에 두어진 "영원을 사모하는 마음"(3 : 11)에 관하여 말하지만, 사람은 하나님과 질적으로 구별되는 인간 존재라는 제한된 맥락 안에 한정된다. 사람은 시간과 공간의 제한을 받고 있으며 자신의 피조물됨을 자신의 실존의 의미에 대한 위협으로 발견한다. 그렇지만 전도서 기자는 하나님이 생명을 허락하셨고 하나님의 피조물을 하나님의 선물로서 누리기 위한 잠정적인 소유를 허락하신 사람의 독특한 가능성을 증언한다. 실제로 사람은 불멸하지 않으며 자신의 운명의 주인도 아니다. 창조된 질서 안에는 헤아릴 수 없이 많은 변칙성들이 여전히 존재한다. 그러나 자신의 생명을 위한 고정된 경계들 안에서 사람은 하나님의 선물로서의 일정 정도의 기쁨을 허락받고 있다(5 : 19). 이 지혜문학의 증거를 정경의 나머지로부터 따로 떼어서 보게 되면 그것은 상당히 부정적이고 아주 염세주의적으로 보인다. 하지만 그 정경적 맥락 안에, 특히 전도서의 서문(12 : 11−14)에 의해 제시된 정황 안에 놓고 보게 되면 그것은 사람의 삶을 하나님과 무관하게 낭만적으로 묘사하거나 이상화시키거나 합리화시키는 모든 노력들에 저항하는 인간의 피조물됨을 차분하게 증언하는 역할을 한다.

욥기 28장은 사람의 주목할만한 창의력에 대한 매우 강력한 또 다른 증언을 보여준다. 지혜자는 숨겨진 장소를 찾아내고 강들을 막아 댐을 만들며 바위로 된 산을 무너뜨리는 사람의 능력에 경탄한다. 사람은 현명한 기법들을 고안해내고 땅에 숨겨진 보석들을 찾아낸다. 그러나 사람의 주목할만한 능력에도 불구하고 사람은 스스로는 지혜의 길을 찾을 수 없다. 지혜는 하나님이 자기를 경외하는 자들에게 수여하는 신적 선물로 남아 있다.

아마도 이 주제에 대한 잠언의 주요한 증언은 인간의 경험은 현명하게 이해되기만 한다면 개인에게 생명의 길을 가르친다는 것을 본 데 있다고 할 것이다. 경험에 의하여 가르침받은 교훈들을 올바로 준수함으로써 사람은 하나님이 자신의 피조물에 구축해 놓으신 신적인 현실의 구조들과 조화롭게 인도함을 받는다. 잠언은 언약, 백성, 구속사에 관하여서가 아니라 지혜라는 선물을 통하여 하나님께서 기뻐하시는 길로 걷거나(8 : 35) 반대로 우둔하고 어리석고 사악함으로써 약속을 상실할 가능성이 주어진 인류에 관하여 말한다. 어리석은 자의 길은 생명이 아니라 죽음 자체이다.

(b) **이스라엘의 대표로서의 개인.** 전체적으로 구약에 보다 중심적인 것은 신실한 이스라엘의 대표로서 봉사하는 개인 속에서 역사하는 하나님의 구속 목적에 대한 언급이다. 하나의 전망에서 볼 때 구약은 하나님이 한 백성을 형성하는 언약의 역사이다. 그러나 성경은 여러 가지 방식으로 보다 큰 집단적 실체와 관계를 맺는 개개인들의 이야기들로 가득차 있다.

족장들은 그들의 하나님과의 만남이 백성 전체의 성격에 영향을 미치게 한 개개인들의 고전적인 예들이다. 아브라함의 믿음은 그 구성원들이 별과 같이 무수하게 될 택함받은 백성에 관한 하나님의 약속을 확증하였다. 역으로 약속된 상속자를 잉태할 사라에게 드러내보인 그의 믿음의 결여는 민족 전체의 미래를 위협하였다(창 20장).

야곱의 조상들의 하나님과의 만남은 창세기에서 언제나 이상하고 이중적인 빛으로 묘사된다. 분명히 야곱은 아버지 이삭의 둘째 아들로서 한 개인이다. 하지만 에서의 쌍둥이 형제로서 태어난 그의 출생은 서로가 지배권을 놓고 싸우는 두 민족 사이의 경쟁으로 기술된다. 야곱은 실제로 자신의 민족인 이스라엘의 이름을 지녔을 뿐만 아니라—그는 하나님과 씨름을 한다—그의 이야기들은 그를 개인적 요소와 집단적 요소가 함께 어우러지는 예표론적 차원으로 묘사한다. 그는 장자에서 기인하는 축복을 교묘히 빼앗아서 땅을 상속받을 약속을 받는다. 그는 자기 이름인 야곱, '빼앗는 자'에 걸맞게 재치를 통해 눈부시게 성공을 하며, 마침내 브니엘에서 하나님을 대면하고(32장) 이후의 모든 세대가 기억하는 징표를 지니고 다리를 절며 떠난다(32 : 32). 끝으로 야곱은 한 가족의 가장으로서 애굽으로 내려오지만 자기의 뼈는 하나님의 백성으로서 이스라엘이 애굽에서 구원을 받을 때 같이 가져가달라고 부탁한다.

시편은 신실한 이스라엘의 대표로서의 개인의 역할에 대한 또 다른 고전적인 예를 보여준다. 구약 시편의 가장 많은 숫자는 한 개인이 큰 고통 속에서 하나님께 기도를 쏟아붓는 개인적인 비탄을 그 내용으로 하고 있다. 이 시편들은 몸과 영혼의 모든 괴로움을 기술한다 : 대적들의 공격, 질병, 그릇된 비난, 감옥에 갇힘, 격리, 미움, 위협. 시편들은 비탄과 탄원, 찬양 사이를 오고간다(참조. 시 6, 88편).

고난받는 이스라엘 사람은 자신의 삶과 복리를 의존하고 있는 이스라엘의 하나님과 계속해서 동일시된다. 모든 사람의 가장 큰 위협은 사랑하는 공동체와 하나님의 예배로부터 끊어지는 것이다 :

> 주께서 사망한 자에게 기사를 보이시겠나이까
> 유혼이 일어나 주를 찬송하리이까(시 88 : 10)

때로 시편 기자는 자기가 하나님의 구속하시는 손을 체험했다고 고백한다(시 6 : 8ff.). 또 어떤 때는 시편 기자는 하나님께서 응답하시도록 열정적인 이루어지지 않는 탄원으로 끝맺는다(시 88 : 1ff.).

시편 기자가 흔히 홀로 고통을 겪지만 하나님의 구원에 대한 자신의 체험을 복수형으로 표현하는 것은 시편의 특징이다. 그것은 마치 하나님의 구속 활동은 사랑하는 공동체를 떠나서는 온전히 설명될 수 없다고 말하는 듯하다. 우리는 모든 시편들 가운데서 가장 즐거운 시편 126편에 관하여 생각해보면 거기에는 구원으로 인한 헤아릴 수 없이 심대한 경이로움과 유쾌한 기쁨이 나타나 있다 :

> 여호와께서 시온의 포로를 돌리실 때에
> 우리는 꿈꾸는 것 같았도다
> 그 때에 우리 입에는 웃음이 가득하고
> 우리 혀에는 찬양이 찼었도다
> 열방 중에서 말하기를
> 여호와께서 저희를 위하여 대사를 행하셨다 하였도다
> 여호와께서 우리를 위하여 대사를 행하셨으니
> 우리는 기쁘도다

무엇보다도 개인적인 비탄 시편은 하나님을 섬긴다고 공언하는데도 그의 삶이 비애와 슬픔으로 가득차 있는 신실한 이스라엘 사람을 증언한다. 그는 계속해서 선과 악 모두를 경험하며 최후의 신원을 기다린다. 시편은 언약의 신적 약속으로 살아가며 고통받지만 혼란스러움과 무죄에 대한 탄원 속에서 하나님의 경륜 내에서 자기의 위치가 무엇인지를 확실히 모르는 개개 이스라엘 사람에 주로 초점을 맞춘다. 궁극적으로 정경적 시편의 움직임은 미래를 지향하고 있다. 체험된 구원의 순간들과 무관하게 시편 기자는 궁극적으로 하나님의 미래의 신원을 바라보지 않을 수 없다. 신실한 이스라엘 사람은 비탄과 찬양을 오고 가면서 기다린다 :

> 나 곧 내 영혼이 여호와를 기다리며
> 내가 그 말씀을 바라는도다
> 파숫군이 아침을 기다림보다
> 내 영혼이 주를 더 기다리나니.
> 이스라엘아 여호와를 바랄지어다.

저가 이스라엘을 그 모든 죄악에서 구속하시리로다(130 : 5-8)

그 외에도 시편의 것과 아주 유사한 하나님의 계시의 수령자로서의 개인의 역할에 대한 성경의 다른 부분들에 나타나는 두 가지 중요한 성경적 증언들이 있다. 하박국에서 선지자는 의인의 고난과 압제자들의 명백한 성공들에 관하여 하나님께 의문을 제기한다. 그런 다음 선지자는 하나님 앞에서 살아가며 신실한 자들을 압제하는 대적들에도 불구하고 하나님의 통치의 개시를 기다리라고 가르침을 받는다. 의(義)는 세계 역사 속에서의 하나님의 목적을 이해하는 인간의 능력에 의해서가 아니라 하나님의 약속에 의해 지탱되는 신뢰의 응답에 의해서 측정되어야 한다.

하박국의 증언의 특별한 정경적 의의는 선지자 자신이 자전적인 진술을 통하여 이 믿음의 진리성을 증언한다는 것이다. 이스라엘의 소망은 이미 그에게 있어 현실이 되어 있었고, 그는 자신의 체험으로부터 이를 웅변적으로 증언할 수 있다 :

내가 들었으므로 내 창자가 흔들렸고
그 목소리로 인하여 내 입술이 떨렸도다…
내 뼈에 썩이는 것이 들어 왔으며
내 몸은 내 처소에서 떨리는도다(3 : 16)

그러나 이러함에도 불구하고 :

무리가 우리를 치러 올라오는
환난날을 내가 기다리므로…
나는 여호와를 인하여 즐거워하며…
주 여호와는 나의 힘이시라…
나로 나의 높은 곳에 다니게 하시리로다(3 : 16-19)

요컨대 선지자는 이스라엘에게 메시지를 전할 뿐만 아니라 개인적으로 자기가 체험했고 자신의 삶의 토대가 되는 구원의 현실을 증언한다. 믿는 자는 어두움을 가리키지 않는다!

공동체적인 비탄을 개인적인 비판과 관련시키는 어느 정도 이와 비슷한 움직임은 유다 전체의 재앙을 말하고 있는 예레미야 애가에서 찾아볼 수 있다. 만가(挽歌) 형식을 빌어 기자는 성전이 모독을 당함과 시온의 굴욕, 기아의 공포, 대적의 응보를 향한 욕망을 기술한다. 이러한 전통적인 주제들을 다시 재현하는 취지는 여러 가지 시각으로부터 민족의 비애를 집중적으로 조명하자는 데 있다. 만가의 영향은 특히 1, 2, 4장에서 감지된다; 그것은 5장의 공동체적인 비판을 통해 약간 변형된 형태로 반영되어 있는 넋을 잃은 체념의 분위기를 만들어낸다.

하지만 애가의 3장은 형식과 내용 모두에 있어서 이 책의 나머지와는 다른데 메시지 전체를 해석함에 있어 결정적인 해석학적 기능을 담당한다. 이 장은 이 장르의 모든 전통적인 특징들을 공유하는 개인적 비탄으로 시작된다. 기자는 자신의 괴로움을 기술하고(1-18절) 하나님으로부터 도움을 구한다(19-21절). 22-24절에서 그는 이스라엘의 전통적인 신조들에서 기인한 주제들을 사용함을 통해 하나님의 긍휼에 대한 자신의 믿음을 증언한다.

특히 중요한 것은 이상(異像)의 이동인데, 이것은 3장이 이 책에 영향을 미치게 하는 요인이 된다. 그것은 공동체적 형태로부터 개인적 형태로의 변화를 가져오며, 그것은 주전 587년의 예루살렘 멸망이라는 슬픈 사건들로부터 개인의 이력으로 옮아간다. 이렇게 함으로써 기자는 진정한 역사적 관심으로부터 무시간적인 종교의 영역으로 옮겨간 것이 아니라 민족의 역사를 예전적 언어 안에서 통합하였던 것이다. 이 한 사람의 대표적인 유대인의 고통은 역사 내에서의 어느 고정된 시점을 뛰어넘는 예배의 언어로 묘사된다. 한 사람의 히브리인은 자신의 고통을 통하여 이렇게 증언한다 :

여호와의 자비와 긍휼이 무궁하시므로…
내 심령에 이르기를 여호와는 나의 기업이시니
그러므로 내가 저를 바라리라 하도다(3 : 22-24)

요약하자면 애가 3장의 역할은 성전의 파괴로 인해 야기된 이스라엘의 곤경을 신앙의 언어로 바꾸고 공통적인 예전 형식들을 빌어 한 사람의 대표적인 개인에 의해 증언된 신앙의 그러한 차원을 체험하도록 온 민족에게 호소하는 것이다. 시편 기자의 고백은 이제 만가를 대신하였다. 자기 백성에 대한 하나님의

약속들은 끝난 것이 아니며 여전히 소망을 위한 근거들을 제공해주고 있다. 따
라서 예레미야 애가는 역사가 참을 수 없이 고통스럽게 느껴지는 하나님의 고
난받는 백성의 모든 미래 세대에게 봉사한다 :

> 우리가 스스로 행위를 조사하고 여호와께로 돌아가자
> 마음과 손을 아울러 하늘에 계신 하나님께 들자.
> 주께서 영원토록 버리지 않으실 것임이며
> 저가 비록 근심케 하시나 그 풍부한 자비대로 긍휼히 여기실 것임이라(3 :
> 40f., 31f.)

3. 하나님의 계시의 수령자들로서의 열방들

구약 전체에 걸쳐 열방들은 택함받은 백성과 마주 하여 서있다. 이스라엘과
열방들 사이의 이러한 날카로운 구별은 창세기의 문학적 구조 자체에 구축되어
있다. 기자는 수평적 족보들(셈, 함, 야벳)을 통하여 한 자료로부터 열방들의
가계의 성장을 추적하지만 그의 주된 관심은 수직적 족보(아브라함, 이삭, 야
곱)를 통하여 추적하는 하나의 택함받은 가계에 있다는 것을 보여준다.

하지만 창세기는 이스라엘의 선택은 세계를 향하신 하나님의 목적의 종국이
아니라 수단이었다는 것을 분명히 한다. 자손과 관련된 아브라함에 대한 하나
님의 약속을 보여주는 중요한 구절(12 : 1ff.)에서 이스라엘과 열방들 사이의
근본적인 관계가 분명히 밝혀지고 있다 : "여호와께서 아브라함에게 이르시되
… 내가 너로 큰 민족을 이루고 네게 복을 주어… 땅의 모든 족속이 너를 인하
여 복을 얻을 것이니라"(2절 이하). 폰 라트는 창세기 내에서의 12장의 위치에
관하여 통찰력있는 고찰을 행하였다. 이스라엘의 선택은 3-11장에 걸친 죄와
소외의 역사에 대한 정점으로 등장한다. 에덴 동산으로부터 아벨의 살해, 하나
님의 아들들의 반역(6장), 홍수와 바벨탑에 이르는 죄의 점진적인 확대는 세상
을 하나님의 통제로부터 잡아 빼앗아 완전한 혼돈으로 내몰 위험을 안고 있었
다. 그때 하나님은 아브라함에게 명하였고 아브라함은 순종하였으며 이스라엘
은 하나님의 온 피조물을 그 창조주와 화목케 하는 도구가 되었다.

물론 이스라엘은 열방들을 다시 얻으려는 하나님의 원래의 목적을 예언적으

로 되풀이 말하는 것을 요구하였던 자신의 선택의 목적을 끊임없이 오해하였다. 거듭 거듭 제2이사야는 "열방들", "땅끝", "먼 백성들"에게 우주의 하나님을 찬양하는 데 동참하라고 요구하는 신탁들을 말하고 있다. 이사야가 모든 열방들이 여호와의 길을 배우기 위하여 여호와의 산을 오르려는 의도를 가지고 변화된 시온에 모여든다는 견지에서 종말 때의 모습을 그리는 것은 결코 우연이 아니다(2 : 1ff. ; 참조. 시 147편).

다시 한번 이야기 자료는 열방들에 대한 하나님의 관계를 어떻게 이해해야 하는가에 대한 중요한 주석을 제공해준다. 실제로 이삭은 이스마엘 위로 선택을 받고 하갈은 충격적인 잔인함으로 쫓겨난다(16, 21장). 이스마엘이 아니라 이삭이 약속의 상속자이긴 하지만 하나님은 하갈에게도 깊이 관심을 가지시고 그녀의 부르짖음을 들으신다. 마찬가지로 이스마엘에게는 약속이 주어지고 사막에서의 삶이 허용된다.

아마도 이보다 더 중요한 것은 하나님의 계시를 지닌 자들로서의 외국인들의 역할에 관한 이야기들이다. 출애굽기 18장은 하나님이 애굽으로부터 이스라엘을 구원하셨다는 소식을 듣고 모세를 만나러 나가는 미디안의 제사장 이드로의 이야기를 하고 있다. 이드로는 기뻐하며 여호와는 "모든 신보다 크시므로…"라고 고백한다.

이드로가 이스라엘 백성에 속하지 않은 외국의 제사장이라는 사실은 이 전승의 본질적인 부분이다. 그렇지만 그는 이 이야기 전체를 통하여 여호와에 대한 신실한 증인으로 행동한다. 그는 국외자로 취급받지 않으며 그렇게 행동하지도 않는다. 그는 하나님께 이스라엘의 신앙의 언어로 찬양을 드리며 이 사건의 정점으로서의 예배를 인도하기도 한다. 그가 최근의 회심을 통하여 개종자로서 이 제의에 참여할 권리를 얻었다는 것을 보여주는 암시는 없다. 오히려 그는 찬양과 고백과 희생제사를 통하여 이스라엘의 하나님의 크심을 증언한다. 하나님이 행하신 것은 자기 백성에게만 국한된 것이 아니라 세상에서 하나님의 기사(奇事)들에 열려있는 누구나가 인지하고 체험할 수 있는 것이다.

그 외에도 수많은 다른 이야기들은 하나님의 크심에 대한 외국인들의 증언을 말한다. 그들은 때로는 자발적으로 때로는 강요되어 증언을 한다. 민수기에 나오는 발람에 관한 전승들은 상당한 정도의 긴장을 유지하고 있다. 한편으로 참 선지자로서 발람은 하나님의 축복 아래 있는 이스라엘의 영광된 미래를 내다보았다. 다른 한편으로 그는 미디안 사람들에게 어떻게 하면 이스라엘을 타락시켜서 그에 따른 심판으로 멸망시킬 수 있는지를 가르쳤다(민 31 : 16). 열왕기하 5장에서 수리아의 장군인 나아만은 이드로를 기억나게 하는 말들로 하나님의 권능을 증언한다. 끝으로 다니엘서의 전반부의 많은 부분은 "지극히 높으신 하나님이 행하신" 것을 증언하지 않을 수 없게 된 교만한 이국 통치자라는 주제를 체계화하고 있다.

이에 덧붙여 하나님의 계시의 수령자로서의 열방들은 하나님의 택하신 백성, 이스라엘의 죄들을 드러내는 데 있어서 중요한 역할을 한다(참조. 겔 5 : 5ff.). 저 유명한 말라기 1 : 11의 구절에서 선지자는 하나님으로부터 영광을 박탈하는 이스라엘의 욕된 희생제사를 정죄하고 이스라엘의 죄악됨을 열방들과 대비시킨다 :

> 만군의 여호와가 이르노라 해 뜨는 곳에서부터 해 지는 곳까지의 이방 민족 중에서 내 이름이 크게 될 것이라 각처에서 내 이름을 위하여 분향하며 깨끗한 제물을 드리리니 이는 내 이름이 이방 민족 중에서 크게 될 것임이니라

몹수에스티아의 테오도루스(Theodore of Mopsuestia) 이래로 몇몇 해석자들은 이 구절을 모든 이교 제사들이 사실상 한분 참된 하나님이신 여호와께 드려진다는 것을 천명하고 있는 것으로 이해하려고 하였다. 하지만 이러한 해석은 말라기 전체와 불일치한다. 선지자는 참된 예배의 본질에 관한 이론을 제시하는 것이 아니라 이스라엘의 불경(不敬)을 논박하고 있는 것으로서, 따라서 이로 보건대 모든 이방 세계가 택함받은 백성보다 하나님을 보다 신실하게 섬긴다고 한 것이다. 마찬가지로 에스겔은 예루살렘을 향하여 이렇게 말한다 : "사마리아는 네 죄의 절반도 범치 아니하였느니라 네가 그들보다 가증한 일을 심히 행한고로 너의 가능한 행위로 네 형과 아우를 의롭게 하였느니라…"(16 : 51). 이교도들조차도 유다에 의해 저질러진 것들에 경악을 금치 못한다.

이 주제에 대한 가장 흥미로운 전개들 중의 하나는 요나서에 나온다. 하나님은 요나에게 니느웨로 가서 그 사악함을 비난하라고 명하셨다. 하지만 요나는 이를 거부하고 다시스로 가는 배를 타고 반대 방향으로 향하였다. 요나서 기자가 이방인들인 선원들을 요나와 관련하여 어떻게 묘사하는지를 관찰하는 것이 신학적으로 중요하다. 하나님이 큰 풍랑을 일으켜 배를 파괴하려고 하였을 때

선원들은 두려워 하였다. 그때 진정한 이방인 행동방식으로 선장은 각 사람으로 하여금 자기의 신을 부르라고 요청하였다. 아마도 그 신들 가운데 하나 정도는 자기들을 구하러 달려올 것이다. 그러나 요나는 자기는 히브리인이라고 고백한다. 그는 "바다와 육지를 지으신 하늘의 하나님 여호와"를 예배한다고 말한다. 이것은 하나님을 피하려고 다시스로 가는 배를 탄 자로서는 기이한 아이러니가 아닐 수 없다! 그때 요나는 자신의 운명에 체념을 하고 풍랑을 잔잔케 하기 위하여 선원들에게 자기를 바다 속으로 던지라고 요청하지만 그들은 너무나도 자비로워서 그 말에 따르지 않는다. 그들은 배를 뭍에 대려고 열심히 노를 저으면서 요나의 하나님께 기도하며 긍휼을 구한다. 이 이야기 전체에 걸쳐 이방인 선원들은 큰 동정심을 가진 성품이 좋은 사람들로 묘사되는 반면에 히브리인 요나는 흉악한 자이다.

하나님이 마침내 요나를 큰 물고기를 통하여 구원하시자 선지자는 마지못해 하나님의 심판의 말씀을 앗수르인들에게 선포하기 위하여 미워하는 도성 니느웨로 향한다 : "사십일이 지나면 니느웨가 무너지리라". 그때 기적 중의 기적이 일어나는데 니느웨 백성들이 하나님을 믿고 베옷을 입은 채 회개를 한다. 이방의 왕은 하나님의 성품에 관한 참된 지식을 표현한다 :

> 하나님이 혹시 뜻을 돌이키시고 그 진노를 그치사 우리로 멸망치 않게 하시리라

그리고 하나님이 긍휼을 보이심으로써 자기가 거짓말쟁이로 될 것을 두려워하고 오해하는 자는 바로 히브리인 하나님의 선지자 요나이다. 그때 하나님은 요나에게 이렇게 깨우치신다 :

> 이 큰 성읍 니느웨에는 좌우를 분변치 못하는 자가 십이만여명이요 육축도 많이 있나니 내가 아끼는 것이 어찌 합당치 아니하냐(3 : 11)

하나님의 계시의 수령자로서의 열방들이라는 주제에 대해 마지막으로 하나 더 언급할 것이 있다. 하나님은 자신의 왕됨에 반대하는 세상의 모든 세력들에 대항하여 자신의 권능을 계시하여 왔다. 흔히 구약에서 열방들은 하나님의 통치에 반대하여 조직된 지상의 세력들로서 상징적으로 묘사된다. 시편 2편은 그

고전적인 예를 보여준다. 자신의 피조물에 대한 하나님의 통치를 거부하는 이 러한 열방들을 향하여 하나님은 "분을 발하며 진노하사 저희를 놀래어" 말씀하 신다.

특히 예언서들과 묵시문학에서 열방들은 하나님의 거룩한 도성, 시온을 공격 하는 것으로 다양한 심상(心像)들을 통하여 묘사된다. 요엘 3장은 "여호사밧 골짜기로 올라오는" "사면의 열국"을 묘사하고 에스겔 38-39장은 "평안히 거 하는" "백성"을 덮치기 위하여 악한 꾀를 고안해내는 곡(Gog)과 마곡 (Magog)을 본다. 마찬가지로 다니엘은 적그리스도의 마귀적인 맹공격 앞에서 벽에 등을 기댄 채 있는 남은 자들을 묘사한다. 그러한 철저한 오만과 교만 앞 에서 하나님은 이렇게 응답하신다 : "내가 여러 나라의 눈에 내 존대함과 내 거 룩함을 나타내어 나를 알게 하리니 그들이 나를 여호와인줄 알리라"(겔 38 : 23). 의미심장하게도 이스라엘과 열방들 양자에 대한 하나님의 심판의 목표는 동일하다-모든 이로 하여금 하나님의 참된 성품을 알게 하고 하나님을 아는 가운데 그들로 하여금 하나님을 섬기게 하는 것.

참고 문헌

P. **Bird**, 'Gen 1:27b in the Context of the Priestly Account of Creation', *HTR* 74, 1981, 129–59; M. **Buber**, 'The Covenant', *Moses*, ET Oxford 1946, 110–18; R. E. **Clements,** *God's Chosen People*, London and Valley Forge 1968; 'The People of God', *Old Testament Theology. A Fresh Approach*, London and Atlanta 1978, 79–103; J. **Ellul**, 'Naaaman', *The Politics of God and the Politics of Man*, ET Grand Rapids 1972, 23–40; N. **Gottwald**, *The Tribes of Yahweh*, Maryknoll 1979 and London 1980, 88–99; D. R. **Hillers**, *Covenant: The History of a Biblical Idea*, Baltimore 1969; E. **Kutsch**, *Verheissung und Gesetz*, BZAW 131, 1973; N. **Lohfink**, 'Beobachtungen zur Geschichte des Ausdrucks *'am YHWH'*, *Probleme biblischer Theologie, FS G. von Rad*, ed. H. W. Wolff, Munich 1971, 275–305; R. **Martin-Achard,** *A Light to the Nations*, ET Edinburgh and London 1962; D. J. **McCarthy,** *Treaty and Covenant*, AnBibl 21, 1963, Oxford ²1978; L. **Perlitt**, *Bundestheologie im Alten Testament*, WMANT 36, 1969; S. **Terrien,** *The Elusive Presence*, New York and London 1978, 106–60.

10

하나님의 통치의 대리자들 : 모세, 사사들, 왕들

구약은 자기 백성에 대한 통치를 수행하고 강화하기 위하여 일련의 지도자들과 직분들을 제공해주시는 하나님의 은혜를 끊임없이 증언한다. 이런 이유로 '지도력의 은사들' 또는 '언약의 직분들'이라는 주제를 다루는 장(章)을 따로 두는 것이 최근의 많은 구약신학들의 공통된 특징이다. 이 주제를 다룸에 있어서 방법론적인 문제는 침멀리(Zimmerli)에 의해 이 주제에 대한 서론을 통해 제기된다 :

> 구약신학의 구도 안에서 이스라엘의 '사회'의 사회학적 구조를 기술하고 그 역사적 발전을 추적하는 것은 적절하지 않다. 오히려 우리의 임무는 구약의 신앙이 이 개개인들 또는 집단들 속에서의 여호와의 역사(役事)를 인식하고 기술하는 것이다(*OT Theology*, 81).

나는 고대 이스라엘의 지도력에 대한 사회학적 기술과 참된 신학적 과제를 혼동하는 것을 거부함에 있어서 침멀리와 전적으로 의견을 같이 한다. 하지만 침멀리 자신의 체계화는 적절한가? 내 견해로는 침멀리는 관련있는 구절들의 대부분을 인용하여 유용한 검토를 제공해주고 있긴 하지만 정경화 과정에 의해 해석되어진 대로 자료를 성공적으로 다루지는 못하고 있다. 그의 신학적 서술은 계속해서 현대의 비평적 평가와 구약 자체의 증언 사이에서 동요한다. 이와는 반대로 나의 관심사는 적어도 그 정경적 형성과 합치하는 방식으로 이 자료에 대한 신학적 성찰을 시도하는 것이다.

1. 모세의 역할

침멀리는 모세를 "이스라엘을 애굽으로부터 인도해낼 과제를 안은 애굽식 이름을 가진 한 사람"(81)으로 묘사하는 것으로 모세에 대한 논의를 시작함으로써 즉각적으로 문제점을 드러낸다. 구약 전승의 그 어디에서도 모세는 애굽식 이름을 가졌다고 생각되지 않는다. 사실 바로 그 반대이다 : "그가 그 이름을 모세라 하여 가로되 이는 내가 그를 물에서 건져내었음(msh)이라 하였더라"(출 2 : 10). 오늘날의 어원학적 기원에 따르면 그 이름은 실제로 '아들' 또는 '아이'를 의미하고 투트모제(Tutmose)와 같은 애굽식 이름들에 등장한다. 하지만 과학적인 어원은 성경 전승의 어원과 다른 맥락에서 작용하므로 이 둘은 단순하게 호환될 수 없다. 침멀리는 다음으로 결합된 총체로서의 정경적 형태가 초기 전승들에 부여한 기능을 추구하지 않고 문헌 자료들에 대한 통상적인 비평적 재구성(참조. Gressmann, Osswald)에 따라 구약에 나오는 모세에 대한 광범위하고 다양한 묘사들을 기록한다.

그렇다면 우리는 하나님의 통치의 대리자로서의 모세라는 인물의 정경적 기능에 관하여 무엇이라 말할 수 있는가? 물론 구약은 모세와 관련한 많은 전승들을 포함하고 있음은 분명하며, 그 가운데 일부는 서로 두드러지게 긴장 관계에 있다. 전승들 내부의 갈등을 보기 위해서는 우리는 단지 모세의 할례와 최근에 지명된 사자를 죽이려고 하는 하나님에 관한 이야기만 떠올리기만 하면 된다(출 4 : 24ff.). 마찬가지로 일련의 재앙 속에서의 모세라는 인물의 묘사는 그레스만(Gressmann)이 오래 전에 알아차렸듯이 여러 전승 층들 내에서 상당한 정도로 다르다. 그렇지만 이러한 별개의 전승들이 질서있게 배치되었으며 전반적인 정경적 해석이 부여되었다는 것도 마찬가지로 사실이다. 초기의 구약에 관한 타나(Tanaaite) 유대인의 해석자들은 모세의 역할에 관하여 분명한 윤곽을 지니고 있었으며 서로 조화될 수 없는 갈등들을 지닌 묶음으로만 보지 않았다는 것은 의미심장하다.

여기서 말하고자 하는 가장 중요한 논점은 모세에게는 이스라엘 내에서 유일무이한 역할, 그렇지만 이와 아울러 이스라엘 내에서의 온갖 다른 직임들을 포괄하는 풍부한 다양성을 지닌 역할이 맡겨졌다는 것이다 : 구원자, 입법자, 선지자, 제사장, 찬송자, 지혜자. 하지만 모세의 유일무이한 지위의 중심적인 초점은 언약의 중보자로서의 그의 역할에 두어졌다. 이런 이유로 그의 역할들의 다양성은 언약과 관련한 이러한 권위를 모세가 수행하는 서로 다른 측면들로 드러난다. 더욱이 이 복잡한 전승들은 전승의 추상적인 과정이나 흐름 속에서가 아니라 모세라는 '인물'(persona)과 관련하여 구약의 통일성을 부여받고 있다는 것이다.

율법의 수여를 수반하는 출애굽기 19장에 나오는 시내산에서의 하나님의 나타나심에 관한 보도는 모세의 중심적인 역할을 위한 최초의 인과관계론을 제공해준다. 백성들은 산 위에서의 광경 앞에서 겁에 질려 도망을 했고 모세에게 그들의 중보자가 되어 달라고 요청하였다(출 20 : 18 ; 신 4 : 14). 하지만 시내산에서의 모세의 역할의 독특성은 19장에 나오는 인과관계론적 전승과 무관하게 증언되고 있다. 하나님의 나타나심의 강도가 더 커짐에 따라 모세는 하나님께 말하고 하나님은 모세에게 천둥으로 대답하시는 모습이 보여졌다(19 : 19).

몇몇 다른 구절들은 시낸 산에서의 모세의 역할을 서로 다른 전망으로부터 고찰한다. 출애굽기 33 : 11은 하나님과의 특별한 중보자적 기능을 규정한다 : "사람이 그 친구와 이야기함 같이 여호와께서는 모세와 대면하여 말씀하시며". 또 모세의 유일무이한 지위가 미리암과 아론에 의해 "여호와께서 모세와만 말씀하셨느냐"라는 도전을 받았을 때, 하나님은 "그는 나의 온 집에 충성됨이라 그와는 내가 대면하여 명백히 말하고 은밀한 말로 아니하며"라고 말씀하심으로써 모세를 다른 모든 선지자와 구별하시고 진노로 대답하셨다(민 12 : 1ff.). 마찬가지로 신명기 34장에 나오는 모세의 사망기사에서 모세의 독특성은 하나님께서 "대면하여" 아신 자로 강조되었다.

끝으로 중보자로서의 특별한 역할은 모세의 "얼굴 꺼풀에 광채가 나는" 모습 −미켈란젤로의 뿔들−에 관한 이야기(출 34 : 29ff.)에 나타나 있는데, 이 이야기는 하나님과 직접 이야기하고 하나님의 뜻을 백성들에게 제사장으로서 알리는 모세의 지속적인 역할을 해석하려고 한다. 언약의 중보자로서의 모세의 유일무이한 역할과 관련한 이 모든 다양한 전승들은 모세의 주요한 역할에 대한 분명한 정경적 해석을 제시하는 한 방식으로서 문학적 구도 내에 위치해 있다. 출애굽기 24장은 모세가 여호와의 말씀을 받아적었으며 그것들을 백성들이

들도록 읽어주었다고 이미 말했지만, 이 주제를 모세의 직임과 관련한 규범적인 해석으로 발전시키고 있는 것은 신명기의 마지막 장(章)들이다.

　신명기 31장은 이 결절점(juncture)까지 이 책을 지배하였던 백성들을 향한 모세의 말에 관한 묘사로부터의 명확한 이동을 보여준다. 이제 모세는 일련의 중요한 행위들로 들어간다. 모세는 자신의 설교를 끝마치고 그것을 명문화된 형태로 확고하게 한 다음(31 : 9) 자신의 후계자인 여호수아에게 위탁하고 율법을 언약궤 옆에 둔다. 더욱이 모세는 이어지는 세대들이 율법을 듣고 행할 수 있게 하기 위하여 정해진 기간들에 율법을 봉독하는 관행을 세운다(31 : 12). 이 명문화된 율법은 이에 반역하는 미래 세대들에 대한 하나의 증언 역할을 하게 된다. 실제로 31 : 20 이하에 따르면 모세는 실제로 이어지는 세대의 분명한 불순종을 염두에 두고 있다.

　중심적인 신학적 강조점은 언약의 중보자인 모세가 자신의 유일무이한 역할을 명문화된 기록에 넘겨준다는 것이다. 그는 이후로 자신의 이름을 따라 모세의 율법(말 4 : 4)으로 불리는 책의 저자가 된다. 이 율법은 이스라엘의 삶에 있어서 모세의 유일무이한 역할의 온전한 권위를 지니고 있지만, 이제 그것은 동일한 명령을 가지고 미래 세대들에게 말하는 기능을 갖고 있다 :

> 내가 오늘날 너희에게 증거한 모든 말을 너희 마음에 두고 너희 자녀에게 명하여 이 율법의 모든 말씀을 지켜 행하게 하라(신 32 : 46)

　여기서 주목해야 할 중요한 점은 여호수아가 민족의 지도력을 담당하였을 때 그는 독특했던 모세의 직임을 획득한 것이 아니었다는 점이다. 오히려 여호수아는 백성들에게 모세의 율법에 순종할 것을 명하였다. 여호수아의 역할은 모세와의 유형론적 관계로 설정되었고, 그는 바다를 건너고(수 3장) 하나님의 군대 장관을 만나며(수 5장) 하나님의 대적에 대한 징표로서 자신의 지팡이를 들어보이는(수 8 : 18) 등 모세의 역할과 우열을 다투었다.

　이에 덧붙여 율법의 언약 중보자로서의 모세의 유일무이한 역할은 이스라엘의 이후의 지도력을 위한 다른 중요한 모델들을 제시하기 위하여 몇 가지 방향으로 확대되었다. 신명기 18 : 18에 따르면 모세는 참되고 신실한 선지자의 원형(原型)이 되었다. 다른 민족들은 복술가, 길흉을 말하는 자, 요술하는 자들을 통하여 신적인 가르침을 받으려 하였던 반면에(18 : 10ff.) 이스라엘은 하나님에 의해 지명된 선지자의 말씀을 통하여 하나님의 뜻을 안다. 그때 하나님은 진리 안에서 하나님의 말씀을 받고 이스라엘을 인도할 일련의 선지자들을 계속해서 보낼 것을 약속하신다. 여전히 계속적으로 등장하는 선지자들은 모세를 능가하지 못할 것이다. 모세의 역할은 유일무이하고 되풀이될 수 없는 것으로 남는다. 모세의 영의 아주 작은 부분만으로도 칠십인의 장로들에게 영감을 주어 예언할 수 있게 할 수 있었다(민 11 : 24ff.).

모세의 유일무이한 역할의 또 다른 측면은 중보기도자로서의 그의 제사장적인 역할이다. 레위기 8장은 아론의 아들들의 서임식과 성막 예배의식의 설정을 통해 모세의 제사장적 기능을 자세하고 기술한다. 무엇보다도 모세는 금송아지의 죄를 범한 이후에 이스라엘을 위하여 중보기도하는 것으로 묘사된다(출 32장). 모세는 자신의 목숨을 내거는 것도 불사한다 : "그렇지 않사오면 원컨대 주의 기록하신 책에서 내 이름을 지워버려 주옵소서"(32 : 32). 마찬가지로 신명기 9:25은 이스라엘을 위하여 사십 주야 동안 여호와 앞에서 꿇어 엎드려 있는 모세의 모습을 기술한다. 점점 더 모세는 이스라엘의 위치에 서지만 스스로는 약속의 땅에 들어갈 수 없었던, 민족의 죄악들을 짊어진 죄없는 고난의 종의 한 유형이 되어갔다. 나중에 예언 전승은 이스라엘을 멸하기로 한 하나님의 평결(評決)을 강조하면서 모세의 중보기도조차도 하나님의 진노를 가라앉힐 수 없었다고 함으로써 이 논점을 언급하였다(렘 15 : 1).

2. 사사들

다시 한번 사사들의 역할에 대한 침멀리의 신학적 성찰은 몇몇 날카로운 관찰들을 제시하면서 구약의 중심적인 구절들의 상당수를 다루고 있다. 그러나 나는 또 다시 절충주의적인 그의 방법론에 불만을 갖게 된다. 그는 때로는 정경적인 형태로 작업하고 또 어떤 때는 역사비평 또는 양식비평의 복원물들을 토대로 하여 자신의 신학을 전개하려고 한다. 그가 구약신학을 쓰고 있는 것인지 히브리 문학의 발달사를 쓰고 있는지와 관련한 혼란은 결코 풀어지지 않는다. 그렇지만 침멀리의 연구는 종교사적 또는 사회학적 분석 이상의 것이 되지 않는 현대의 몇몇 사사들에 관한 연구 논문들과는 달리 매우 유용하다.

침멀리는 사사기 내에는 뚜렷하게 구별되는 두 가지 층이 있다고 아주 설득력있게 지적한다. 그는 신명기 사가의 구도(2 : 1ff.)로 시작하여 사사들과 관련한 편집자의 신학을 기술하는 것으로 나아간다. 신명기 사가는 어떤 계승의 족보를 염두에 두지 않고, 여호와께서 매번 새로이 구원자로서의 한 영웅을 일으키신다고 본다. 백성들은 그 통치자가 살아있는 동안에는 율법에 순종한다. 침멀리는 계속해서 신명기 사가 이전 단계의 신학을 기술하면서 두 가지 주요한 요소들을 찾아낸다. 첫째로 사법적 기능을 지니고 있는 소위 '소(小) 사사들'의 목록들에 나오는 묘사가 있고(참조. Noth), 둘째로 지파의 영웅들과 관련된 오래된 지방 이야기들이 있다.

나는 성경의 문헌이 여러 층으로 되어 있다는 침멀리의 견해에 전적으로 동의하면서도 사사기의 자료는 그 총체성 안에서 함께 읽혀질 때 매우 다른 신학적 기능을 가지고 있다고 주장하고 싶다. 사사기를 연대별로 잘게 잘라서 각 부분을 따로따로 신학적으로 이해하려고 함으로써 침멀리는 이스라엘이 정경화 과정 내에서 그 전승들을 받아서 해석한 방식에 따라 이 자료를 기술하는 데 실패하고 있다.

일반적으로 동의하고 있듯이 초기 전승들을 해석하기 위한 하나의 순환의 형태로 된 신학적인 패턴을 보여주는 신명기사가의 구도는 사사기 2 : 1이하에서 시작된다. 이스라엘은 신실치 못하여 다른 신들을 섬긴다. 진노한 여호와는 이스라엘을 대적들의 손에 붙인다. 백성들은 하나님께 부르짖고, 하나님은 '사사'를 일으켜 이스라엘을 압제자로부터 구원하신다. 하지만 사사가 죽으면 그들은 다시 우상숭배로 돌아가고 순환은 되풀이된다.

그렇지만 사사기는 이러한 신명기 사가의 구도로 시작되지 않는다는 것을 관찰하는 것이 중요하다. 오히려 이에 앞서 있는 1장은 여호수아의 죽음 이후에 지파들의 상태를 기술한다. 통일된 지도력의 결여, 땅을 정복하려는 시도의 실패, 민족을 위한 여호수아의 비젼의 붕괴를 특징으로 하는 새로운 시대가 시작된다. 이 자료의 기원-어떤 이들은 그것을 예전의 정복 문헌으로 돌린다-과는 상관없이 그것이 이 책 전체에 주는 효과는 아주 중요하다. 그것은 신학적으로 이 시기를 단절의 시대로 규정하고 있다. 더욱이 이어지는 신명기 사가의 해석은 이러한 타락의 상태를 전제한다. 하나님과 땅과 백성들에 대한 이스라엘의 비젼의 상실은 표준적인 상태가 되어 버렸다. 하나님이 자신의 구원자들을 보낼 때에만 이스라엘은 잠시동안 축복을 회복하고 한 사람의 지도자 아래에서 언약의 하나님을 섬긴다.

이러한 정경적 맥락 안에서 후기의 편집자의 신학에 대한 침멀리의 서술은 그 진정한 신학적 의의를 부여받는다. 사사들은 계승의 족보를 가지고 있지 않으며, 각자가 이스라엘을 하나님의 뜻에 합치하게 하기 위하여 하나님의 주도권 아래 세우심을 받는다. 사사들의 출현은 큰 어두움의 시대에 거듭 거듭 개입하여 빛줄기들을 비추는 하나님의 엄청난 긍휼로부터 기인한다. 사사기의 초점은 회개의 신학이 아니라 하나님의 은혜의 신학이다. 다시 한번 사사기의 강조점은 근본적으로 하나님 중심적이다.

또한 사사기의 해석 방식은 사사의 직임은 잠정적인 수단이었다는 것을 의미한다. 그것은 '과도기에' 기능하였다. 여호수아는 죽었고 "이스라엘에 왕이 없었다"(19 : 1 ; 21 : 25). 또한 거듭 반복되는 "사람이 각각 그 소견에 옳은 대로 행하였더라"(21 : 25 ; 참조. 19 : 1)라는 정형어구도 사사의 대비적(對備的)인 지위를 강조한다. 사사들을 통한 거듭 반복되는 예기치 않은 구원 속에서 이스라엘은 과거의 큰 기사(奇事)들을 기억하였고(2 : 10), 또한 그 통치가 영속적으로 지속될 하나님의 택함받은 통치자가 오기를 기다렸다. 각각의 사사는 이스라엘에게 오로지 잠시동안만 '안식'을 가져다주었는데, 이 안식은 거의 즉각적으로 상실되었던 하나님의 통치의 종말론적 참여였다. 오시는 메시아적 인물이 사사가 아니라 언제나 의로운 왕으로 묘사되었다는 것은 의미심장하다. 사사라는 직임은 오로지 가교(架橋) 역할만을 하였다. 그것은 되풀이되지도 않을 것이었고 지속적인 종말론적 기능을 가지고 있지도 않았다. 사사의 직임은 확대될 수 없었을 뿐만 아니라, 그것은 하나님의 통치의 제한된 도구로서 기여하였다. 기드온은 3 : 23에서 이러한 신학적 논점을 명확하게 밝힌다 : "내가 너희를 다스리지 아니하겠고 나의 아들도 너희를 다스리지 아니할 것이요 여호와께서 너희를 다스리시리라".

이 접합점까지는 신명기 사가의 편집은 보다 오래된 자료에 관한 해석의 틀을 형성하고 있었다는 의견 일치가 침멀리와 비평학자들 간에 있었다. 자료 전체에 대한 이러한 재해석의 신학적 취지는 무엇이었는가? 먼저 신명기 사가의 구도는 역사를 불순종과 구원이라는 유형론적 패턴으로 파악함으로써 초기 전승에 있었던 원래의 역사적 차이들을 상대화시키는 데 기여하였다. 서로 다른 지엽적인 역사들은 단지 예화들이 되었고 그것들의 신학적 논점들은 다른 이야기들과 결합되게 되었다.

둘째로, 사사들의 원래의 역할들 ─카리스마적, 사법적, 나실인적─ 사이의 역사상의 차이들은 대체로 지워졌다. 소위 '소(小) 사사의 직임'의 역사적인 복구에는 정경적 사사기 안에서 어떠한 독자적인 신학적 의의가 부여되지 않았다. 이 직임은 본문의 배경 속에서 간접적인 역할만을 하며, 이 시기의 사법 제도와 관련한 추가적인 정보를 제공함을 통하여 본문의 묘사에 풍부함을 더해줄 뿐이다.

셋째로, 신명기 사가의 구도는 하나님의 은혜라는 표제 아래 통괄되었던 이 시기 전체에 대한 통전적(統全的)인 해석을 제시하였지만, 이 신학적 표제는 개개 이야기들의 독특성을 파괴하지는 않았다. 하나로 통괄하는 신학적 범주 안에서 보다 초기의 이야기들에게는 자신의 원래의 모습을 간직하는 데 있어서 커다란 자유가 부여되었다. 따라서 각각의 이야기들은 아주 다양하고 다른 신학적 강조점들을 나타내는 것이 허용되었다. 예를 들면 기드온 이야기(7장)는 삼만이천의 군대 중에서 오직 삼천명의 군사들만을 사용하는 것을 통하여 하나님의 구원에 대한 기드온의 절대적인 의뢰에 주안점을 둔다. 마찬가지로 아비멜렉 이야기는 사사의 직임을 영속적인 왕의 직임으로 확대하려는 잘못된 시도에 대한 날카로운 비판을 보여준다. 또한 풍산(豊産) 제의의 고대의 인과관계론적 전승을 이용한 입다 이야기는 큰 구원을 먼지로 변하게 하는 어리석은 맹세의 효과를 보여준다(11 : 34ff.).

끝으로 사사기에 나오는 가장 강력한 창의적인 이야기 순환으로서 우리는 삼손에 관한 이야기들을 본다(13-16장). 여기서 특히 의미심장한 것은 삼손이 사사기 내에서 신학적으로 기능하는 방식, 삼손이 보다 큰 민족의 역사에 대한 축소판이 되는 방식이다. 그는 약속을 지니고 있지만 마침내 안팎으로부터 일어나는 세력들에게 굴복한다. 그는 사사들 아래에서의 민족의 비극이기도 한 약속과 성취, 이상과 현실, 자유와 종됨 사이의 긴장을 몸으로 체현한다.

3. 왕들

(a) **왕국의 등장.** 구약에 나오는 왕의 역할에 대한 모든 신학적 논의는 사울 아래에서의 왕국의 등장과 다윗 아래에서의 왕국의 만개(滿開)를 묘사하고 있는 사무엘상. 하의 두 책을 다루는 방식에 의해 강하게 영향을 받을 것이다. 말할 필요도 없이 나는 이 성경 문헌의 특이한 정경화 과정을 올바르게 다루는 방

식으로 구약의 왕에 대한 신학적 성찰을 제시하고자 할 것이다.

군주정의 등장과 관련한 역사비평적 질문들은 사무엘상 8-12장에 나오는 이 제도에 대한 서로 다른 두 가지 평가들을 예리하게 구별해낸 벨하우젠(Wellhausen)에 의해 특히 분명하게 제기되었다. 한편으로 그는 기름부음받은 지도자를 압제받는 히브리 백성에게 주어진 하나님의 은혜로운 선물로 보는 9 : 1-10 : 16 ; 11 : 1-5의 소위 '친군주정적' 자료를 추출해내었다. 또 한편으로 그는 왕국의 등장을 하나님의 참된 통치의 거부로 간주하고 그것을 이스라엘의 이웃 이방 나라들과 우열을 다투는 불순종의 행위로 본 8 : 1-22 ; 10 : 17-27 ; 12 : 1-25의 '반군주정적' 자료를 찾아내었다(참조. 8 : 7).

다시 한번 이 문제를 다루는 침멀리의 방식은 신학적 임무를 수행함에 있어서 부적절한 것으로 보인다. 그는 통상적인 문학비평의 분석에 동의를 표시하고는 몇몇 일반적인 비교학적 배경을 제시하고 보다 초기의 친군주정적 자료와 사사기의 카리스마적 지도력 사이의 전승의 연속성을 추적하는 것으로 만족한다. 그의 관찰들은 유용하기는 하지만 결정적으로 중요하지는 않다.

이 문제에 대한 폰 라트의 글은 신학적 전망으로 볼 때 훨씬 더 만족스러운 것이다(I, 324ff.). 그는 먼저 두 기사의 문학 양식을 대조한 다음 적대적인 기사와 호의적인 기사를 대비하는 지나친 단순화에 이의를 제기한다. 그는 이렇게 말한다 :

두 기사는 동일한 내용을 말하고 있으며, 단지 아주 다른 측면에서 그러는 것뿐이다. 보다 오래된 기사는 독자로 하여금 이 사건을 전적으로 여호와와 그의 계획의 맥락에서 이해하도록 하고 있고. 왕들과의 오랜 체험의 결과로서 기사를 토해내는 후기의 기사는 군주정을 백성들의 수중에 떨어진 제도로 본다(I, 326).

폰 라트의 글은 인상적이다. 그는 자신의 문학적 범주들 또는 자신의 역사적 준거들로부터 생겨나는 자신의 신학적 성찰들을 역사비평적 복원물들에 의해 지배당하지 않도록 하고 있다. 하지만 나는 한 가지 중요한 점에서, 즉 자료들의 결합의 취지와 관련하여 폰 라트를 뛰어넘을 필요성을 느낀다. 분명히 그는 이 복합체의 최종적인 형태—그가 실제로 사용하고 있는 용어—는 그 부분들과는 다른 실체를 낳았다는 것을 알고 있다. 서로 다른 두 가지 기사는 마치 독자들이 왕국의 등장에 관한 두 가지 전망들 중의 어느 쪽에 호감이 가는지를 고를 수 있는 선택권을 가지고 있는듯이 사무엘상에서 단순히 병행적으로 놓여있는 것이 아니었다. 폰 라트는 현재적인 정경적 형태가 이 자료 전체가 어떻게 해석되어야 했는가에 대한 많은 해석의 지표들을 보여주었다는 문제를 추구하지 않았다. 두 기사는 몇몇 갈등의 특징들에도 불구하고 세심하게 얽혀 짜여져 있다. 어떤 의미로 각각의 기사의 통합성은 그대로 유지되고 있지만, 두 부분 모두를 뛰어넘는 전체적 구성은 이 두 부분들로부터 산출되었다.

그렇다면 정경화 과정의 취지는 무엇인가? 아마도 보다 후대의 것인 반군주정적 자료에 우월성이 부여되어 있었음이 분명하다. 지금 그것은 처음과 끝 양쪽에서 보다 초기의 자료를 에워싸고 있다. 백성들은 왕을 요구함으로써 그들이 현안 문제를 해결하고 있다고 생각하지만 들려지는 지배적인 음조는 "열방과 같이" 될 위험성에 대한 사무엘의 예언적 경고이다.

그렇지만 친군주정적 자료의 메시지는 여전히 아주 중요하고, 그 강조점은 새로운 편집을 통해 강화된다. 비록 불신앙으로부터 생겨나긴 하지만 왕국의 설립은 순전히 속된 행위로 간주되어서는 안된다. 하나님은 비록 그것이 이스라엘을 향한 자신의 원래의 계획에 합치하는 것은 아닐지라도 군주정의 등장에 여전히 깊이 관여하신다. 사무엘이 사울에게 기름을 부을 때 하나님의 축복은 주어지며 하나님의 영은 사울에게 승리를 가져다준다.

12장은 이렇게 결합된 기사들의 증언을 요약하는 기능을 한다. 이스라엘의 신앙의 근본적인 문제는 왕국에 의해 생겨난 민족의 **변화된** 정치 상황에 의해 해결되지 않았다. 이스라엘은 새로이 임명된 왕과 아울러 여전히 실존적으로 하나님을 위할 것이냐 대적할 것이냐를 결정하여야 한다 : "만일 너희가 여전히 악을 행하면 너희와 너희 왕이 다 멸망하리라"(12 : 25). 정경화 과정은 여러 전승들의 난점과 씨름했고 정치적 변화의 의의를 상대화함으로써 신학적 해석을 수행하였다. 물론 이 변화에서 활약하였던 정확한 세력들을 결정하는 역사적인 문제는 그 정경적 형태에서는 대체로 해결하지 않은 채 남겨두었다.

(b) **사울.** 왕국은 사울의 영도 아래 그 최초의 형태를 획득하였다. 그의 등극에 관한 보다 초기의 전승들 속에서 그는 카리스마적인 구원자들인 사사들과 흡사하게 묘사된다. "여호와의 영"이 그에게 내리고 그는 포위당한 성읍인 길르앗 야베스를 해방시킨다. 그 결과 사울을 영속적인 통치자로 기름붓자는 결

정이 내려진다. 후기의 기사에서 하나님은 선지자 사무엘에게 백성들의 나쁜 결정에도 불구하고 그들을 따르라고 지시한다. 적어도 선택받은 통치자에게는 기회가 주어지고 있다.

이와 같은 여러 전승들을 결합한 취지는 합법적인 형태의 왕권을 세우는 데 있어서 사울의 통치의 실패를 강조하자는 데 있다. 이스라엘은 이런 식으로 사사로부터 왕으로 옮겨갈 수는 없다. 사울의 왕권은 불순종 가운데 생겨났고 잘못된 시도의 한 예로 기여하였다. 선택받은 도구를 통한 하나님의 통치의 참된 형태는 다윗의 출현을 기다려야 했다. 사울의 통치는 다윗의 그림자에 완전히 가려지고 사울은 거절당한 종의 전형이 된다(삼상 15 : 22ff.).

(c) **다윗.** 다윗의 등극에 관한 기사는 사무엘상 16장에서부터 사무엘하 5장에 걸쳐 기술된다. 폰 라트는 그 기사를 처음에는 유다, 마침내는 온 민족에 대한 왕권을 얻기 위한 "안개가 자욱한 역사"(I, 308f.), "이 왕년의 전사가 밟은 고통스러운 길"로 서술한다. 정경화 과정은 때로는 상당한 긴장을 보유하고 있는 서로 다른 다양한 전승들을 함께 결합하였다.

폰 라트는 "솔로몬의 계몽운동"이라는 표제를 붙인 이 시기 동안에 역사에 대한 새로운 이해가 이스라엘 내부에서 생겨났다는 주장을 전개한다. 그는 이렇게 쓴다 :

> 여호와의 주관(主管)은 일어나는 모든 것에 개입한다. 그것은 거룩한 이적들 속에서 간헐적으로 보여지는 것이 아니게 된다 ; 그것은 자연인의 눈에는 은폐된 것처럼 보인다 : 그러나 그것은 끊임없이 공적이건 사적이건, 종교적이건 세속적이건 삶의 모든 영역들에 침투한다(I, 316).

나는 폰 라트가 출애굽기 또는 열왕기와 대비되는 사무엘서의 이야기들의 아주 다른 문학 형태를 설명하는 데 있어서 몇몇 뛰어난 관찰들을 보여주었다고 생각한다. 하지만 이 본문들의 신학에 대한 폰 라트의 해석은 내 견해로는 정경화 과정에 의해 부여된 해석 방식과 일치할 수 없다. 사실 때로 지표들은 폰 라트에 의해 제안된 것과는 정반대 방향을 보여준다.

우리는 이러한 것을 소위 '왕위 계승 이야기'(삼하 9-10장 ＋ 왕상 1-2장)에 대한 폰 라트의 분석에서 아주 분명하게 본다. 그는 사무엘하의 모든 주요한 이야기들을 하나로 묶어 관통하는 실은 다윗 왕조를 보장하기 위한 다윗의 후계자에 대한 물색과 관련되어 있다는 것을 이론화시키고 있는 로스트(Rost)의 이 장(章)들에 대한 독창적인 분석을 따른다. 폰 라트는 로스트의 왕위 계승 이야기 속에서 이스라엘 내에서의 새로운 역사 이해라는 자신의 이론을 밑받침하는 전형적인 예를 찾는다. 내 견해로는 폰 라트가 발견한 것 가운데 많은 것은 이 전승의 전사(前史)의 단계에 관련된 것이다. 최종적인 형태로 해석된 자료는 그와는 다른 해석이 부여되었다(참조. Gunn).

이러한 평가는 왕위 계승 이야기와 관련하여 아주 극명하게 정립될 수 있다. 사무엘서의 현재적 형태에 있어서 이 자료의 순서는 21－24장에 나오는 사무엘하의 보록(補錄)에 의해 중단되었다. 로스트와 폰 라트는 이 장들을 불행한 침입으로 규정하여 간단하게 제거하고 그 나머지를 훌륭하게 이어지는 왕위 계승 이야기로 보는 보다 오래된 문학비평의 이론을 따른다. 실제로 이 장들은 정경화 과정이 사무엘서 전체, 특히 다윗의 역할을 해석하는 매우 명확한 신학적 전망을 보여준다.

21장에 나오는 별개의 네 사건들은 다윗의 영예로부터 멀어지는 위대한 승리들로 초점을 옮겨 자신의 구속주로서의 하나님을 찬양하기 위하여 자신의 걸어온 길을 회고하는 22장으로 넘어가는 교량 역할을 한다. 다윗의 감사 찬송은 사무엘상 2장에 나오는 한나의 노래와 동일한 주제들을 많이 채택하고 있다. 동일한 하나님 중심적인 강조가 반복된다. 다윗은 그가 하나님께만 돌리고 있는 의(義)를 주장한다. 그런 다음 그는 의인의 길과 경건치 못한 자들의 길을 대비하고 비유(mashal)의 형태로 의로운 자로서의 이스라엘의 이상적인 통치자를 묘사한다. 이어서 다윗은 자기 집이 이 메시야적 이상과 합치한다는 것을 고백하며 하나님의 도움으로 인한 자신의 왕조의 영광스러운 미래를 예언한다. 다윗의 말들은 그의 왕조의 미래에 대한 신학적 프로그램들을 제시한다.

요컨대 마지막 네 장(章)은 메시야 소망을 어렴풋이 예시하는 것으로서의 다윗의 전 생애에 대한 고도의 성찰을 통한 신학적 해석을 보여준다. 한나 이야기와 공동으로 이 장들은 전체에 대한 종말론적인 메시야적 전망을 확립한다 : 하나님은 자신의 의의 통치를 통하여 가난한 자를 높이시고 교만한 자를 내리치실 것이다. 다윗의 인간적인 약점들은 이 전승 내에서 억제되지 않지만, 이상적이고 의로운 왕으로서의 그의 궁극적인 역할은 아주 극명하게 드러난다. 정경화 과정에서 반영된 역사에 대한 이러한 신학의 취지는 다윗의 왕권의 의의(意

義)와 관련하여 사무엘서의 읽기와 역대기의 읽기 사이에 가교를 놓는 것이다.

(d) **메시야 소망.** 다윗의 왕권과 관련하여 간략하게 살펴볼 필요가 있는 측면이 하나 더 있는데, 그것은 이스라엘의 메시야 소망과의 관련성이다.

예언문학에서 다윗의 왕권은 아주 잠시 하나님 자신의 종말론적 통치의 한 전형이 되었다. 몇몇 포로기 이전의 선지자들은 이스라엘의 왕들의 그릇되고 오만무도한 통치를 거부하였고 그들의 불순종하는 통치를 하나님의 참된 대표자의 종말론적 통치와 대비시켰다. 이사야는 미래의 왕이 그 어깨에 정사를 멘 신적인 속성들을 지닌 것으로 묘사한다 :

그 이름은 기묘자라 모사라 전능하신 하나님이라 영존하시는 아버지라 평강의 왕이라 할 것임이라 그 정사와 평강의 더함이 무궁하며 또 다윗의 위에 앉아서 그 나라를 굳게 세우고 자금 이후 영원토록 공평과 정의로 그것을 보존하실 것이라… (9 : 6 - 7)

마찬가지로 예레미야는 잘못된 통치자들을 "목장의 양무리를 멸하며 흩는 목자"로 혹평한다. 그런 다음 그는 왕적인 메시야적 인물에 의해 남은 자가 모아질 것을 예언한다 :

보라 때가 이르리니 내가 다윗에게 한 의로운 가지를 일으킬 것이라 그가 왕이 되어 지혜롭게 행사하며 세상에서 공평과 정의를 행할 것이며… (23 : 5ff. ; 참조. 겔 34 : 23)

다윗의 왕권에 대한 이 주도적인 예언적 증언과는 대조적으로 시편은 이와는 다른 색조를 띤다. 몇몇 제왕 시편들은 이스라엘의 이상적인 왕을 언급함에 있어서 고대 근동의 신화시적(神話詩的) 찬송시들과 두드러지게 병행이 되는 매우 과장된 언어를 사용한다(시 72, 110편). 시편 45편은 왕을 가리키는 속성들에 있어서 신격화에 근접하기조차 한다.

이러한 발전을 어떻게 평가하느냐를 놓고 비평학계는 갈라져 있다. 스칸디나비아 학파는 이 찬송들을 당시에 널리 퍼져 있던 신적 왕권이라는 이데올로기라는 가설을 통하여 해석하려고 하였다. 이 학파는 왕권과 관련한 이 공통적인 신화학적 이데올로기는 다른 모든 이웃 나라들과 함께 이스라엘에 의해서 공유되었으며 이 찬송들은 왕권에 관한 동일한 신화시적 사상 분파에 깊이 관여되어 있었음을 보여주는 증거라고 주장하여 왔다. 내 견해로는 이 해석은 거의 가능성이 없는 것 같다. 그러한 해석은 왕을 지상적인 연약한 인간 존재로 간주하고 왕의 제도를 원래 이스라엘의 신앙에 생소한 것으로 의구심을 가져왔던 구약의 지배적인 산문 전통과 합치할 수 없다.

아이히로트와 폰 라트가 모두 옹호하였던 이론, 이스라엘 내에서 신화시적 언어를 다른 목적으로 수용하게 하였던 어떤 일이 일어났다는 이론이 훨씬 더 설득력이 있다. 다윗의 통치가 하나님의 통치의 전형, 하나님의 종말론적 통치를 어렴풋이 예시해주는 것이 되었었기 때문에 신화시적 언어는 하나님의 의로운 통치의 사절로서 현재 통치하는 군주에 적용될 수 있었다. 히브리 시편 기자가 그러한 이상적인 형태로 말하였을 때 그는 언젠가 하나님의 기름부음받은 자에 의해 가져와질 하나님의 통치에 대한 자신의 소망을 고백하고 있었다. 더욱이 편집에 의해 이 제왕 시편들의 현재적 위치에는 그것들이 포로기 이후 시대에 종말론적이고 메시야적인 찬송들로 봉독되었다는 것을 보여주는 몇몇 분명한 지표들이 존재한다. 이 시편들은 하나님의 통치를 선지자들과는 다른 방식으로 예전적으로 현실화하고 있지만 두 증언들은 모두 역사상의 왕의 제도를 넘어 종말론적 실체를 가리키고 있다.

참고 문헌

M. **Buber**, *Moses*, ET Oxford 1946; *Kingship of God*, ET, New York 1967; R. A. **Carlson**, *David, the Chosen King. A Traditio-Historical Approach to the Second Book of Samuel*, Stockholm 1964; A. **Cazelles**, 'Mosheh', *TWAT V*, 28–46; R. E. **Clements**, 'Messianic Prophecy or Messianic History?', *Horizons in Biblical Theology*, I, Pittsburgh 1979, 87–104; J. H. **Eaton**, *Kingship and the Psalms*, SBT II. 32, 1976; W. **Eichrodt**, *Theology of the Old Testament*, ET, I, London and Philadelphia 1961, 472–90; N. **Gottwald,** *The Tribes of Yahweh*, Maryknoll 1979 and London 1980; H. **Gressmann**, *Mose und seine Zeit*, Göttingen 1913; D. W. **Gunn**, *The Story of King David. Genre and Interpretation*, *JSOT Suppl 6*, 1978; M. **Noth**, *Überlieferungsgeschichtliche Studien*, I, Halle 1943, partial ET *The Deuteronomic History*, Sheffield 1981 (contains pp. 1–110); E. **Osswald**, *Das Bild des Mose in der kritischen* *alttestamentlichen Wissenschaft seit J. Wellhausen*, Berlin 1962; G. **von Rad**, *Old Testament Theology*, ET, I, Edinburgh and New York 1962, 289–96, 306–54; L. **Rost**, *The Succession to the Throne of David* (1926), ET Sheffield 1982; R. **Smend**, *Das Mosebild von Heinrich Ewald bis Martin Noth*, BGBE 3, 1959; J. A. **Soggin,** *Das Königtum in Israel*, BZAW 104, 1967; A. C. **Welch**, *Kings and Prophets of Israel*, London 1952; J. **Wellhausen,** *Einleitung in das Alte Testament von Friedrich Bleek*, Berlin ⁴1878; W. **Zimmerli**, *Old Testament Theology in Outline*, ET Atlanta and London 1978.

11

선지자의 직임과 기능

1. 방법론적인 문제들

하나님의 통치의 대리자로서의 구약의 선지자에 대한 전통적인 묘사는 하나님에 의해 초자연적으로 무장하고 미래를 예측하였던 인물에 관한 것이다. 이 견해는 시락서(Sirach), 랍비 유대교, 쿰란에 반영되어 있기도 하지만, 또한 신약에서도 기독론적 형태로 분명히 표현되어 있다(참조. 행 3 : 24 ; 벧전 1 : 10ff.).

이와는 현저하게 대조적으로 선지자들에 대한 현대의 역사비평적 해석은 구약의 선지자를 아주 다르게 묘사하였다. 18세기 후반에 헤르더(Herder)와 아이히로트로 시작해서 에발트(Ewald), 퀘넨(Kuenen), 둠(Duhm)의 저작들에서 절정에 이른 19세기에 이르기까지 아주 다양한 묘사가 등장하였다. 더욱이 지금에 와서는 이 비평적 재구성의 중심적인 특징들의 많은 부분에 대하여 폭넓은 의견일치가 이루어졌다 :

(a) 구약 선지자들은 자신의 시대에 의해 조건지워진 지평들에 의해 제한되어 있긴 했지만 '통찰력을 가진 사람들'로서 당시의 백성들에게 당시의 문제들에 관하여 말하였다.

(b) 선지서들의 성경 본문의 현재적 형태는 후대에 선지자의 원래의 말씀에 부가된 많은 양의 이차적인 자료─한때 '비진정한'이라 불리었다─를 포함하고 있다. 흔히 이 이차적인 층들은 다른 역사 시기를 위해 최초의 신탁들을 개정함으로써 선지자들의 원래의 제한된 초점을 확장하기 위하여 사용되었다.

(c) 선지자들은 자신들이 의거하였던 전승의 오랜 역사 속에 서있었다. 원래의 선지자들은 자신들의 신탁들을 전통적이고 판에 박힌 발화(發話, speech) 형태로 나타낸 자들로서 일차적으로 저자들이라기보다는 선포자들 - 예언자(豫言者)가 아니라 대언자(代言者) - 이었다. 그들의 선포 내용들을 보존한 것은 최초에는 오랜 전승과 편집 기간을 거쳐 자료를 보존하고 개작하였던 제자들의 무리였다.

(d) 구약 예언의 현상은 이스라엘에만 독특한 것이 아니라 다양한 정도로 비교종교의 세계로부터의 비슷한 성격의 많은 유사점들을 반영하고 있다(참조. Hölscher).

내 견해로는 정경적 맥락에 따라 구약신학을 서술하는 과제는 전통적 접근방식과 비평적 접근방식이라는 서로 갈등하는 두 가지 접근방식의 어느 쪽을 무비판적으로 받아들이는 것이 아니다. 오히려 그것은 정경화 과정이 본문 속에 이 주제에 관한 현대의 신학적 성찰을 위한 근거들로서 남겨놓은 특유한 해석방식을 분별해낼 수 있는지의 여부를 찾아보는 데 있다. 이러한 입장으로부터 전통적인 분석이나 역사비평적 분석으로부터의 중요한 통찰들은 감사하게 활용될 수 있을 것이다.

2. 선지자들의 신학적 역할

이스라엘에서의 예언의 기원은 역사적으로 불분명할 뿐만 아니라 전승을 정경으로 체계화하는 데 있어서 중요한 신학적 역할을 하지도 않는다. 아주 다양한 어휘들이 그 분명한 역사적 차이들을 보존함이 없이 단순하게 기록되어 있다(선견자, 선지자, 이상을 보는 자). 사무엘상 9 : 9에 나오는 저 유명한 각주 - "지금 선지자라 하는 자를 옛적에는 선견자라 일컬었더라" - 는 독자들에게 편의를 제공할 목적으로 제시되어 있고 의미있는 신학적 또는 역사적 발전을 설정하고 있는 것은 아니다. 더욱이 전승 안에서 구약의 선지자들에 대한 서로 다른 서술들을 해명하고자 하는 시도는 없다. 어떤 사람들의 황홀경 상태에서의 행동(삼상 10 : 10), 어떤 사람들의 꿈과 이상(異像)들(렘 23 : 23), 어떤 사람들의 정치적 역할(왕상 1 : 22ff.)은 단순히 기록되기만 하고, 신학적 평가는 메시지의 내용의 견지에서 내려진다.

　구약은 예언의 역사적 기원들에 관심을 두고 있지는 않지만 하나님과 선지자 자신과의 역사의 기원들에 대해서는 깊은 관심을 보인다. 이런 이유로 선지자로서의 부르심(소명) 또는 위탁은 아주 중요한 역할을 한다. 이사야 6장, 예레미야 1장, 에스겔 1–2장에서는 아주 유명하고 집중적인 보도들이 나올 뿐만 아니라 부르심 기사들의 다른 많은 흔적들이 존재한다. 아모스 7장은 자기가 하나님에 의해 붙잡힌 것에 관하여 이야기한다. 또 이사야 49 : 1 이하에 나오는 "종"은 부르심과 유사한 방식으로 자신의 사역의 개시를 기술한다.

　폰 라트는 부르심의 신학적 의의를 포괄적으로 요약하였다 :

　　선지자들을 그들의 과거로부터 분리시키는 간격은 너무도 깊어서 그들의 이전의 사회 관계들은 그 어느 것도 새로운 삶의 방식으로 이어지지 않는다. "나는 목자요 뽕나무를 배양하는 자로서 양떼를 따를 때에 여호와께서 나를 데려다가 내게 이르시기를 가서⋯예언하라 하셨나니⋯"(암 7 : 14ff.). 이것은 단순한 새로운 직업 이상의 것이었다 : 그것은 전적으로 새로운 삶의 방식이었다⋯(II, 58).

　하나님의 강제에 대한 강력한 인식이 부르심의 핵심에 놓여 있다. 아모스는 "여호와께서 말씀하신즉 누가 예언하지 아니하겠느냐"(3 : 8)라고 고백한다. 에스겔은 자기 위에 놓여진 하나님의 강한 손(3 : 22)과 완전히 압도당한 것에 관하여 이야기한다(3 : 15). 특히 예레미야는 선택의 여지가 없음을 알고 있다 :

　　주께서 나를 권유하시므로 내가 그 권유를 받았사오며
　　주께서 나보다 강하사 이기셨으므로(20 : 7)

　날카로운 불연속성과 하나님의 강제라는 이 두 요소들은 선지자들이 어떠한 문화적 연계도 없었다는 것을 함축하지는 않는다. 부르심 받기 이전과 이후의 제의와의 관련들은 존재하는 경우가 흔하다. 하지만 광범위한 사회학적 요인들은 성경의 전승 자체에 의하여 일관되게 상대화되고 있다. 성경적 전망으로부터 볼 때 선지자들을 그들의 하나님과의 만남과 무관하게 이해할 수는 없다.

　예레미야서(18 : 18)가 선지자, 제사장, 지혜자라는 세 직임을 규정할 때 그것은 선지자들이 말씀을 맡은 것으로 말하고 있다. 그러므로 말씀의 선포가 부르심 속에서 그토록 지배적인 역할을 하고 있다는 것은 우연이 아니다. 이사야는 처음에 불에 달군 숯을 자신의 입술에 대는 것을 통하여 죄 사함을 체험하지만, 그의 부르심은 언어를 통한 위탁으로 온다(6 : 1ff.). 예레미야는 자기는 말을 못한다고 반대하지만 이런 말을 듣는다 : "보라 내가 내 말을 네 입에 두었노라. 내가 네게 무엇을 명하든지 너는 말할지니라"(1 : 6-9). 에스겔은 두루마리를 먹으라는 명을 받았는데, 그것은 꿀처럼 달았다(3 : 3; 참조. 사 50 : 4 ; 암 3 : 8). 끝으로 모세가 이후의 모든 선지자들의 원형으로 묘사되었을 때(신 18 : 18) 하나님께서 말씀을 통하여 이스라엘에게 끊임없이 말하시겠다는 약속이 주어졌다. 다른 열방들은 요술하는 자들을 통하여 자기 신들과 의사를 소통하지만 이스라엘은 그렇게 하지 않는다. 하나님은 자신의 말씀을 통하여 말씀하셨다(사 8 : 19ff.).

최근에 말씀에 대한 구약의 개념이 신화시와 유사한 실체(quasi-mythopoetic entity)로서 기능하였는지의 여부에 관한 많은 고찰들이 있어 왔다. 독특하게 성경적인 히브리인의 사고방식이라고 주장하는 사람들은 말씀의 능력을 통하여 역사를 창조한 말씀의 사건적 성격(event-character)을 주로 강조한다(참조. Boman). 구약의 말씀 개념이 현상학적으로 다른 고대 종교들에서 찾아볼 수 있는 몇몇 신화시적인 특징들과 유사한 것으로 기술될 수 있다는 것은 가능한 이야기이다. 하지만 구약 자체는 말씀의 내용에 강조를 두고 있으며 '말씀 사건'(word-event)의 심리학 또는 형이상학을 탐구하지 않는다. 예레미야는 불 및 바위를 산산조각내는 망치와 같은 말씀에 관하여 말하지만(23 : 29), 이것은 말씀의 진리성이 선지자 자신의 상상력이 아니라 하나님으로부터 기인하기 때문이다.

구약이 전혀 강조점을 두고 있지 않음에도 불구하고 현대의 많은 해석자들은 선지자들이 하나님의 말씀을 받는 것과 관련된 심리학에 관심을 갖는다. 선지자들이 들었거나 체험하였던 것은 정확히 무엇이었는가? "여호와께서 말씀하시기를"이라는 표현은 문자 그대로 받아들여져야 하는가 아니면 내적인 확신을 가리키는 상징인가? 실제로 몇몇 구약의 본문들은 예언의 말씀을 받은 행위의 심리학적 차원으로 해석될 수 있는 요소들을 보여준다. 아모스는 "여름 실과(qayis) 한 광주리"로부터 "내 백성 이스라엘의 끝(qes)"을 연상하는 것으로 도약한다(8 : 1). 마찬가지로 예레미야를 향한 하나님의 말씀은 "살구나무(saqed) 가지"와 "내 말을 지켜(soqed)"와의 연관으로부터 생겨났다(1 :

11f.).

하지만 이러한 사고 방식의 함의(含意)들은 결코 구약 안에서 전개되어 있지 않다. 오히려 자신의 신탁들을 도입하는 문구인 예언 전달을 위한 정식(定式)은 그 반대 방향을 가리키고 있는 것으로 보인다. 사자(使者)의 역할은 메시지의 정확한 문자 그대로를 직접적인 발화(發話)의 형태로 전달하는 것이었다(창 32 : 4). 따라서 이와 유사한 방식으로 선지자는 자신의 메시지의 원천을 그대로 변함없이 전달하는 도구로서만 기능하였다. 요컨대 실제로 서로 다른 선지자의 개성들―호세아를 아모스와 비교해보라―을 통한 하나님의 계시의 중요한 여과가 있었다는 사실에도 불구하고 이 심리학적 차원에는 결코 성경의 전승 자체에 의해 자율적인 의의가 부여되지 않았다.

자신의 「구약신학」에서 폰 라트는 이러한 선지자의 계시의 수령의 문제와 관련하여 다른 시각으로 접근하려고 하였다. 그는 선지자의 자유를 충분히 올바르게 다루면서도 심리학적 해석의 함정을 피하는 데 관심을 기울인다. 폰 라트는 선지자들이 단순히 기계적인 도관(導管)이었던 것이 아니라 이스라엘에 대한 하나님의 심판을 기술하고 현실화하는 데 있어서 능동적인 역할을 수행하였다는 것을 신학적으로 중요한 것으로 본다.

그는 비난의 말씀(Scheltwort)과 위협의 말씀(Drohwort) 사이의 차이가 흔히 보전되었다고 말하는 것으로 논의를 시작한다. 전자에서 선지자는 이스라엘의 구체적인 죄악들을 기술하고 혹평하는 반면에 후자에서는 선지자는 죄의 결과로서의 일반적인 심판의 말씀을 선포한다. 폰 라트는 선지자의 개인적인 상상력과 당시의 실제적이고 사회적인 악폐들에 대한 피부로의 감지(암 4 : 1ff. ; 6 : 1ff.)를 반영하는 비난의 말씀의 사용에 있어서의 커다란 자유를 말한다. 반대로 위협의 말씀은 전승에 의해 결정된 형태를 띤 판에 박힌 심판의 신탁으로 주로 나타난다.

폰 라트는 자신의 양식비평적 고찰들로부터 매우 대담한 신학적 함의들을 도출해낸다. 그는 이렇게 쓰고 있다 :

선지자의 몫의 중요성은 아무리 강조해도 지나침이 없다. 왜냐하면 선지자가 없다면 선지자가 받은 말씀은 그 목적지에 이르지 못할 것이고 성취될 수 없을 것이기 때문이다. 선지자에게 그토록 엄청난 책임을 만드는 것은 선지자가 여호와의 뜻을 실제로 효력있게 하는 존재라는 사실이다 : 그때

부터 여호와는 자신의 대사(大使)의 결정을 옆에 서서 보는 입장이 된다
(II, 73)

나는 폰 라트의 입장을 평가함에 있어서 상당한 정도의 양면성을 가지고 있음을 시인한다. 분명히 그는 선지자의 자유와 관련한 자신의 양식비평적 분석으로부터 몇몇 타당한 신학적 통찰들을 끌어내려고 하였다. 그러나 자신의 비평적 분석을 이런 식으로 신학적으로 확대해도 정당한 것인가? 판단을 내림에 있어서 나의 첫번째 관심은 정경화 과정은 신학적 성찰에 있어서 이러한 방향을 밑받침하는 지표들을 어느 정도로 남겨놓았는가를 결정하는 것이다. 이러한 결정은 성경 본문의 어떤 단계에서 양식비평의 구별들이 기능하였는가를 평가하는 데 도움을 줄 수 있다. 이 별개의 양식들은 나중에 폐기된 초기 단계의 전승에서 역할을 하였는가? 의미심장하게도 폰 라트가 창의적이고 자유로운 비난의 말씀과 판에 박힌 위협의 말씀 사이에 그은 날카로운 구별은 대체로 후대의 예언서들의 전승 과정에서 상실되었다.

예를 들면 예언 전달을 위한 정식은 그것이 등장할 때 선지자의 발언의 두 부분 모두를 포괄하고 있는 것은 예레미야와 에스겔의 특징이다. 하나님의 말씀은 위협의 말씀에서와 마찬가지로 비난의 말씀에도 포함되어 있다. 더욱이 폰 라트의 가설을 가장 강력하게 밑받침하고 있는 아모스에서조차도 양식비평적 구별은 그가 제시하는 것과는 달리 분명치 않다. 전승을 수집하고 형성한 사람들은 비난/위협이라는 원래의 순서를 그대로 보존하지 않은 경우가 흔하였으며 일련의 위협의 말씀들을 연이어 모아놓기도 하고 서로 다른 배경을 가진 비난의 말씀들을 모아놓기도 하였다(참조. 5장과 6장).

이 문제는 신학적으로 우리를 당혹시키는 문제로 여전히 남아 있다. 선지자들이 사실 하나님의 말씀의 선포자로서의 그들의 선지자적 역할에 있어서 커다란 자유를 행사하였다는 것은 아주 분명하지만, 전승이 이러한 상상력의 행사에 어떠한 신학적 의의를 부여하였다는 주장을 밑받침하는 증거는 거의 없다.

정경이 분명하게 인정하였고 아주 최근에야 비로소 비평학계에 의해 진지하게 말해진 구약 선지자의 또 다른 중요한 기능이 있다. 이것은 중보기도자로서의 선지자의 역할과 관련되어 있다. 아모스는 7장에서 각각의 신적인 심판의 결정 앞에서 이스라엘을 위하여 중보기도를 시도하는 것으로 묘사된다(2절 이하). 또 예레미야는 백성들의 잘됨을 위하여 기도하지 말라는 하나님의 명령을

받을 때까지 백성들을 옹호하는 것으로 묘사된다(15 : 1ff.). 마찬가지로 에스겔은 거절당한 백성을 위한 중보기도를 중지하라는 명령을 받고 입을 다문다(3 : 25ff.).

아주 많은 정도로 예레미야의 사역의 엄청난 열정은 자신에게 심판하도록 맡겨진 바로 그 백성에 대한 자신의 깊은 관여로부터 생겨났다. 예레미야는 이 백성을 멸하러 오는 큰 무리의 접근을 알리는 파수꾼으로 묘사되지만 이와 동시에 자신의 말의 효과에 대하여 당혹감을 감추지 못한다 :

어찌하면 내 머리는 물이 되고 내 눈은 눈물 근원이 될꼬 그렇게 되면 살륙당한 딸 내 백성을 위하여 주야로 곡읍하리로다(9 : 1).

예레미야의 이 깊은 개인적 관여는 성경 본문에서 아주 드물게 드러나는 구약 선지자의 또 다른 중요한 측면으로 이끈다. 사사로운 개인으로서의 선지자 자신은 하나님의 말씀을 담당한 자라는 자신의 역할에 어떻게 대응하였는가? 이 문제는 니느웨에 대한 심판의 메시지를 전하라는 명령을 거부하고 반대 방향으로 달아난 요나 이야기에서 간접적으로 제기된다. 자신에게 맡겨진 사명을 다 수행하지 않을 수 없게 되고 니느웨 사람들의 회개로 인하여 하나님의 마음이 변화되자 요나는 하나님을 향하여 심하게 화를 낸다 : "주께서는…뜻을 돌이켜 재앙을 내리지 아니하시는 하나님이신줄을 내가 알았음이니이다"(4 : 2). 하지만 요나서의 관심은 요나의 감정적인 상태에 있는 것이 아님은 분명하다 ; 그것은 자기가 거짓 선지자로 나타나게 된다는 보다 큰 문제를 건드린다.

선지자의 내면의 갈등과 관련한 구약 증언의 정점은 11, 12, 15, 17, 20장에서 찾아볼 수 있는 소위 "예레미야의 고백들"에 나타난다. 선지자는 자신의 사역과 관련하여 강력하게 불평을 토로하는 자기와 하나님과의 대화와 자신의 삶에 어떤 책략이 있다는 것을 알고는 대경실색한다(11 : 18ff.). 그는 자신의 삶의 황량함과 비참을 묘사하며 자기를 유인한 하나님을 비난한다(15 : 15ff. ; 20 : 7ff.). 밑바닥의 절망 상태는 그가 자신을 처절하게 저주하는 말을 터뜨리는 20장에서 도달한다(14ff.).

학자들은 오랫동안 이 고백들을 어떻게 해석하느냐를 놓고 논쟁을 벌여왔다. 어떤 이들은 그 고백들은 일시적으로 우울에 빠진 시기의 상태를 반영한다고 생각하였다. 또 어떤 이들은 그 고백들을 대중의 눈으로부터 일반적으로 숨겨져 있었던 삶의 사사로운 측면으로 보았다. 모든 학자들은 이 고백이 선지자로서의 예레미야의 기능과는 관련이 거의 없다는 것에는 동의를 하고 있는 듯이 보인다. 다시 한번 여기서 새로운 신학적 방향을 보인 중요한 공로는 폰 라트에게 돌아간다. 1936년의 뛰어난 논문을 통하여 그는 이 고백들에 포함되어 있는 것은 예레미야의 공적 사역으로부터 오는 혼란한 마음이 아니라 바로 선지자로서의 자신의 직임과 관련한 중요한 증언이었다고 주장하였다—내 판단으로는 정경적으로.

예레미야의 갈등은 내면적이고 심리적인 연약함으로 치부되어서는 안된다. 그것은 자신의 동포에 대한 멸망의 도구로 부르심받은 한 사람의 인간됨의 근본적인 신학적 긴장을 증언한다. 궁극적으로 그를 갈갈이 찢어놓은 예레미야의 시련들은 이스라엘에서 하나님의 선지자가 된다는 것이 무엇인지를 웅변적이고 진실되게 증언하고 있다.

3. 예언적 약속

나는 전통적인 견해와 현대의 역사비평적 견해를 대비시킴을 통하여 선지자에 대한 논의를 시작하였다. 전통적인 이해의 지배적인 특징은 미래를 지향하는 약속의 말씀을 발하는 선지자의 능력에 초점을 맞추었다—실제로 예언자(豫言者)! 하지만 현대의 비평적 구약학자들 중에서 이 두 접근방식 사이의 불일치가 중요한 문제라는 것을 발견한 유일한 사람은 클레멘츠(R. E. Clements)였다. 그의 저작의 제6장, 「약속으로서의 구약」(*OT Theology*, 131ff.)은 새로운 토대를 개척한 매우 창의적이고 밝게 비추어주는 시도이다.

클레멘츠는 후대의 성경 이후의 해석(Sirach, 신약 등)은 예언서들 내에 있는 두 가지 지배적인 특징들에 초점을 맞추었다는 관찰들로부터 시작한다 : 예언 메시지의 단일성("모든 선지자도 이 때를 가리켜 말하였느니라", 행 3 : 24)과 장래의 약속에 대한 선지자들의 말("이 구원에 대하여는…선지자들이 부지런히 살펴서…", 벧전 1 : 10).

그런 다음 그는 바로 이 두 요소들과 관련하여 일관되게 현대의 연구는 의문을 제기하여 왔다고 말한다. 선지자들은 통일된 집단이 아니며, 그들은 장래의 약속에 대해서는 거의 말하지 않고 동시대인들을 향한 심판을 말하였을 따름이다. 클레멘츠는 전통적 견해와 비평적 견해 사이의 이러한 화해될 수 없는 분명한 간격은 마땅히 올바르게 있어야 하는 것보다 더 넓다고 주장하고 싶어 한다. 그는 신약의 해석은 왜곡되고 이질적인 개념의 강제가 아니라 이미 구약 자체 내에서 시작되었던 선지자들에 대한 해석 과정의 연장이라고 주장한다. 클레멘츠는 이러한 후대의 해석을 가져왔던 정경화 과정에 관하여 말하기조차 한다.

클레멘츠는 일반적으로 주요한 포로기 이전의 선지자들(아모스, 호세아, 제1 이사야, 미가)이 주로 심판에 관하여 말하였다는 것에 동의한다. 그들은 죄악된 북왕국과 남왕국에게 말할 때 '파멸의 선지자들'이었다. 그런 다음 그는 주전 7세기, 특히 포로기와 포로기 이후의 시기에서부터 선지자들은 소망의 메시지, 종말론적이 아닌 정치적 회복을 위한 소망의 메시지를 전하였다고 주장한다. 마침내 유다가 멸망한 이후에 가서야 예언의 메시지는 진정으로 종말론적인 것으로 급진화되었다. 그런 후에 모든 선지자들은 실제로 이스라엘의 죽음과 재탄생에 관하여 말하고 있었다는 확신이 일어나서 이 소망의 메시지는 모든 예언서들의 읽기에 역류되어 적용되었다. 역사는 포괄적으로 종말론으로 되었다. 이어서 클레멘츠는 선지자들의 저작들이 구성된 패턴들은 모든 예언서들을 이렇게 약속을 알린 통일된 메시지로 읽는 방식을 확증하였다고 주장한다.

나는 클레멘츠가 시도하고 있는 것에 깊이 감사를 드리며 그의 고찰들로부터 많은 유익을 얻었다. 하지만 여전히 구약신학에 대한 성찰에 있어서 의미있는 몇몇 중요한 불일치점들이 있다. 내 견해로는 클레멘츠는 여전히 구약을 역사적 준거를 토대로 읽는 것을 주석에 있어서 기본적인 모델로 삼고 있다. 그러므로 그는 이스라엘의 역사에 있어서의 역사적 상황이 성경의 소망의 메시지에 어떤 의미를 부여하였을 것인지를 탐구하는 것으로 선지자들에 관한 논의를 시작한다. 포로기 이전 시기에는 예언서들을 이해하는 배경이 된 것은 앗수르에 의한 멸망의 위협이었다. 그 결과로서 선지자들은 오직 심판만을 말했다. 하지만 그는 오직 그가 이스라엘 내에서의 적합한 역사적 정황을 발견할 수 있을 때에만 약속에 관한 예언의 말씀을 받아들일 수 있기 때문에, 그는 소망의 메시지에 의미를 부여하는 정황을 찾는다. 그는 주전 7세기 요시아 아래에서의 정치적 부흥, 특히 주전 6세기의 자비로운 페르시아의 통치 아래에서의 포로기 공동체에게 주어진 새로운 정치적 삶에서 이러한 조건들을 발견한다.

내 견해로는 성경 본문을 이렇게 해석하는 데 있어서 개입된 해석학적 전제들은 그의 해석에 불리한 영향을 미쳤다. 오히려 나는 본문과 역사적 정황 사이의 관계는 마치 우리가 쉽사리 심판의 예언 메시지를 정치적 위협과 연결시키고 약속의 예언 메시지를 정치적 번영의 시기들과 연결시키는 것과 같이 직접적이고 역사적인 준거에 의한 읽기에 의한 것보다 훨씬 더 복합적이고 미묘한 것이라고 주장하고 싶다. 구약의 예언 메시지는 고대 근동의 역사에 대한 주석이 아니라 실제로 역사의 장(場)에 들어오시는 하나님의 왕권과 관련된 말씀이다. 나는 성경 본문이 여러 층으로 되어 있으며 후대의 편집자들은 보다 초기의 전승들을 흔히 뒷면으로부터 해석하였다는 클레멘츠의 주장에 전적으로 동의한다. 하지만 예언서 본문의 이러한 형성 과정은 그것을 새로운 정치 현실들에 맞추어 그 메시지를 개정하는 조악한 시도로부터 기인한 것이 아니라 주로 하나님이 이스라엘을 향하여 의도하신 것에 대한 깊은 신학적 이해로부터 기인한다. 요컨대 성경 문헌의 형성에 있어서 신학적 요인은 선지자들을 이해하는 데 대단히 중요하다. 왜냐하면 그 본문은 자신의 신성한 전승들을 자기 백성들의 역사 속에서의 하나님의 목적과 합치하는 방식으로 해석하려고 하였던 신앙 공동체의 손에 의해 형성되었기 때문이다.

내 판단으로는 예언서들의 정경적 형성에 대한 세심한 분석은 신약을 비롯한 후대의 성경 해석자들이 선지자들을 하나의 통일체, 장래의 약속의 말씀을 제공하는 것으로 본 이유를 이해하는 어느 정도 다른 열쇠를 제공해주리라고 생각한다. 아모스서는 이와 같이 다른 해석학적 모델을 설명하는 데 있어서 뛰어난 출발점을 제공한다. 일반적으로 인정되고 있듯이 아모스서는 9장에 나오는 이차적인 신탁들의 첨가를 통하여 형성되었다. 죄악된 이스라엘 왕국에 대한 아모스의 원래의 심판의 말씀들은 확증되어 왔다. 종말은 도래하였다. 그러나 새로운 전승 층은 중요한 하나님의 제한 규정을 보여준다 : "내가 범죄한 나라에 주목하여 지면에서 멸하리라 그러나 야곱의 집은 온전히 멸하지는 아니하리라"(9 : 8).

이 제한 규정은 북왕국과 남왕국 사이의 대조되는 취급을 염두에 둔 것이 아니다. 따라서 이 첨가는 유다의 보존에 대한 포로기 이후의 정당화가 아니었다. 아모스가 진정으로 예언하고 있듯이 이스라엘의 그 어떤 부분도 심판을 피하지 못한다. 오히려 예언의 제한 규정은 이스라엘의 미래에 있어서 하나님의 궁극적인 목적과 관련되어 있다. 이 강화(講話)는 종말론의 장(場)으로 옮겨간다. 그것은 종말이 도래한 이후에 새로운 실존의 가능성을 다룬다. 약속은 다윗의 무너진 장막을 일으켜 세우는 것과 관련된다. 어떠한 인간적인 통치자도 그것을 이룰 수 없다. 주도권은 하나님께만 있다. 소망은 이적을 통해 이루어지며 합리적으로는 이해될 수 없다. 새로운 삶이 옛 삶과 공유하는 연속성은 하나님 편으로부터 설정되어 있다.

9장에 대한 편집은 아모스의 총체적인 심판의 메시지를 부드럽게 하는 데 기여하지 못한다. 멸망은 온전히 확인된다. 오히려 편집자는 아모스의 말을 선지자 아모스 자신의 전망을 뛰어넘는 보다 폭넓고 종말론적 구도 내에 둠으로써 아모스서에 대한 결정적으로 중요한 신학적 해석을 달성한다. 하나님의 전망으로부터 볼 때 아모스에 의해 선포된 멸망 너머에 소망이 있었다. 요컨대 북왕국에 대한 아모스의 심판의 말은 하나님의 궁극적인 목표인 약속과 구원과 관련된 보다 온전한 증언 없이는 자기 백성에 대한 하나님의 목적을 참되게 증언할 수 없었다. 약속과 관련하여 아모스서를 끝맺은 것은 바벨론이나 페르시아로 인한 이스라엘의 정치사에서의 어떤 변화로 인하여 생겨난 것이 아니라 이스라엘의 하나님과의 지속적인 역사와 자기 백성을 향하신 하나님의 뜻에 대한 점증하는 지식으로부터 생겨난 것이었다.

나머지 예언서들의 특유한 정경적 형성을 자세하게 살펴볼 필요는 없다(저자가 쓴 「구약개론」을 참조하라). 각각의 예언서는 전승들을 해석하는 자기 나름대로의 정경적 형성을 가지고 있다. 그러나 일관된 신학적 패턴들이 있으며 모든 메시지에는 죄사함과 장래의 약속이 표명되어 있다. 후대의 구약 편집자들과 신약 저자들을 비롯한 헬레니즘적 저자들이 예언서들을 통일체로서 장래의 소망을 가리키는 것으로 읽은 것은 약속에 대한 이러한 통전적인 해석의 지표들이 예언서들의 정경적 구조에 구축되어 있었기 때문이었다.

그래도 선지자의 신학적 증언의 본질을 이해하는 것은 중요하다. 예언서들을 장래에 일어날 수 있는 역사적 사건들에 대한 초자연적인 예고들로 해석하였던 예언서들에 대한 전통적인 읽기는 성경의 예언이 무엇에 관한 것인가에 대한 피상적인 이해에 의거한다. '예고'와 '초자연적'에 관하여 말하는 것은 참된 성경적 증언으로부터 거리가 먼 사고방식과 발언방식을 보여주었다. 실제로 선지자들은 미래에 관하여 말하기는 했지만 죽음으로부터 생명을 가져오고 반역에도 불구하고 죄사함을 가져옴에 있어서 하나님이 자신의 왕권을 행사하는 장(場)으로서의 미래를 말하였던 것이다. 구약의 선지자들은 길흉을 말하는 점쟁이들이 아니라 죽이기도 하시고 살리기도 하시는 하나님의 뜻을 선포하는 자들이었다. 예언에 대한 이러한 이해를 예고와 동일시하는 것은 예언의 참된 신학

적 취지를 상실하고 현대의 비평적 합리주의의 오류와 같은 애석한 오류에 빠
지는 것이다.

참고 문헌

R. V. **Bergren**, *The Prophets and the Law*, Cincinnati and New York 1974;
J. **Blenkinsopp**, *A History of Prophecy in Israel*, Philadelphia 1983; T.
Boman, *Hebrew Thought compared with Greek*, ET London and Philadelphia
1960; B. S. **Childs**, 'The Canonical Shape of the Prophetic Literature',
Interp 32, 1978, 46–68; R. E. **Clements**, *Prophecy and Tradition*, Oxford
1975; 'The Old Testament as Promise', *Old Testament Theology*, London
1978, 131–54; D. J. A. **Clines** and D. M. **Gunn**, 'Form, Occasion and
Redaction in Jeremiah 20', *ZAW* 88, 1976, 390–409; H. **Gunkel**, *Die
Propheten*, Göttingen 1917; G. **Hölscher**, *Die Profeten*, Leipzig 1914; K.
Koch, *The Prophets*, ET, 2 vols. London 1982 and Philadelphia 1983; J.
Lindblom, *Prophecy in Ancient Israel*, Oxford 1962; S. **Mowinckel**, *He That
Cometh*, ET Oxford and Nashville 1956; G. **von Rad**, 'Die Konfessionen
Jeremias', *EvTh* 3, 1936, 265–70; reprinted, *GSAT* II, Munich 1973,
224–35; *Old Testament Theology*, ET, II, London and New York 1965; C.
Westermann, *Basic Forms of Prophetic Speech*, ET Nashville and London
1967; **R. R. Wilson**, *Prophecy and Society in Ancient Israel*, Philadelphia 1980;
W. **Zimmerli**, *The Law and the Prophets*, ET Oxford 1965 and New York
1967; *Old Testament Theology in Outline*, ET London and Atlanta 1978,
99–107.

12

참 선지자와 거짓 선지자

1. 성경적 판별기준의 탐색

그 누구도 참 선지자와 거짓 선지자 간의 관계의 문제를 진지하게 고려함이 없이는 구약 선지자들의 신학을 올바르게 다룰 수 없다. 이 문제가 어렵고 험난하다는 것을 부인할 사람은 거의 없을 것이다. 기본적인 문제는 참됨의 문제이다. 우리는 어떻게 누가 참된 선지자고 누가 거짓된 선지자라고 결정하는가? 하나님으로부터 보내심을 받은 사람들과 하나님의 권위를 거짓되이 주장하는 사람들을 구별하는 판별기준은 무엇인가? 엘리야 시대에는 바알의 선지자들과 여호와의 선지자들을 구별하는 데 별 어려움이 없었던 것으로 보이지만(참조. 왕상 18장), 주전 7세기 경에는 참 선지자와 거짓 선지자의 문제는 주요한 위기로까지 발전되었다. 이 문제가 그토록 강력하게 떠오른 것은 그들이 모두 "여호와께서 말씀하시기를"이라는 동일한 어법을 사용하였고 동일한 권위에 호소하였기 때문이다.

신명기 18장과 예레미야 28장에는 거짓 선지자를 확인하기 위한 판별기준을 자세히 설명하려는 시도들이 있다. 하지만 이 두 고전적인 귀절들 속에서 말해지고 있는 위험들은 서로 종류가 다른 것으로 보인다(참조. von Rad). 신명기 18장은 "그 말이 여호와의 이르신 말씀인지 우리가 어떻게 알리요"라는 질문을 제기한다─여호와의 이름으로 말하는 것이라고 주장한다 할지라도. 이때 판별기준이 제시된다─"여호와의 이름으로 말한 일에 증험도 없고 성취함도 없으면 이는 여호와의 말씀하신 것이 아니요". 그것은 거짓된 것이기 때문에 두려워할 필요가 전혀 없다. 그러나 선지자가 하나님의 심판에 관하여 거짓되이 말하고 있지 않다면 그 누구가 두려워할 것인가? 요컨대 신명기는 다가오는 재난과 관련된 위협으로 공동체에 겁을 주는 거짓 선지자들로부터 공동체를 보호하려 하고 있다.

우리가 예레미야 28장에서 예레미야와 하나냐의 대면에 이르게 되면, 문제는 바로 그 정반대인 듯이 보인다. 하나냐는 구원의 말씀을 예언하고 예레미야는 그에게 다음을 상기시킨다 :

> 나와 너 이전 선지자들이 자고로 여러 나라와 큰 국가들에 대하여 전쟁과 재앙과 염병을 예언하였느니라 평화를 예언하는 선지자는 그 예언자의 말이 응한 후에야 그는 진실로 여호와의 보내신 선지자로 알게 되리라(8f.)

예레미야가 백성들을 속여서 평화와 안정에 대한 그릇된 소망을 갖고 잠자게 하는 거짓 선지자로부터 공동체를 보호하려고 하고 있다는 것은 분명한 듯이 보인다. 요컨대 우리는 이 두 구절로부터 이스라엘이 거짓 선지자와 참 선지자를 구별할 수 있는 판별기준을 세우려고 무진 애를 썼으나 즉각적인 성공은 거두지 못하였다는 것을 알 수 있다.

현대의 구약학자들 가운데서는 그 누구도 침멀리만큼 이 문제를 집중적으로 다룬 사람이 없었다. 특히 1963년에 쓴 그의 논문(FS A. Weiser)에서 그는 포로기 동안의 두 선지자를 통해 '여호와의 진리 판별기준'을 탐구하려고 하였다. 침멀리는 이방 신들의 대항 주장들과의 논쟁의 맥락에서 여호와와 그의 선지자들에 의해 행해진 진리 주장들을 발견한다. 예를 들면 이사야 41장에서 논쟁은 소송의 형태로 설정된다. 여호와는 다음과 같은 도전을 제기한다 :

> 너희 우상들은 소송을 일으키라. 너희는 확실한 증거를 보이라…
> 장차 당할 일을 우리에게 진술하라 또 이전 일의 어떠한 것도 고하라…
> 복을 내리든지 화를 내리라 우리가 함께 보고 놀라리라(21-23절)

마찬가지로 에스겔은 열방들에게 "네가 나를 여호와인줄 알리라"(25 : 6, 7, 11 : 26 : 6 ; 28 : 26 등)라는 반복되는 정형어구로 말을 한다. 하나님이 말씀하신 것은 일어날 것이다.

침멀리는 이방 민족들과 그들의 제의들과의 대결에서 구약의 선지자는 한번도 보다 높은 영성, 보다 순수한 도덕, 보다 풍부한 제의의 견지에서 우월성의 기준들을 설정하려고 한 적이 없었다는 것을 지적한다. 언제나 논증은 역사 속에서 여호와의 신적인 임재를 토대로 하였다. 그런 다음 그는 하나님의 임재에 의해 불어일으켜진 증언과 동떨어져서는 진리 주장을 나타내보일 수 있는 객관적인 판별기준이 없었다고 추론한다. 참 선지자와 거짓 선지자를 결정하기 위한 판별기준의 문제도 마찬가지일 것이다. 하나님의 진리는 마침내 알려지지만, 그 합격 여부를 결정할 수 있는 외면적인 규준은 없다.

침멀리의 매우 유용한 통찰들에도 불구하고 참된 예언과 거짓된 예언이라는 구체적인 문제와 관련된 넓은 영역들은 여전히 해결되지 않은 채 남아 있다. 이 문제를 보다 더 깊이 추구할 수 있는 수단은 무엇인가?

2. 예레미야와 하나냐의 경우

나는 이 문제에 대한 가장 훌륭한 주석은 예레미야와 하나냐의 대면에 관한 이야기에 나타나 있다고 말하고 싶다(렘 27장 이하). 수년 동안 나는 내가 그 구절을 이해하였다고 생각하였다. 이제 나는 넓은 의미로 실존적이라고 분류하고 싶은 침멀리와 폰 라트에 의해 공유된 널리 퍼져 있는 해석에 동의하지 않을 준비가 되어 있다(참조. Buber).

이 해석 방식의 주요한 방향은 다음과 같다. 수년 동안 예레미야는 이방 세력, 나중에 바벨론 사람들로 밝혀진 세력에 의한 민족의 멸망을 예언하고 있었다. 그는 임박한 승리의 약속으로 백성들을 위로하고 있던 구원의 선지자들에 대항하여 치열한 투쟁을 하였었다. 그는 그들의 메시지를 거짓된 것이라고 비난하였고 백성들에게 그것을 듣지 말라고 강권하였다(27 : 17). 더욱이 바벨론 왕에게 복종하라는 그의 메시지의 현실성을 보이기 위하여 예레미야는 가죽끈과 멍에를 준비하게 하여 그것을 자기 목에 얹었다. 예레미야의 메시지는 긍정적인 견지에서건 부정적인 견지에서건 아주 명료해 보였다.

그것은 하나냐가 등장할 때까지는 명료해 보였다. 이 선지자는 예레미야의 메시지와 정반대가 되는 임박한 구원의 메시지를 전하였다 : "내가 바벨론 왕의 멍에를 꺾었느니라 내가 여호와의 집 모든 기구를 두 해가 차기 전에 다시 이곳으로 가져오게 하겠고…"(2-3절). 거짓 선지자의 뻔뻔스러운 예가 있었다면 그것은 바로 이 경우이다. 독자는 예레미야가 극도의 분노를 폭발시켜 격렬한 비난을 할 것으로 기대한다(참조. 7:1ff.). 그러나 놀랍게도 예레미야는 온유하게 대응한다 : "아멘 여호와는 이같이 하옵소서 여호와께서 네 예언대로 이루사 …원하노라"(6절).

　물론 예레미야는 몇몇 유보조건들을 가지고 있는 듯이 보인다. 그는 하나냐에게 보통 이전의 선지자들이 심판에 관하여 말하였다는 것을 상기시킨다. 하나냐의 메시지가 구원의 메시지이기 때문에 예레미야는 겉보기에는 그가 잘 되고 최후의 심판을 기다리는 것으로 만족한다. 하지만 이것이 바로 문제가 아니지 않는가? 예레미야는 몇몇 유보조건들을 가지고 있지만, 그 이상은 아니다. 그가 이스라엘에게 수년 동안 거짓 선지자들에 대하여 경고해온 끝에 최초의 예가 등장했고 예레미야는 갑자기 스스로에 대하여 아주 확신이 없어 보였다. 그는 하나냐로 하여금 멍에를 꺾어버리게 하기조차 한다 : 이것은 자신의 원래의 상징적 행위를 무효화시키는 것이다. 그런 후에 예레미야는 꼬리를 감추고 도망쳐 버렸다!

　하지만 이야기는 계속된다. 얼마 후에 하나냐가 거짓말을 했다는 것을 자기에게 알려주는 여호와의 말씀이 예레미야에게 임하였다. 그때 예레미야는 여호와께 이렇게 말하였다 :

　　하나냐여 들으라 여호와께서 너를 보내지 아니하셨거늘 네가 이 백성으로
　　거짓을 믿게 하는도다 그러므로…내가 너를 지면에서 제하리니…하나냐가
　　그 해 칠월에 죽었더라(15-16절)

　이제 내가 실존적이라고 규정한 바 있는 침멀리와 폰 라트의 해석에 따르면 이 이야기는 하나님의 선지자가 되는 참된 판별기준의 문제와 관련하여 중요한 논점을 지니고 있다. 예레미야는 예언의 진실성을 시험할 수 있는 너무도 명백한 내용을 가진 메시지를 받았음에도 불구하고 그는 이 메시지를 불변하는 명제적 원칙으로 추상화할 수 없었다. 예언에 있어서는 수평적인 연속성이 없었다. 하나냐가 하나님으로부터 오는 새로운 말씀을 말한다고 주장했을 때 예레미야는 과거로부터의 추론을 통하여 이 주장을 반박할 수 없었다. 오직 하나님이 그에게 다시 한번 말씀하셨을 때에야 예레미야는 하나냐의 예언을 거짓된

것으로 확인할 수 있었다. 진실성의 판별기준은 오직 '지금 여기에서'(hic et nunc) 하나님으로부터의 새로운 말씀에만 있다.

초기 바르트의 신학과 어느 정도 느슨하게 연결되어 있는 이러한 실존적인 해석은 최근에 샌더스(James A. Sanders, 'Hermeneutics')에 의해 광범위하게 확장되었다. 샌더스는 정경에 대한 자신의 이해를 예시하기 위하여 실존적 해석을 만개한 해석학으로 발전시켰다. 그는 참 선지자와 거짓 선지자를 구별하는 데 사용되는 객관적인 판별기준은 결코 없었다는 것을 나타내보이려고 한다. 동일한 성경의 전승은 서로 다른 맥락에서 아주 다른 결과들을 보인 채 여러 선지자들에 의해 적용될 수 있었다. 그 진실성을 결정한 것은 대체로 시의성(時宜性, timing)의 문제였다. 따라서 선지자는 무엇보다도 자신이 받은 전승을 새로운 상황에 얼마나 정확하게 적용하였느냐와 관련된 해석학적 문제에 참여하였다. 거짓 선지자는 나쁜 해석학을 수행한 자였다. 역사적 상황을 잘못 판단하였기 때문에 그는 현재의 시기가 하나님의 심판 아래 있는지 아니면 하나님의 구원 아래 있는지를 올바로 이해할 수 없었다.

샌더스는 실제로 적절한 해석학적 자세를 평가하는 데 있어서 증거로서 제시될 수 있는 단 하나의 간접적인 판별기준만이 존재한다고 주장한다. 그는 이 원칙을 '유일신적인 다원론'이라 부르고 그것을 다음과 같이 해석한다 : "전통적인 '본문'을 주어진 상황에 변용함에 있어서 창조주로서의 하나님의 자유가 잊혀지거나 부인될 때 거기에는 거짓됨의 조짐이 있다"(38). 하나냐의 말에는 시의성이 빈약하였기 때문에 그는 역사상의 계기를 잘못 이해하였고 하나님의 자유를 위협하였다. 그러므로 역사는 그가 거짓 선지자라고 판단하였다.

정경적 해석학에 대한 샌더스의 해석 배후에는 강력한 신학적 관심이 놓여 있다. 그는 구약에 대한 현대의 해석자의 상황은 고대인들의 상황과 아주 밀접하게 유사하다고 전제한다. 또한 우리는 성경 본문과 역사적 계기 사이에 서있으며 우리의 전승을 변화하는 상황에 맞춰 적용하려고 애를 쓴다. 이 개념은 흔히 '이스라엘의 이야기'로부터 '우리의 이야기'로 옮겨가는 것으로 표현된다. 구약과 그 해석학을 연구함을 통해 우리는 우리 시대에 올바른 해석학을 적용하는 방법을 배울 수 있다.

그 누구도 그러한 성경 해석이 오늘날의 세대에게 가지고 있는 큰·매력을 과소평가하지 않을 것이다. 특히 메마른 역사주의적인 성경 읽기에 지쳐버린 사람들에게 개신교의 자유주의 신학의 이러한 고전적인 움직임은 계속해서 폭넓고 즉각적인 수용을 불러일으키고 있다. 말할 필요도 없이 나는 여러 가지 이유로 이러한 신학적 입장에 대해 매우 비판적이다. 나는 정경이 계몽운동 이전에 교회에서 이런 식으로 기능하였다고 생각하지 않으며, 그것이 성경신학을 행하는 올바른 길이라고 믿지도 않는다. 선지자의 기능과 우리의 기능 사이의 단순한 유비(類比)를 보는 최초의 전제는 신성한 성경의 권위를 통하여 세대들 사이의 신학적 연속성을 확립한 정경의 본질적인 역할을 파괴한다. 우리는 선지자도 아니고 사도도 아니며, 우리의 과제가 그와 유사한 것도 아니다.

나는 예레미야서의 구절(27장 이하)로 돌아가서 다른 해석을 시도해보고자 한다. 주석학적으로 최초의 단계는 27장과 28장의 관계를 설정하는 것이다. 이 두 장은 23 : 9에서 "선지자들에 대한 말씀이라"라는 표제로 시작되어 29장 전체에 걸쳐 있는 보다 큰 편집 단위의 일부라는 것은 일반적으로 동의가 형성되어 있다.

27장은 분명하게 나누어지는 세 개의 별개의 신탁들로 이루어져 있다 : 1-11(열방들에게), 12-15(시드기야에게), 16-22(제사장들과 백성들에게). 첫번째 신탁은 가죽끈과 멍에를 만들라는 것을 비롯한 예레미야를 향한 일련의 지시들에 의해 도입되고 있다. 그런 다음 선지자의 신탁은 네 가지 주요한 논점을 말하고 있다 : (a) 5-8절, 느부갓네살을 섬겨라 ; (b) 9절, 너희 선지자들의 말을 듣지 말라 ; (c) 10절, 그들은 거짓을 예언한다 ; (d) 11절, 너희가 불순종한다면 너희는 이 땅에서 제거될 것이다. 여기서 말하고 있는 중요한 고찰은 27장에서 이어지는 나머지 두 개의 신탁, 즉 시드기야를 향한 신탁과 제사장들 및 백성을 향한 신탁에서 병행되는 어휘를 가진 동일한 패턴이 전개된다 : (a) 1, 17절, 느부갓네살을 섬겨라 ; (b) 14, 16절, 너희 선지자들의 말을 듣지 말라 ; (c) 14, 16절, 그들은 거짓을 예언한다 ; (d) 15, 22절, 너희가 불순종한다면 너희 또는 성전의 기구들이 사로잡혀 갈 것이다.

이번에는 예레미야와 하나냐의 대면 사건(1-11절)을 기록하고 있는 28장을 살펴보자. 12절에서 예레미야는 하나냐에게 말할 하나님의 말씀을 받는다. 그의 신탁들(12-16절)은 다시 밀접하게 병행되는 어휘를 가지고 27장과 정확히 동일한 패턴을 따른다 : (a) 14절, 열방들이 느부갓네살을 섬길 것이다 ; (c) 15절, 하나냐는 거짓을 말하였다 ; (d) 16절, 나는 너를 지면에서 제할 것이다. 패턴의 편차, 특히 (b)의 요소의 결여는 분명히 앞서의 역사적 상황 및 하나냐에 대한 개인적인 심판의 말씀인 것과 관련되어 있다.

이러한 문학 분석으로부터 나오는 함의들은 즉각적으로 뒤따른다. 28장에 나오는 예레미야의 말씀은 27장의 메시지와 꼭 들어맞는다. 이 두 장의 문학적 연속성은 편집자에 있어서 선지자는 동일한 메시지를 전하였다는 전제를 밑받침한다. 예레미야와 하나냐의 대면은 거짓 선지자들에 대한 동일한 하나의 메시지의 구체적인 예시를 보여주는 기능을 한다.

실존주의자의 해석을 위한 주요한 보증을 제공해주는 것으로 생각되어 왔던 5-9절에 나오는 예레미야와 하나냐의 최초의 만남을 해석하는 어려운 문제가 여전히 남는다. 이론적으로 이 절들은 후대의 편집적 구도와 독립된 이력을 갖고 있는 전승을 반영하고 있다고 주장할 수 있을 것이다. 그러한 경우에 침멀리와 폰 라트의 불일치는 이 본문의 어느 단계를 신학적 성찰을 위해 사용하고 있는가에 관련될 것이다. 그들은 예레미야가 상당한 망설임을 보여주고 있으며 새로운 실존적인 확증을 구하고 있다고 생각되는 원래의 역사적 상황을 다루고 있을지도 모른다. 역으로 나는 이 본문을 앞의 장(章)에 맞추기 위하여 편집을 통해 형성함으로써 다른 논점을 보이고 있는 후대의 정경적 해석 방식을 다루고자 한다.

이론적으로는 이 두 주석학적 선택 가운데 어느 것을 주장하든 가능한 일이지만 실제로 이 귀절에 대한 주의깊은 주석은 이러한 두 가지 접근방식의 필요성을 배제한다. 후대의 정경적 구도의 취지에 대한 호소 없이도 5-9절은 예레미야의 자기 이해의 견지에서 읽혀질 수 없다. 이 본문을 자신의 이전의 메시지에 대한 선지자 개인적인 확신 없음을 나타내는 것으로 해석하고 과거와 현재의 연속성을 보지 못하는 것은 본문을 심리적으로 해석하는 것이다. 28장의 문제는 예레미야의 심리에 관한 것이 아니다. 오히려 주석학적 문제는 느부갓네살의 통치 아래에서의 열방들을 향한 하나님의 뜻에 있다. 신학적 초점은 전적으로 하나님 중심적이다. 예레미야는 하나님의 계획에 관하여 확신을 못하고 있다. 5-9절은 그러한 구도의 논점과 다른 논점을 말하고 있지 않다.

예레미야는 하나님께서 자신의 마음을 바꾸실 자유를 부인하고 싶어 하지 않는다. 그는 하나냐에게 "하나님이 나를 통하여 멸망을 말씀하셨으므로 그분이 너를 통하여 그와 다른 것을 말씀하실 수 없다"라고 말하지 않는다. 오히려 그는 하나님이 다른 목적을 갖고 계실 가능성을 받아들인다. 하지만 그런 다음 그는 하나냐의 주장의 진실성을 결정하기 위한 판별기준을 설정한다. 하나님은 과거에 언제나 심판에 관하여 말씀하여 왔다. 하나님이 지금 자신의 계획을 바꾸신다면 하나님은 역사 속에서 그것을 보이실 것이다. 하나님이 자신의 행위에 의한 임박한 구원에 관한 하나냐의 예언의 진실성을 드러내보이신다면 예레미야는 그에 따를 준비가 되어 있다. 요컨대 현안 문제는 하나님 중심적이다 : 하나님의 목적은 무엇인가? 그것은 심리적인 것이 아니다 : 예레미야가 자신이 옳은지 아닌지를 어떻게 아느냐?

이 구절은 결코 시의적절하게 예언을 올바르게 하는 예레미야의 능력과는 아무 상관이 없으며, 그는 단지 해석학의 수행에 있어서 하나냐와 다른 것도 아니다. 하나냐의 메시지의 내용이 잘못된 것이다. 그는 하나님의 계시를 접하고 있지 않으면서도 하나님으로부터 보내심을 받았다고 주장함으로써 거짓을 말하고 있다(23 : 25ff.). 신학적 문제는 이 장 전체를 통하여 원래의 단계에서든 편집 단계에서든 동일하다. 참 선지자는 하나님의 말씀을 말하고 거짓 선지자는 오직 거짓을 말한다(참조. 겔 13 : 1-16). 진실성을 시험하는 것은 계시를 통하여 자신의 뜻을 알리시는 하나님에게 달려 있다. 하나님에 관한 과거의 수평적인 전승과 하나님으로부터 오는 현재의 수직적인 말씀 사이의 실존적인 대비가 행해지고 있는 것이 아니다. 오히려 예언의 진실성은 행위를 통한 하나님의 확증에 의해 결정된다.

3. 정경 형성의 취지

아직도 참 선지자와 거짓 선지자의 문제는 해결되지 않고 있다. 참 선지자와 거짓 선지자를 구별하기 위해서 설정된 판별기준은 실제에 있어서 부적합한 것으로 보인다. 어떤 예언이 역사 과정을 통하여 참되거나 거짓된 것으로 밝혀질 때까지 기다린다는 것이 주어진 역사적 위기에서 이스라엘에게 얼마만큼 도움이 되었을까? 크렌쇼(J. Crenshaw, *Prophetic Conflict*)는 이 문제는 이스라엘에서 결코 해결되지 못했다고까지 말한다. 사실 선지자들이 자신들의 메시지를 입증하지 못함으로써 혼란을 야기시켰고, 따라서 포로기 이후의 유대교는 예언이 결함투성이라는 것을 발견하고 영적인 지도를 위하여 다른 곳, 즉 묵시론과 지혜로 눈을 돌렸다. 나는 이 문제에 대한 크렌쇼의 평가에 동의하지 않는다. 무엇보다도 그것은 구약 정경의 형성을 고려하지 않고 있다.

나는 예레미야서, 구체적으로는 거짓 선지자들에 대한 신탁(23-29장)의 편집에는 기술적(記述的), 규범적으로 기능하는 이 문제에 대한 정경적 해석이 나타나 있다고 주장하고자 한다. 나는 주전 7세기에 경쟁적인 선지자들과 선지자 집단들의 서로 대립적인 주장들에 의해 야기된 많은 혼란이 있었다는 크렌쇼의 주장에 동의한다. 적어도 이 갈등의 몇몇은 23-29장에 기록된 여러 사건들 속에 보존되어 왔다. 이에 덧붙여 29장은 예레미아의 신탁과 반대되는 신탁들을 제시하였던 포로기 동안의 선지자들과 예레미야와의 갈등을 서술한다. 끝으로 26장의 성전 설교와 그로 인한 논쟁 속에서의 미가의 말의 사용은 이 시기에 있어서 이스라엘 내의 갈등과 혼란의 높은 정도를 확증해준다.

하지만 여기서 말하고 있는 주된 논지는 예레미야서의 현재의 정경적 형태는 참 선지자와 거짓 선지자에 대한 해석을 행하였고 그럼으로써 이 둘을 구별하기 위해 수집된 경전들을 통하여 새로운 판별기준을 제시하였다는 것이다. 정경화 과정을 통하여 예레미야의 신탁들은 예루살렘의 멸망 이후의 시기에 수집되고 보전되었고 예언의 진실성에 대한 예레미야의 원래의 판별기준이 적용되었다. 예레미야는 이스라엘의 역사 속에서 그 정당성이 입증되었었다. 예레미야가 말했던 대로 하나님의 심판은 이 민족 위에 떨어졌다. 하나님은 자신의 행위를 통하여 예레미야가 참 선지자임을 보여주었었다. 예레미야의 말씀들이 수집되고 편집된 것은 바로 포로기와 포로기 이후에 있어서 이러한 신학적 확신에서였다. 정경적 형태 속에서 그 말씀들은 하나님의 뜻을 분별하기 위한 권위있는 수단이자 참 선지자와 거짓 선지자를 구별하기 위한 기준으로 신앙 공동체에 기여하였다. 예레미야의 생애 동안에 혼란이 있었다면 더 이상 그럴 필요는 없다.

이스라엘의 미래 세대는 예루살렘의 함락 이전에 살았던 사람들이 아니라 그 후에 살았고 이제 참 선지자와 거짓 선지자를 구별하는 법을 알고 있는 사람들과 함께 서있다. 예레미야 23-29장은 참 선지자와 거짓 선지자 사이의 날카로운 구별을 설명한다. 참 선지자는 하나님과 협의하는 자리에 있고 하나님이 원하시는 것을 엿듣는다(23 : 18). 거짓 선지자는 자신의 마음에서 나온 비젼들과 헛된 소망을 말한다. 전자는 하나님의 계시를 말하고 후자는 자기 마음 속에서 나온 환상을 말한다.

또한 내용에 있어서도 차이가 있다. 하나님이 자신의 메시지를 분명하게 알려주었기 때문에 참 선지자들은 통일된 메시지를 갖고 있다. "나의 종 선지자들"(26 : 5)은 일관되게 악으로부터의 회개의 메시지를 전하여 왔다. 이십삼년 동안 예레미야는 이렇게 설교하여 왔다 : "너희는 각기 악한 길과 너희 악행에서 돌이키라"(25 : 3). "너희가 나를 청종치 아니하며 내가 너희 앞에 둔 내 법을 행치 아니하며…이 성으로…저줏거리가 되게 하리라"(26 : 4ff.). 예레미야 23 : 22은 메시지의 내용 속에서 이러한 차이를 요약하고 있다 : "그들이 만일 나의 회의에 참예하였더면 내 백성에게 내 말을 들려서 그들로 악한 길과 악한 행위에서 돌이키게 하였으리라".

이에 덧붙여 예레미야서는 선지자 자신의 도덕성 시험을 제시한다 :

> 내가 사마리아 선지자들 중에
> 우매함이 있음을 보았나니
> 그들은 바알을 의탁하고 예언하여
> 내 백성 이스라엘을 그릇되게 하였고
> 내가 예루살렘 선지자들 중에도
> 가증한 일이 있음을 보았나니
> 그들은 간음을 행하며 행악자의 손을 굳게 하여…
> 그들은 다 내 앞에서 소돔 사람과 다름이 없고…(23 : 13f.)

29 : 23에서도 이와 동일한 지적이 나온다. 이러한 거짓 선지자들과는 대조적으로 참 선지자들의 신실한 삶들은 진리를 말함으로써 죽임을 당한 예레미야와 우리아에 의해 범례적으로 예시된다(26 : 20ff.).

요컨대 역사적 이스라엘은 참 예언과 거짓 예언을 구별해야 하는 위기 상황에서 혼돈과 망설임을 겪었지만 이스라엘의 전승을 해석하는 정경화 과정은 혼돈을 극복하고 참 선지자와 거짓 선지자를 구별하는 성경적 기준을 설정할 목적으로 예레미야의 신탁들을 형성하였다.

4. 열왕기상 13장

참 예언과 거짓 예언이라는 주제의 맥락에서 하나 더 논의해야 할 필요가 있는 구절이 있는데, 그것은 베델에서의 두 선지자 이야기이다. 이 이야기는 직접적으로 예레미야와 관련이 있는 것은 아니지만 구약 정경의 맥락 안에서 이 문제의 또 다른 측면에 대한 인상적인 예시를 제공해준다.

내용을 간략하게 살펴보자 : 유다로부터 온 한 선지자가 베델에 있는 제단을 향하여 심판을 말씀을 전하도록 보내심을 받는다. 또한 그는 즉각적으로 실현되는 표적을 준다. 왕인 여로보암은 처음에 이 선지자를 침묵시키려고 시도하다가 나중에는 함께 식사를 나누면서 그와 협상을 하려고 한다. 왕은, 배교자들과는 어떠한 교제도 허용되지 않는 유다로부터 온 선지자에 의해 단호하게 거절당한다. 유다로부터 온 선지자가 고향을 향하여 떠날 때 그는, 심판의 신탁에 함축된 뜻을 알아차리고 그에게 거짓말을 하여 되돌아오게 설득하는 베델 출신의 선지자에 의해 추격을 당한다. 함께 식사를 하는 도중에 하나님의 말씀이 베델의 선지자에게 임하는데, 이제 심판의 말씀을 유다로부터 온 선지자에게 말하라는 것이다. 되돌아와서 식사를 한 그의 불순종으로 인하여 그는 죽게 되고 그의 선조들과 함께 묻히지 못하게 될 것이다. 그리고 실제로 그런 일이 벌어졌다. 돌아오는 길에 유다로부터 온 선지자는 사자에게 죽임을 당했다. 베델 출신 선지자가 이 이야기를 듣고 그 시신을 취해 무덤에 장사지내면서 그 선지자의 베델의 심판에 대한 원래의 말씀은 응할 것이라는 것을 확인한다.

한 주석자에 의해 "구약에서 가장 이상한 이야기에 속하는 것"이라고 불리었던 이 이야기의 해석의 역사를 검토하기에는 지면이 너무 한정되어 있다. 하지만 주요한 공로는 칼 바르트(Karl Barth)에게 돌아간다. 그는 자신의 주석(*Church Dogmatics*, II /2, 399ff.)을 통하여 처음으로 이 성경 본문의 실질적인 신학적 차원을 열어놓았다. 그는 분단된 왕국의 나머지 역사를 위한 표제로서 기능하기 위하여 이 장(章)이 두 왕국의 분열 시점에 놓여진 것의 범례적인 의의를 처음부터 관찰하였다. 또한 그는 이 이야기는 단순히 두 선지자에 관한 것이 아니라 훨씬 더 큰 신학적 문제들과 관련되어 있다는 것을 올바르게 지적하였다. 베델의 제단에 대한 심판의 말씀을 전하러 온 유다 출신의 선지자는 북왕국의 제의 전체의 합법성에 도전하였다. 식탁에서의 교제를 통하여 이 선지자와 협상하자는 제의는 하나님의 심판을 부드럽게 하자는 명백한 시도였다.

이 이야기가 참 예언과 거짓 예언이라는 문제에 던져주는 빛도 마찬가지로 중요하다. 여로보암 아래에서의 왕국의 분열은 어떤 식으로든 북왕국의 선지자들의 합법적인 직임에 문제를 제기하지도 않았고, 이 문제는 유다의 선지자에 의해 주장되지도 않았다. 사실 애당초 베델 출신의 선지자가 거짓 선지자로 규정되어 있지 않았다면 이런 이야기는 아예 없었을 것이다. 오히려 그는 동일하게 종교적인 언어를 말하였고 베델로 돌아가라는 자신의 메시지를 여호와로부터 온 말씀으로 전하였다. 이 이야기는 이스라엘에서 생겨난 역사적 문제를 정확하게 강조하고 있다. 그렇다면 왜 유다로부터 온 선지자가 책망하여야 했는가? 어떻게 그는 베델의 선지자가 거짓말을 했다는 것을 알 수 있었는가?

바르트는 이 일단의 질문들 전체가 이 이야기의 배경에 놓여 있고 거의 역할을 하고 있지 못하다는 것을 정확하게 보았다. 사실 구약학자들은 주로 이 역사적 사회학적 심리학적 문제들을 추적하는 데 관심을 갖고 있기 때문에―다행히도 소수의 예외는 있다―그들은 일반적으로 이 이야기를 오해하여 왔다. 이 이야기에서 아주 주목할 만한 것은 이것을 도덕적으로 설명하여 선지자들을 나무라거나 변명하지 않는다는 것이다. 강조점은 전적으로 하나님의 말씀의 객관적인 본질에 두어져 있다. 이 이야기는 두 선지자의 역할이 역전될 때 정점에 도달한다. 하나님의 참된 말씀은 이제 거짓 선지자의 입을 통하여 선포된다. "여호와의 말씀에 네가 여호와의 말씀을 어기며. 떡을 먹고 물을 마셨으니 네 시체가 열조의 묘실에 들어가지 못하리라 하셨느니라"(21절 이하). 심판을 위한 하나님의 뜻은 참 선지자이든 거짓 선지자이든 그 전달자의 자질에 의해 폐기되지 않는다.

요컨대 이 이야기는 그러한 하나님 중심적인 전망으로부터 제시되고 있기 때문에 그것은 합리적인 성찰에는 거의 이해될 수 없는 것으로 보인다. 모든 윤리적 문제들은 그냥 간과된다. 이 이야기는 어떠한 약화(弱化)나 타협을 용납하지 않는 하나님의 심판의 말씀의 성취와 관련이 있다. 실제적인 의미로 이 이야기는 예언에 대한 실존주의자의 해석으로는 도저히 설명할 수 없는 극단적인 예을 보여준다. 시의성(時宜性)과 해석학은 참과 거짓과는 아무 상관이 없다. 이 차이는 깨어있는 선지자의 윤리적 감수성과도 관련이 없고, 오로지 하나님의 말씀의 효과에 의해 측정된다.

물론 이 한 가지 이야기를 가지고 예언에 관한 모든 교리를 추출해내려는 시도는 잘못일 것이다. 오히려 구약신학의 신학적 과제는 그 메시지를 보다 넓은 정경적 맥락과 관련시켜서 전 범위의 증언들을 파악하고 예언의 내적인 동력을 분별하는 것이다.

참고 문헌

K. **Barth**, *Church Dogmatics*, ET, II/2, Edinburgh 1957, 393–409; M. **Buber**, 'False Prophets', *Biblical Humanism*, ET London 1968, 166–71; J. L. **Crenshaw**, *Prophetic Conflict*, BZAW 124, 1971; S. J. **DeVries,** *Prophet against Prophet*, Grand Rapids 1978; W. **Grosse**, 'Lying Prophet and Disobedient Man of God in I Kings 13: Role Analysis as an Instrument of Theological Interpretation of an Old Testament Narrative', *Semeia* 15, 1979, 97–135; F. L. **Hossfeld** and I. **Meyer**, *Prophet gegen Prophet*, BibB 9, 1973; A. **Jepsen**, 'Gottesmann und Prophet. Anmerkungen zum Kapitel I Könige 13', *Probleme biblischer Theologie, FS G. von Rad*, Munich 1971, 171–82; I. **Meyer**, *Jeremia und die falschen Propheten*, OBeO 13, 1977; T. W. **Overholt**, *The Threat of Falsehood*, SBT II.16, 1970; E. **Osswald**, *Falsche Prophetie im Alten Testament*, Tübingen 1962; G. **Quell**, *Wahre und falsche Prophetie*, Gütersloh 1952; G. **von Rad**, 'Die falschen Propheten', *ZAW* 51, 1933, 109–20; reprinted *GSAT* II, Munich 1973, 212–23; J. A. **Sanders**, 'Hermeneutics in True and False Prophecy', *Canon and Authority*, ed. G. W. Coats and B. O. Long, Philadelphia 1977, 21–41; W. **Zimmerli**, 'Der Wahrheitserweis Jahwes nach der Botschaft der beiden Exilspropheten', *Tradition und Situation, FS A. Weiser*, ed. E. Würthwein and O. Kaiser, Göttingen 1963, 133–51.

13

제사장직의 신학적 역할

구약에 있어서 제사장직의 문제만큼 복잡한 문제도 거의 없다. 지속적으로 학문적 논쟁이 많이 있어 왔지만, 광범위하게 의견일치을 보이고 있는 학설은 거의 없는 형편이다. 나는 지나치게 자세한 설명을 피하고 이 주제와 관련하여 신학적으로 성찰해야 할 문제를 예시하고자 한다.

1. 비평적 문제의 본질

이례적인 예리함을 가지고 중요한 문제들을 제기하고 있는 벨하우젠의 뛰어난 장(章)인 「제사장과 레위인」(*Prolegomena*, 121ff.)과 직접 맞닥뜨려보는 것만큼 이 문제에 집중하는 가장 강력한 방법은 없다. 벨하우젠에 따르면 정경적—즉, 전통적—형태에 나오는 제사장들과 레위인들에 대한 구약의 묘사는 전적으로 이해할 수 없다. 성경의 본문을 이해하기 위해서는 아주 잘못 해석되어 왔던 그 진정한 역사적 발전에 따라 기록을 복원할 필요가 있다.

그렇다면 구약에서 제사장직이라는 직임을 이해하는 데 있어서 어려운 점은 무엇인가? 현재의 성경의 상태에 따르면 제의는 시내산에서 모세에 의해 정립되었다. 출애굽기 28장은 아론과 그의 아들들의 선택 및 그들을 영원한 제사장직으로 성별하는 내용을 기술한다(레 8-10장). 제사장과 레위를 날카롭게 구별하는 것은 모세의 제의에 본질에 속한다. 아론의 반차를 좇은 제사장은 본질적인 제의 의식들을 수행한 반면에 레위인들은 성막의 외적인 유지 책임을 맡고 있는 중요치 않은 제의 인원으로 보아졌다. 민수기는 행진 중에 있는 이스라엘에 있어서 이와 동일한 구별을 계속하고 있다.

신명기에서 최초의 주요한 마찰은 제사장과 레위인 사이에 어떠한 차이도 보이지 않기 때문에 생겨난다; 오히려 이제 "레위 족속 제사장"이라는 말이 사용된다. 더욱이 모든 레위인은 다양한 제사장적 의무들이 인정되고 있기는 하지만 제사장으로서 기능할 수 있다. 벨하우젠에 의하면 우리가 초기의 역사서들에 이르게 되면 문제들은 보다 더 격렬해진다. 사사기와 사무엘서에서는 아론의 자손들의 전문적인 성직을 보여주는 모든 징표들은 사라진다. 대제사장인 엘리는 에브라임 지파 출신이고, 레위인들의 역할에 대한 느슨한 서술만이 나온다(삿 19장).

또 다윗의 제의적 역할을 둘러싸고 엄청난 긴장들이 있다. 사무엘서와 열왕기서에 나타나 있는 이스라엘 제의에 관한 묘사는 다시 세심하게 제사장과 레위인을 구별하는 역대기의 묘사와는 많은 차이를 보여준다. 독자는 매우 중요한 어떤 일이 요시야의 개혁을 통하여 일어났다는 인상을 받지만(왕하 23장), 산당으로부터 예루살렘 이외의 제사장들을 제거한 것의 의의에 대한 암시들만이 주어져 있을 뿐이다. 끝으로 에스겔 44장은 사독의 주도적인 역할에 대한 정당화를 보여주지만, 그 취지는 이미 레위기와 민수기에서는 규범적인 것으로 전제되었었지만 에스겔이 새로운 것으로 간주하는 구별을 옹호하는 데 있다.

이어서 벨하우젠은 이러한 혼돈을 설명하는 뛰어난 이론을 제시한다. 해석의 기본적인 문제는 성경 문헌에 대한 잘못된 분석으로부터 생겨난다. 출애굽기 25−40장, 레위기, 민수기의 제사장적 자료는 연대에 있어서 모세의 것이 아니라 포로기 이후의 것이다. 마찬가지로 신명기도 모세의 것이 아니라 후기 군주정 시기로부터 유래한다. 더욱이 이러한 잘못된 연대 설정에 덧붙여 전통적인 해석은 제사장직의 역사적 발전에 대한 열쇠는 제사장직의 성격에 있어서 근본적인 변화를 가져왔던 주전 621년 요시야 치하의 중앙집권화에서 찾아져야 했다는 것을 보지 못했다.

하지만 그 누가 벨하우젠의 입장을 극단적인 것이라 하여 거부하고 더 이상 진지하게 고려하지 않으려 한다면, 폰 라트의 말과의 유사성을 주목하는 것이 좋겠다 :

…P문서의 그 어디에서도 발견되고 그것 없이는 그 전체적인 신학적 성례

의 모습이 이해될 수 없는 제사장과 레위인의 엄격한 구별은 후기 군주정
시대, 즉 요시야의 제의의 중앙집권화를 통해 일어났던 사건에 의해 시작
되었다(I, 249)

벨하우젠은 이어서 자신의 고전적인 세 단계를 통하여 이스라엘의 대제사장
직의 발전의 참된 역사를 복원하는 것을 시도한다. 초기 이스라엘에는 전문적
인 계층이 없었는데, 이는 왜 사사들과 왕들이 자유롭게 희생제사를 드렸는지
를 설명해준다. 두번째 단계는 예루살렘 이외의 제사장의 권리를 박탈함으로써
이스라엘의 예배를 중앙집권화한 요시야의 개혁을 통해 일어났다. 정치적으로
예루살렘의 아론 계열의 제사장직에 의해 촉발된 이 정책은 경쟁적인 제사장적
씨족, 즉 레위인들을 사독 계열에 종속시키는 데 성공하였다. 에스겔 44장과 민
수기 16장과 같은 오경에 나오는 이와 갈등하는 이야기들은 이러한 주도권 싸
움을 보여준다. 포로기 이후의 제사장 법전과 역대기에서 찾아볼 수 있는 마지
막 단계는 유일한 제사장 계열인 사독 계열이 제사장직에 대한 완전한 통제를
수행하고 레위인들은 제사장의 보조로 전락했을 때 일어났다.

우리는 전통적인 입장에 대한 벨하우젠의 강력한 도전에 어떻게 반응하여야
하는가? 제사장직에 대한 그의 비평적 평가로부터 최초의 충격이 생겨난 직후
에 전통적인 견해를 지지하고자 한 논문들과 책들이 홍수처럼 쏟아져 나왔다
(참조. 예를 들면, Curtiss). 의미심장하게도 이 보수적인 반응들은 비평적인
것으로서의 구약에 대한 동일하게 역사적 준거에 의한 읽기를 공유하였지만 정
경적 설명을 이스라엘의 제사장직의 실제 역사적인 발전과 동일시하려고 한 점
에서 달랐다. 대체로 학문적인 연대를 통한 보수적인 응답들은 성공하지 못한
것으로 생각되었다. 하지만 이보다 더 중요한 것은 그로 인하여 생겨난 논쟁의
해석학적 결과였다. 보수주의자들은 벨하우젠의 것보다 덜 과격한 묘사를 복원
하기를 원하였지만, 결국 그들은 성경적 설명과는 다른 이스라엘 역사의 복원
을 토대로 주석을 행하였다.

벨하우젠이 뛰어난 복원을 보여준 이래 지난 백년 동안 그것을 수정하고 올
바르게 하고자 하는 많은 노력들이 있어 왔다. 분명히 최근의 시도들 가운데 가
장 인상적인 것 중의 하나는 프랭크 크로스(Frank M. Cross)의 것이었다. 그
는 벨하우젠에 의해 지적되었던 모든 다양한 긴장들은 두 제사장 가문의 오래
되고 지속된 싸움을 가정한다면 해결될 수 있다는 것을 자세하게 논증하였다.

한편으로 네게브에 있는 지역적인 성소들과 아울러 단과 실로의 성소들에서 번성하였던 모세 계열의 제사장직이 있었다. 다른 한편으로 베델과 예루살렘을 중심으로 하는 이와 반대되는 아론 계열의 제사장직이 있었다. 크로스는 몇몇 중요한 곳에서 벨하우젠의 복원을 반대하고 있지만, 특히 그는 군주정 이전 시기까지 아주 멀리 거슬러 올라가는 제사장직의 오래된 뿌리를 보여주는 데 성공하고 있다. 하지만 여기서 말하고자 하는 주요한 핵심은 해석학적으로 크로스의 역사적 복원은 전통적인 견해를 거부하고 오직 현대의 비평적 역사가만이 복구할 수 있는 참된 역사적 발전을 전제로 하고 있다는 점에서 벨하우젠만큼이나 급진적이라는 것이다. 크로스는 정경의 현재적 형태가 절망적으로 혼돈되어 있기 때문에 적절하게 해석하기 위해서는 철저하게 개작되어야 한다는 벨하우젠의 주장에 전적으로 동의하고 있다.

제사장직에 대한 전통적인 견해와 여러 비평적 복원물들 사이의 커다란 차이에 비추어 볼 때 우리는 처음에 제사장직의 실제적인 역사적 발전과 성경의 묘사 사이에는 신학적 관련이 없다고 주장하고자 하는 유혹을 느끼게 된다. 이 둘은 서로에 대하여 완전히 독립적으로 기능하는 두 개의 분리된 영역들이다. 우리는 벨하우젠 또는 크로스의 역사적 복원을 받아들일 수 있고, 그런 다음에 어떠한 역사적 지시 대상 없는 분리된 것으로서의 구약 정경에 토대를 둔 신학적 해석을 기술하는 데로 나아갈 수 있다.

하지만 내 견해로는 그러한 접근방식에는 주요한 신학적 해석학적 난점들이 존재한다. 구약의 제사장직의 현재적 형태가 전적으로 인위적인 구성물을 나타내고 제사장 제도를 결정하는 실질적인 세력들은 내부적인 정치적 권력 투쟁이었다는 벨하우젠 또는 크로스의 주장이 옳다면, 우리는 더 이상 정경적 형태에 관하여 의미있게 말할 수 없게 된다. 활동한 세력들이 실제로 근본적으로 다른 부류에 속하였다면 신학적 증언을 형성하기 위하여 권위있는 전승들을 종교적으로 사용하는 것에 초점을 맞추는 것은 사실상 무의미할 것이다. 나는 정경화 과정을 너무 단순화시키는 것을 바라지 않는다. 어떠한 인간 행위도 모호성이 없는 것이 없으며 어떠한 종교 세력도 소위 세속적 영향으로부터 완전히 분리되어 있지 않다. 하지만 본문의 현재적 형태가 단순히 그 배후에 있는 실질적인 정치 세력들의 가리개 구실을 하고 있다고 가정하거나 후대의 신학적 사용은 전승을 원래의 세속적 기능과는 질적으로 다른 어떤 것으로 변화시켰다고 단정하는 것은 정경적 이해와 정면으로 배치되는 것이다. 조악한 유비를 들어보자면 우리는 리차드 닉슨의 백악관 녹음 테이프들을 취하여 그것들을 아우구스티누스의 참회록과 유사한 문학으로 변화시킬 수 없는 것이다!

이 시점에서 요약하자면 나는 앞의 장(章)들에서 역사적 준거에 의한 구약 읽기에 대해 대단히 비판적이었지만, 그 반대의 해석 방식, 즉 완전히 비역사적인 성경 읽기를 주장하는 것에 대해서도 마찬가지로 불만이다. 바튼(J. Barton)이 주장하듯이(참조. 1장) 정경적 접근방식을 구조주의와 동일시하는 것은 진실과는 아주 거리가 멀다. 여기서 강조하고자 하는 주요한 해석학적 요점은 정경은 역사적 준거와 관련하여 여러 방식으로 신학적 증언을 하고 있다는 것이다. 때로 그것은 아주 느슨한 연관을 갖기도 하고, 또 어떤 때는 진정한 역사적 구성요소가 증언의 핵심을 이루기도 한다. 절대적인 역사적 응집성을 요구하거나 원칙적으로 어떠한 관계도 없다고 가정함으로써 구약의 신학적 증언의 본질을 제한하는 것은 아주 부적절하다. 본문의 정경적 형태에 주의를 기울이는 것은 바로 성경 자료가 공통적인 인간의 경험의 세계 내에서 믿음을 통하여 어떻게 해석되었는가를 분별하고자 하는 관심에서 생겨난다.

다행히도 현대의 학자들에 의한 구약 제사장직에 대한 몇몇 최근의 연구는 다른 선택들을 열어놓았기 때문에 우리는 벨하우젠과 비평 이전의 전통적인 읽기 중에서 양자택일해야 하는 일은 없게 되었다. 그 좋은 예는 군네벡(Gunneweg)의 「레위인과 제사장」이라는 연구서이다. 벨하우젠의 복원에 대한 그의 비평을 자세하게 검토하기에는 지면이 너무 한정되어 있다. 하지만 그는 제사장과 레위인의 구별은 어떤 이데올로기를 정당화하기 위한 포로기 이후의 구성물이 아니며 이후에 정교화되고 도식화되었던 고대의 포로기 이전의 전승을 나타내고 있다는 설득력있는 이론을 제기한다. 또 그는 제사장과 레위인을 분명하게 동일시하고 있는 신명기는 종교적 이상 아래에서 레위인들의 율법을 향한 열심에 모든 제도를 포괄시켜야 한다는 신명기 기자의 예배의 순수성을 향한 강령적인 주장으로 볼 때 전혀 다르게 조명된다고 주장한다. 끝으로 군네벡은 요시야의 개혁과 레위인들의 격하(格下)와의 밀접한 관련을 많이 상대화시키고 벨하우젠과는 상당히 다른 역사적 과정을 개략적으로 묘사한다.

나는 오해받기를 원치 않는다. 나는 우리가 지금 벨하우젠 또는 크로스의 복원 대신에 군네벡의 복원을 수용해서 그 위에서 구약신학을 구축할 수 있다고 말하고 있는 것이 아니다. 나는 여전히 정경적 증언의 대치물로서의 어떠한 직접적인 역사적 준거에 의한 읽기에도 반대한다. 그렇지만 나는 정경적 해석 방식에 완전히 생소한 복원은 본문으로부터 그 자유를 빼앗아감으로써 신학적 이해를 방해하는 부정적인 효과를 가질 수 있다는 것을 보이는 데 관심을 갖는다.

2. 제사장직에 대한 정경적 해석 방식

신학적 임무는 문헌의 특유한 형성을 정당하게 다루는 방식으로 제사장직이라는 직임에 대한 신학적 이해를 개략적으로 서술하려고 하는 것이다. 오경의 분명한 증언에 의하면 이스라엘의 예배는 시내산에서 하나님에 의해 정립되었고 율법의 수여와 아울러 하나님의 뜻의 일부를 형성하였다. 애굽으로부터의 탈출의 목표는 거룩한 백성, 제사장의 나라를 세우는 것이었다(출 19 : 6). 모세는 시험을 받았을 때 신실하였던 제사장 질서의 창시자로 보아진다(출 33 : 7-11 ; 레 8 : 1ff. ; 신 33 : 8). 제사장의 역할은 희생제사를 드리는 것 뿐만 아니라 백성들을 하나님의 길로 가르치는 것이었다. 출애굽기 24장에서 모세는 성막의 건축과 제사장직의 제도와 관련된 지시들을 받기 위하여 시내산에 올라갔다. 출애굽기 28장은 레위기 8-10장에서 실시된 아론의 성별의 준비에 관하여 말하고 있다. 레위기는 제사장직의 커다란 임무를 요약한다 : "너희가 거룩하고 속된 것을 분별하며 부정하고 정한 것을 분별하고 또 여호와가 모세로 명한 모든 규례를 이스라엘 자손에게 가르치리라"(레 10 : 10-11 ; 참조. 겔 44 : 23). 더욱이 제사장과 레위인은 분명히 구별되었는데, 레위인들은 성막과 기구를 관리하도록 지명되었다(민 1 : 47ff.).

하지만 레위인들은 전체적으로 오경에 나오는 또 다른 기본적인 증언과 관련되어 있다. 출애굽기 32장에서 제사장 아론은 백성들을 어그러진 길로 인도하여 우상숭배로 이끌었다. 거짓된 예배의 조짐은 시내산에서도 존재하였다. 출애굽기 32장과 신명기 10장은 모두 레위인들의 특별한 역할을 여호와에 대한 그들의 열심으로부터 끌어온다. 신명기 10장은 그들이 특별한 유업을 가지고 분리되었다는 것을 상세하게 설명한다 : "여호와께서 레위 지파를 구별하여 여호와의 언약 궤를 메이며 여호와 앞에 서서 그를 섬기며 또 여호와의 이름으로 축복하게 하셨고…"(8절). 마찬가지로 신명기 33 : 8 이하는 언약의 수호자들과 보존자로서의 그들의 역할을 강조한다. 신명기의 나머지 부분 전체에 걸쳐 그들은 언제나 이스라엘의 가난한 자와 땅 없는 자들과 함께 언급되는데, 이들은 하나님의 축복의 기쁨을 올바르게 공유하기 위하여 이스라엘의 절기들에 초청되어야 한다(12 : 19ff. ; 18 : 6ff.).

이스라엘의 적절한 예배에 대한 위협의 또 다른 주요한 예들은 "다른 불"을 드린 아론의 아들들인 나답과 아비후의 이야기(레 10 : 1-3), 레위인이었지만 제사장의 특권을 얻기 위하여 모세에게 반기를 든 고라의 반역(민 16 : 1ff.)을 통해 오경에 나타나 있다. 출애굽기 32장과 민수기 16장이 전승 내에서 좀더 초기의 단계들을 나타내며 제사장직을 둘러싸고 서로 경쟁하는 씨족들 사이의 싸움에 대한 분명한 징표들을 보여줄 가능성은 매우 높다. 하지만 정경화 과정은 이 이야기들을 제사장직에 대한 그릇된 권리 주장을 대표하는 것들로 기능하도록 하기 위하여 이 원래의 모습들을 대체로 지워버렸었다. 역으로 열렬한 신앙의 추종자들로서의 레위인들의 특별한 역할은 문자 그대로 그 직임이 정의되었던 모세 시대의 한 특정한 역사적 계기에 닻을 내리고 있었다.

또 사사기 시대는 정경에 의하면 쇠퇴와 불순종의 시대로 해석되었다. 불법의 결과들은 제의의 남용들에 대한 언급을 통하여, 특히 미가의 우상에 관한 이야기, 유랑하는 레위인의 역할을 통하여 예시된다(삿 17 : 1ff.). 또한 블레셋인들에게 언약 궤를 빼앗긴 사건(삼상 4 : 1ff.)도 이와 동일한 취지로 해석된다. 벨하우젠이 역사적으로 이스라엘 내에서 조직된 제사장 제도가 없었던 초기 단계들을 반영하는 것으로 해석하였던 이 시기는 정경에 의하면 모세의 이상(理想)으로부터의 후퇴를 예시하는 것으로 사용되고 있다. 마찬가지로 엘리와 그의 악한 아들들의 제사장직(삼상 2 : 22ff.)은 하나님의 심판을 받는다. 의미심장하게도 이 자료에 대한 이러한 신학적 사용은 우리가 정경적 해석 방식을 전통주의자들이 흔히 시도하였던 이스라엘 내에서의 제의의 역사적 발전과 단순히 동일시할 수 없다는 것을 보여줄 정도로 충분한 긴장을 여러 이야기들 내에 남겨놓았다.

또 다윗과 솔로몬 아래에서의 제사장직의 역사적 발전은 아주 모호한 채 남아 있다. 정치적 투쟁이 있었다는 것은 아비아달이 왕위 계승 이야기에 개입되어 사독으로 교체되었다는 이야기를 통하여 분명하게 드러난다(왕상 2 : 26). 정경적 해석 방식은 사독 체제를 유형론적으로 의로운 제사장직으로, 아비아달의 거부당함을 엘리에 대한 예언의 말씀의 성취로 해석한다. 때때로 주장되어 온 것과는 달리 그 어디에도 사독이 다윗 이전의 예루살렘의 가나안 제사장 가문으로부터 유래하였다는 암시는 찾아볼 수 없다.

레위인들에 대한 역대기의 묘사는 다시 한번 다양한 부패된 형태들에 대항하여 순수하고 열심있는 제사장직을 향한 싸움을 나타내기 위하여 이상화되어 있다. 역대기에 대한 최근의 비평적 연구는 대체로 꾸며낸 이야기라는 견지에서 말하였던 데 베테(de Wette)와 벨하우젠의 극단적인 이론들을 올바르게 거부하였다. 오히려 역대기사가는 신학적으로 레위기와 민수기의 율법들에 합치하는 프로그램을 대변하기 위하여 레위인들의 역할을 체계화하였고 확대하였다.

열왕기하의 정경적 맥락 안에서 요시야의 개혁에는 비평학계에 의해 주어진 것보다 훨씬 더 조촐한 역할이 부여되었다. 열왕기와 역대기에서 요시야의 개혁은 그보다 앞서 행해진 신명기에 기초한 하나님에 대한 합법적이고 순수한 예배의 회복으로서의 히스기야의 개혁과의 연속선 상에 놓여졌다. 그것은 정치적 개혁으로 해석되지 않는다. 하지만 열왕기하 23 : 9은 성소의 제사장들이 직무를 행하기 위하여 예루살렘으로 오지 않고 그들의 촌락에 그대로 남아 있었다는 것을 기록한다. 의미심장하게도 벨하우젠을 비롯한 많은 학자들이 주장한 바대로 이러한 지역 제사장들의 격하를 레위인들과 결부시키지 않았던 정경적 해석 방식은 군네벡에 의해 역사적으로 정확한 것으로 열렬하게 옹호되었다. 또한 성경의 기사는 비평적인 역사가들이 흔히 식별할 수 있었던 중앙집권화를 통한 예배의 정화(淨化)의 많은 중대한 사회적 정치적 효과들을 그냥 지나쳤다는 것도 분명하다.

에스겔 44장은 제사장직의 역할을 평가함에 있어서 매우 중요한 또 하나의 구절인데, 다시 한번 이 논쟁을 둘러싼 정확한 역사적 정황을 복원하기는 어렵다. 사독을 선발한 것은 우상들을 따라가서 이스라엘을 어그러진 길로 인도하여 벌을 받아야 했던 포로기 이전의 레위인들에 대한 희미한 역사적 배경과 대조되어 설정되고 있다. 정경적 해석은 일관되게 이 역사를 개혁이 아니라 제사장직에 대한 계시된 하나님의 뜻을 부패시킨 것으로 본다. 에스겔과 레위기의 제사장과 관련된 서술들 사이의 밀접한 병행들은 하나님의 목적은 순수한 예배의 회복이었다는 정경의 해석을 밑받침하는 데 기여한다.

일반적으로 원래의 모세적 이상으로 돌아간다는 동일한 패턴은 에스라와 느헤미야에서 지속된다. 물론 포수(捕囚)가 낳은 변화된 역사적 상황에 대한 인식이 있었다. 따라서 에스라는 성전에서 봉사할 인원을 충당하기에 충분치 않은 레위인들이 바벨론으로부터 돌아왔음을 발견한다(스 8 : 20). 하지만 예루살렘에서 하나님을 섬기는 데 있어서 제사장들과 레위인들의 새로운 배치는 기본적으로 "모세의 책에 기록된 대로"(스 6 : 18) 행해졌다. 신실한 제사장과 불순종하는 제사장의 대비는 에스라와 느헤미야 전체에 걸쳐 언급되고 있다(스 10 : 5 ; 느 11 : 10).

3. 제사장직의 신학에 대한 요약

구약 내의 제사장직에 대한 정경적 해석 방식의 신학적 함의들을 간략하게 요약해보도록 하자.

(a) 구약은 전승을 나름대로 구체적으로 사용한 것에서 기인하는 제사장직에 대한 신학적 해석을 보여준다. 제사장직의 실제 역사상의 발전에는 정경적 지위가 부여되어 있지 않고 전사(前史)로서 본문의 배경으로 남게 된다. 오히려 이스라엘 제사장직의 포로기 이후의 형태에 규범적인 지위가 부여되었다. 정경적 형태는 전승을 도식화하고 이상화하고 유형화하는 것과 같이 그 증언을 해석하는 다양한 움직임들을 보여준다. 이런 이유로 직접적으로 역사적 준거에 의한 읽기에 의존하는 해석은 신학적으로 부적합하다. 그러한 방식은 본문을 연대적으로 다시 체계화하고 그렇게 함으로써 구약의 독특한 메시지를 놓치게 된다. 역으로 이스라엘의 특유한 역사와의 모든 연관들을 끊어버리는 해석은 역사의 중요한 요소들을 그 증언에 통합하여 왔던 정경의 해석을 올바르게 다룰 수 없다.

(b) 제사장의 역할은 일차적으로 정하고 부정한 것, 순수하고 신성한 것을 구별하는 하나님의 뜻의 수호자로서 보아진다. 신실한 제사장직은 처음부터 순종하고 예배하는 하나님의 백성을 구성하는 요소였으며 시내산에서의 하나님의 나타나심에 근거를 두는 것이었다. 특히 레위인들의 역할은 끊임없이 왜곡의 위협을 받고 있는 예배의 적절한 형태들을 위한 하나님의 뜻의 통일성을 강조하였다.

(c) 정경적 해석 방식은 제사장 제도의 역사적인 특징들 가운데 많은 부분을 지우고 생략하는 것이 적절하다고 보았다. 그 주된 강조점은 이상적이고 순종하는 형태의 제사장직과 반복되어 침투하는 부패 현상들(금 송아지, 고라, 바알브올, 베델)과의 대비에 두어져 있다. 내 판단으로는 구약 주석의 문제는 그 전사(前史)를 복원하기 위하여 성경 본문의 초점을 다시 맞추는 것에 만족하는

것에 있지 않다. 오히려 그 신학적 책임은 성경 본문 자체의 형성을 통해 주어
진 방향을 정확하게 따라 현대의 신학적 성찰을 성경의 본문간 관련성을 통해
생겨나는 독특한 동력과 연결시키는 데 있다.

참고 문헌

A. **Cody**, *A History of Old Testament Priesthood*, AnBib 35, 1969; F. M.
Cross, *Canaanite Myth and Hebrew ·Epic*, Cambridge, Mass. and London
1973, 195–215; S. I. **Curtiss,** *The Levitical Priests*, Edinburgh 1877; M.
Greenberg, 'A New Approach to the History of the Israelite Priesthood',
JAOS 70, 1950, 41–7; A. H. J. **Gunneweg**, *Leviten und Priester*, FRLANT
89, 1965; M. **Haran**, *Temple and Temple-Service in Ancient Israel*, Oxford
1978; H. J. **Kraus**, *Worship in Israel. A Cultic History of the Old Testament*, ET
Oxford 1966; K. **Möhlenbrink**, 'Die levitischen Überlieferungen des Alten
Testaments', *ZAW* 52, 1934, 184–231; T. **Polk**, 'The Levites in the
Davidic-Solomonic Empire', *StBib* IX, 1979, 3–22; G. **von Rad**, *Old
Testament Theology*, ET, I, Edinburgh and New York 1962, 232–79; R. B.
Robinson, 'The Levites in the Pre-Monarchic Period', *StBib* VII, 1978,
3–24; J. **Wellhausen,** *Prolegomena to the History of Israel*, ET Edinburgh
1885, 121–51; W. **Zimmerli**, *Old Testament Theology in Outline*, ET London
and Atlanta 1978, 93–9.

14

언약의 유익들 : 제의(Cultus)

언약의 선물에는 하나님 앞에서의 이스라엘의 공동 생활과 그 운용을 위한 대리인들을 규제할 제도들의 창설도 포함되어 있었다. 시내산 언약의 개시와 밀접하게 결부된 주요한 제도들 중의 하나는 제의(祭儀)였다. 이 용어는 일상 생활에서의 하나님의 호의로 인한 유익들이 실현되는 통로가 되고, 개인과 집단 모두가 준수해야 하는 예배의 모든 고정된 관행들을 포함한다. 제의는 신성한 것과 속된 것을 올바르게 구별하는 것을 통하여 언약의 하나님의 뜻에 합치하려고 한 공동체적인 삶의 한 형태를 제공하였다.

1. 방법론적인 문제들

(a) 해석자들에게 있어서 최초의 문제는 성경 증언의 특유한 성격으로부터 생겨난다. 제의 관련 자료는 구약의 몇 안되는 부분들에 집중되어 있고(예를 들면, 출 24장 이하 ; 레 ; 겔 40-48장) 정경의 나머지 부분들에서는 훨씬 더 간접적인 관심만이 발견된다. 시편조차도 그 찬송시와 기도들이 기능하는 제도적 상황에 대해서는 거의 직접적인 관심을 돌리지 않은 채 제의적 삶의 오직 한 측면만을 반영하고 있다. 그 결과 이스라엘의 제의적 삶을 단편적인 자료와 연결시키는 문제는 지속적인 문제가 되어 있다.

(b) 문학적 문제는 역사적 문제와 밀접하게 결부되어 있다. 이스라엘에서의 제의의 발전에 대한 벨하우젠의 복원은 제의 관련 율법들을 상당한 분량 포함

하고 있는 제사장 자료의 연대를 후대의 포로기 이후로 단정함으로써 문학적 문제를 해결하고자 하였다. 그의 이론은 지난 백년 동안에 크게 수정되어 왔고 많은 학자들은 지금 제사장 자료의 많은 부분은 실제로 포로기 이전의 것이라고 주장하고 있지만, 이스라엘의 제의 내에서의 발전의 문제는 부정될 수 없다(참조. Rendtorff). 어려운 방법론적 문제는 제도 내부에서의 발전을 신학적 전망으로부터 어떻게 다루느냐를 결정하는 데 있다. 제사장 자료는 거의 비의적(秘儀的)인 작은 집단에 의해 포로기 이전 시기에 법전화되었고 포로기 이후 시기에야 대중의 삶으로 들어왔다는 하란(Haran, *Temple*, 5ff.)의 주장은 역사적인 관점에서든 신학적 관점에서든 크게 도움이 되지 않는다.

(c) 또 제의 관련 자료를 올바르게 다루는 데 있어서 해석학적 문제는 복잡하다. 어느 단계에서 성경 본문은 해석되어야 하는가? 이스라엘 제의의 역사적 형태들을 복원하려는 드 보(De Vaux)의 시도는 몇 가지 문제들에 대해서는 유용하지만(*Ancient Israel*, 271ff.), 그는 어디에서도 당면한 주요한 신학적 문제들을 직접적으로 말하지 않고 있다. 분명히 성경 본문은 제의 제도들을 단순히 서술하고 있지 않다. 레위기는 선별과 전망을 통해 자료를 해석함으로써 그 증언은 단지 간접적으로만 역사적 관행들과 관련되어 있을 뿐이다. 이러한 해석된 본문에 어떻게 접근하느냐 하는 어려운 문제가 생겨난다. 예를 들면 제사장 전승의 발전에 대한 폰 라트의 신학과 폐쇄된 통일된 제의 체계에 대한 밀그롬(Milgrom)의 서술을 대비해보면 현대의 해석학적 방법론에 있어서의 두드러진 차이들을 볼 수 있다.

(d) 끝으로 현대의 신학적 성찰이 이 자료를 통일성있게 해석할 필요성은 순전히 객관적인 분석을 해야 한다는 주장에 의해 회피될 수 없다. 그러나 해석 방식의 성격은 성경 본문 자체에 의해 끊임없이 시험되어야 한다. 제의를 기계적이라고 중상하는 전통적인 기독교의 태도나 그 전적인 윤리적 뿌리를 옹호하는 다양한 유대적 전통들에서 볼 수 있는 변증적 요소들은 피해져야 한다. 구약의 제의를 이방 종교와 대비함을 통하여 신학적으로 유리한 입지를 획득하려는 광범위한 시도(예를 들면, Eichrodt, Kaufmann 등)는 분명하게 공통적인 요소들로 인하여 어느 정도 정당화된다. 하지만 이 접근방식은 성과가 적으며 신학적 해석의 주요한 형태로서는 부적합하다고 하겠다.

2. 레위기의 정경적 형태

레위기에는 그 해석을 위한 폭넓은 지침들을 제공해주는 몇몇 중요한 특징들이 있다. 첫째, 레위기는 서로 다른 관점들로부터 해석된 이스라엘 제의로부터 나온 오직 정선된 것만을 제시하고 있다. 1-5장은 평신도의 관점에서 본 다양한 예물들에 초점을 맞추고 있는 것처럼 보이는 반면에 6-7장은 제사장의 일종의 편람 역할을 한다. 이 자료는 흔히 주제별로 정리되어 있고(예를 들면 "여호와께 열납되는 예물들"), 우리는 전체 제의에 대한 매우 단편적인 조망을 얻는다(참조. 이와 대비되는 출 29 : 38ff.). 보통 제의의 기계적인 특징들 또는 서로 다른 제의들이 행해지는 여러 경우들에는 거의 관심이 두어지지 않는다.

둘째, 성경 본문은 희생제사와 속죄 배후에 있는 이론에 대해서는 실제로 입을 다물고 있다. 많은 학문적 정력이 희생제사의 토대가 되는 기본적인 개념(친교, 선물, 유화(宥和))을 서술하려는 노력으로 소비되었음에도 불구하고 성경 본문은 이 문제를 직접적으로 말하지 않는다. 하나의 아주 분명한 이해가 전제되어 있었는지 아니면 다양하고 서로 다른 해석들이 서로 다른 참여자들 가운데서 작용하고 있었는지 하는 문제는 여전히 미해결의 문제로 남아 있다. 레위기 17 : 11은 실제로 이 문제를 다루고 있다 : "육체의 생명은 피에 있음이라 …생명이 피에 있음으로 피가 죄를 속하느니라". 하지만 이와 다투는 다른 모든 이론들도 동일한 본문으로부터 어느 정도 밑받침을 발견하였다. 요컨대 성경의 무게는 그 의미에 관한 이론이 아니라 희생제사의 기능에 두어져 있다.

셋째, 레위기는 시내산 언약의 맥락에서 모세에게 주어진 지시 사항들이라는 분명한 역사적 배경이 부여되어 왔다. 이 이야기의 몇몇 요소들은 앞의 책에서 이어진다(레 8-9장은 출 29장에 이어진다). 마지막 장(章)들은 약속의 땅으로의 임박한 진입을 바라보고 있으며 민수기와 부드럽게 연결된다. 하지만 이러한 문학적 배경은 대체로 주제와 연상에 따라 구성된 이 책 자체에서 중요치 않은 역할을 한다. 정경적 장치는 대체로 한 역사적 계기를 이어지는 모든 적절한 예배의 역사를 측정하기 위한 매체로 만드는 하나의 포괄적인 신학적 구성물로서 기능한다. 실제로 이스라엘 역사 내에서 율법 전승의 모든 후대의 발전들은 통상적으로 모세 율법이라는 표제 아래 포괄된다. 한때 원래의 제의들 배후에 있었던 많은 다양한 역사적 존재 근거들은 지워지거나 제거되어서 이제는 하나님께 열납된다거나 정한 것을 부정한 것으로부터 구별하는 것과 같은 관습적인 용어 사용을 따라 기능한다.

마지막으로 레위기의 자료는 매우 객관화된 방식으로 해석된다. 폰 라트(I, 246f.)는 선언 정형어구(예를 들면, 레 13 : 8, 17, 39)의 기능을 지적하였는데, 이를 통하여 우리는 레위기의 표현 양식은 고대의 제사장의 제의적 관행과 연속선 상에 있다고 추론할 수 있다. 레위기에서는 참여자들의 주관적인 반응들에 대해서는 거의 관심을 두고 있지 않다. 내 견해로는 속건제('asām)를 회개의 태도를 불러일으키는 양심의 죄책감이라고 심리학적으로 해석하려는 밀그롬의 시도는 P문서 기자의 고도로 객관적인 태도를 아주 잘못 해석하고 있다고 본다(*Cult and Conscience*, 7ff.).

레위기를 공식적으로 해석하는 데 있어서 지금까지 적절하게 다루어지지 않아 왔지만 몇몇 중요한 신학적 함의들을 지니고 있는 또 하나의 특징이 있다. 레위기의 자료는 개략적으로 주제별로 구성되었을 뿐만 아니라 핵심적인 구절들의 반복을 통하여 해석되었다는 특징을 지니고 있다. 더욱이 한 구절은 서로 별개의 문학적 단위 내에서 사용되고 있으며, 한 묶음으로서는 드문 예외를 제외하고는 이 책의 다른 곳에서 반복되지 않는다. 다음의 예들을 비교해보라 :

레 1-3 : "여호와께 향기로운 냄새", 1 : 9, 13, 17 ; 2 : 2, 9, 12 ; 3 : 5, 16
　　　　(참조. 4 : 31 ; 23 : 13 ; 26 : 31)
　4-5 : "제사장이…속죄한즉 그들이 사함을 얻으리라", 4 : 20, 26, 31,
　　　　36 ; 5 : 6, 10, 16, 18.
　6-7 : "…규례는 이러하니라", 6 : 9, 14, 25 ; 7 : 1, 11, 37.
　8-10 : "여호와께서 명하신대로", 8 : 4, 9, 13, 17, 21, 29, 36 ; 9 : 6,
　　　　10, 21 ; 10 : 15.
11-15 : "이것들은. 부정하니라", 11 : 8, 28, 31, 36, 38, 43.
　　　　　"여인이…부정할 것이며", 12 : 2, 5, 7, 8.
　　　　　"그를 부정하다 할 것이요", 13 :73, 8, 14, 17, 23, 27, 30.
　　　　　"정하리라", 14 : 7, 9, 20, 53.
　　　　　"부정하고", 15 : 4, 6, 9, 18, 19, 20, 24, 25 등
　16 : "속죄하고", 16 : 6, 10, 11, 16, 17, 18, 24, 32, 33, 34.
　17 : "그는…끊쳐지리라", 17 : 9, 10, 14.
18-22 : "나는 여호와라", 18 : 2, 4, 5, 6, 21, 30 ; 19 : 2, 3, 4, 10,

12 등 : 20 : 7, 8, 24, 26 ; 21 : 12 ; 22 : 2, 3, 8, 30, 33.
"내가…진노하여", 20 : 3, 5, 6.
"나 여호와 너희를 거룩하게 하는 자", 21 : 8, 15, 23 ; 22:9, 16, 32.
23 : "아무 노동도 하지 말찌니", 23 : 7, 8, 21, 23, 28, 31, 35, 36.
"대대로 지킬 영원한 규례니라", 23 : 14, 21, 41 ; 24 : 3.
26 : "내 마음이…싫어할 것이며", 26 : 11, 15, 30, 43, 44.
27 : "여호와께 거룩한", 27 : (9, 10), 14, 21, 23, 28, 30, 32, 33.

제사장 전승이 고정된 문학적 저작으로 발전했다는 관점에서 볼 때 한 단위의 자료 안에서 특정한 핵심 구절들이 반복된다는 것은 거의 놀라운 일이 아니다. 그것은 단지 자료의 많은 부분이 책으로 형성된 초기 단계들에서는 각각 따로 기능하였으며 이러한 독자적 내력의 징표들은 최종적인 책의 형태에서도 보존되었다는 인상을 강화시켜 준다. 일종의 제사장의 편람처럼 보이는 6-7장은 "…규례는 이러하니라"라는 표제 아래 논리적으로 배열되어 있다. 마찬가지로 정함과 부정함의 상태를 결정하는 제사장의 기능과 관련된 자료는 선언 정형어구들에 의해 지배되어 있다(11-15장).

하지만 신학적 의의는 공시적(共時的)인 단계에 있어서 이러한 반복의 기법이 레위기의 읽기에 미친 효과로부터 나온다. 문학적 형태는 본문이 지금 기능하는 의미론적 단계와 아울러 그것이 그 메시지를 현실화하고자 하는 방식을 확정하는 데 도움을 준다. 이미 말했듯이 레위기는 제의에 관한 체계적인 논문이나 폐쇄된 희생제사 체계를 포함하고 있지 않다. 제의의 실제(realia)와 본문의 관계는 기껏해야 단편적이고 예시적일 뿐이다. 전체적으로 볼 때 레위기는 제사장의 편람이 아니다. 역으로 설교적 강해를 통하여 그 메시지를 전달하려는 그 어떤 시도도 없다. 이 점에 있어서 신명기와의 대비는 두드러진다 ; 신명기에는 그 율법 부분(12장 이하)에서조차도 청중들을 향한 끊임없는 설교적 호소가 있다.

그렇지만 그러한 많은 양의 반복들을 통하여 고도로 정형화한 효과는 설교와 동일하게 효과적인 방식으로 독자를 참여시키는 데 기여한다. 축복과 저주의 의식이 이와 동일한 반복법을 사용하고 있음은 결코 우연이 아니다(신 27 : 11ff.). 레위기는 전승으로부터의 선별에 의해서만이 아니라 그것에 구체적인 기능을 부여하는 방식으로 체계화함을 통해서 그 자료를 해석하였다. 그 역사적 다양성에도 불구하고 레위기는 여전히 하나님의 명령에 대한 통일된 인상을 창출하는 기능을 한다. 레위기의 역할은 결의론적(決疑論的)으로 적용될 수 있는 닫힌 제의 체계를 제시하는 것이 아니라 언약에 대한 순종을 낳게 하는 방식으로 제의의 여러 측면들을 예시하는 것이다. 레위기의 신학적 해석의 방식은 이미 이스라엘의 제의적 예배의 실제 역사상의 활동으로부터 배제된 하나의 단계이다.

레위기에는 그 읽기에 강력하게 영향을 미치는 또 다른 문학적 특징이 있다. 26장은 일련의 축복들과 저주들을 제시함으로써 레위기의 결론이자 요약으로서의 기능을 한다. 그 표현 양식은 관습적이며 구약의 다른 곳(신 27장 이하)과 고대 근동의 조약에서도 찾아볼 수 있다. 하지만 26장의 표현 양식은 레위기에서는 독특한 것이며 처음으로 독자들에게 순종을 직접적으로 호소한다. 이 장의 내용은 신명기와는 대조적으로 강렬한 제의적 체취를 지니고 있으며 "너희의 향기로운 향을 흠향치 아니하고"(31절), "내 마음이 너희를 싫어할 것이며"(11, 30절), "나는 여호와니라"(2, 45절)와 같은 레위기의 보다 초기의 구절들 가운데 많은 것들을 채택하고 있다.

하지만 이러한 연속성의 차원에도 불구하고 26장은 두 가지 이유로 레위기의 나머지 부분과 두드러진 긴장 관계에 놓여 있다. 첫째, 기술되고 있는 죄의 성격은 언약의 지속적인 타당성에 문제를 제기하는 성질의 것이다. 이스라엘의 불순종은 민족을 멸망시키는 것으로 향해진 심판을 불러일으킨다. 이 시점까지 레위기에서는 삶을 정함과 부정함의 영역들로 질서세우는 제의적 활동이 서술되었었다. 부주의의 죄악들이 하나님 면전에서 속해질 수 있는 수단이 언약의 커다란 유익으로 정립되었었다. 고의적인 죄악들조차도 속죄일에 깨끗케 되었다. 이제 26장은 죄와 심판에 대한 전혀 새로운 차원을 밝혀준다 :

내가 너희의 산당을 헐며 너희의 태양 주상을 찍어 넘기며…내가 너희 성읍으로 황폐케 하고 너희 성소들로 황량케 할 것이요…내가 너희를 열방 중에 흩을 것이요…너희가 열방 중에서 망하리니 너희 대적의 땅이 너희를 삼킬 것이라(30-38절)

26장에 나오는 심판의 말씀은 예언서들에서 찾아볼 수 있는 모든 용어를 다 사용하고 있다. 그것은 정함과 부정함에 관한 제의적 문제들을 뛰어넘어 언약의 하나님 앞에서의 생명과 죽음의 문제에 초점을 맞춘다. 더욱이 죄사함이 불순종한 백성에게 주어진다면, 그것은 오로지 회개하는 자들을 회복하시겠다는 자신의 약속을 기억하시는 하나님의 긍휼로 인한 것이다. 또 이 어법은 이 시점까지 레위기를 채우고 있었던 제사장적 속죄 신학보다는 선지자들의 신학에 보다 유사하다.

둘째, 26장은 그 심판의 말씀이 예루살렘의 파괴와 바벨론 포수라는 역사적 경험을 분명하게 반영하고 있기 때문에 레위기의 나머지 부분과의 긴장을 불러일으킨다. 정경적 관점에서 볼 때 이 고찰의 신학적 의의는 축복과 저주의 체계 내에서 이러한 역사적 현실의 차원을 포함시킨 것의 취지를 결정하는 데 있다. 이 문제를 양식비평적으로 정형화시켜 표현한다면, 26장에 나오는 이 '사후적 예언'(vaticinium ex eventu)의 역할은 무엇인가? 분명히 이 장은 예언적 심판들의 방식을 따라 이 묘사 속에 종말론을 도입하는 기능을 갖는 것도 아니고, 포수(捕囚)라는 역사적 경험들이 '구원사'라는 패턴으로 구조화되어 있는 것도 아니다. 수용과 거부, 정함과 부정함 사이의 제의적 구별은 유지되고 있긴 하지만, 그것은 이제 강도 있는 다른 차원으로 투영되고 새로운 시각에 의해 넓혀져 있다.

26장의 취지는 레위기에서의 제의에 대한 해석 방식의 일부인 신학적 긴장을 설정하는 것이다. 이 긴장은 이상과 현실 사이에 있는 것도 아니고 순종과 불순종이라는 율법적 대비도 아니다. 오히려 제의의 현실감있는 용어 사용 속에서 수용과 거부, 하나님께 신성한 삶과 혐오스러운 삶 사이에 긴장은 유지되고 있다. 하지만 신학적 문제의 본질은 그런 것이기 때문에 제의적 언어 자체와 그 속죄의 제도들에 내포된 기제(機制)들은 이스라엘의 삶에 문제를 제기하는 불순종과 거부의 현실을 올바르게 다루는 데 부적절하다.

3. 현실의 신성한 차원

이 자료를 비교종교학의 규정에 따라 구성하는 것은 구약신학들의 오래된 관행이었다 : 신성한 때, 신성한 공간, 신성한 대상, 신성한 인원(참조.

Eichrodt). 이 접근방식은 여러 요소들을 다른 종교의 관행들, 특히 고대 근동의 종교들과의 연속성과 불연속성이라는 견지에서 인식할 수 있는 장점을 갖고 있다. 이러한 범주들을 사용하는 데 따르는 위험성은 자료를 이런 식으로 체계화하고 있지 않은 구약의 특유한 신학적 동력을 놓칠 수 있다는 것이다. 나의 접근방식은 이 자료에 대한 유용한 관점을 제공하기 위하여 이 범주들을 사용하되 정경 전체의 증언을 보다 치밀하게 들으려는 노력을 통해 다른 시각으로 이 접근방식을 보완할 것이다.

(a) **신성한 때 : 절기들**. 오경은 이스라엘의 절기들이라는 신성한 시기들을 규율하기 위한 몇몇 자세한 역법(曆法)들을 담고 있다(출 23장 ; 레 23장 ; 신 16장). 이에 더하여 흔히 특별한 기능을 한 다른 절기들도 기술되어 있고(안식일, 유월절, 속죄일, 부림절), 흔히 부차적으로 시기와 관련된 주기 안에 통합되어 있다. 이스라엘의 역법은 처음에 농업 주기와 일치하였는데, 이것은 이스라엘이 물려받았고 완전히 제거되지 않은 특징이었다고 오랫동안 인식되어 왔다. 그 취지는 사회적 삶의 기본적인 판에 박힌 일들 내에 종교적 예배를 포괄하고 구체적인 삶의 현실들—낮과 밤, 여름과 겨울, 씨뿌림과 거두어들임—과 종교적 신앙 사이에 어떠한 분리를 허용하지 않겠다는 것이었다. 하지만 또한 이스라엘의 신앙은 절기들의 역할에 대한 해석에 강한 영향을 미쳤고 이러한 몇몇 변화들은 고전적인 히브리 역법에 서로 다른 강조들을 가지고 반영되어 있다는 것도 분명하다.

절기들을 이해함에 있어서 주요한 신학적 수정은 자연의 주기가 역사적 주기에 종속되었다는 것이었다. 이스라엘은 유월절과 무교절을 자신의 구원에 대한 기념으로 송축하였다. 오직 후대의 유대의 해석에 와서야 수장절(the Feast of Weeks)은 시내산에서의 율법의 수여와 결부되었다. 의식(儀式)을 통하여 혼돈의 자연력들에 대항하여 세상의 질서를 다시 활기있게 하려고 한 바벨론의 신년절에서의 신화의 역할과는 대조적으로 히브리의 절기들은 과거와의 연대를 보존하고 하나님의 백성을 형성하였던 위대한 구속 사건들의 기억을 통하여 참여하기 위하여 그들의 의식들을 사용하였다(출 12 : 11). 안식일의 준수는 세상의 창조와 애굽으로부터의 구원이라는 두 가지를 모두 송축하였다(출 20 : 11 ; 신 5 : 15). 감사와 기쁨은 초막절의 특징을 이루었고(신 16 : 11), 회개와 엄중함은 속죄일의 특징이었다(레 16 : 31). 의미심장하게도 이스라엘이 자신의 종교에 침투해 들어온 부패를 개혁하고자 했을 때마다 절기들의 적절한 기능의 회복은 중요한 역할을 하였다(왕하 23 : 21 ; 느 13 : 19ff. ; 대하 30 : 2).

희년의 송축에 있어서 우리는 보통의 절기들의 구체적이고 이 땅과 연관된 특질과 구별되는 신학적 이상화의 요소들을 식별할 수 있다. 학자들은 희년이 어느 정도 역사적으로 송축되었느냐를 논쟁하지만(참조. 렘 34 : 8, 14, 17 ; 겔 46 : 17 등), 희년은 땅의 의로운 분배가 언약의 본질적인 부분이었다는 이스라엘의 신앙의 표현으로서 역법에 남아 있었다. 주후 70년 성전의 파괴에 이어 유대교는 점점 더 그 제의적 역법에 종말론적 소망을 구축해 넣었다 : "다음 해 예루살렘".

(b) **신성한 공간 : 성막과 성전.** 족장들의 이야기들은 그 신성한 특질이 히브리인들이 가나안으로 진입하기 전부터 부여되어 있었던 성소들에 대한 언급들로 가득차 있다(창 12 : 6 ; 28 : 16 - 22 등). 하지만 시내산에서의 언약을 따라 성막이라는 형태는 하나님의 신성한 공간을 보호하는 확립된 수단이 되었다. 역사적 관점에서 볼 때 솔로몬 성전의 영향력이 광야 성막에 대한 제사장 전승의 기술(記述)을 강렬하게 채색하였지만, 이 전승은 성막을 하나님에 대한 예배와 섬김에 있어서 규범적인 것으로 그렸고 성전을 다윗 왕국의 새로운 조건들 아래에서의 그 연장이지만 특별한 하나님의 합법화를 요구하는 것으로 보았다(삼하 7 : 1ff.). 출애굽기의 제사장 전승은 이동 가능한 성막이 시내산에서의 하나님의 나타나심을 통하여 계시되었고 광야를 통과하는 이스라엘과 동행하였던 구름과 불로 상징되는 하나님의 임재의 연속으로 기여하였다는 것을 분명히 하고 있다(출 40 : 38).

출애굽기 20장에서 발견되는 하나님이 시내산에서 거하심과 하나님이 신성한 산에 오심 사이의 긴장은 성막의 전승들에서 지속된다. 장막('ohel mo'ed)과 관련된 초기의 용어는 언제나 하나님이 자신의 뜻을 알리기 위하여 성막을 찾아오신다는 것과 관련된 용어이다(출 33 : 7ff. ; 34 : 29ff.). 역으로 초기의 형태든 후기의 형태든 언약 궤의 전승과 관련된 언어는 언약 궤 위에 하나님의 거하심에 관한 것이다. 이 초기의 전승들은 '미쉬칸'(miskan, 성막)에 관한 제사장 신학 속에 통합되었을 때 두 요소는 보존되었다.

성막과 성전은 하나님의 신성한 구역 내에서의 거룩함의 여러 등급과 기구들의 서로 다른 특질에 의해 대변되는 거룩함의 여러 등급을 상징하도록 건축되었다. 바깥 뜰과 안 뜰이 있었고 지정된 때에 대제사장만이 들어갈 수 있었던 '지성소'가 있었다. 성막은 진영의 중앙에 자리잡고서 모든 평상적인 삶이 지향하는 수단을 제공하였다. 그것은 하나님은 거룩하시며 어떠한 인간도 준비되지 않은 채 하나님의 임재에 다가갈 수 없다는 제사장 신학의 핵심을 구체적인 형태로 나타낸 것이었다.

우리는 성전이 신앙 공동체에 의미하였던 것에 관한 인상을 얻기 위하여 시편을 살펴보아야 한다. 시편들은 시온에 거하시는 하나님의 임재에 가까이 하는 큰 기쁨으로 울려퍼진다(시 29편). 성전에 있는 하나님의 임재는 세상에 대한 신적인 통치와 이스라엘의 의뢰와 신뢰의 모든 것의 근원을 보여주는 가시적인 징표를 제공해준다 :

한 시내가 있어 나뉘어 흘러 하나님의 성
곧 지극히 높으신 자의 장막의 성소를 기쁘게 하도다
하나님이 그 성중에 거하시매 성이 요동치 아니할 것이라(시 46 : 4f.)

출애굽기와 레위기를 시편과 관련없이 읽게 되면 우리는 신적 공간의 내적 외적 차원의 이중적 측면을 인식하지 못하게 된다.

물론 구약의 제사장 전승은 몇 가지 점에서 하나님의 초월성과 내재성의 불가피한 긴장을 다룬다. 하나님은 하나님의 집인 성전에 거하시지만 인간적 구조에 담겨있지는 않는다. 솔로몬의 기도는 이 역설을 간결하게 표현한다 :

하늘과 하늘들의 하늘이라도 주를 용납지 못하겠거든 하물며 내가 건축한
이전이오리이까(왕상 8 : 27)

하나님이 "내 이름이 거기 있으리라"(29절)고 하신 것은 하나님의 겸양의 태도로 인식되었다. 제사장 신학 안에서 하나님의 외부적인 가시적 형태인 하나님의 영광은 이 긴장을 유지하는 수단으로서 더욱 발전되었다. 하나님의 '얼굴' 또는 '사자'와 같은 다른 비유들은 보다 초기 전승들에서 이와 비슷한 기능을 하였다.

신성한 공간의 제도들에 임재해 계신 하나님의 본질에 대한 내재적인 위협은 구약에서 아주 중요한 역할을 했다는 것은 매우 의미심장하다. 출애굽기의 편

집자는 성막의 건축과 관련된 제사장 전승들(출 25 – 31장 ; 35 – 40장)을 배열하면서 그 사이에 금 송아지의 일화(32 – 34장)를 끼워넣었다. 모세가 신성한 성막의 건축에 대하여 하나님으로부터 지시사항들을 받으며 산에 있었을 때조차 이스라엘은 그릇된 예배를 만들어내었었다. 또한 사무엘서에는 궁극적으로 극복되었긴 하지만 성전 건축에 대한 상당한 저항을 보여주는 분명한 증거가 있다(삼하 7 : 4ff.).

신성한 공간의 제사장적 제도들의 위험성들에 대한 가장 신랄한 공격은 선지자들로부터 온다. 베델의 제사장 아마샤와 아모스와의 대면(7 : 10ff.)은 왕의 성소 – 하나님의 성소가 아니라 – 에 열심이 있었고 그 어떠한 비판도 정치적 반역으로 해석한 제도권 종교의 고전적인 예를 보여준다. 하나님의 성전의 보호에 대한 미신적인 경외에 대하여 벽력같은 심판을 선포한 예레미야의 유명한 성전 설교(7, 26장)도 마찬가지로 강력하다. 선지자는 "너희가 도적질하며 살인하며 간음하며. 이 집에 들어와서 내 앞에 서서 말하기를 우리가 구원을 얻었나이다"(7 : 8ff.) 하는 백성을 향하여 오로지 격렬한 야유만을 퍼붓는다. 또 에스겔은 자기 백성의 악한 행위들의 결과로 성전으로부터 하나님의 '영광'이 떠났다고 해석하였다(8 : 5ff.).

마지막으로 논의할 한 가지 증언이 있다. 에스겔 20장은 구약 전체에서 이스라엘의 죄악된 역사에 대한 가장 통렬하고 장황한 설명들 중의 하나를 보여주지만, 이 장(章)은 바벨론으로부터의 새로운 출애굽과 관련된 신탁에서 정점에 도달한다. 이 귀환의 목표는 하나님이 다시 이스라엘의 희생제사를 받으시고 열방들 앞에서 자기 백성에게 자신의 거룩함을 나타내실 순수한 제의를 세우시는 데 있다. 또 에스겔의 종말론적 이상(異像) 속에서 새로운 성전의 회복은 아홉개의 장을 차지한다. 그 정확한 차원들은 다시 한번 원래의 성전의 모든 장비들을 통해 설명된다. 또한 하나님의 거룩하심의 보호(44 : 23)와 적절한 예배의 순수성에 대해서는 즉흥적인 관심만이 돌려진다. 이 묘사는 성전의 제도를 오로지 선지자들의 윤리적 이상들에 의해 대치된 제사장 전승에의 일차적인 순응으로 보는 그 어떠한 신학적 해석도 잘못임을 밝혀준다.

더욱이 성전의 진정한 기능은 에스겔의 이상에서 아주 분명하게 드러나는데, 이것은 흔히 솔로몬의 건축을 둘러싼 사건들로 말미암아 가려졌다. 새 성전으로부터는 생명수가 흘러나오는데, 이는 낙원의 복귀라는 심상을 통한 창조, 거룩한 백성, 순수한 예배에 대한 하나님의 원래의 의도의 회복(47:6ff.)을 의미한다. 이 새로운 이상의 중심은 "여호와삼마"(48 : 35, 여호와께서 거기 계시다)라는 이름을 지닌 도성에서의 하나님의 임재에 초점이 맞춰져 있다.

(c) **신성한 대상들.** 이와 동일한 일반적인 신학적 방향들은 신성한 대상들과 관련해서도 나타난다. 하나님을 향한 적절한 예배와 합치하는 성막 안의 다른 대상들과 제단에 많은 관심이 돌려진다(출 30 : 1ff.). 이미 언약의 책(출 20 : 21ff.)은 땅의 제단들의 건축을 규제하였고, 그 정확한 동기는 오래 전부터 상실되었던 다른 금기사항들도 여전히 명령되고 있다(20 : 25). 신명기에서 주요한 후렴구는 이스라엘은 자기가 좋아하는 곳이나 방법으로 예배할 수 없고 오직 "하나님이 자기 이름을 두신" 제단에서 예배할 수 있다는 것이었다.

더욱이 예배의 그릇된 대상들은 우상숭배로 이끌었다는 것은 구약 전체에 걸쳐 깊은 확신으로 남아 있었다. 기드온은 에봇 하나를 만들었는데, 이것은 나중에 그와 그의 가족을 어그러진 길로 이끌었다(삿 8 : 27). 마찬가지로 미가의 신상은 일종의 우상숭배가 되었다(삿 17 : 1ff.). 신성한 언약 궤조차도 주물(呪物)이 되었고 예상된 승리를 획득하게 해준 것이 아니라 블레셋 사람들의 수중에 떨어졌다(삼상 4 : 5ff.).

이러한 끊임없는 오용(誤用)의 조짐에도 불구하고 구약은 신앙의 순수하게 영적인 표현에 있어서 신성한 대상들 없이 하는 방향으로 움직이지 않았다. 아마도 예레미야는 사람들이 언약 궤를 기억하거나 찾지 않을 것이라고 예언했을 때 이러한 입장에 가장 근접해 있다고 할 것인데(3 : 16), 그의 신탁은 그 대상물이 하나님의 참된 임재를 인식하는 데 방해가 되었었던 맥락 속에서 나온 것이다. 신성한 대상들을 거짓 종교의 어리석은 표현이라고 가장 지속적으로 공격한 것은 세상을 통치하시는 하나님의 참된 임재를 사람들 자신의 창의적인 재능으로 대치한 것을 조롱한 제2이사야에서 찾아볼 수 있다(44 : 9ff.). 하지만 새 성전에 대한 에스겔의 묘사에서 신성한 대상들의 적절한 역할은 여전히 하나님에 대한 신실한 응답을 위해 필요한 상징으로 유지되고 있다. 그것들은 감히 모독해서는 안되는 "성물"(겔 44 : 8)이다. 마찬가지로 시편 기자는 성소의 성물들을 대적들이 파괴하는 것을 보는 것보다 더한 하나님에 의해 버림받는 것의 무시무시한 징표들을 발견할 수 없었다(시 74 : 4ff.).

(d) **신성한 인원.** 순수한 하나님의 예배는 율법의 지식과 실천 속에서 훈련

받은 전승의 담지자(擔持者)들을 필요로 하였다. 이에 더하여 제사장들은 신성한 혈통을 대표하고 자손의 순수성을 유지하기 위하여 특별한 혼인 요건들에 합치해야 한다. 모세조차도 아론의 제사장직의 직임에 의해 대치되었으며 회막으로부터 배제되었다(출 40 : 35). 제사장은 특별한 복장을 했고 하나님에 대한 철저한 의존성을 상징하기 위하여 다른 지파들과는 달리 분깃을 가지고 있지 않았다. 제사장은 신성한 임무를 수행하였지만 먼저 자기 자신의 죄악들을 위한 속죄를 드려야 했던 죄악된 인간 존재이기는 마찬가지였다(레 9 : 7). 합당치 못한 섬김보다 더 가련한 죄악은 없었다. 하나님의 신성한 사역자들로서 아론과 그의 아들들을 성별한 것(레 8-9장)은 "다른 불을 담아 여호와 앞에 분향"하다가 죽은 나답과 아비후의 제의와 관련된 죄악과 강렬하게 대비되고 있다(레 10 : 1ff.).

하나님의 예배를 부패시킬 수 있는 제사장직의 직임에 내재해 있는 위험성에도 불구하고(참조. 출 32 : 1ff. ; 스 9 :71ff.) 구약은 기존의 제사장직과 카리스마적인 직임을 상반되는 것으로 대비하지 않았다. 오히려 제사장과 선지자는 합법적인 역할을 가지고 있었지만, 그 어느 쪽도 남용의 소지는 있었다. 이스라엘 종교의 역사적 발전 속에서 제사장직은 중요성이 더해갔고 선지자 직임 그 자체는 쇠퇴하였다는 사실은 신학적 판단을 위한 어떠한 토대도 제공해 주지 않는다. 분명히 정경적 해석 방식은 처음부터 시내산 언약의 중심에 놓여 있는 제사장직에 닻을 내렸고 계속해서 에스라와 느헤미야 아래에서의 예배의 회복을 통하여 이 직임의 완전한 연속성을 밑받침하였다(스 2 : 59ff. ; 3 : 10 ; 6 :10 ; 느 8 : 9ff.).

4. 축복으로서의 제의

구약에서 민수기 6 : 24-26에 나오는 아론의 축복만큼 제의의 유익들을 잘 요약해놓은 구절은 없다 :

여호와는 네게 복을 주시고 너를 지키시기를 원하며
여호와는 그 얼굴로 네게 비취사
은혜 베푸시기를 원하며

여호와는 그 얼굴을 네게로 향하여 드사
평강주시기를 원하노라

하나님의 축복은 삶의 내적 차원과 외적 차원이 어우러지는 온전한 삶을 가져온다. 구약에 있어서 물질적 축복과 영적인 축복은 동전의 양면이었다. 하나님은 외적 내적 대적의 공격으로부터 보호하심을 베푸셨다. 의뢰와 신뢰속에서 우리는 대적들 앞에서도 하나님의 식탁에서 먹을 수 있다(시 23 : 5). 하나님의 호의—그의 얼굴을 비추실 때—는 평화와 복리의 근원이었다. 욥은 예전에 하나님의 축복 아래 있었던 자신의 삶을 이렇게 묘사한다 :

하나님이 나를 보호하시던 날에.
그 때는 그의 등불이 내 머리에 비취었고
내가 그 광명을 힘입어 흑암에 행하였었느니라.
하나님의 우정이 내 장막 위에 있었으며(29 : 2-4)

이러한 온전함에 대한 묘사는 오로지 공동체적 예배의 맥락에서만 가능하였다. 그것을 일종의 '자기 구원'이나 '공로에 의한 의'로 생각하는 것은 그 의의를 전적으로 잘못 해석하는 것이다. 오히려 은혜의 행위로서 하나님은 신적인 축복을 가져오는 예배의 삶을 이스라엘을 위하여 세워놓으셨다. 제의는 하나님이 유익들을 아낌없이 베푸신 통로였다.

5. 희생제사와 속죄

속죄의 수단으로서의 희생제사의 기능은 레위기에서 중심적인 역할을 한다. 그러나 이 주제는 어렵고 여러 가지 이유로 매우 심하게 논쟁되고 있다.

(a) 제사장 제도는 오랜 발전의 역사를 거쳐서야 현재적 형태에 이르렀으며, 우리가 P자료가 오래되었다는 것을 인정한다 하더라도 그것이 구약의 다른 부분들에 나타나 있는 희생제사의 관습과 어떻게 관련이 있는지를 알기는 어렵다. 렌토르프(Rendtorff)의 연구(*Opfer*)는 "화목제"(selamim)가 "희생제사"(zebah)와 결합되었을 때 그것의 독자적인 내력이 상실된 것과 같은 중요

한 몇몇 변화들이 일어났음을 분명히 보여주었다. 이보다 더 중요한 것은 포로기 이후에 속죄를 위한 주요한 의식이 되었던 "속죄제"(hatta't)의 역할이 커졌다는 것이다.

(b) 제사장 전승 내에 있는 여러 가지 희생제사들의 성격과 의의를 이해하는 문제는 오랫동안 인식되어 왔다. 레위기는 서로 다른 관점들을 가진 단편적인 형태로 이 자료를 제시한다. 그레이(G. B. Gray, *Sacrifice*)는 어원보다는 용례에 초점을 맞춤으로써 올바른 방향을 추구하였다. 최근에 몇몇 눈부신 연구서들이 레빈(Levine)과 밀그롬에 의해 출간되었다. 특히 후자는 희생제사들 간의 정확한 차이들을 밝혀냄으로써 제사장 제도 내에서의 그것들의 기능을 결정하려고 하였지만, 아직 이 분야에서는 어떠한 의견수렴도 이루어지고 있지 않다.

(c) 레위기에서의 속죄의 성격은 어원학적, 역사적, 신학적으로 여러 가지 어려운 문제들을 안고 있다. 제사장 신학 내에서 속죄의 의미를 해석하는 데 어려움이 있을 뿐만 아니라 이에 더하여 이 주제에 대한 선지자 전승과 제사장 전승 간의 관계도 해결되지 않은 채 남아 있다.

이제 우리는 이 주제 자체를 살펴보기로 하자. 구약에 있어서 속죄에 대한 현대의 가장 진지한 연구는 게제(H. Gese, *The Atonement*)의 연구임은 확실하다. 이 연구는 최근에 그의 제자인 야노브스키(B. Janowski, *Sühne*)에 의해 온전히 정교하게 설명되었다. 게제는 속죄하다(kipper)라는 동사의 기본적인 의미는 죄로 말미암아 중단된 하나님과의 올바른 관계를 삶의 변화를 통하여 회복하는 것이라고 주장한다. 그는 속죄에는 한 사람의 삶의 총체적인 순복이 내포되어 있다는 것을 입증하기 위하여 출애굽기 32 : 30 이하 ; 사무엘하 21 : 1-4 ; 신명기 21 : 1-9과 같은 포로기 이전 시기의 예들을 인용한다. 게제에 의하면 선지자 신학의 영향 아래 제사장 신학의 중요한 공헌은 희생제사의 영역 안에서 이러한 속죄의 개념을 의식을 통해 표현했다는 점에 있었다. 포로기 이전 시기에는 속죄를 위한 희생제사라는 징표가 없었지만, 포기 이후 시기에는 속죄(expiation)는 희생제사 체계 전체의 지배적인 특징이 되었다. 속죄는 제물을 드린 사람의 생명을 대신 지고 피를 흘리도록 특별히 지정된 짐승을 베임으로써 효력이 발생하였고, 이러한 동일화는 안수에 의해 상징적으로 표현되었다.

내 판단으로는 게제는 제사장 신학에 있어서의 희생제사와 속죄에 대한 자신의 해석을 강력하게 변호하였다. 하지만 나는 희생제사의 역사적 발전에 관한 게제의 재구성은 대체적으로 분명한 증거를 결여하고 있기 때문에 너무 지나치게 가설에 의존하고 있음을 느낀다. 나는 제사장 신학에 나타나 있는 속죄(expiation)의 요소가 단순히 포로기 이후의 것이라는 점과 초기 단계와 후기 단계 간의 불연속성이 그렇게 예리하게 구별된다는 것에 대하여 아주 많은 의구심을 갖는다. 이보다 더 중요한 것은 게제가 자신의 발전 도식에 따라 자신의 신학적 해석을 체계화하였으며 정경이 제사장 제도에 부여한 현재적 기능을 무시하였다는 점이다. 요컨대 정경 전체의 관점에서 보게 되면 희생제사와 속죄는 게제가 제시한 역사적 재구성과는 다른 신학적 동력을 갖는다.

밀그롬(J. Milgrom)은 수많은 논문과 연구서들을 통하여 이 주제에 대한 아주 다른 이해를 보여준다. 처음부터 그는 제사장 자료를 포로기 이전 시기에 돌리고 이스라엘의 관행의 초기 단계와 후기 단계 간의 연속성을 가능한 한 많이 설정하는 데 지대한 관심을 갖는다. 밀그롬은 '키페르'(kipper)라는 동사의 기본적인 의미를 '지우다' 또는 '깨끗히 하다'로 해석한다. 그는 죄를 성소에 달라붙어서 하나님이 거기에 더 이상 거하실 수 없을 정도까지 쌓인 독기로 보는 소위 "잃어버린 제사장적 신정론(神正論)"을 재구성한다. 하나님이 자신의 성소를 버리는 것을 피하기 위하여 이스라엘은 의식을 통한 정화제(淨化劑)의 기능을 하는 '핫타트'(hatta't, 속죄제)의 피를 통하여 죄를 깨끗이 한다(*Studies*, 77).

밀그롬은 제사장 체계를 닫힌 신학적 체계, 성경과 랍비 전승에 대한 면밀한 연구를 통하여 복원될 수 있는 기제로 본다(*Studies*, 85ff.). 레위기에 따르면 고의 또는 태만으로 인한 죄들만이 '아샴'('asam, 속건제)에 의해 속죄받을 수 있다. 밀그롬은 회개가 수반될 때 ─ '아샴'은 '죄의식을 느끼다'이다 ─ 이 제물은 고의적인 죄를 부주의로 인한 죄라는 보다 덜한 범주로 변화시키고, 이어 희생제사를 통하여 깨끗케 될 수 있다고 주장한다(*Studies*, 65).

밀그롬의 논문들은 많은 학자들이 지루하다거나 난해하다 하여 흔히 다루기를 거부한 제사장 자료의 상세한 내용에 대하여 어원학과 신학의 견지에서 면밀한 관심을 기울이고 있기 때문에 권할 만하다. 그렇지만 밀그롬의 접근방식은 게제의 역사적 재구성과 정확히 정반대의 극단을 보여준다. 그는 제사장 자료를 대체로 이음새 없는 옷과 같은 하나의 평면적인 차원에서 보고 자신의 신학적 해석 방식을 밑받침하기 위하여 일종의 결의론적(決疑論的)인 논증을 도입한다. 그 결과 긴장들은 조화를 이루게 되고 전승 안에서의 공백들은 후대의 랍비 주석으로 채워넣어진다(이 이론을 적용한 그의 논문 「조상들의 업적」, *EJ* 10, 1971, 142f. 을 참조하라).

정경적 접근방식이 게제와 밀그롬의 진퇴양난의 상황을 헤쳐나가는 길을 제시해줄 것이라는 것이 나의 희망이다. 먼저, 나는 이스라엘 내에서 희생제사와 속죄의 개념에는 중요한 역사적 발전이 있었지만 그것을 재구성하는 것은 거의 불가능하다고 생각한다. 하지만 정경적 접근방식은 역사적 이야기들의 증언들과 예언적 신탁들을 하나의 완전히 통일된 체계로 용해하지 않고 그것들을 별개의 서로 구별되는 증언들로 남겨 놓았다. 제사장 전승 안에서만 정경적 과정은 다른 취지를 갖고 있었다. 제사장 자료는 전체적으로 시내산 언약에 부가되었을 뿐만 아니라 초기와 후기의 요소들이 통합되었다. 그러므로 속죄(expiation)가 오직 포로기 이후에야 일정한 역할을 하였다고 주장하는 것은 분명히 현재의 정경적 해석 방식에 정면으로 어긋나는 것이다.

나는 구약에서의 희생제사와 속죄에 대한 매우 다른 두 가지 이해, 즉 대체로 풀리지 않는 긴장 가운데 있으면서 이따금씩만 서로 작용한 제사장적 이해와 선지자적 이해를 바라보는 데이빗슨(A. B. Davidson)의 해석(*Theology*, 307ff.)에 동의하는 쪽으로 상당히 기울어져 있다. 한편으로 제사장 제도는 언약 내에서 범해진 죄들에 대한 속죄의 수단을 제공하였다. 그것은 사효성(事效性,ex opere operato)이라는 미신적인 형태가 아니라 죄로 인하여 중단되었던 하나님의 임재에 접근할 수 있는 은혜로운 수단으로서의 속죄에 대한 심원한 신학적 해석이었다.

다른 한편으로 선지자들은 더 이상 언약의 구도 내에 담아질 수 없었고 언약의 존재 자체를 파기한 고압적인 반역의 죄악들을 다루고 있었다. 악의 그러한 차원에 대해서는 제도적 수단을 통해 가능한 속죄란 없었고 오직 전적인 심판과 언약의 무효화만이 있었다. 하지만 선지자들과 시편 기자들은 자신들의 체험을 통하여 하나님은 어떤 일이 있어도 자신의 약속에 신실하시며 인간적으로는 이해할 수 없는 방식으로 자기 백성을 자기에게 회복시키려고 하신다는 것을 발견하였다(참조. 시 40, 51편). 적어도 구약 안에서는 하나님의 구속을 위한 개입을 보여주는 그 어떠한 비유―새 언약, 새 백성, 새 성전, 새 가지―나 증언들도 함께 결합되어 하나의 통일된 신학적 정형화가 된 적이 없었다.

요컨대 구약신학의 관점에서 볼 때 하나님의 속죄에 대한 특유하게 다양한 증언들이 유지되고 역사적 재구성 또는 체계적인 합리화를 통하여 다시 초점이 맞춰지지 않아야 한다는 것은 중요하다. 이러한 다양하고 흔히 단편적인 증언들은 때로 특히 에스겔과 시편에서 놀라운 방식으로 결합되기 때문에, 지속적인 신학적 과제는 정경 전체를 바라보는 것으로부터 생겨나는 구체적인 모습을 가능한 한 밀접하게 추구하는 데 달려있다.

6. 시편들과 제의

신학적 관점에서 볼 때 시편들은 제사장과 선지자의 증언을 하나님의 죄사함과 연결시켜주는 독특한 역할을 행한다. 시편들은 제의적 상황에서 생겨났고 어느 곳에서나 성소의 장비들을 반영하고 있다. 그렇지만 제사장의 제의의 구조나 그 시편들이 기능하는 특별한 상황들에 대해서는 별로 관심을 보이지 않는다. 몇몇 저술가들은 시편들의 공헌을 '외적인' 예전에 대한 '내면적인' 측면이라고 서술하고자 했다. 하지만 이러한 구별은 혼돈을 불러일으킬 우려가 있다. 시편들은 경건한 이스라엘 사람들의 주관적인 정서들을 확장한 것들인 것만이 아니라 예전적 관행들로부터 해석되고 친교적 예배의 고도로 객관적인 차원을 반영하고 있다.

그렇지만 전통적인 찬송시라는 형식 구조 안에서 독자들은 가장 강렬하게 하나님과의 종교적 씨름 안으로 인도된다. 대다수의 시편들에서는 죄와 단절에 대한 인식이 두드러진다. 시편 기자는 이전에 예배 속에서 하나님의 임재와 하나님과의 친교를 통한 기쁨을 체험했었다. 하나님은 모든 생명의 근원이시고, 하나님의 죄사함 속에는 축복과 온전함이 존재한다. 고통 중에 있는 시편 기자는 그로부터 축복을 빼앗고 자신의 삶을 일종의 사망으로 변화시켜버린 하나님으로부터의 분리에 대한 무서운 느낌을 극복하려고 싸움한다. 어떤 의미로도 그는 제의로부터 소외된 것이 아니다 ; 사실 그 정반대이다. 그는 하나님의 임재에 들어감을 얻기 위하여 희생제사와 화목제의 모든 수단을 이용한다. 몇몇 시편들(예를 들면, 6 : 8ff.)에 있어서 감정의 갑작스러운 변화는 일종의 제사장의 사죄(赦罪)에 대한 반응일 가능성이 있다.

하지만 시편에서 가장 특징적인 것은 시편 기자가 규정된 종교적 수단들을 뛰어넘어 하나님을 직접 만났다는 것을 고백하는 것처럼 보이는 그러한 순간들

이다 :

> 주께서 나의 귀를 통하여 들리시기를
> 제사와 예물을 기뻐 아니하시며
> 번제와 속죄제를
> 요구치 아니하신다 하신지라
> 그 때에 내가 말하기를 내가 왔나이다…
> 나의 하나님이여 내가 주의 뜻 행하기를 즐기오니
> 주의 법이 나의 심중에 있나이다(시 40 : 6-8)

마찬가지로 시편 73편에서 시편 기자는 자기는 고통받고 있는데 악한 자들은 번성하는 것에 대하여 자신의 비통한 심정을 고백하고 있다 :

> 하나님의 성소에 들어갈 때에야
> 저희 결국을 내가 깨달았나이다…
> 하늘에서는 주 외에 누가 내게 있으리요
> 땅에서는 주 밖에
> 나의 사모할 자가 없나이다…(17, 25절)

요컨대 시편 기자에게 있어서 죄사하시고 회복하시는 하나님의 긍휼은 신학적 가능성이 아니라 자기가 체험하였고 자신의 온 존재의 토대가 된 현실이다.

7. 선지자들과 제의

19세기 말과 20세기 초에 구약 연구 분야에서는 제사장 신학과 선지자 신학을 날카롭게 대비시키는 경향, 실제로 그것들을 정반대로 놓는 경향이 널리 퍼져 있었다. 많은 학자들은 선지자들이 원칙적으로 반(反) 제의적이었다고 생각하였으며, 자유 교회 기독교의 편향들 가운데 많은 수는 선지자의 카리스마의 특징으로 구약에 나타난다고 생각되었다. 하지만 웰치(A. C. Welch)의「선지자와 제사장」이라는 책을 시작으로 해서 훨씬 더 균형잡힌 묘사가 등장하였다.

선지자들은 자유롭게 떠다니는 개인주의자들이 아니라 보통 선지자 집단에 속
해 있었다. 희생제사와 의식에 대한 그들의 유명한 공격들 가운데 많은 부분
(암 4 : 4f. ; 사 1 : 10f. ; 미 6 : 6ff. ; 렘 7 : 1ff.)은 지금은 '당면 문제와 관련
된'(ad hoc) 비난에 의한 정형어구들이며 몇몇 남용 사례들을 향한 것으로 보
이며 이데올로기적으로 반(反) 제의적 원칙에 토대를 둔 것이 아니었다.

그러나 최근에 내 판단으로는 제의에 대한 선지자의 비난을 무디게 하는 다
른 극단의 주장이 밀그롬(*Studies*, 273)에 의해 주창되었다. 그는 예레미야가 7
: 21−23과 같은 구절들에서 자원한 제물들을 공격했을 뿐 "'타미드'(tamid)와
같은 고정적인 성전 제사들에 관하여는 무어라 할 말을 가지고 있지 않았다"고
주장한다. 이러한 해석에 있어서 첫번째 문제점은 밀그롬은 P문서의 제사장 체
계가 선지자들의 시대에 온전히 유효하게 운용되고 있었다고 가정하고 제의에
대한 예레미야의 포괄적인 용어들('olah와 zebah)을 제사장 법전의 자원한 제
물이라는 제한된 의미로 해석하고 있다는 것이다. 두번째 문제점은 예레미야의
성전 설교의 전체 취지는 밀그롬에 의해 그의 공격에 두어진 제한들을 완전히
부숴버린다는 것이다.

요컨대 선지자의 증언의 통합성은 반제의적 입장을 투영함으로써 위협을 받
거나 그것을 제사장 신학의 표제 아래 포괄함으로써 평평하게 해서는 안된다는
것이다. 이 두 성경적 증언들이 어떻게 관련되는가 하는 것은 그 긴장 자체가
이스라엘의 삶에서의 제의의 역할에 대한 하나의 중요한 측면을 증언해주는 어
렵지만 중요한 신학적 문제로 남는다.

참고 문헌

R. E. **Clements**, *God and Temple*, Oxford 1965; A. B. **Davidson**, *Theology of
the Old Testament*, Edinburgh 1904; W. **Eichrodt,** *Theology of the Old Testa-
ment*, ET, I, London and Philadelphia 1961, 98−177; G. **Fohrer**, 'Kritik
an Tempel, Kultus und Kultusausübung in nachexilischer Zeit', reprinted
in *Studien zu alttestamentlichen Texten und Themen* (1966−1972), BZAW 55,
1981, 81−95; H. **Gese**, 'The Atonement', in *Essays on Biblical Theology*, ET
Minneapolis 1981, 93−116; G. B. **Gray**, *Sacrifice in the Old Testament*, Oxford
and New York 1925; M. **Haran**, *Temple and Temple-Service in Ancient Israel*,
Oxford 1978; H.-J. **Hermisson**, *Sprache und Ritus im altisraelitischen Kult*,

WMANT 19, 1965; B. **Janowski**, *Sühne als Heilsgeschehen: Studien zur Sühne-theologie der Priesterschrift und zur Wurzel KPR in Alten Orient und im Alten Testament*, WMANT 55, 1982; Y. **Kaufmann**, *The Religion of Israel*, ET Chicago 1960; H.-J. **Kraus**, *Worship in Israel. A Cultic History of the Old Testament*, ET Oxford 1966; B. A. **Levine**, *In the Presence of the Lord*, SJLA 5, 1974; J. **Milgrom**, 'Day of Atonement', *EJ* 5, 1384–87; 'Kipper', **EJ** 10, 1039–44; *Cult and Conscience*, SJLA 18, 1976; *Studies in Cultic Theology and Terminology*, SJLA 36, 1983; S. **Mowinckel**, *The Psalms in Israel's Worship*, ET, I–II, Oxford 1962; G. **von Rad**, *Old Testament Theology*, ET, I, Edinburgh and New York 1962, 232–79; A. F. **Rainey**, 'The Order of Sacrifice in Old Testament Ritual Texts', *Biblica* 51, 1970, 485–98; R. **Rendtorff**, 'Der Kultus im Alten Israel', *GSAT*, ThB 57, 1975, 89–109; *Die Gesetze in der Priesterschrift*, Göttingen ²1963; *Studien zur Geschichte des Opfers im Alten Israel*, WMANT 24, 1967; J. J. **Stamm**, *Erlösen und Vergeben im Alten Testament*, Berne 1940; S. **Terrien**, *The Elusive Presence*, New York and London 1978, 161–226; A. C. **Welch**, *Prophet and Priest in Old Israel*, Oxford 1953; C. **Westermann**, *Blessing in the Bible and the Life of the Church*, ET Philadelphia 1978.

15

공동 생활의 구조들

1. 오늘날의 논쟁

앞 장에서는 언약 신학 및 그것과 총체적으로 관련된 여러 제도들의 관계를 다루어 보았다. 제의의 여러 형태들은 주로 이스라엘과 하나님의 특별한 관계로부터 기인하는 유익들을 위한 매체 역할을 하였다. 하지만 언약과 오직 간접적으로만 관련되어 있었고 구약 전승에 의거해서도 직접적인 하나님의 명령으로부터 나오지 않은 많은 제도들과 관행들이 이스라엘의 삶에 본질적이었다. 수많은 제도들은 물려받았거나 채택되었거나 전제되었다. 전통적으로 구약 분과는 이 주제를 최근에 보다 새로운 사회학적 탐구를 통하여 확대되고 강화되어 왔던 역사적 고고학적 연구로서 취급하는 경향이 있었다. 드 보(R. de Vaux)의 가치있는 연구(*Ancient Israel*)는 이스라엘의 주요한 제도들의 구체적인 형태들에 날카롭게 초점을 맞춘 고전적인 시도로 평가된다.

이에 덧붙여 이 주제의 신학적 차원이 적어도 부분적으로는 인식되기도 하였다. 폰 라트의 「구약신학」와 구별되는 아이히로트의 「구약신학」의 지속적인 공헌들 중의 하나는 비교종교학적인 일반적인 배경과의 관련 속에서 이스라엘의 제도적 삶에 대한 일관된 관심이었다. 하지만 이와 관련된 해석학적 신학적 문제들은 많고 복잡하다. 19세기 말에 이스라엘의 종교의 발전은 자연종교의 원시 단계로부터 시작해서 윤리적 유일신론이라는 보다 높은 차원의 형태로 진화적인 패턴에 따라 쉽게 도표화될 수 있다고 생각되었다. 그러한 도식들에 대한 아이히로트의 강력한 비판에도 불구하고 그는 이스라엘의 참된 종교를 외부

적인 장식물들로부터 내면화된 신앙으로의 움직임, 비인격화된 세력들로부터
인격적인 경건으로의 움직임으로 묘사하는 경향이 있었다. 어떤 학자들은 이스
라엘의 신앙의 내용물을 이스라엘이 물려받은 고대 근동의 종교의 형태들과 날
카롭게 구별하거나(G. E. Wright) 공통적인 문화의 영향을 외부적이고 주변
적인 문제들에 국한시키려고(Fohrer) 하였다.

이 논쟁에 있어서 새로운 국면은 최근에 고트발트(N. Gottwald)의 도발적
인 책인 「여호와의 지파들」(*The Tribes of Yahweh*)에 의해 개시되었다. 그는
이스라엘 종교를 사회 현상들로부터 분리하는 모든 시도들을 "관념론적"이라
고 거부하고 사회 체제 내에 이스라엘이 뿌리박고 있었던 것이 그 신앙을 이차
적으로 이데올로기에 의해 정교화한 과정에 미친 효과를 해석하는 사회학적 방
법론을 제안한다. 이미 1장에서 나는 그의 '문화적 유물론적' 해석 이론에 내포
되어 있는 전제들에 대한 광범위한 신학적 비판을 행하였다. 이 장에서 나의 관
심은 대체적으로 제도들에 대한 해석과 관련이 있는 군주정 이전 시대(주전
250－1,025)에 있어서의 이스라엘에 대한 그의 사회학적 분석의 상세한 내용
을 보다 자세하게 살펴보자는 것이다.

고트발트는 이스라엘이 평등주의적인 현실관을 반영한 제도들을 발전시켰다
고 주장한다. 이러한 태도는 정치적으로 집권화되어 있었고 경제적으로 계층화
되어 있었던 애굽과 가나안 제의들의 위계질서적인 기능으로부터 이스라엘을
구별하였다. 이렇게 각각 다른 표현들은 사회정치적 조직의 형태에 의해 강화
되었다. 사회 계급들, 가난한 자에 대한 착취, 정치 권력의 독점을 특징으로 하
는 힉소스와 가나안의 '봉건제'에 의도적으로 반대하여 이스라엘은 권력의 급진
적인 분권화, 기본적인 자원들에 대한 평등한 이용, 계급 특권의 제한을 통하여
백성을 해방시킬 목적으로 하층 인구의 여러 분파들을 사회 질서에 통합시킨
반(反) 제국주의적, 반봉건적 사회를 발전시켰다. 고트발트는 종교적 체계화에
대한 사회적 관계들의 우월이라는 문화적 유물론의 이론을 끈질기게 옹호한다.
여호와 신앙의 정신은 종교가 합법화하고 권능을 부여하고자 한 사회적 평등의
체제로부터 나왔다.

이스라엘의 제도들에 대한 이러한 서술에 비추어 볼 때 고트발트가 해석에
있어서의 이전의 시도들을 "주창자(主唱者) 문헌"(668)이라고 규정하는 것은
얼마간 반어적(反語的)인듯이 보인다! 초기 이스라엘에 대한 해석에 있어서
고트발트에 의해 제시된 것보다 더 정치화된 해석을 상상하기는 어렵다. 그는

제한되고 선별된 증거를 사용할 뿐만 아니라 그것을 현대 철학의 모든 일련의 범주들을 끌어와서 시대착오적으로 해석하는 역사적 이상화(理想化)의 한 형태를 투영한다. 군주정 이전 시대에 있어서 이스라엘과 그 이웃 나라들의 제도적 삶 사이의 연속성을 보여주는 분명한 요소들은 제안된 평등주의와 계급 지향적이며 봉건적인 사회 사이의 가장 첨예한 양극성으로 대치된다.

하지만 엄밀하게 역사적 증거로부터 볼 때 군주정 이전의 이스라엘 사회는 노예들과 비(非) 시민들을 포함한 서로 다른 사회 계층들을 반영하고 있었다는 점이 언급되어야 한다. 촌락에 있어서의 정치적 경제적 권력은 소수의 수중에 있었다. 가장(家長, paterfamilias)은 가족에 대한 생사여탈권을 지니고 있었고 가족과 사회 내에서의 여성들의 권리는 일반적으로 대단히 제한되어 있었다. 전쟁 중에 잡힌 포로들은 대량학살되거나 노예가 되었다. 시민법과 종교법 사이에는 어떠한 구별도 없었고 신성모독죄는 사형으로 처벌될 수 있었다.

물론 이스라엘과 그 이웃 나라들 사이에는 차이점들이 있었고, 구약은 사회 내부에서의 변화와 발전의 많은 징표들을 보여준다. 어려운 점은 차이들의 성격을 결정하고 발전의 방향을 확정하는 데 있다. 역사적 관점에서 볼 때 이스라엘이 근본적으로 새로운 계급 없는 사회를 이루었다고 가정하는 것보다 공통적인 문화적 제도들을 변용하여 자신의 역사를 통하여 여러 정도로 끊임없이 수정하고 재해석하였다고 생각하는 것이 훨씬 더 가능성이 있는듯이 보인다.

이스라엘 자신의 전승에 따르면 변화를 위한 주요한 힘은 제도들을 하나님의 재가(裁可)와 합치시키려고 했을 뿐만 아니라 사회적 정치적 남용들에 대하여 하나님의 이름으로 주요한 비판적 반대를 제기하였던 이스라엘의 신앙으로부터 왔다. 고트발트의 사회학적 방법론의 응용은 이스라엘의 종교와 관련한 구체성의 새로운 차원을 가져오기는 커녕 이스라엘의 역사를 진정한 역사적 사실과의 연계 없이 현대의 사회적 가치들의 추상적 이상화로 변화시켜 버렸다. 요컨대 문제점은 여전히 비평적 탐구를 위한 가치있는 현대적 도구인 사회학적 방법론에 있는 것이 아니라 그 고압적이고 주제넘은 적용에 있다.

2. 이스라엘의 제도들에 대한 신학적 해석

이스라엘의 제도들의 신학적 의의를 해석하는 과제는 고대 민족의 사회적 차원들을 복원하는 역사적 과제와 동일시되어서는 안된다. 오히려 이 과제는 이스라엘의 자신의 전승을 해석한 형태로부터 그 다양한 제도들이 그 신학적 고백들과 관련하여 어떻게 기능하였는지를 이해하는 것이다. 전승 내부에서 오는 해석과 전승 바깥에서 현대의 비평적 분석으로부터 오는 해석과의 변증법적 관계를 얻기 위해서는 신학적 양 극단으로부터 오는 독단론을 거부하는 섬세함이 요구된다.

정경에 있어서 이스라엘의 제도들에 대한 접근방식의 주요한 특징은 보다 큰 문제와의 직접적인 관련 속에서 일반화가 거의 주어지지 않고 있다는 사실이라는 것은 즉각적으로 명백해질 것이다. 오히려 전체적으로 이스라엘의 신앙과 관련되지만 흔히 성경 본문의 서로 다른 단계들에서 기능하는 고도로 복잡하고 다양한 제도적 관계들이 나타난다. 때로는 이야기의 전면에서 기능하고 때로는 먼 배경에서 기능하는 인위적인 원리 요소들로 추상화시켜서 신학적 해석을 얻어서는 안된다는 것은 필수적이다.

(a) **시민 제도들.** 구약에는 고대 헬라적 의미로나 현대적 이론에 따르는 것과 같은 국가에 대한 개념이 없다. 또한 삶의 시민적 영역과 종교적 영역이 명확히 구별되어 있지도 않았다. '이스라엘'이라는 말은 언약 백성을 가리켰고, 전승 속에서 그것은 매우 도식화된 형태로 야곱의 가족으로부터 유래되었다. 가족 조직으로부터 민족적 실체로의 이동은 창세기로부터 출애굽기로 넘어가는 과정에서 일어나지만, 이러한 이동은 사회학적인 것이라기보다는 문학적인 것이다. 고대의 지파 구별은 정착 이후에도 오랫동안 그 통합성을 보존하지만 민수기에서는 아주 상징적인 방식으로 체계화되어 있기 때문에 원래의 정치 조직에 대한 직접적인 역사적 정보를 거의 반영하지 않고 있다.

알트(Alt)와 노트(Noth)의 붕아적인 연구 이래로 정착 이후와 군주정의 등장 이전의 시기에 있어서 이스라엘의 사회 구조의 성격을 이해하기 위한 노력에 많은 정력이 바쳐졌다. 헬라의 인보동맹(隣保同盟)를 본딴 열두 지파 연합에 관한 알트와 노트의 이론은 한동안 중앙 성소를 중심으로 형성된 느슨한 지파 동맹 내에서의 응집력을 올바르게 다룬듯이 보였던 아주 매혹적인 가설이었다. 하지만 점점 더 그 최초의 단순성은 새로운 역사적 탐구에 의해 침식되었고 사실적인 역사적 공백이 다시 나타나고 있다.

전승 내부로부터 이 시기는 쇠퇴와 회복이라는 신학적 패턴 안에서 고도로 도식화되어 있었는데, 이 후자의 단계는 하나님에 의해 지명된 영웅들에 의해 생겨났다. 각각의 '사사'는 왕의 통치와 마찬가지로 일정한 기간 동안 온 이스라엘의 단일한 통치자로 주어진다. 그렇지만 전승의 보다 초기 단계들이 흔히 보전되었고 그것들은 아주 다른 역사적 모습을 묘사한다. 이 시기는 구심력들이 정착이라는 원심력에 의한 영향력들 이전에 서서이 해소된 사회적 정치적 무질서의 시기였다. 하나님의 구원에 관한 이야기들은 모두 혼란과 무능이라는 배경과 대조적으로 설정된다(참조. 삿 6 : 11ff.). 아비멜렉의 권력 남용에 관한 이야기는 요담의 우화에서 두드러지게 비신학적인 형태로 구약에 나오는 왕에 대한 가장 강력한 반박 중의 하나를 불러일으킨다(삿 9 : 7ff.).

고트발트가 이 시기를 이상화하고 있는 것은 역사적 증거에도 배치되고 그 시기를 왕국의 등장에 앞선 암흑기로 보는 정경의 신학적 관점에도 배치된다. 군주정의 시민적 제도들을 이해하기 위해서는 성경 내적인 것과 성경 외적인 것 모두의 훨씬 더 구체적인 역사적 정보가 필요하다. 이 문헌의 두드러진 특징들 중의 하나는 여전히 보전되고 있는 왕권에 대한 다양한 관점들이다(참조. 10장). 전승 내부로부터 이스라엘의 정치적 연합에 위기를 몰고왔던 블레셋의 침공와 같은 여러 새로운 정치 세력들을 복원하는 것이 가능하지만 전승 자체는 얼마 안되어 등장하는 근본적으로 새로운 형태의 정부에 신학적 의의를 거의 두지 않는다. 사무엘의 설교(삼상 8 : 5ff.)는 사회적 남용을 위한 허가증으로서의 왕권에 대한 전통적인 두려움을 나타내지만 결국 계속해서 하나님에 대한 충성의 신학적 시험에 초점을 맞춤으로써 제도적 변화의 의의를 상대화시키는 데 기여한다. 우리는 점점 더 다윗의 통치를 위한 덮개로서 보아지는 사울의 왕권의 실제 형태와 관련해서는 오직 매우 간접적인 암시들만을 얻는다(삼상 15 : 28).

다윗 아래에서 이스라엘의 정치적 경제적 구조를 대규모로 재조직하였음을 보여주는 역사적 증거는 충분히 있지만, 그 증거는 대체적으로 이야기들의 배경에서 기능한다. 다윗의 개인적인 이력(履歷)은 상당한 역사적 사실감을 가지고 기록되지만, 다윗의 왕권은 점점 더 하나님의 미래의 메시야적 통치의 예표로 해석된다. 다윗의 후계자를 확보하려는 권력 투쟁조차도 궁극적으로는 영원한 통치라는 다윗에 대한 약속을 유지한다는 신학적 관점에서 해석된다. 역으로 솔로몬의 통치는 그가 외국 정부의 행정 구조들을 도입해 온 행위 자체 때문이 아니라 개혁에 대한 그의 개방성이 이스라엘의 신앙을 좀먹게 하였다는 이유로 대체로 부정적으로 평가된다. 여로보암과의 정치적 분열에서 정점에 이르는 솔로몬 아래에서의 왕권의 남용은 솔로몬 통치의 가혹함과 압제, 어리석음을 간접적으로 비난하는 방식으로 전승에 의해 설명되고 있다(왕상 11-12장).

선지자의 저작들로부터 우리는 군주 제도에 대한 가장 극명한 신학적 승인을 얻는다. 아모스는 가난한 자들에 대한 압제와 고대의 언약에 의한 권리들에 대한 경시(輕視)를 가져오는 탐욕과 사치로부터 생겨나는 사회적 불의들에 대하여 통렬하게 비판한다(2 : 6ff. ; 4 : 1ff.). 왕이라는 직임은 모든 비판을 불충성으로 해석하는 제의를 통해 합법화되었다(7 : 10ff.). 호세아는 하나님의 통치를 대표하는 형태로서의 왕권에 대한 모든 이해를 상실해버린 정치 권력의 권모술수를 공격한다 :

저희가 왕들을 세웠으나 내게서 말미암지 아니하였고
저희가 방백들을 세웠으나 나의 모르는 바며(8 : 4)

이사야는 가난한 자들을 착취하고 작은 농부로부터 땅을 빼앗는 경제 체제를 통하여 자산의 규모를 늘려가는 장로들과 방백들을 통렬하게 비판한다(5 : 8ff.).

최근 수년 동안에 정치적 주류 바깥에 서서 자신의 독자적인 사회 비판의 목소리를 발하는 개인으로서의 선지자에 대한 묘사를 수정하려는 주요한 노력이 있어 왔다. 분명히 선지자들도 사회적 상황의 일부였다 ; 그들은 흔히 단체로 활동하였고 그들의 문화와 함께 전승들과 관습들을 공유하였다. 그러나 보통 사회학적 분석이라는 외관 아래에서 선지자들을 제도와 결부된 지지 집단들의 사회적 압력에 영합하는 것으로 보려는 이 시도는 구약 전승이 선지자들에게 부과하고 있는 역할을 역전시키며 선지자들의 신학적 증언을 대체적으로 쓸모 없게 만들어 버린다. 성경학자들이 한때 성령 충만한 카리스마적인 선지자와 제도적으로 지향된 왕과 제사장 사이의 신학적 대비를 꾀하였을 때 분명히 그것은 잘못된 해석이었다. 그렇지만 선지자들이 국가의 사회적 남용들에 대하여 하나님의 이름으로 끊임없이 반대한 것을 단순히 갈등하는 정파의 충성의 문제로 변질시켜 버리는 것은 성공할 수 없다.

이스라엘의 시민적 제도들에 대한 아주 다른 부류의 신학적 성찰은 히브리의 지혜문학, 특히 잠언에서 찾아볼 수 있다. 여기에서는 사회적 인습들과 관행들이 일반적으로 당연한 것으로 받아들여질 때 격렬한 항의의 문제는 없다. 흔히 사회의 관행들의 '현상'(status quo)에 합치하는 행동은 지혜로운 자에게 걸맞는 현명한 행동으로 권장된다(잠 25 : 6). 그렇지만 가난한 자들의 보호와 사악함과 폭력에 대한 예리한 비난에 대해서는 일관된 관심을 보이고 있는데, 이는 선지자의 증언과 일치하는 것이다. 더욱이 왕의 권력 배후에는 모든 인간적 결정들을 다스리고 억누르는 하나님의 권능이 있다는 것이 분명히 인정되고 있다. 요컨대 지혜 집단들에 있어서 사회 비판의 양식은 독특하지만, 그 내용은 상당 부분 정경의 다른 부분들과 공유한다.

(b) **계층 구조들.** 아주 초기의 이스라엘의 사회 형태는 계층 구별이 아니라 가족과 지파를 따라 조직되었다. 물론 지파 내에는 특권적인 지위를 가진 서열들이 있었다(레 4 : 22ff.). 우월한 자와 열등한 자 사이에 구별된 화법 형태가 히브리어 관행에 구축되어 있었다(참조. Lande). 하지만 정착 이후의 시기에는 계층 구별이 점차 생겨나는 것을 보여주는 몇몇 분명한 징표들이 있다. '언약의 책'은 노예들에 대한 처우를 규율하고 있다(21 : 7ff., 20ff.). 노예들의 존재는 주로 가난한 집안들이 자녀들을 판 데서 기인하였다(21 :77). 히브리 율법에 따르면 히브리인들이 노예 살이를 하는 것은 일정한 기간이 정해져 있었지만, 노예들은 일종의 자산으로 생각되었다(21 : 21). 하지만 또한 아주 초기의 히브리 율법들은 상층 계층에 지나친 특권을 부여한 바벨론인들의 고도로 계층 지향적인 법률 구조와는 놀라울 정도로 달랐다는 것도 분명하다.

왕국의 확립과 보다 오래된 지파 사회의 잠식은 이스라엘 내에서 계층 구별을 증대시켰다. 왕의 관리들은 분명한 신분을 형성하고 있었고, 정부 관리들에 대한 여러 가지 전문적인 표현들이 기록들에 나타나기 시작하는데, 이 표현들 가운데 몇몇은 애굽의 궁정을 모방하려는 관심을 나타내보이기도 한다(예를 들면, '기록자', '귀족들'). 직업 군인의 형성이 이 계층화에 더해졌다. 대체로 점차 늘어나는 사회적 계층 구별은 왕국 아래에서의 사회적 변화와 함께 나타난 경제적 차이에 기인하였다. 임금 노동자, 장인(匠人), 상인들이 있었고, 인구의 상당 부분을 차지하고 있던 '땅의 사람들'이 점점 더 가난한 자와 동일시되었다. 거주하는 외국인들(ger)은 동일한 범주에 들었으며 율법은 몇몇 최소한의 보호를 제공하려고 하였다.

　신학적으로 가장 중요한 점은 구약은 계층 문제 자체에는 어떠한 관심도 돌리고 있지 않다는 것이다. 계급 없는 사회가 이상(理想)으로 보아졌다는 것을 보여주는 어떠한 암시도 없다. 고트발트가 평등주의적 사회에 관하여 말할 때 그는 대체로 19세기적인 계몽시대 이후의 이데올로기로 구약을 읽고 있는 것이다. 구약에서는 그 어디에도 모든 인간이 하나님 앞에서 평등하다고 직접적으로 주장된 적이 없으며, 인간들이 인간 사회에서 평등해야 한다고 주장한 것은 더더욱 찾아볼 수 없다. 오히려 성경의 강조점은 다른 곳에 있다. 그 관심사는 일관되게 이스라엘의 신앙이라는 측면에서 사회를 인간화하는 것이다. 모든 이스라엘이 하나님을 예배할 수 있기 위하여 노예들은 안식일에 일을 하지 않아야 했다. 노예들은 가혹하게 다루어져서는 안되었고 몇몇 분명한 권리들을 가지고 있었다(출 21 : 7ff.). 가장 초기의 율법은 가난한 자들을 보호하려고 하고 있으며 종교적 처벌들로 명시적으로 밑받침되고 있다(출 23 : 25-27). 선지자들이 사마리아의 부유한 부인들(암 4 : 1ff.), 부유한 상인들과 통치자들(미 3 : 1ff.)과 같은 특정한 계층에 대하여 반박의 장광설을 띄울 때 그 공격은 항상 사회의 가난한 자들과 힘없는 자들에 대한 압제와 불의와 관련되어 있다.

　물론 구약의 기자들이 오로지 종교적 사고들 또는 도덕적 의도들에만 관심을 가지고 있었다고 말하는 것은 구약에 대한 중대한 오해이다. 이스라엘의 신앙은 구체적인 인간 사회의 모든 분야에서 애써서 만들어졌고, 이스라엘의 신앙은 실천과 분리되지 않았다. 하지만 이스라엘의 신앙은 사회적 실천으로부터 부차적으로 파생된 것일 뿐이라고 함으로써 구약을 정치화하는 것도 마찬가지로 오도하는 것이다.

　(c) **사법 제도.** 이스라엘에서 율법의 행사와 관련한 제도들만큼 중요한 역할을 한 제도는 거의 없었다. 이스라엘 역사의 모든 단계에서 사법 문제들에 대한 명시적인 관심이 있었고 그 어떤 때에도 이스라엘의 신앙은 율법의 구체적인 실천으로부터 추상화된 적이 없었다. 구약은 율법들의 긴 부분들로 채워져 있지만, 실제적인 사법 제도들의 구조들에 대한 서술이나 그것들이 구체적으로 어떻게 기능하였는가를 보여주는 것들은 거의 없다. 오직 주로 이야기들로부터 취해진 단편적인 것들을 모음으로써만 우리는 부분적으로 사법 제도들의 형태와 역사를 재구성할 수 있을 뿐이다(참조. L. Köhler의 고전적인 논문, 「성문에서의 재판」).

몇몇 중요한 이야기들은 초기 이스라엘의 가족법을 증언한다(창 31, 38장). 가족의 가장은 사형선고를 내릴 수 있을 정도로 권위가 막강하였다. 가장(paterfamilias)으로서의 라반의 권위는 끊임없는 위협으로서 야곱의 이야기들의 배경 속에서 어른거린다(31 : 29). '피의 복수'의 행사는 초기 씨족법으로부터의 흔적으로 오랫동안 남아 있었다. 룻의 이야기는 지역의 법이 군주정 이전 시기 동안에 작은 히브리 마을에서 어떻게 작용하였는지에 대한 가장 분명한 증거 중의 몇 가지를 보여준다. 장로들은 성문에 모여서 증거를 듣고 판결을 내렸다. 사사들의 시대에 있어서는 정확한 사법 구조들을 확실하게 결정하기에는 증거가 너무도 빈약하지만(참조. Whitelam) 몇몇 사법적 세력들이 씨족법의 세력들 위에서 활동하고 있었을 가능성은 매우 높은 것으로 보인다. 이와 아울러 아주 초기의 시대로부터 유래한 고대의 성례와 관련된 율법의 역할은 이의가 제기되지 않고 있다(수 7장 ; 삼상 14장).

군주정의 확립은 왕에게 생겨난 새로운 권력들과 함께 사법 제도에 있어서 주요한 변화들을 가져왔다. 사울의 통치는 과도기를 나타냈지만, 몇몇 이야기들은 사법 절차들을 보여주는데(삼상 14 : 34-46 ; 22 : 6-19) 왕의 권위에 도전한다고 생각된 소송들은 처결되었다. 마찬가지로 다윗에 있어서 몇몇 이야기들은 그의 사법적 권위의 행사를 예시적으로 보여준다(삼상 30 : 9-10 ; 삼하 1 : 11-16 ; 3 : 6-39). 흔히 이야기 자료는 사울의 영지에 대한 다윗의 통괄과 같은 왕의 편에서의 이전의 사법적 행위를 단순히 전제하고 있다(삼하 9 : 1ff.). 솔로몬의 사법적 권위는 그를 '의로운 왕'으로 묘사하고자 하는 기자의 관심으로 말미암아 크게 이상화되어 있다(왕상 3 : 16ff.). 이와 비슷한 방식으로 지혜의 말씀들은 그 판단이 하나님의 영감을 받은 이상적인 왕을 묘사한다(잠 16 : 10ff.).

나봇의 재판에서 아주 중요한 역할을 하였던 사법 절차를 어떻게 해석하느냐를 놓고 많은 논란이 있어 왔다(왕상 21장). 논쟁의 초점은 이세벨이 나봇의 가족 재산의 매도(賣渡)를 요구함에 있어서 가나안 율법의 특정한 형태에 호소하고 있었느냐 아니면 그러한 거래가 이스라엘에 있어서 당시의 사법 관행과 일치하였느냐와 관련된 것이다. 성경의 묘사의 관심은 오로지 재판의 왜곡에 있어서 거짓 증인들의 악명높은 남용에 두어져 있기 때문에 이 이야기는 그것을 결정할만한 상세한 내용을 생략하고 있다. 끝으로 커다란 역사적 관심이 있는 것은 사법 절차의 형태들을 다룰 때 상당한 정도로 자세하게 다루어지는 여호사밧의 율법 개혁에 관한 묘사이다(대하 19장). 지속적인 학문적 논쟁은 역사적 사실처럼 보이는 것과 신학적 해석 방식 사이의 균형을 결정하는 것과 관련되어 있다.

요약하자면 다시 한번 여기서 도출되고 있는 주된 신학적 함의들은 이스라엘의 율법을 하나의 하나님의 뜻의 표현으로서 오직 하나님으로부터만 이끌어내고자 하는 구약의 특징적인 노력과 관련된다. 이스라엘의 왕들에게는 율법을 공포하는 역할이 맡겨지지 않았다(신 17 : 18-20). 새로이 지명된 사사들을 향한 여호사밧의 권면은 구약 전체의 일관된 신학적 관점을 보여준다 : "너희는 행하는 바를 삼가하라 너희의 재판하는 것이 사람을 위함이 아니요 여호와를 위함이니 너희가 재판할 때에 여호와께서 너희와 함께 하실지라"(대하 19 : 6). 군주정의 등장이 왕에 의한 율법의 남용을 위한 가능성을 크게 증대시켰다는 것은 선지자와 왕 사이의 끊임없는 반목의 주요한 원인이다. 그의 통치가 세상의 가난한 자와 온유한 자를 위한 의와 공평의 행사로 특징지어지는 것은 메시야와 관련된 커다란 종말론적 소망으로 남아 있었다(사 11 : 3-4).

(d) **군사 제도.** 구약 전체는 전쟁들과 갈등의 이야기들로 가득차 있다. 족장 시대에는 대가족의 구성원들이 전투를 위한 군사 집단을 형성하였다(창 14 : 13ff.). 초기 정착 시대 동안에는 씨족의 남자 성원들이 군대를 이루었다. 군주정의 등장과 함께 용병의 사용이 중요한 역할을 하였다. 다윗 자신도 블레셋의 용병으로 복무하였으며 나중에는 유급의 직업 군인들로 자기 군대의 핵심을 형성하였다(삼하 15 : 19ff.). 그의 군사적 경험은 보다 진보된 기술(삼상 13 : 19-22)과 고도로 훈련된 전문 인원들을 가지고 군사적 역량을 발휘하고 있었던 블레셋인들의 통제를 끊어버리는 데 많은 도움을 주었다. 솔로몬 아래에서의 전차와 군주정 전체에 걸쳐 지속되었던 세력인 상비군의 도입은 군사 조직에 영향을 끼쳤을 뿐만 아니라 일반적으로 사회 전체에 폭넓은 함의들을 갖고 있었다. 그것은 사회의 계층화를 촉진시켰고 그 유지를 위한 무거운 과세를 요구하였으며 외국의 영향력의 유입을 증대시켰다.

가장 어려운 비평적 문제는 거룩한 전쟁이라는 제도와 관련된 것이다. 폰 라트는 거룩한 전쟁은 지파 연합의 방어적인 기능이었다는 이론을 전개하였고 그 제의적 배경을 복원하려고 하였다. 또한 그는 요시야 아래에서의 뒤이은 역할을 새로운 역사적 상황을 위해 재현된 종교적 모델로 보았다. 이스라엘에서의 거룩한 전쟁 전승들을 재구성하는 데 있어서 아주 다른 모델은 이 제도 속에서 여호와가 신적 전사(戰士)로서 중심적인 역할을 한 고대 가나안 신화와의 연속성을 보는 크로스(F. M. Cross)와 밀러(P. D. Miller)에 의해 전개되었다. 물론 거룩한 전쟁의 기원과 윤곽을 확실하게 결정하는 것의 어려운 점은 충분한 증거의 결여로부터 생겨난다. 성경의 이야기들은 전승의 지식을 전제하거나 현대의 역사가들에게 거의 도움이 안될 정도로 그 현실적 상황(realia)을 배경 속으로 너무도 깊이 밀어넣어 버린다.

다시 한번 성경 기자들의 지배적인 관심은 신학적 차원에 있음이 분명하게 확인된다. 그러나 구약의 그 어디에서도 평화주의를 이스라엘을 향한 궁극적인 하나님의 목적으로 여기는 발전이 식별될 수 없다. 오히려 서로 아주 다른 신학적 동력이 전개되고 있다. 신적 전사(戰士)로서의 하나님의 모습은 구약 전체에 걸쳐 있으며 후대의 선지자와 묵시문학적 저작들에서는 새로운 생명을 얻기까지 한다. 이스라엘의 거룩한 전쟁에 대한 제의적 형태들은 하나님이 자기 백성을 위하여 싸워서 승리를 가져왔다는 것을 확신하였다. 선지자들의 근본적인 공헌은 하나님의 전사(戰士)와 같은 활동을 부인한 데 있는 것이 아니라 — 하나님은 여전히 자신의 대적들과 싸우셨다 — 이스라엘을 하나님의 새로운 대적으로 나타내었다는 데 있었다. 하나님은 자신의 파괴 사역을 행하기 위하여 앗수르인들을 부르시고(사 10 : 15ff.) "원방으로부터 대적"을 휘파람으로 부르실 뿐만 아니라(사 5 : 26ff. ; 렘 5 : 15ff.), 하나님은 자신의 악한 백성에게 재앙을 내리는 데 개인적으로 관여하시는 분으로 묘사되기도 한다(사 2 : 12ff.). 이스라엘이 자신의 보호를 위해 하나님께 의지하는 것이 아니라 애굽의 병거들에 의존하기 때문에(사 31 : 1ff.) 이스라엘은 싸움에서 질 것이다.

이러한 맥락에서 평화로서의 구원에 대한 심상이 등장하기 시작한다(사 30 : 15). 평화는 전쟁의 없음일 뿐만 아니라 자기 피조물에 대한 하나님의 화해와 회복으로부터 파생되는 것이다. 선지자의 소망은 하나님의 도를 함께 배우는 열방들 가운데서의 평화라는 견지에서 표현되고 있다(사 2 : 1-4). 새 예루살렘은 벽이 없을 것이다. 왜냐하면 하나님이 의로운 백성들을 보호하실 것이기 때문이다(슥 2 : 4f.). 하지만 종말 때에서조차 하나님의 통치에 대한 저항이 이제는 우주론적 차원에까지 올라가서 지속되는 까닭에 싸움과 군대의 심상들은 구약에서 마침내 하나님이 자신의 왕국을 가져오기까지 계속된다(단 12 : 1ff.). 그러나 종말을 기다리는 이스라엘에 있어서 죄수와 포로를 긍휼로 대우하라는 명령은 하나님의 의에 굳게 뿌리를 박고 있다(대하 28 : 8-15).

 (e) **가족 제도.** 끝으로 히브리 사회에서의 가족의 중심성은 그것과 관련된 수많은 제도들에 의해 입증된다. 사회 관습들은 가족의 모든 중요한 분야들에서의 삶을 규율한다 : 출생, 사춘기, 혼인, 자녀, 재산, 유산, 노령, 죽음.

 초기 히브리 사회는 그 구성에 있어서 족장적이었고, 가장(家長)은 베두인족의 초기 문화를 본따 그 구성원들에 대하여 절대적인 권능을 행사하였다. 엄밀하게 율법적인 요인들 외의 다른 요인들이 가족법의 실행 속에 들어왔다는 것은 수많은 이야기들, 예를 들면 사라가 하갈을 대단히 미워함으로써 아브라함이 그 경쟁 상대인 노예 여인을 쫓아낼 수밖에 없었던 경우와 같은 이야기들을 통해 아주 분명하게 드러난다(창 21 : 8ff.). 또한 대가족이라는 개념이 가족 생활에 미친 엄청난 영향은 그 어디에서나 분명하다. 사울과 요나단 사이의 최초의 갈등의 많은 부분은 요난단을 가족 영역 밖으로 이끄는 데 있어서 다윗의 분열적인 역할에 초점이 맞춰져 있었다(참조. Pedersen, I, 278-84). 가족의 유지를 위한 강력한 관심은 아들들을 중시하는 것에도 표명되었다. 이스라엘은 합법적인 혈통을 잇기 위하여 자기 이웃들과 모든 다양한 형태의 사법적 허구를 공유하였다(창 16 : 1-2). 자녀들에 대한 기쁨은 시편 기자에 의해 자주 칭송되며(113 : 9 ; 127 : 3-5), 욥은 자녀들이 있었다는 것을 자신의 이전의 복된 상태의 일부로 묘사한다(29 : 5).

 이스라엘에서의 혼인은 대체로 일부일처제였지만 첫번째 부인이 잉태를 못하는 경우에는 일부다처제가 특별히 허가되었다. 점점 더 일부일처제가 준칙이 되었고 일부다처제와 이혼은 신랄하게 비판을 받았지만(왕상 11 : 1-5 ; 말 2 : 14-17) 한 사람 이상의 아내를 금하는 명시적인 율법 규정은 없다. 여자는 가족 내에서 종속적인 지위를 보유하고 있었고 남편에 의해 이혼당할 수 있었다(신 24 : 1). 하지만 제한된 보호를 제공하였던 몇몇 율법 규정들이 있었다(신 22 : 13ff.). 여자는 예외적인 경우에만 재산을 상속받을 수 있었고(민 36 : 1ff.), 여자의 맹세는 아버지나 남편에 의해 무효화될 수 있었다(민 30 : 1ff.). 이러한 우울한 묘사는 상당한 책임과 창의적인 잠재력을 가진 역할을 묘사하는 지혜문학에서의 이상적인 아내에 대한 묘사를 통해 어느 정도 완화된다(잠 31 : 10ff.).

 가족의 구성원의 죽음은 이스라엘의 이웃나라들과 거의 다름이 없었던 일정

한 애도와 장사 관습들에 의해 거행되었다. 족장의 죽음을 서술하는 관용어구
는 죽음에서조차도 가족의 연대감을 보여준다 : "그가 수가 높고…죽어 자기
열조에게로 돌아가매"(창 25 : 8). 가족의 중요한 역할들 중의 하나는 사회 조
직 내에서의 불화를 치유하기 위한 위로를 제공하는 데 있었다(창 24 : 67).

다시 한번 가족 제도에 대한 연구로부터 도출되는 신학적 함의들은 이스라엘
의 신앙은 그 시대의 공통적인 사회 구조들과 관련하여 형성되었을 뿐만 아니
라 그 신앙에 보다 가깝게 합치하도록 공동체적 삶의 여러 측면들을 재형성하
려는 노력을 가져왔다는 해석을 밑받침한다. 이 관계는 파악하기 어려운 것으
로 남는다. 구약은 그 어디에서도 이 문제를 원칙적으로 말하지 않으며 근본적
으로 그 제도적 삶을 변화시키는 사회적 강령을 제시하지 않는다. 변화는 점진
적으로 일어났고 흔히 피의 복수의 관행의 점진적인 중단과 같은 종교적이고
정치적인 많은 요인들의 결과로 일어났다.

성경 기자들은 그들의 삶 속에서 일하시는 하나님의 손을 보려고 애를 썼으
며 사회 생활의 모든 구체적인 측면들 속에서 그 임재를 증언하였다. 이스라엘
의 제도들은 그 이웃나라들과는 질적으로 다른 '해방된' 사회를 발전시켰다고
주장하는 것은 너무도 엄청난 단순화이다. 그러나 심원하게 종교적인 확신으로
부터 기인한 강력한 힘들의 활동에 대한 인식은 비평적 역사 분석에 의해 충분
히 밑받침되고 있다.

참고 문헌

A. **Alt**, *Essays on Old Testament History and Religion*, ET Oxford and Garden
City, NY 1966; F. M. **Cross**, *Canaanite Myth and Hebrew Epic*, Cambridge,
Mass. and London 1973; W. **Eichrodt**, *Theology of the Old Testament*, ET,
II, London and Philadelphia 1967, 231ff.; G. **Fohrer**, 'Zur Einwirkung
der gesellschaftlichen Struktur Israels auf seine Religion', (1971) reprinted
in *Studien zu alttestamentlichen Texten und Themen (1966–1972)*, BZAW 155,
1981, 17–131; N. K. **Gottwald**, *The Tribes of Yahweh*, Maryknoll 1979 and
London 1980; T. **Jacobsen**, 'Primitive Democracy in Ancient Mesopo-
tamia', *JNES* 2, 1943, 159ff.; L. **Köhler**, 'Justice in the Gate', ET *Hebrew
Man*, London 1956, 149–75; I. **Lande**, *Formelhafte Wendungen der Umgangs-
sprache im Alten Testament*, Leiden 1948; A. D. H. **Mayes**, *Israel in the Period
of the Judges*, SBT II. 29, 1974; J. L. **McKenzie**, 'The Elders in the Old

Testament', *Analecta Biblica* 10, 1959, 388–406; G. **Mendenhall**, *The Tenth Generation*, Baltimore 1973; P. D. **Miller**, *The Divine Warrior in Early Israel*, Cambridge, Mass. and London 1973; M. **Noth**, *Das System der Zwölf Stämme* (1930), reprinted Darmstadt 1966; J. **Pedersen**, *Israel*, ET, I–II, Copenhagen and London 1926; G. **von Rad,** *Der Heilige Krieg im Alten Israel*, AbTANT 20, 1951; L. **Rost**, *Die Vorstufen von Kirche und Synagoge im Alten Testament*, BWANT 76, 1938; P. **Trible**, 'Depatriarchalizing in Biblical Interpretation', *JAAR* 41, 1973, 30–48; R. **de Vaux**, *Ancient Israel. Its Life and Institutions*, ET New York and London 1961; K. W. **Whitelam**, *The Just King: Monarchial Authority in Ancient Israel, JSOT Suppl* 12, 1979; G. E. **Wright,** *The Old Testament against its Environment*, SBT I. 2, 1950; Y. **Yadin**, *The Art of Warfare in Biblical Lands and in the Light of Archaeology*, ET, I–II, New York 1963.

16

신학적 문제로서의 남자와 여자

나는 앞 장들에서 이스라엘의 사회 제도들의 특정한 형태들의 신학적 의의에 대하여 고찰해보는 시도를 하였다. 많은 자료들로 인하여 논술은 개략적인 방향만 제시하는 식으로 서술되어야 했다. 그러므로 보다 충분한 신학적 이해를 얻기 위해서는 하나의 특정한 현실 분야를 보다 자세하게 접근해보는 것이 적절한듯이 보인다.

구약에 있어서 남자와 여자라는 주제는 이상적인 탐구 영역을 제공해준다. 그것은 이미 논의한 가족 제도의 문제들과 밀접하게 관련되어 있지만, 단순히 남편과 아내의 문제와 동일시되어서는 안된다. 또한 그것은 앞장에서보다 더 자세한 주석을 요구하는 몇몇 고전적인 구절들에서 아주 길게 다루어진다. 끝으로 이 주제는 오늘날의 논쟁의 주요한 문제로 등장하였으며 독자의 반응―물론 자연적인 인간의 능력이 아니라 신앙의 유비(類比)에 따라―이 성경에 대한 신학적 이해에 어느 정도 영향을 미치는가를 잘 보여준다.

1. 창세기 1-3장에 나타난 남자와 여자

우리가 고찰할 최초의 구절은 창세기 1 : 26 이하이다 :

하나님이 가라사대 우리의 형상을 따라 우리의 모양대로 우리가 사람을 만들고 그로 바다의 고기와 공중의 새와 육축…을 다스리게 하자 하시고 하

나님이 자기 형상 곧 하나님의 형상대로 사람을 창조하시되 남자와 여자를
창조하시고.

이 구절은 제사장 기자(1 : 1-2 : 4a)의 특유한 문체와 어휘로 표현되어 있
다. 칠일의 연속적인 순서에는 하늘과 땅의 창조가 서술되어 있다. 짐승들과 땅
에 기는 것들의 창조는 여섯째 날에 일어나는데, 이와 아울러 '아담'('adam)의
창조가 일어난다. 더욱이 이 후자의 행위(1 : 26f.)는 이전의 창조 행위들과는
다른 양식으로 묘사된다. 그것은 언어를 통한 명령 - "하나님이 있으라 하시매
…있었고"-에 의해 일어나지 않고 처음으로 하나님은 하늘의 궁정의 맥락에서
("우리", 26절) 자신의 의도를 표현한다. 오직 이러한 깊은 숙고(熟考) 이후에
야 사람의 창조가 일어난다.

'아담'이라는 말은 남자와 여자로 이루어진 인간이라는 속(屬)을 가리키는
히브리어이다. 이 속(屬)에게는 창조 내에서 특별한 역할이 부과되고 있지만
-"다스리게 하자"-무엇보다도 하나님과의 특별한 관계가 부여되어 있다. '아
담'은 "하나님의 형상"을 지니고 있는 자이다. 이 어구가 무엇을 의미하는지를
결정하는 데 있어서 주석학적 어려움은 이미 논의된 바 있다(9장). 그렇지만 '
창조하다'라는 동사의 세 번의 반복은 창조의 특별한 행위를 인간의 양성(兩
性)이라는 창조 형태와 밀접하게 결합시킨다 : 하나님은 자신의 형상을 따라 사
람을 '창조하시되' 하나님의 형상을 따라 그들을 '창조하셨고' 남자와 여자를 '창
조하셨다'. 현세에서의 우선순위 또는 기능의 견지에서 남자와 여자 사이에는
어떠한 차별도 행해지지 않고 있다. 그들의 창조는 동시에 일어나며 그들의 창
조적인 역할도 함께 기술되어 있다. 바로 이것은 절대적인 평등을 증언하는 것
이다.

다음 장(2 : 4b-25)으로 눈을 돌리게 되면 이와는 다른 야휘스트
(Yahwist)의 문체, 어휘, 관점으로의 이동이 즉각적으로 분명하게 드러난다.
창조의 연속적인 순서에 있어서 두 장(章) 사이의 서로 다른 순서는 오래전부
터 인식되어 왔다. 최초의 주석학적 문제는 흙으로 지어진 피조물인 2 : 7의 사
람(ha'adam)의 창조와 그 다음에 이어지는 2 : 18의 '돕는 배필'('ezer)의 창
조와의 관계를 결정하는 것에 있다. 전통적인 주석은 7절이 남자와 여자의 창
조를 기술하고 18절은 여자의 창조를 기술하고 있는 것으로 해석하였다. 따라
서 교부들, 학자들, 종교개혁자들에 있어서 양성(兩性)의 관계에 대한 대부분

의 전통적인 기독교 신학적 성찰은 남자에 대한 여자의 의존성 또는 종속성에 대한 근거로서 바로 이러한 창조의 순서를 들었다.

최근 몇 년 동안에 이러한 전통적인 해석은 상당히 긴 비판과 재해석을 받아 왔는데, 특히 트라이블(P. Trible)을 들 수 있다. 트라이블은 흙으로 된 피조물의 성적으로 분화되지 않은 종(種)으로서의 1 : 17의 '아담'의 의미는 2장 전체에 걸쳐 계속된다고 주장한다. 2 : 21−23에서 남자와 여자의 분화가 있을 때까지 '아담'은 기본적으로 남녀양성, 즉 두 성을 통합해 갖고 있는 한 피조물이다. 나중에 트라이블은 남녀양성이라는 용어가 성별 현상을 전제한다는 이유로 그 용어를 삭제하고 오직 원래의 '흙으로 된 피조물'이라고만 말을 하였다. 이 흙으로 된 피조물('adam)로부터 남자('is)와 여자('issah)가 만들어졌다. 각각의 성적인 정체성은 서로에게 의존하며 '아담'의 한 육체로부터 기인한다. 그들은 서로 구별되는 피조물이지만 서로 상반되어서가 아니라 하나됨 속에서 존재한다. 트라이블에 의하면 2장에도 남자의 우선순위나 여자의 의존적인 관계가 나타나지 않는다. 여자의 창조는 차서(次序)에 따른 것이 아니라 동시적이다.

창세기 기자들에 관한 이러한 해석에 대하여 우리는 무엇이라 말할 수 있는가? 내 견해로는 그것을 반대할 몇 가지 이유들이 있다 :

(a) 첫째, 문학적 관점에서 볼 때 우리는 1 : 26 이하의 '아담'과 2장에 나오는 남자와 여자의 창조와의 관계가 트라이블에 의해 제안된 것과 같은지에 대하여 의문을 제기한다. 2장은 1장과는 아주 다른 이야기의 흐름을 갖고 있다. 따라서 '아담'이 깊은 잠에 빠졌을 때 잠자는 '아담'으로부터 갈비뼈를 취하여 여자('issah)가 만들어진다. 그런 다음 여자는 '아담'에게로 데려와지고 '아담'은 찬탄을 하면서 "이것을 남자('is)에게서 취하였은즉 여자('issah)라 칭하리라"고 말한다. '아담'이 '이쉬'('is)와 '이쉬샤'('issah)로 나누어졌다는 것을 보여주는 것은 아무것도 없다. 오히려 '이쉬샤'가 '이쉬'로부터 나왔다. 성별의 동시적인 창조를 보여주는 징표는 없다. 여자가 남자의 일부분으로부터 만들어졌다는 기술(記述)은 1장에 나오는 '아담'의 창조와 병행되지 않는 방식으로 주어져 있다.

(b) 둘째, 트라이블의 주석적 논증들은 언어학적으로도 유지될 수 없다. 그녀는 흙으로 된 피조물('adam)이 2 : 18 이하에서 '이쉬'와 '이쉬샤'(남자와 여자)로 분화되었다고 주장한다. 하지만 '아담'이라는 용어는 여자의 지음 이전과

이후에 달리 사용되지 않는다. 실제로 여자의 등장 이후에 '이쉬'와 '이쉬샤'는 '아담'과 '이쉬샤'와 병행되고 있다(23과 25절).

(c) 셋째, 맛소라 전승은 2 : 20에서 여자의 창조 이전의 사람이라는 용어를 고유명사인 아담으로 본다 : "사람이…모든 짐승에게 이름을 주니라 아담이 돕는 배필이 없으므로". 칠십인역은 이 절에 나오는 두 번의 명사를 모두 고유명사로 해석한다. 달리 말하면 히브리와 헬라 전승들 모두에 따르면 이 용어는 속(屬)으로서의 인간을 나타내는 '아담'('adam)과 이 인간의 한 예로서의 아담(Adam) 사이에서 진동하고 있다. 그것은 성적으로 미분화된 흙으로 된 피조물과 성적으로 분화된 인간의 두 예 사이에서 진동하고 있는 것이 아니다. 2장에서 인간을 나타내는 '아담'은 아담을 통해 구체화되어 있다.

그렇다면 이러한 주석으로부터 도출될 수 있는 신학적 함의들은 무엇인가? 1장에서 인간으로서의 남자와 여자의 창조가 시간적으로 동시적이며 형식에 있어서 동일하며 의의에 있어서 통일적이라면 2장에서는 이와는 아주 다른 증언이 발해지고 있다. 여자의 창조는 인류의 남자 예인 아담의 창조 이후에 이루어진다. 열등하다는 말은 없으나 그 관계는 유사성 또는 독립성의 관계가 아니다. 오히려 여자는 도움받는 자의 역할과 동일하지 않은 돕는 배필로서의 기능을 부여받고 있다. 나중의 생각을 가지고 여자의 창조를 말하는 것은 분명히 이 장의 의미를 부당하게 왜곡하는 것이다. 분명히 강조점은 여자가 아담을 밑받침한다는 데 두어져 있다. 시간적으로 뒤인 여자의 창조는 이 장의 끝에서 기쁨으로 울려퍼지는 창조에 있어서 정점을 이룬다. 요컨대 2-3장에서의 남자와 여자의 관계는 1장에서의 관계와 다르다. 2장의 증언에 따르면 창조 질서에 있어서 그들의 역할의 차이는 소위 '타락'(3장)의 징표가 아니라 창조주의 의도성으로부터 기인하였다.

물론 창세기의 또 하나의 주요한 주제는 즉시 울려퍼지고 있다. 3장에서 이어지는 이야기의 중요한 핵심은 하나님의 원래적인 창조의 목적의 왜곡과 탈구의 기원을 묘사하는 데 있다. 창조의 왜곡에 있어서 여러 요소들 중의 하나는 3 : 16에서 하나님의 심판의 일부로서 인과관계론적으로 표현되고 있는 남자에 대한 여자의 종속이었다 :

내가 네게 잉태하는 고통을 크게 더하리니…
너는 남편을 사모하고

남편은 너를 다스릴 것이니라

여자에 대한 이러한 심판은 그로 인하여 땅이 저주를 받게 된 남자에 대한 심판과 병행이 되고 있다. 그 어느 상태도 하나님의 선하신 창조의 원래 의도가 아니었다.

창세기 1장과 2-3장이 이토록 다른 증언을 하고 있다면, 그것들은 신학적으로 어떻게 관련될 수 있는가? 이에 대한 대답은 분명치 않지만 상당한 신학적 성찰을 요구한다. 하지만 창세기 내에서의 이 장들의 밀접한 상호관계는 이 질문의 정당성을 확증한다. 서로 다른 두 역사적 저자들이 이 주제에 관한 다양한 견해들을 제시하였다고 말하고는 보다 큰 신학적 문제를 결말지으려고 하는 것은 전적으로 부적절한 대응이다. 확실히 교회의 경전인 성경본문을 가지고 진지하게 연구하는 구약신학은 이와는 다른 응답을 요구한다.

나는 남자와 여자의 관계는 성경에서 매우 파악하기 힘든 관계라고 주장하고 싶다. 어떤 관점에서 보면 이 증언은 하나님 나라 안에서의 통일된 역할을 통해 평등성, 동일성을 말하고 있다. 하지만 또 다른 성경적 관점에서 보면 창조와 구속의 영역에서 모두 남자와 여자에게 부과된 서로 다른 역할과 기능이 존재한다. 그러므로 구약 전체의 증언의 풍부함을 회복하고 유지하기 위해서는 해석자는 두 가지 일반화된 위험들에 맞서 두 전선(戰線)에서 신학적으로 싸워야 한다. 한편으로 신학적 우파로부터 오는 위험은 타락한 사회의 '관습'(mores)을 하나님 나라로 옮겨서 전통적인 남성 우위 사회의 이데올로기를 가지고 구약을 읽는 것이다. 그들에게 주는 대답은 '아니오'이다. "남자와 여자로 창조하셨다". 그들의 통일성 안에서 그들은 함께 진정한 인간을 이룬다. 다른 한편으로 신학적 좌파로부터 오는 위험은 양성(兩性)이 모든 점에서 동일한 역할, 목표, 능력을 가지고 있다고 주장하는 현대의 평등주의적 이데올로기와 성경적 증언을 동일시하는 것이다. 그들에게 주는 대답도 마찬가지로 '아니오'이다. "사람의 독처하는 것이 좋지 못하니 내가 그를 위하여 돕는 배필을 지으리라. 이러므로 남자가 부모를 떠나 아내와 연합하여 둘이 한 몸을 이룰찌로다". 하나님은 자신의 창조 안에서 서로 다른 기능들을 위하여 사람의 서로 다른 두 형태를 창조하기를 선택하셨다.

알다시피 이 주제의 온전한 내용을 올바르게 다루어야 하는 신학적 과제는 창세기에 대한 이러한 성찰을 통해 비로소 시작되었다. 여자와 남자의 서로 다른 기능들의 성격을 이해하고 해석하는 중대한 문제는 신약, 조직신학, 윤리학, 교회사를 비롯한 신학 전체의 모든 지식과 지혜를 요구한다. 그렇지만 구약 증언의 다양성에 주목하는 것은 신학적 성찰을 추구하는 최초의 비판적인 규준을 제공해준다.

2. 아가(雅歌)에 나타난 남자와 여자

아가에서 남자와 여자라는 주제에 대한 또 하나의 구약 증언을 찾아볼 수 있다. 전통적으로 아가서를 어떻게 해석하느냐를 놓고 많은 논란이 있어 왔다. 유대 해석자들 중의 한 학파는 아가를 에덴 동산에서의 결혼 생활을 확대시킨 것으로서 창세기 2장에 대한 미드라쉬로 해석하려고 하였다. 하지만 공통되는 내용들이 여럿 있음에도 불구하고 아가는 장르에 있어서 미드라쉬가 아니다. 아가는 본문을 해석하는 것이 아니라 사랑에 대한 인간의 체험을 직접적으로 말하고 있다. 또한 아가를 이스라엘이나 교회에 대한 하나님의 사랑에 대한 묘사라고 알레고리적으로 해석하려는 시도는 본문의 보증을 받지 못한다. 끝으로 아가는 미래에 낙원의 지복(至福)으로 돌아가는 것을 그리는 예언적 신탁도 아니다.

아가는 남자와 여자 사이의 육체적 사랑의 기쁨을 찬양하는 일련의 연애시 (戀詩)로 이루어져 있다. 아가서에는 분명한 구조가 없으며 통일된 움직임을 가진 극적인 줄거리도 없다. 오히려 두 사람 사이의 성적인 사랑의 체험이 아주 다양하고 서로 다른 관점들로부터 다루어지고 있다. 남자와 여자의 두 연인의 목소리는 서로에 대한 항복을 갈망하고 그속에서 만족하는 그들의 감정을 쏟아낸다. 보통 여자가 주도권을 쥐고 얽매임없고 완전히 자유로운 열정을 가지고 자기의 짝을 찾아나선다.

정경이 이 연시들을 해석한 방식을 주목하는 것은 신학적으로 중요하다. 이 연시들에 지혜의 범주를 부여함으로써 정경의 편집자들은 인간의 사랑에 관한 시들로서의 아가의 특질을 변경시키지 않고 인간의 체험의 세계에서의 현상을 보전한다. 인간의 사랑이 아니라 지혜는 신적이다. 그러나 남자와 여자 사이의 사랑은 측량할 수 없는 가치를 지니고 있고 죽음으로도 억제할 수 없는 힘이다 (8 : 6ff.).

주요한 신학적 문제는 전혀 죄가 스며들지 않은 순결의 관점에서 보아지는 이 인간의 사랑에 대한 묘사를 해석하기 위한 적절한 배경을 설정하는 것이다. 창세기와의 연관이 전혀 없음으로 인하여 아가의 배경을 원시의 과거의 잃어버린 낙원으로 이해할 수는 없다. 또 하나의 흥미를 끄는 제안은 아가에 나오는 사랑을 "종말론적"이라고 규정한 칼 바르트에 의해 제시되고 있다(III /1, 314). 그는 언약의 사랑의 개시를 묘사하는 창세기의 기능과 그 미래의 목표를 묘사하는 아가를 대비시킨다. 하지만 내 판단으로는 이 두 증언들을 그러한 '구원사적인' 계열로 정렬시키는 것은 구약 내에서 정경적인 보증이 없다고 본다.

오히려 나는 지혜로서의 아가는 인간의 체험 세계에서의 성애적인 사랑의 현실을 증언하는 것이라고 주장하고자 한다. 아가는 역사적 현실의 얼룩들을 뛰어넘는 남자와 여자 사이의 독특한 관계를 통하여 생겨난 인간의 황홀경의 순간을 찬양한다. 아가는 방해받지 않은 복종을 통한 힘과 기쁨의 즐거운 상호 관계를 드러낸다. 오직 가장자리에서만 아가는 부부 사이의 넘쳐흐르는 기쁨을 흐리는 잠재적인 그림자의 어두움을 보여준다. 인간의 사랑의 현실에 대한 아가의 증언은 이 체험을 먼 과거나 예상되는 미래로 돌리지 못하게 한다.

그러나 구약 정경 전체의 맥락 안에서 억제할 수 없는 불꽃으로 계속해서 돌출하는 인간의 사랑의 신비한 기쁨은 그 아름다움을 파괴하고 왜곡시키는 이와 동일한 인간의 사랑의 위협과 비교 대조된다. "이에 그들의 눈이 밝아 자기들의 몸이 벗은 줄을 알고…하나님의 낯을 피하여…숨은지라". 구약은 인간의 사랑의 현실을 인간의 유익을 위한 창조주의 선물, 기쁨을 풍부케 할 가망성과 이기주의적인 파괴의 위험성을 동시에 지닌 선물이라고 증언한다.

동성애의 행위에 대한 성경의 개방성ㅡ보증이 아니라면ㅡ을 찾으려는 최근의 몇몇 신학자들의 시도는 남자와 여자의 관계에 대한 구약의 이해와 엄청난 불일치를 보이는 것이다. 그 신학적 문제는 그러한 행위를 정죄하는 몇몇 본문들을 인용하는 것을 훨씬 넘어선다(레 20 : 13). 이 문제의 핵심은 이스라엘이 민족의 생존을 보장하기 위하여 자녀들의 번식에 사로잡혀 있었다는 역사주의자의 주장에 의해 건드려지지 않는다. 오히려 문제는 가장 큰 기쁨 또는 가장 깊은 슬픔의 잠재력을 갖는 남자와 여자의 형태로 인간의 삶을 하나님의 구성하였다는 데 있다. 구약은 끊임없이 이성간의 도착적인 사랑을 통한 하나님의 인간을 향한 의도의 왜곡을 증언한다(삿 20장 ; 삼하 13장). 마찬가지로 구약은 동성애를 축복 바깥의 그늘로 떨어지는 창조의 왜곡으로 본다.

요컨대 남자와 여자의 문제에 대한 구약의 신학적 증언의 참으로 주목할만한 특질은 우리가 고대 이스라엘의 사회적 현실들을 상기해 볼 때 즉각적으로 분명해진다. 흔히 여러 가지 방식으로 여자들을 착취하였던 고대 근동의 이웃나라들과 수많은 전통적 특징들을 공유하였던 한 사회에서 사회적 관행의 모든 구체적인 역사적 형태들을 훨씬 뛰어넘는 인간 사회에 대한 이해를 보여주는 성경적 증언이 출현하였다. 인간에 대한 이러한 성경의 증언은 하나님 및 창조를 향한 하나님의 의도에 대한 새로운 시각으로부터 연유한다고 유대인과 기독교인들이 주장한다면 그것은 과연 불합리한듯이 보이는가?

참고 문헌

K. **Barth,** *Church Dogmatics*, ET, III/4, Edinburgh 1961, 116–240; P. **Bird**, 'Gen. 1:27b in the Context of the Priestly Account of Creation', *HTR* 74, 1981, 129–59; B. S. **Childs**, 'Proverbs, chapter 7, and a Biblical Approach to Sex', *Biblical Theology in Crisis*, Philadelphia 1970, 184–202; W. **Eichrodt**, 'Homosexualität – Andersartigkeit oder Perversion?', *Reformatio* XII, 1963, 67–82; V. **Eller**, *The Language of Canaan and the Grammar of Feminism*, Grand Rapids 1982; H. **Gollwitzer**, *Song of Love: A Biblical Understanding of Sex*, ET Philadelphia 1979; P. **Jewett**, *Man as Male and Female*, Grand Rapids 1975; O. **Loretz**, *Die Gottesebenbildlichkeit des Menschen*, Munich 1967; P. **Trible**, 'Depatriarchalizing in Biblical Interpretation', *JAAR* 41, 1971, 30–48; 'A Love Story Gone Awry', *God and the Rhetoric of Sexuality*, Philadelphia 1978, 72–143; R. **de Vaux**, *Ancient Israel. Its Life and Institutions*, ET New York and London 1961, 19–61; H. W. **Wolff**, *Anthropology of the Old Testament*, ET Philadelphia and London 1974, 166–76; W. **Zimmerli**, *The Old Testament and the World*, ET London and Atlanta 1976.

17

사람됨의 신학적 차원

1. 서론

나는 끊임없이 구약의 지배적인 하나님 중심적인 관점을 강조하였지만, 히브리 성경이 인류학에 거의 관심을 갖고 있지 않다고 말하는 것은 나의 의도를 오해한 것이다. 사람이라는 주제는 계시의 도구, 하나님의 형상을 지닌 자, 성적으로 분화된 피조물로서의 그의 역할을 통해 이미 논의한 바 있다. 그러나 이 주제에 대한 구약의 접근방식은 다양한 측면을 갖고 있으며 그 풍부함을 포착하기 위해서는 서로 다른 많은 시각들을 통한 분석을 요구한다. 또 하나의 기본적인 측면은 인간 존재로서의 인간의 신학적 역할이다. 하지만 어려운 문제는 이 관점으로부터 자료를 올바르게 다루기 위해서 구약을 얼마나 잘 해석하느냐에 있다. 그 어떠한 문제도 이보다 더 큰 방법론적인 혼돈을 낳지 않았다. 전통적인 선택들 가운데 몇 가지를 간략하게 검토해보면 그 어려움이 드러난다 :

(a) 기독교회는 고대 헬라와 로마로부터 성인의 전기라는 장르(Cox, *Biography*)를 빌어와서 곧 구약의 인물들을 이상적인 특성들과 덕목들을 지닌 영웅들로 해석하려고 하였다. 이러한 도덕주의적인 구약 읽기는 실패할 수 밖에 없었으며 명백한 난점들을 회피하기 위하여 장난같은 알레고리를 사용하는 결과를 가져왔다.

(b) 후대에 낭만주의의 영향으로 전기적 관심은 다시 부활하였으나 선하든 악하든 진정한 지상적 특질을 지닌 인간의 삶을 복원하려는 의도를 가지고 인격과 개성의 발전을 추적하였다. 그러나 다시 한번 이 접근방식으로는 인격의

발전과 내면적인 동기에는 일관되게 관심을 가지고 있지 않았던 성경 자료에 접근할 수 없었다.

(c) 그후 19세기 후반과 현재에 이르기까지 구약에 나오는 인물에 대한 보다 객관적인 측정치를 얻기 위한 노력으로 여러 가지 형태의 사회과학을 채용하는 시도가 자주 있어 왔다. 때로 학자들은 논리 이전 또는 히브리식 사고방식이라는 특유한 형태 속에서 열쇠를 발견하려고 하거나(Pedersen, I, 99ff.) 심리학적 착지점(着地點)을 복원해보려고 하기도 하였다(H. W. Robinson). 하지만 보다 최근에는 집단 행동에 영향을 미치는 기법들, 비교인류학, 사회학에 강조점이 두어져 왔다(Rogerson). 이들 가운데 몇몇은 아주 유용하였기 때문에 이러한 모든 연구들을 쓸모없는 것으로 거부하는 것은 그릇된 것이지만 보다 어려운 문제는 새로운 도구들이 어느 정도로 자료에 대한 적절한 신학적 이해를 제공하였느냐를 결정하는 데 있다.

(d) 끝으로 성경 본문에 근접해 있으려는 노력 속에서 히브리 성경의 특정한 인류학적 용어―육체, 몸, 혼, 영 등―에 대한 정확한 어원학적 연구가 사람됨의 의의를 해석한다는 관점에서 시도되어 왔다. 퀼러와 볼프(Wolff)와 같은 학자들은 고대인에 관한 묘사를 날카롭게 하는 데 성공하였지만 이 접근방식은 결국 구약의 신학적 증언의 형성과는 상관이 있는 도구라는 것이 입증되지 못한 외부적인 관찰들의 너머를 통찰해야 한다는 어려움을 갖고 있다. 이러한 사실을 예민하게 알아차린 폰 라트는 구약의 다층적인 인류학적 성찰들을 위한 결실있는 방법인 이러한 유형의 단어 연구를 포기하였다. 하나님의 형상과 같이 매우 오랫동안 애를 써서 탐구해온 주제조차도 사람됨의 신학적 차원을 이해하기 위한 열쇠를 제공해주지 못했다.

2. 전승 내에서의 정경적 지표들

우리가 관찰할 수 있는 최초의 가장 분명한 특징은 구약의 상당한 부분들이 헤아릴 수 없이 많은 방식으로 하나님의 임재 안에서 자신의 삶을 살은 인간 존재에 관한 이야기들로 이루어져 있다는 것이다. 때로 사람들은 하나님과 직접 만남을 가졌다(모세). 어떤 때는 그 관계는 간접적이거나(요셉) 원거리에서였다(느헤미야). 그러나 여기서 강조되어야 하는 것은 신학적 증언을 위한 매체가 신학 논문의 형태를 띠지 않았다는 것이다. 율법 규정들조차도 이야기의 맥락 안에 놓여 있었다. 마찬가지로 중요한 것은 이 이야기들은 거의 직접적인 교훈적 해석이 주어지지 않는다는 것이다.

때때로 이야기들은 자신들의 경험이 신학적 틀(paradigm)이라고 판단되고 이스라엘의 신성한 역사의 일부로 보전된 평범한 사람들에 관한 것이다. 또 어떤 이야기들은 한 개인의 경험을 훨씬 뛰어넘는 문학적 밀도를 가지고 해석되었다. 분명히 유형론적 특징들이 히브리 전승의 커다란 특징들로 생겨났는데, 이는 이상화를 통해서가 아니라 순종과 불순종이라는 견지에서 하나님 아래에서의 이스라엘의 축적된 삶의 경험의 표현 수단으로 생겨난 것이었다. 여기서 강조되어야 하는 주요한 논점은 여러 가치관의 잠재력을 갖고 있는 이야기는 사람됨에 관한 구약의 이해를 탐사하는 주요한 수단이라는 것이다.

또 신성한 전승의 정경적 형성이 전승이 초점을 맞춘 핵이 되었던 '인물'(persona)의 견지에서 전개되었다는 것은 특별한 신학적 의의가 있다 : 율법은 모세, 시편은 다윗, 지혜는 솔로몬. 양식비평적 방법론이 전승이 전해진 전기적 형태를 올바로 다룰 수 없었고 유일하게 복원할 수 있는 정황인 사회학적 '자리'(sitz)로 떨어져버렸을 때 전승을 해석하는 중요한 정경적 색인은 상실되었음이 분명하다(참조. Noth, *Pentateuchal Traditions*, 156−75). '신명기 사가'의 '야휘스트'와 같은 준(準) 인격적 특징들을 갖춘 성경의 담지자들을 복원할 필요성은 성경의 '인물'의 정경적 형태를 올바르게 해석하는 문제를 증언한다. 궁켈은 이스라엘 시편의 역사 이전 단계들에서 활동한 관습적인 힘들을 조명할 수 있었지만, 그는 보편적인 고통을 역사적으로 대표하는 자에 전승의 초점을 맞추는 방식으로 시편들의 표제들에 나오는 '인물'에 부과된 새로운 기능을 무시하였다(Childs, 'Psalm Titles').

끝으로 선지자들의 진정으로 역사적이고 전기적인 특징들은 이스라엘을 향하신 하나님의 말씀에 대한 인간적 증언의 특별한 형태를 만들어내려는 다른 다양한 신학적 관심과 결합되었다는 것을 깨닫는 것이 중요하다. 실제로 이사야라는 예언적 '인물'은 예레미야라는 '인물'과 상당히 다르고 개별적인 선지자와 관련하여 전승들이 구성된 단계들은 아주 독특하다. 하지만 이 둘은 주어진 역사적 상황 속에서 이스라엘의 구속이라는 목표를 향하여 인간이라는 도구를 통하여 하나님의 말씀을 전하고 있다는 점에서는 공통적이다.

요컨대 이스라엘의 신성한 전승들이 정경화 과정에서 해석된 형식은 사람됨이 무엇을 의미하는가에 관한 구약의 증언에 대한 현대의 신학적 성찰에 있어서 기본적인 해석학적 지침을 제공해준다.

3. 구약의 인류학에 대한 신학적 성찰들

자료의 방향들은 합류하고 동일한 본문이 바라보는 시각에 따라 다른 방식으로 기능할 수 있기 때문에 주제들보다는 본문의 차원들을 말하는 것이 더 바람직할 것 같다. 그렇지만 다양한 서로 다른 체계화를 통하여 구약 정경 전체에 걸쳐 끊임없이 울려퍼지는 사람됨에 대한 구약의 이해의 몇 가지 일관된 특징들이 있다.

사람의 실존에 있어서 기본적인 긴장은 이미 창세기의 처음 장(章)들에 기술되었다 : 남자와 여자로 창조된 것, 하나님이 지으신 것에 대한 통치권을 갖게 된 것(1 : 27), 그렇지만 흙으로 지어진 것(2 : 7). 사람은 하나님의 생명의 호흡에 전적으로 의존하는 연약한 피조물이다. 구약 전체는 사람의 연약하고 불안정한 성격을 잘 알고 있다. 사람은 본분을 수행하기 위하여 어떤 이상을 실현하려고 애를 쓰는 준(準) 신적인 피조물이 아니라 가족 안에 태어나서 주어진 공동체에서 시공의 상당한 제한을 받으며 짧게 살다가 죽은 유한자(有限者)이다. 이스라엘의 신성한 이야기들은 사람됨의 모든 한계들에 결박된 실제의 사람들에 관한 이야기이기 때문에 구약은 초인간적인 영웅들에 관한 신화들로 될 여지가 없었다. 삼손조차도 나쁜 결점을 갖고 있는 인간 존재로서 자신의 기능을 수행하기 위하여 '비신화화'되었다.

구약에 의하면 사람은 영을 '가지고' 있는 것이 아니라 영'이다'(창 2 : 7)라는 것은 오랫동안 주목되어 왔다. 즉 사람은 완벽한 실체이지 몸, 영, 혼이라는 부분들로 조립된 존재가 아니라는 것이다. 그러나 또한 구약은 사람을 이와는 다른 통전적인 관점들로부터 본다는 것도 사실이다. 사람은 의지, 감정, 육체적 용맹의 견지에서 서술될 수 있다. 또한 사람이 하나님을 닮은 영을 갖고 있지만 그것은 몸으로부터 분리될 수 없다는 것도 직설법이다. 실제로 몸의 모든 부위들—심장, 간, 신장—은 총체적 삶의 서로 다른 측면들을 사실적으로 인간 존재로서 기술하기 위한 비유적인 방식으로 기능한다. 더욱이 사람의 기억력, 과거를 회상할 수 있는 능력은 개인을 민족과 뗄 수 없을 정도로 결합해 놓는다(시

77 : 11ff.).

오경의 이야기들은 사람이 제한된 삶의 기간을 가지고 있다는 것을 당연한 것으로 받아들인다. 어린 시절, 장성함, 필연적인 쇠퇴라는 자연의 리듬이 있다. 죽음을 통해 사람은 자기가 나왔던 그 흙으로 돌아간다. 그러나 전도서 기자는 나이가 들어 사람의 힘이 서서이 붕괴되어가는 것을 보고는 슬픔과 허망함의 감정을 나타내 보인다(12 : 1-8). 하지만 생명이 짧다는 것보다 더욱 중요한 것은 사람이 모든 면에서 위협들에 상처받기 쉽다는 것이다. 구약 이야기들의 대부분은 여러 가지 형태의 환난과 관련되어 있지만 고통 그 자체는 불가피한 것이 아니라 항상 존재하는 우발사건으로 보아진다. 시편 기자는 운명과 같은 어떤 통괄적인 개념으로부터 시작하는 것이 아니라 인류를 엄습하지만 거기에 어떤 인간적으로 의지가 되는 것이 없는 여러 가지 재난들을 단순하게 기술한다 : 질병, 대적, 비방, 두려움, 포로됨, 죽음.

마찬가지로 인간 실존의 한 구성 부분은 하나님에 대한 인간의 개방성인데, 이로 인해 사람은 다른 피조물들과 구별된다.. 사람은 시간에 의해 규정받는 자신의 인간성을 뛰어넘을 수는 없지만 사람에게는 신성에 대한 감각이 주어져 있다. 전도서는 하나님이 사람의 존재 속에 영원을 심어놓았다고 말한다(3 : 11). 시편 기자는 흔히 목마름보다 훨씬 더 큰 욕망인 하나님을 바라는 억제할 수 없는 열망을 드러내 보인다(42 : 1). 그러나 하나님의 임재에 대한 이러한 감각은 언제나 사람에게 위로가 되는 것이 아니라 그로부터 도망하고자 하는 공포로서 작용하기도 한다(시 139 : 7ff.). 구약은 하나님에 대한 이러한 지식을 양심과 같은 인간적 능력으로 말하는 것이 아니라—사람은 자기 안에 신성의 영원한 불꽃을 가지고 있지 않다—사람을 자기에게로 이끌어오는 하나님의 지속적인 활동으로 인식한다.

구약 이야기의 일관된 특징은 인간의 삶 속에 하나님이 들어오시는 것을 묘사하는 것이다. 고정된 패턴은 없지만 여전히 헤아릴 수 없이 많은 방식으로 하나님은 자기를 알리신다. 어린 사무엘은 처음에는 엘리의 목소리와 하나님의 음성을 구별할 수 없었다(삼상 3 : 2ff.). 야곱은 꿈 속에서 하나님을 알아차리기까지 하나님의 임재를 알지 못했다(창 28 : 10ff.). 다윗은 나단이 하나님의 이전 은혜들을 상기시켜 주었을 때에야 자신의 범죄가 어떠한 것인가를 깨닫게 된다. 시편 51편의 표제는 시편을 이러한 역사적 맥락과 결합시킴을 통해서 다윗의 반응이 어느 정도였는가를 현실적으로 보여주는 역할을 한다. 더욱이 오만무도한 통치자들조차도 마침내는 하나님의 통치를 인정하지 않을 수 없게 된다(단 4 : 1ff.). 매우 다른 방식들을 통하여 시편 기자, 선지자, 지혜자는 사람의 가슴 속에 들어오시는 하나님의 개입의 기이하고 예기치 않은 순간들을 묘사한다. 하나님의 임재는 두려움이나 지극한 기쁨을 불러일으킬 수 있지만, 그것을 피할 수는 없다. 오직 어리석은 자들만이 자기가 피할 수 있다고 생각한다(시 14 : 1).

구약은 바울이나 랍비 유대교에서 찾아볼 수 있는 것과 같은 완전히 발달된 죄관을 전개하지 않았지만, 인간 사회 내에는 분열, 소외, 거짓이 있으며 무엇보다도 하나님과의 관계에서 그러하다는 인식은 그 어디에나 있다. 보통 인간의 본성의 이러한 측면은 잔인함(라멕), 속임(야곱), 분노(삼손), 증오(압살롬)에 관한 현실감있는 이야기 기사들에 나타난다. 그러나 그러한 행위는 당연한 것으로 받아들여지지 않고 하나님에 대한 범죄로서 다른 방식들로 정죄된다. 예를 들면 아비멜렉은 자기 자신의 악으로 인하여 파멸될 때까지 권력에 도취된 잔인한 독재자로 묘사된다(삿 9 : 1ff.). 흔히 구약의 이야기들은 선과 악의 세력들 사이의 미묘한 교체를 보여준다. 사울은 자신의 광기에 의해 서서히 소모되는 것으로 묘사되지만 거의 죽는 날까지 스스로 자초하는 파멸을 피할 수 있는 가능성을 열어놓는 진정한 회개의 순간들을 여전히 경험한다(삼상 24 : 16ff.).

구약의 또 하나의 본질적인 특징은 인간의 실존에 대한 묘사를 다양한 사회적 관계 내에 위치시킨다는 데 있다. 구약에 나오는 사람은 언제나 집단의 일부이다. 사람은 아들이거나 형제이거나 아버지, 딸이거나 자매이거나 아내이다. 하나님에게 골탕먹고 있는 인간 존재(9 : 13ff.)로서의 자신의 개인적 통합성을 그토록 강조하는 욥조차도 자신의 시련들 앞에서 자신의 이상적인 모습을 자기 가족 안에서의 충만함과 화평의 견지에서 묘사한다(욥 29 : 1ff.). 더욱이 인간 행동의 역설적인 성격은 사람의 사람에 대한 관계에서 아주 분명하게 드러난다. 다윗은 위대한 우정을 위한 능력을 가지고 있었고(삼상 18 : 1ff.) 다른 사람들로부터 엄청난 충성을 불러일으킬 수 있었다(대상 11 : 15ff.). 그러나 그는 철저히 잔인할 수 있었으며(삼하 3 : 14f.) 자신의 정치적 야망을 위하여 미갈과 같은 다른 사람들을 이용할 수 있었다. 구약은 압살롬의 반란의 이야기들을 통해 특히 철저하게 인간 관계들의 모호성을 기록한다. 시바와 므비보셋의 항변 배후에 있는 실제의 동기들은 반쯤 진리인 것들의 어렴풋한 조명 속에서 풀리지 않은 채 남아 있다(삼하 19 : 16ff.). 마찬가지로 지혜자들의 말씀들은 일관되게 인간의 양면성을 아주 사실적으로 인정하고 있으며 참된 우정과 충성을 커다란 가치로 찬양한다(잠 17 : 17 ; 27 : 6 등).

히브리 선지자들의 가장 위대한 공헌들 중의 하나는 하나님에 대한 충성은 사람들을 향한 의로운 행동을 통해 보여져야 한다고 주장함으로써 모세 율법의 기본적인 천명을 다시 강화했다는 데 있었다. 구약에서 종교와 윤리는 동일하지는 않지만 서로 분리될 수는 없다. 선지자들은 하나님에 대한 일차적인 충성을 핑계로 이웃에 대한 책임을 모호하게 하는 그 어떠한 경건에 대해서도 준열하게 공격한다(사 58 : 1ff.). 선지자들은 인간의 죄악됨에 관한 사실주의적인 인정을 충분히 공유하고 있었기 때문에 그들은 윤리적 의도를 지닌 방식들에 대한 호소들이 아니라 사회적 관계들을 규율하는 율법적 용어를 통하여 정의에 대한 자신의 요구들을 계속해서 외쳤다(사 1 : 16f.).

구약의 여러 부분들은 합리적이고 감성적인 인간의 본성을 웅변적으로 증언한다. 성경의 이야기들 중의 다수는 자신의 실존을 논리적으로 계획하고 체계를 부여하는 개인의 불가사의한 능력을 보여준다. 요셉은 애굽의 식량 공급을 재조직하는 일에 있어서만이 아니라(창 41 : 46ff.) 자기 형제들을 시험하는 교묘한 계획을 고안해내는 일에 있어서도(42 : 6ff.) 자신의 능숙함을 보여주었다. 또한 나오미는 룻이 보아스와 결국 혼인할 수 있도록 하는 데 있어서 계산된 영리함을 보여주었다(룻 3 : 1ff.). 끝으로 지혜자는 땅의 자원들을 파내는 수단들을 고안해내는 인간의 합리적 능력에 찬탄을 금치 못한다(욥 28 : 3ff.). 그러나 인간의 이성은 구약에서 선과 악 모두의 가능성이 있는 인간의 잠재력으로서 중립적으로 보아진다. 무엇보다도 인간의 계획들, 특히 교만 속에서 탄생된 계획들을 다스리시고 억누르시는 분은 하나님이시다(사 14 : 24－27).

히브리 시편 특유의 특징은 하나님의 예배에 있어서 인간의 감정들의 아주 광범위한 가능성 있는 범위에 대한 묘사이다. 히브리인들은 침묵으로 고통하지도 않았고 스토아철학적인 체념이 이상(理想)도 아니었다. 오히려 기쁨과 슬픔 속에서 시편 기자는 감사와 불평을 통해 하나님에 대한 자신의 감정을 쏟아내었다. 인간의 본성에 대한 구약의 통전적인 이해로 인하여 육체적 고통과 정신적 고통을 분리하는 경향은 흔히 분간될 수 없었고 고통받는 시편 기자의 정력적인 불평들은 내적인 고민과 외적 고민 사이를 오가고 있다. 그러므로 이스라엘의 예배가 예배자의 총체적 존재를 포괄하였고 춤, 행렬, 요란한 음악 또는 역으로 금식, 만가(輓歌), 옷을 찢음으로 송축되었다는 것은 결코 우연이 아니었다.

사람됨에 대한 구약의 이해와 관련하여 마지막으로 한 가지 더 고찰해야 할 측면이 있다. 소망과 약속이라는 요소가 정경적 전승의 형성에 있어서 어느 정도 중요한 힘으로 작용하였느냐 하는 것은 다른 곳에서 고찰되었다(20장). 약속과 새로운 시작이라는 동일한 특징은 이야기 자료에 흔히 나타나 있다. 아브라함은 자기 아내를 장사지내기 위하여 약속받은 땅의 일부를 삼으로써 미래의 유업의 약속에 대한 자신의 믿음을 증언한다(창 23 : 1ff.). 요셉은 애굽에서 죽지만 이스라엘이 돌아갈 때 자기 뼈를 고향으로 가져가라고 명령을 한다(창 50 : 25). 예레미야는 언젠가는 파괴된 땅이 회복될 것이라는 징표로서 아나둣에 있는 땅의 도면을 산다(렘 32 : 1ff.).

더욱이 새로운 시작의 이러한 요소는 개별적인 화해, 죄사함, 치유의 이야기들 속에서 구약 전체에 걸쳐 나타난다. 정교한 요셉의 인생 순환이 획득하는 효과들 중의 하나는 요셉의 성숙에 있어서 성장을 강조하는 것이다. 그는 자기 형제들이 죄없는 어린 동생과 관련하여 변화되었는지를 시험하고서는 자신의 화해를 통하여 자신의 성품이 어느 정도 변화되었는지를 드러낸다 : "당신들은 나를 해하려 하였으나 하나님은 그것을 선으로 바꾸사"(창 50 : 20). 구약은 너무도 사실주의적이기 때문에 인간의 본성에 있어서의 급진적인 변화들을 투영하지 못한다 : "표범이 그 반점을 변할 수 있느뇨"(렘 13 : 23). 그러나 구약은 자기 백성을 향하여 선한 뜻을 품고 계신 하나님에 대한 깊은 믿음을 갖고 있기 때문에 구약은 사회의 거절당하고 버려진 사람들의 삶 속에서조차 치유와 회복과 새로운 시작을 증언한다(호 2 : 21ff.). "보라…내가 새 일을 고하노라"(사 42 : 9).

참고 문헌

K. **Baltzer**, *Die Biographie der Propheten*, Neukirchen-Vluyn 1975; K. **Barth**, *Church Dogmatics*, ET, III/2, Edinburgh 1960, 3ff.; B. S. **Childs**, 'Psalm Titles and Midrashic Exegesis', *JSS* 16, 1971, 137–50; P. **Cox**, *Biography in Late Antiquity. A Quest for the Holy Man*, Berkeley 1983; F. **Delitzsch**, *A System of Biblical Psychology*, ET Edinburgh 1867; W. **Eichrodt**, *Man in the*

OT, SBT I. 4, 1951; J. **Goody**, *The Domestication of the Savage Mind*, Cambridge 1977; A. R. **Johnson,** *The Vitality of the Individual in the Thought of Ancient Israel*, Cardiff 1949; L. **Köhler**, *Hebrew Man*, ET London 1956; J. L. **Mays**, "What is Man . . .?'' Reflections on Psalm 8', *From Faith to Faith, Essays in Honor of Donald G. Miller*, ed. D. Y. Hadidian, Pittsburgh 1979, 203–18; A. **Momigliano**, *The Development of Greek Biography*, ET Cambridge, Mass. 1971; M. **Noth**, *A History of Pentateuchal Traditions*, ET Englewood, NJ 1972; J. **Pedersen**, *Ancient Israel: Its Life and Institutions*, I–II, London 1926; H. W. **Robinson**, 'Hebrew Psychology', *The People and the Book*, ed. A. S. Peake, Oxford 1925, 353–82; 'The Hebrew Conception of Corporate Personality', *Werden und Wesen des Alten Testaments*, BZAW 66, 1936, 49–62; J. W. **Rogerson**, *Anthropology and the Old Testament*, Oxford 1978; H. W. **Wolff**, *Anthropology of the Old Testament*, ET London and Philadelphia 1978; W. **Zimmerli**, *The Old Testament and the World*, ET Atlanta and London 1976.

18

순종하는 삶의 모습

지금까지 구약에 대한 신학적 성찰들의 강조점은 주로 자신을 이스라엘에게 계시하시는 하나님의 크신 행위들에 두어졌었다. 하나님은 자신의 창조, 세상의 보존, 구원과 언약의 행위들, 땅과 지도력의 선물을 통하여 자신을 알리셨다. 하지만 하나님의 주도권은 이스라엘 편의 응답을 요구하셨다는 것도 구약에서 마찬가지로 중요하다. 이제 이 응답에 주의를 돌려보자.

1. 몇 가지 신학적 접근방식들에 대한 개관

구약은 이스라엘이 찬양과 기도, 비탄과 탄식, 기쁨의 노래와 절망의 부르짖음으로 응답하였다는 끊임없는 증언으로 가득차 있다. 전통적으로 이스라엘 신앙의 이러한 면의 여러 측면들을 탐구하는 것은 구약신학의 중요한 일부였었다. 예를 들면 아이히로트는 자신의 「구약신학」의 마지막 장에서 「하나님과 사람」이라는 표제 아래 이 주제를 다루었다. 언제나처럼 그의 논의의 철저함은 인상적이다. 그는 개인과 공동체 사이의 관계를 분석하는 것으로 논의를 시작하는데, 이는 어떤 의미로 19세기 후반의 논쟁의 결과들을 반영하고 있는 것이다. 구약 윤리학의 주요한 문제는 개인은 예레미야와 에스겔 시대까지 집단과 동떨어져서는 어떠한 통합성도 없었던 일종의 집단주의를 깨뜨리려는 이스라엘의 노력이라고 생각되었다. 아이히로트는 구약 전체를 통하여 신학적으로 개인을 다루는 정당성을 옹호하기 위하여 이와 같은 보다 오래된 묘사를 상당한 정도로 수정하기 위하여 포괄적인 비판을 제공한다. 그는 공동체와 개인 사이의 이러한 양극성이 이전의 저작들에서 올바르게 서술되지 않았다고 결론을 짓는다. 민족의 정치 구조의 파괴에 이후에 개인의 위치에 대한 이스라엘의 이해에 있어서 발전이 있었지만 개인 자체의 일정한 통합성은 처음부터 언제나 이스라엘 내에 존재하였다.

이와 동일한 문제는 페더센(J. Pedersen)의 저서인 「이스라엘」의 출현과 함께 어느 정도 다른 형태로 1930년대에 재현되었다. 페더센은 이 관계가 역사적 발전의 관계가 아니라 하나와 다수를 융합한 일종의 특유한 원시적 사고방식이라고 주장하였다. 아이히로트는 페더센을 자신의 각주에서 이따금 언급했지만 그와 심각한 논쟁을 벌이지는 않았다. 이러한 형태의 논의는 「집단적 개성」이라는 표제 아래 휠러 로빈슨(H. Wheeler Robinson)에 의해 이어졌고 「하나와 다수」(1942)를 통해 존슨(A. R. Johnson)에 의해 보다 더 심화되어 전개되었다. 이와 비슷한 접근방식은 1950년대의 성경신학의 움직임 속에서 자주 신학적으로 수행되었다. 그것은 인류의 연대에 관한 당시의 논의들과 인간 가족의 연장으로서의 생태학과 자연에 관한 논쟁들을 통해 현대 신학에 영향을 끼쳤다.

아이히로트는 계속해서 하나님에 대한 인간의 관계를 표현하는 구약 특유의 어휘를 상당히 자세하게 논의하였다 : 하나님에 대한 경외, 하나님에 대한 믿음, 하나님을 향한 사랑 등(II, 268ff.). 이러한 연구는 흔히 이스라엘이 하나님에 대한 자신의 응답을 어떻게 설명하였는가에 대한 통찰을 얻는 데 도움을 준다. 때로 우리는 사용된 정형어구들의 변화를 식별할 수 있으며 여러 개념들 내에서 몇몇 발전을 추적할 수도 있다. 예를 들면 아이히로트는 초기 단계에서는 하나님에 대한 경외라는 개념을 사용하다가 점차로 상호간의 귀속으로서의 보다 친밀한 사랑의 감정을 표현하는 것으로 옮겨갔다고 설정하고 있다(II, 290ff.).

1930년대의 아이히로트의 저작 이래로 이러한 유의 단어 연구에는 일면 문제성이 있다는 것이 점차 분명해졌다. 우리는 특히 이러한 탐구 방법을 학문적으로 확대한 키텔(Kittel)의 「신학사전」에서 특히 잘못 해석의 위험성을 본다. 가장 분명한 문제점은 단어들을 그 문맥으로부터 분리시킨다는 것이다 ; 단어들을 발전의 패턴 속에 놓음으로써 우리는 문학적 신학적 발달 사이의 손쉬운 상호관계를 발견하게 된다. 단어, 정형어구, 개념 사이에 행하여진 이러한 혼동은 제임스 바(James Barr)가 분명하게 보여주었듯이 첨예하게 드러난다

(*Semantics*, 206ff.). 특히 아이히로트의 제안과 관련하여 우리는 하나님에 대한 경외라는 개념으로부터 하나님에 대한 사랑이라는 개념으로 진실로 발전이 있었는지를 진지하게 의심할 수 있다. 시계열적(時系列的)인 관계를 갖고 있지 않은 이 용어들은 이스라엘 신앙 내에서 서로 다른 기능을 가지고 있다. 영어권에서 한때 널리 사용되었던 노만 스내이드(Norman Snaith)의 「구약의 사상들」(*The Distinctive Ideas of the Old Testament*)이라는 책은 문맥으로부터 분리된 단어들을 통한 이스라엘의 신학에로의 부적절한 접근방식으로 인하여 손상을 입고 있다.

끝으로 아이히로트는 「경건이 행위에 미치는 영향(구약의 도덕)」(II, 316ff.)이라는 표제 아래 구약 윤리에 대한 자신의 해석을 전개한다. 그는 구체적으로 이스라엘이 주변의 고대 근동으로부터 물려받은 대중적인 도덕의 표준에 비추어 도덕적 행위의 규준(規準)을 논의한다. 이와 아울러 그는 자연적 선과 종교적 선 간의 관계, 도덕적 행위 배후에 있는 동기를 다룬다. 전통적으로 구약신학 분과 안에서 그 어떤 장절(章節)도 윤리에 관한 장절만큼 부적절한 철학적 범주들을 성경 자료에 부가하였다는 비판을 받기 쉬운 것은 없었다. 아이히로트의 논술도 예외가 아니어서 그의 비판자 중 다수의 눈에는 그의 윤리체계의 범주들은 상당한 정도로 후기 칸트철학의 관점에 의존하고 있는듯이 보였다.

아이히로트에 대한 폰 라트의 비판은 또 다른 중요한 방법론적 문제에 향해 있다(I, 355f.). 아이히로트는 히브리 사람의 모습을 구성하기 위하여 사용할 수 있는 모든 문학적 역사적 비교학적 자료를 끌어모아서 구약의 인류학에 대한 자신의 신학적 이해를 전개한다. 폰 라트는 이렇게 해서 나타나는 것은 하나님과 이스라엘의 관계의 특별한 특징들이 결여된 고대 근동의 공통적인 유산의 변종 이외에 그 무엇이겠느냐고 의문을 제기한다. 이러한 비판과 관련하여 구약신학에 대한 정경적 접근방식은 아이히로트의 엄밀하게 현상학적인 접근방식을 향한 폰 라트의 '케리그마적' 유보조건들의 많은 것을 공유할 것이다. 하지만 폰 라트 자신의 적극적인 체계화가 어느 정도로 만족스러운 것인지―그는 오로지 이스라엘이 하나님 앞에서 자신을 어떻게 보았는가를 말하는 구절들만 사용하고 있다(I, 355f.)―에 대해서는 좀더 설명이 필요할 것으로 보인다.

「여호와 앞에서의 이스라엘」(I, 355f.)이라는 표제 아래에서 폰 라트는 자신의 가장 뛰어난 성찰들 가운데 몇몇을 보여준다. 내 견해로는 아이히로트가 하나로 꿰뚫는 추상물들을 구성하려는 경향을 보여준 것과는 대조적으로 폰 라트는 성경 본문에의 근접성을 보여준다. 폰 라트는 육경(六經)에 대한 자신의 연구에서와는 달리 전승을 연대별로 나누어서 취급하지 않고 다른 시각으로부터 이스라엘의 응답의 내적인 구조를 식별하려고 하였기 때문에 특히 이 장절에서 도움이 된다.

아이히로트와 폰 라트의 신학적 접근방식을 검토하는 나의 목적은 내가 적어도 이런 형태로는 탐구하지 않을 정당한 신학적 성찰의 중요한 영역들을 확인하자는 것이다. 또한 그 목적에는 구약의 주제는 역사적으로 기술되어야 하는 닫힌 체계로 구성되어 있는 것이 아니라 현대의 해석자들이 여러 다양한 신학적 해석 방식을 적용하게 할 정도로 이스라엘 신앙의 서로 다른 차원들이 제시되어 있다는 저자의 구약신학이 취하고 있는 최초의 입장을 확인하는 것도 포함되어 있다.

2. 이스라엘의 응답에 대한 정경적 지침들

이스라엘을 위한 하나님의 활동에 대한 이스라엘의 응답은 정경의 맥락에서 신학적으로 어떻게 기능하고 있는가? 이러한 문제 제기 방식은 먼저 탐구의 초점을 전통적 접근방식들로부터 멀리 옮기는 데 도움을 준다. 폰 라트조차도 그가 육경과 역사서들에서 발견하는 여호와의 행위들과 그가 주로 시편과 지혜문학에서 발견하는 이스라엘의 응답 사이에 이분법을 설정한다. 이러한 이분법의 보다 극단적인 형태는 자기는 지혜가 들어설 여지를 발견할 수 없다고 할 정도로 '객관적인' 측면을 강조하는 라이트(G. E. Wright)의 입장에 의해 대변된다(*God Who Acts*). 권위있는 정경의 형성은 모든 성경은 하나님의 행위와 이스라엘의 응답을 모두 반영하고 있으며 정경 형성 과정의 목표는 하나님이 행하셨고 그들과 함께 행하시고자 하시는 것에 대한 하나님의 백성의 지속적인 응답을 향해 있었다는 것을 시사해준다. 그렇지만 기나긴 과정을 통한 자료의 형성은 성경 자료에 서로 다른 다양한 역할을 부여하였으며 이 가운데 어떤 것은 하나님의 활동을 강조하며 또 어떤 것은 이러한 주도권에 대한 인간의 응답을 강조한다는 것을 아는 것도 중요하다.

(a) **시편.** 시편 전체에 대한 서론으로서의 시편 1편에 부여된 역할을 통하여 시편의 정경적 기능에 대한 분명한 해석학적 지침이 제시되었다. 이 원래적인 토라 시편을 편집에 의해 현재의 자리에 갖다놓음으로써 그것은 시편에 새로운 해석적 기능을 제공하였다. 서론으로서 그것은 이어지는 기도들을 이스라엘이 이제 하나님의 말씀에 응답하기 위한 매개물이라고 지칭한다. 이스라엘은 시편 기자의 응답의 목소리를 통하여 하나님의 말씀을 계속해서 듣기 때문에 이 기도들은 이제 하나님의 말씀 자체로 기능한다. 이스라엘의 기도들은 단순히 자발적인 묵상이나 제한받지 않은 열망들이 아니라 토라를 통하여 이스라엘에게 말씀하시기를 계속하는 하나님의 이전의 말씀에 대한 답변이다. 편집에 의한 시편 1편의 위치는 해석학적 이동이 일어났으며 하나님을 향한 이스라엘의 기도들은 자기 백성을 향한 하나님의 새로운 말씀과 동일시되게 되었다는 것을 증언한다. 기도들은 실제로 이스라엘의 응답이며 이러한 전승의 사용을 통한 하나님과의 끊임없는 대화 속에서 드려진다.

시편 형성의 이러한 어느 정도 형식과 관련된 측면은 기도들의 내용 자체에 의해서 밑받침되어 왔다. 또 의(sedaqah)에 대한 시편의 이해의 핵심적인 중요성을 보았던 사람은 폰 라트였는데, 그의 통찰은 침멀리에 의해 확증되었다. 폰 라트는 하나님과 사람의 근본적인 관계는 이 성경 용어를 둘러싼 혼동으로 인하여 오해되어 왔다고 지적한다. 로마법에서 유래한 서방 세계의 전통에 따르면 개인의 합당한 행위는 절대적인 윤리 규준에 따라 판단되었다. 의롭다는 것은 고정된 정의의 준칙으로부터 기인한 표준에 의해 측정되는 것이었다. 하지만 구약과 관련하여 그 누구도 절대적인 규준이 무엇이었는지를 만족스럽게 결정할 수 없었다. 잘못은 일종의 법적 추상물로서의 이상적인 표준을 가정한 데 있었다. 반면에 구약에서 의는 언약 당사자들 사이의 구체적인 관계의 견지에서 이해되었다. 의로운 사람이란 관계로 인하여 그에게 부과된 책임들을 다하는 사람이었다.

구약이 하나님의 의에 관하여 말했을 때 그것은 주로 하나님이 이스라엘과 언약 관계를 설정하게 된 토대였던 여호와의 구원 행위들에 대한 언급이었다. 여호와의 의는 고정된 규준이 아니라 구원을 수여한 행위들이었다. 이스라엘의 삶으로의 하나님의 개입은 하나님의 구원 행위들의 질(質)에 의해 규정된 하나님과 자기 백성과의 사회적 유대를 설정하였다.

또한 의(義)라는 말은 인간의 행위의 본질도 규정한다. 언약 관계에서 기인한 권리 주장들(mispatim)을 수행한 사람은 의롭다. 침멀리('Zwilling-spsalmen')는 두 개의 병행 시편들(시 111편과 112편)로부터 하나님의 활동과 인간의 활동의 상호관련성을 지적하였다. 인간의 정의가 어느 정도 하나님의 정의의 반영인가 하는 것은 그 둘을 언급하기 위하여 동일한 정형어구를 사용하는 데서 보여진다 :

> 시 111 : 2 이하 : 여호와의 행사가 크시니…
>   그 행사가 존귀하고 엄위하며
>   그 의가 영원히 있도다

> 시 112 : 1−6 : 여호와를 경외하며…복이 있도다…
>   부요와 재물이 그 집에 있음이여
>   그 의가 영원히 있으리로다.
>   그는 어질고 자비하고 의로운 자로다
>   은혜를 베풀며 꾸이는 자는 잘 되나니
>   그 일을 공의로 하리로다.
>   의인은 영원히 기념하게 되리로다

또 폰 라트는 「시편의 제의 언어에 나타난 의와 생명」이라는 자신의 중요한 논문을 통해 시편 안에서의 의(義)의 사용의 보다 심화된 함의들 중 몇몇을 추구하였다. 이 논문의 주요한 핵심은 의는 덕목의 권리 주장이 아니라 여호와 및 신앙 공동체와의 올바른 관계와 관련되어 있다는 것을 보이는 것이다. 시편에서 올바른 관계를 주장하기 위한 판에 박힌 형식은 부정문으로 된 신앙고백적 열거의 형태로 되어 있다 :

> 허망한 사람과 같이 앉지 아니하였사오니
> 간사한 자와 동행치도 아니하리이다
> 내가 행악자의 집회를 미워하오니
> 악한 자와 같이 앉지 아니하리이다(시 26 : 4−5)

이것을 '공로를 통한 의'라는 바울적 관점으로부터 읽거나 이것을 일종의 바

리새주의로 규정하는 것은 이 신앙고백을 완전히 오해하는 것이다. 오히려 이 신앙고백들은 이스라엘의 예배 내에서 이전의 권리 주장에 대한 충성의 선언이라는 역할을 하였다. 의는 애를 써서 얻는 것이 아니라 하나님으로부터 나오는 것이었고 하나님에 의해 사람에게 수여되었다. 더욱이 의의 단계들이라는 것은 없었다. 사람이 의롭다고 선언되었다면, 그는 부분적으로가 아니라 온전히 의로웠다. 시편 기자의 기도는 자기 의의 주장이 아니라 하나님에 의해 이스라엘에게 수여된 어떤 것에 대한 감사였다. 그러므로 이런 맥락에서 신원해달라는 것과 의롭다고 선포해달라는 시편 기자의 끊임없는 탄원은 이해된다(시 17 : 1ff. ; 26 : 1ff.).

다시 처음 문제로 돌아가보자. 이스라엘의 응답은 정경의 맥락에서 신학적으로 어떤 기능을 하는가? 구체적으로 시편의 견지에서 시편들은 유대를 설정하는 하나님의 이전의 은혜의 행위들에 대한 적합한 응답을 통하여 개인으로서나 공동체로서나 이스라엘을 인도하는 역할을 한다. 시편 기자는 하나님을 찬양할 수도 있고 자신의 고통을 불평할 수도 있으며 신원의 징표를 간구할 수도 있지만, 이 모든 것을 통하여 그의 응답의 저변에는 생명은 하나님으로부터 선물로 얻어진다는 고백이 놓여 있다. 시편 기자의 행위는 이상(理想)이나 고정된 윤리적 규준들을 향하여 애쓰는 것이 아니라 하나님이 이스라엘을 위하여 먼저 행하셨던 것에 대하여 신실하게 응답하려는 몸부림으로 보아진다. 생명의 소유 또는 상실은 "죽이기도 하시고 살리기도 하시는" 하나님에 대한 자신의 관계에 비추어 측정되는 까닭에 시편 기자의 응답은 너무도 강렬하고 하나님을 향하여 너무도 개인적으로 지향되어 있다. 구약 시편의 용어가 바울의 용어와는 상당히 다르지만, 하나님에 대한 인간의 관계를 엄청난 은혜의 관계로 보는 신학적 이해는 많은 공통점들을 갖고 있다.

(b) **지혜.** 응답으로서의 이스라엘의 지혜자의 증언은 정경의 맥락에서 신학적으로 어떻게 기여하는가?

최근에 지혜문학에 대한 신학적 발견은 구약 연구의 보다 흥미로운 측면들 중의 하나가 되어 왔다. 19세기 후반과 20세기 초반에 걸쳐 지혜는 구약의 아주 주변부에 있는 이스라엘의 삶의 세속적인 측면이며 후대의 페르시아와 헬라 시대에 생겨난 것으로 생각되었다. 구약신학에 대한 관심의 부활은 1920년대에 시작되어 1930년대에 쾰러(Köhler)와 아이히로트의 신학에서 최초로 정점에

도달하였지만, 지혜에는 거의 관심을 기울이지 않았었다. 신학은 이스라엘 역사에 있어서의 하나님의 크신 행위들에 토대를 두고 있다고 생각되었기 때문에 선택, 언약, 하나님의 백성, 다윗 언약의 전승들의 발전에 관심의 초점이 모아졌다.

바로 그러한 것들이 지혜문학에는 없는 요소들이었기 때문에 이 시기에 지혜에 대한 관심은 시들했다. 예를 들면 잠언은 시내산으로부터의 계시가 아니라 인간의 경험적 통찰에 관심을 갖고 있다. 잠언은 언약 공동체가 아니라 일반적인 사람들에 대한 성찰에 초점을 맞추고 있다. 점차로 현대의 비평적 연구는 지혜는 종교의 세속화와 동일시될 수 없으며 그 증언은 나름대로의 신학적 통합성을 지니고 있다는 것을 분명하게 보여주었다. 더욱이 지혜는 이스라엘 역사의 후기 시대에만 국한될 수 있는 것이 아니라 가장 초기부터 가장 후기까지에 걸쳐 있으며 정경의 다른 모든 부분들에 여러 가지 방식으로 영향을 미쳐왔다. 물론 충분히 이해되지 않은 많은 다른 문학적 역사적 문제점들이 남아있으나 이러한 것들은 현재의 과제의 범위 밖에 놓여 있는 문제들이다.

형식과 관련된 지표들이 거의 제시되지 않아왔기 때문에 구약 정경 안에서의 지혜의 신학적 기능을 평가하기는 어렵다. 잠언의 처음 아홉 장(章)은 잠언 전체를 해석하는 데 있어서 어느 정도 방향을 제시해준다. 이 서문은 잠언들을 수집한 목적을 밝히고 있다 : "이는 지혜…를 알게 하며…지혜롭게…행할 일에 대하여 훈계를 받게 하며". 개별 말씀들의 원래의 다양한 기능들과는 상관없이 수집된 잠언들의 모음집은 교훈적 역할을 한다. 아버지는 그의 아들에게 말하며, 늙은 세대는 젊은 세대를 가르치며, 경험이 많은 지혜자는 미숙한 신참내기에게 충고한다. 지배적인 형식은 명령문이다. 보다 오래된 19세기의 신학들이 잠언을 구약의 윤리학으로 해석하려 했을 때 그들은 적어도 1-9장에서 일정한 성경의 보증을 발견할 수 있었다. 그 호소는 교훈적이며 올바른 행실을 지향하고 있다. 그러나 일반적으로 지혜의 관심사는 단순히 윤리와 동일시될 수는 없고 범위에 있어서 훨씬 더 광범위하다.

최근의 학계(참조. von Rad)는 초기의 지혜와 후기의 지혜에 대한 상당히 다른 이해를 강조하였다. 잠언 10장 이하에서 지혜는 하나님에 의해 경계가 정해진 경험들 내에서 진리의 패턴들을 분간해내려고 한 인간의 합리적인 지적 활동의 과정으로 나타난다. 하지만 후기에서는 지혜는 보다 더 하나님의 선물로 보아진다. 잠언 1-9장이 10장 이하에 대한 서론으로 읽혀질 때 그 결과는

지혜에 대한 탐구는 하나님의 선물인 측면과 적극적으로 추구하여 획득하여야
하는 것 사이의 미묘한 변증법으로 등장한다는 것이다.

　잠언이 정경으로 형성된 것은 세계와 인간의 경험의 신적인 질서에 대한 보
다 충분한 이해를 해석하고 보충하고자 했던 지혜 분파들 내의 장기간의 토론
을 통해서였다. 정경화 과정은 보다 초기의 잠언들을 체계화하려고 하지 않았
고 흔히 인접한 잠언들 사이에 첨예하게 대립되는 말들을 그대로 남겨두었다
(26 : 4-5). 잠언의 신학적 의의는 절대 진리의 정형화에 있는 것이 아니라 인
간의 상황을 조명할 수 있는 적합한 맥락을 분별하는 데 있어서 잠언을 사용할
수 있는 지혜로운 자의 능력에 있었다. 이 점에서 우리는 지혜자의 역할이 이스
라엘에서 선지자나 제사장의 역할과 얼마나 다른 것이었는가를 알 수 있다.

　성경의 지혜문학의 교훈적 기능은 윤리라는 용어에 의해 통상적으로 함축된
것보다 훨씬 더 광범위하다는 지적이 거듭 거듭 있어 왔다. 지혜자가 자기 제자
들에게 지혜를 추구하라고 하였을 때 그것은 올바른 행동과 관련된 도덕적 결
단만이 아니라 총체적 경험을 포괄하려는 지적이고 실용적인 활동도 포함하였
다. 그렇지만 지혜자가 가르치려고 하였던 인간 행동의 유형은 대체로 오경에
서 순종하는 행위로 설정되고 언약 백성을 위하여 규정되어 있는 것과 중복되
었다는 것은 놀라운 일이다. 근본적으로 다른 출발점에도 불구하고 히브리 전
승의 두 단위는 선하고 신실한 삶이라는 기본적으로 공통적인 표현에서 수렴된
다.

　잠언과 율법은 모두 하나님과 그의 신적인 질서에의 헌신을 요구한다. 정경
의 두 부분은 사람들을 불러서 정의와 완전을 사랑하며 가난한 자와 곤궁한 자
를 돌보며 삶을 하나님으로부터의 소중한 선물로 받아들이라고 가르친다. 요컨
대 주요한 신학적 논지는 신학적 입장에 있어서 놀라울 정도의 다양성에도 불
구하고 정경은 이러한 성경적 증언들 사이의 심원한 통일성을 올바로 인식하였
고 올바른 응답의 길로 하나님의 백성을 가르치고 인도하기 위하여 심각한 조
정의 필요성 없이 그것들을 모두 사용하여 왔다는 것이다.

　(c) **오경.** 나는 이야기 문학, 특히 오경과 관련해서 이와 동일한 문제를 탐구
해보고자 한다. 이스라엘의 응답에 대한 이 부분의 성경적 증언은 정경의 맥락
에서 신학적으로 어떤 기능을 하는가?

　이 문제의 난점은 쉽게 회피될 수 없다 : 그것은 구약을 종교적 권위를 지닌

것으로 인정하기를 원하는 모든 사람을 혼란스럽게 만든다. 히브리 족장들의 행위가 악명높은 비도덕성으로 가득차 있는데도 어떻게 우리는 족장들의 응답을 윤리적 규준으로 사용할 수 있는가(참조. Bainton, 'The Immoralities of the Patriarchs')? 아브라함은 거짓말을 했고 개인적인 이득을 위하여 자기 아내를 팔았다. 사라는 자신의 경쟁자인 하갈을 가혹하게 대우하였다. 야곱은 사기꾼이었고 모세는 살인자였다. 그 누가 우리 세대가 이러한 문제로 고민하는 최초의 세대라고 생각하지 않도록 하기 위하여 해석의 역사를 간략하게 개관해 보는 것이 좋을 것이다.

초기 기독교 교회는 헬라 문화의 압력 아래에서 알레고리적 해석에 의존함을 통하여 윤리적 문제들을 극복하려고 하였다. 구체적으로 오리겐(Origen)의 긴 주석 속에서는 해석자로 하여금 보다 높은 수준인 영적인 해설로 옮겨가도록 하기 위하여 도덕적인 난점들이 강조되기까지 하였다. 족장들의 이야기들은 문자적으로 읽을 때 발견할 수 있는 것과는 다른 교훈을 지니고 있었다. 물론 아우구스티누스와 파우스투스의 논쟁이 분명히 보여주고 있듯이(*Contra Faustum Manichaeum*, Book 22) 이 한 문제 이외에도 다른 요인들이 교부들의 주석에 영향을 미쳤다.

고전적인 유대적 해석은 타나(Tannaite) 시대에 이미 그 윤곽이 확립되어 있었던 미드라쉬적인 기법을 발전시켰다. 기본적으로 미드라쉬적인 접근방식은 본문에서의 난점으로부터 출발해서 그 문제를 적절하게 수용할 수 있는 넓은 맥락을 전개하였다. 보통 이것은 구전에서 그 주석의 보증을 찾았던 학가다적 미드라쉬는 다른 동기를 발견하기 위하여 민담과 전설을 사용하여 새로운 이야기 배경을 섞어짬으로써 이야기의 윤리적 장애물을 제거하는 식으로 전개되었다. 예를 들면 아브라함은 사라를 배신한 것이 아니라 그녀를 상자에다 숨겨놓았다거나 모세는 애굽인 십장을 죽였는데 그 십장은 천하에 악명높은 살인자였기 때문이었다는 것 등이다(*Genesis*와 *Exodus Rabbah*).

중세 시대와 종교개혁 시대 동안에 기독교 해석자들은 이 난점들을 해결하기 위하여 다양한 변증적 수단들을 발전시켰다. 보통 루터와 칼빈은 족장들에게는 도덕법을 깨뜨릴 수 있는 특별한 섭리가 주어져 있었다고 주장하였다. 그런 후에 루터는 재빨리 이 섭리는 잠정적인 것이었고 다른 사람들에게는 적용이 되지 않는다는 것을 자신의 청중들에게 확실하게 해두었다. 아브라함이 자기 아내를 누이로 속여 저당잡힌 것과 관련하여 칼빈은 아브라함은 성경 본문이 시사해주는 것처럼 자기 아내를 보호하려는 동기만 있었던 것이 아니라 자손에 대한 하나님의 약속을 기억한 보다 높은 목표를 염두에 두고 있었다고 주장하였다.

족장들의 윤리적 행동을 변호하기 위한 활짝 만개한 변증의 전개는 종교개혁 이후에 크게 증가하였고 20세기 초반까지 보수적이고 신복음주의적인 저술들에서 계속되었다. 때로 족장들은 두 가지 악 중에서 상대적으로 옳은 보다 덜한 악을 선택하여야 했다는 결의론적(決疑論的)인 논증도 전개되었다. 또 역사적 시대가 그러했기 때문에 오늘날 악으로 보이는 것이 그 당시에는 어느 정도 용인되었다는 논증도 있었다. 경건주의적인 주석은 모든 인간이 구원을 필요로 한다는 징표로서 족장들이 자신의 연약함들을 지니고 있는 것을 허용하는 것이 보통이었다. 구약에 따르면 하나님이 그 행위들 중의 몇몇을 명령하였다는 난점은 보통 회피되어졌다. 이러한 비평 이전의 모든 시도들은 족장들을 본받아야 할 윤리적 행동의 대표자들과 도덕성의 모범들로 묘사하려는 관심을 공통적으로 가지고 있다.

구약에 대한 역사비평적 접근방식의 등장으로 인하여 새로운 일련의 신학적 대안들이 제시되었다. 때로 족장들은 아주 서서히 보다 높고 보다 윤리적인 수준의 행위로 성장해간 초기 단계의 동방의 문화를 대변하였다고 주장되었다 (Mozley). 19세기 후반의 개신교 자유주의 신학은 양심의 발달 이론을 전개하였다. 궁켈(Gunkel)은 창세기 12장에 나오는 사라의 배신에 관한 보다 오래되고 원시적인 전승과 창세기 20장에 나오는 엘로히스트(Elohist)에 의한 아브라함에 대한 보다 후기의 윤리적으로 민감한 묘사를 대비하였다.

1930년대에 바이저(A. Weiser)와 아이히로트는 족장들의 도덕성에 대한 신학적으로 더욱 정교한 접근방식을 전개하였다. 바이저는 하나님에 대한 발전하는 이해가 어떻게 보다 오래된 형태의 전통적인 도덕을 부수었는지를 보이려고 하였으며, 아이히로트는 통속적인 고대 근동의 문화를 수정하기 시작했던 하나님의 왕권의 역사를 추적하였다. 이러한 이론들의 변형(變形)들은 1960년대에 걸쳐 대부분의 구약 교본에 계속해서 나타난다. 하지만 바이저나 아이히로트는 실제로 우리가 구약을 도덕성(Sittlichkeit)의 역사로서 읽을 수 있는가 없는가에 대한 신학적 문제를 정면으로 다루지 않았다.

3. 정경의 맥락에서의 신학적 성찰들

이러한 오래된 난점들에 비추어 볼 때 현재의 과제는 구약에 대한 정경적 이해가 족장들의 응답을 둘러싼 윤리적 문제들에 어떤 빛을 비추어줄 수 있느냐를 탐구하는 것이다. 하지만 주요한 문제들이 들어있는 것으로 보이는 오경의 이야기들로 직접 들어가기 전에 먼저 구약 정경의 다른 부분들은 이 고민스러운 이야기들을 어떻게 들었는지를 알아보는 것이 바람직할 것 같다. 이런 식으로 우리는 정경이 이 주제를 어떻게 접근하였는지를 보여주는 최초의 지표를 얻을 수 있지 않겠는가?

(a) **시편.** 시편 105편과 106편은 족장 전승들에 대한 광범위한 해석을 보여준다. 처음부터 눈에 두드러지는 것은 이 시편들의 압도적으로 하나님 중심적인 관점이다. 오경에서 아주 다양하고 서로 다른 주제들을 반영하고 있는 전승들에 거의 단일한 음(音)이 부여되어졌다. 족장들에게 일어났던 모든 것은 하나님의 놀라운 기사(奇事)와 그의 구원의 권능있는 행사(行事)들이라는 표제 아래 포괄되었다 :

> 그에게 노래하며 그를 찬양하며…
> 그의 행하신 기사와 그 이적과
> 그 입의 판단을 기억할지어다(105 : 2)

아브라함, 이삭, 야곱 등 족장들은 하나님의 언약－"천대에 명하신 말씀"－의 수령자들로 언급된다. 하나님은 아브라함에게 약속을 하셨고 맹세를 통해 이삭과 야곱에게 그 약속을 되풀이하셨다. 그 약속은 자손에게 물려줄 유업으로서의 약속된 땅의 선물이었다(7절 이하).

시편 105 : 12 이하는 아브라함의 이력에 대한 해석을 통해 하나님의 권능있는 행사라는 동일한 주제를 계속 말한다 :

> 때에 저희 인수가 적어 매우 영성하며 그 땅에 객이 되어… 이 나라에서 다른 민족에게로 유리하였도다 사람이 그들을 해하기를 용납지 아니하시고 그들의 연고로 열왕을 꾸짖어 이르시기를 나의 기름 부은 자를 만지지 말며 나의 선지자를 상하지 말라 하셨도다(12－15절)

이 시편 본문과 가장 밀접하게 병행이 되는 것은 창세기 20장에서 아브라함이 아비멜렉에게 사라를 넘기는 이야기이다. 오직 이 구절에서만 아브라함은 선지자로 묘사된다. 아비멜렉은 하나님의 보호를 받고 있었던 아브라함으로 인하여 꾸중을 들었다. 창세기 이야기의 윤리적 난점들이 완전히 무시되고 있다는 것을 보면 놀라지 않을 수 없다. 이 이야기는 완전히 다른 그 무엇, 즉 하나님의 신실하심을 보일 목적으로 읽혀진다. 마찬가지로 동일한 시편에서 출애굽기 12 : 36에 보도된 것과 같은 애굽인들에 대한 이스라엘의 약탈은 단지 하나님의 호의의 또 다른 징표로서 열거될 뿐이다.

시편 106편은 여호와의 권능있는 행사들이라는 주제를 계속해서 다루지만 하나님의 권능있는 행사를 고려하지 못하는 이스라엘의 실패에 초점을 맞춘다. "주의 많은 인자를 기억지 아니하고. 저희가 미구에 그 행사를 잊어버리며"(7, 13절). 족장들의 전승들은 언약에 신실하신 하나님의 신실하심과 백성들의 어리석음, 불순종, 죄악됨을 대비시키기 위하여 설명되고 있다. 이스라엘의 눈멀음에도 불구하고 하나님은 여전히 신실하셨다 :

여호와께서 저희의 부르짖음을 들으실 때에…그 언약을 기억하시고…여호와…를 영원부터 영원까지 찬양할지어다(45-48절)

모세 전승들이 시편에서 재현될 때 하나님 중심적인 해석이라는 동일한 패턴을 따른다 :

와서 하나님의 행하신 것을 보라
인생에게 행하심이 엄위하시도다
하나님이 바다를 변하여 육지 되게 하셨으므로…(시 66 : 5-6)

시편 81편은 이스라엘은 끊임없이 하나님의 길로 걷기를 거부하였지만 하나님이 이스라엘에 세우신 율법에 관하여 말한다. 하나님이 용서하시는 하나님이시며 이스라엘의 모든 범죄로 인하여 처벌하지 않으셨다는 것은 하나님의 크심의 일부였다. 끝으로 이와 동일한 하나님 중심적인 접근방식은 다윗 전승과 관련해서도 찾아볼 수 있다. 시편 89편과 132편에서 강조점은 전적으로 하나님의 선하심과 약속에 신실하심에 놓여져 있다.

더욱이 해석의 패턴에 있어서 주목해야 할 또 다른 특징이 있다. 하나님은 이스라엘을 위한 큰 기사(奇事)의 근원이실 뿐만 아니라 정의와 윤리적 응답을 요구하시는 분이시기도 하다. 시편 76편은 하나님의 위엄있는 행위들에 관하여 말하지만 ―"병거와 말이 다 깊은 잠이 들었나이다"― 이러한 행위들은 정의를 세우고 압제받는 자들을 구원할 목적으로 행해졌다(6-9절). "저가 의로 세계를 판단하시며 공평으로 그 백성을 판단하시리로다"(98 : 9). 이때 온 땅 위에 높임을 받는 이스라엘의 하나님은 윤리적 관점에서 묘사된다 :

여호와를 사랑하는 너희여 악을 미워하라(97 : 10)

거짓 행하는 자가 내 집 안에 거하지 못하며
거짓말을 하는 자가 내 목전에 서지 못하리로다(101 : 7)

내가 완전한 길에 주의하오리니…(101 : 2)

이스라엘의 신실한 지체들은 항상 하나님에 대한 경외를 배우라는 훈계를 듣는다 :

생명을 사모하고 장수하여 복받기를 원하는 사람이 누구뇨
네 혀를 악에서 금하며
네 입술을 궤사한 말에서 금할지어다
악을 버리고 선을 행하며
화평을 찾아 따를지어다(34 : 12ff.)

하나님 중심적인 강조점이 시편 기자로 하여금 윤리적 차원을 알지 못하게 한 것은 결코 아니다. 바로 그 정반대이다. 하나님은 모든 선함과 의로움의 근원으로서 신적 본성과 합치하는 응답을 요구하신다.

요약하자면 족장들의 전승들은 하나의 구체적인 자세로부터 해석되어 왔다. 그 전승들은 신학적으로 약속에 대한 하나님의 신실하심을 보이기 위하여 사용된다. 하지만 정직, 자비, 화평을 포함하는 순종하는 응답에 대한 요구는 하나님의 이전의 행위들에 토대를 두고 있다. 족장들은 도덕성의 모델들이 아니라

긍휼을 통해 자신들의 죄악됨을 사하셨던 하나님을 증언할 목적으로 사용된다.

(b) **예언서.** 족장 전승들에 관한 귀절들은 예언서들에는 아주 적게 나오지만 압도적으로 하나님 중심적인 해석은 계속된다.

호세아 12장은 유다에 대한 하나님의 고발을 보이고 사랑과 정의를 굳게 붙잡음으로써 하나님께 돌아오라고 요구하기 위하여 야곱이 '천사'와 씨름하는 이야기(창 32장)를 사용한다. 이 선지자는 이스라엘에 의해 거부되고 잊혀진 하나님의 구원의 예시(例示)로서 출애굽 전승을 자주 사용한다(참조. 암 2 : 9ff.). 예레미야는 2장에서 이와 비슷한 방향으로 움직인다. 또한 에스겔은 하나님의 긍휼과 이스라엘의 응답의 고칠 수 없는 악을 보이기 위하여 모세 전승과 정복 전승을 사용한다(20장). 끝으로 선지자 미가는 이스라엘에게 그가 하나님을 아는 지식을 얻는 수단으로 해석하고 있는 전승을 기억하라고 요구한다

> 내가 너를…종노릇 하는 집에서 속량하였고
> 모세와 아론과 미리암을 보내어…
> 내 백성아…추억하라
> 그리하면 나 여호와의 의롭게 행한 것을 알리라(6 : 4-5)

(c) **역사서와 성문서.** 구약의 나머지 부분들에 있는 몇몇 다른 구절들은 단지 간략하게 열거만 하면 된다. 여호수아 24장은 다른 신들을 섬기는 우상숭배자였던 아브라함의 아버지 데라를 상기시키는 것으로 이스라엘을 위한 하나님의 크신 역사(役事)에 대한 설명을 시작한다. 그러나 하나님은 아브라함을 선택하셔서 그에게 약속을 주셨다. 하나님은 모세를 보내어 애굽인들에게 재앙을 내리셨다. 끝으로 하나님은 가나안인들을 몰아내셨다. 그런 다음 이러한 구속 행위들을 토대로 여호수아는 충성의 응답을 불러일으키려고 한다.

마찬가지로 느헤미야 9장은 시편 105편과 106편의 형식을 많이 닮은 긴 기도에서 족장 전승들을 사용한다 :

> 주는 하나님 여호와시라 옛적에 아브람을 택하시고…아브라함이라는 이름을 주시고 그 마음이 주 앞에서 충성됨을 보시고 더불어 언약을 세우사

(7-8절)

이 기도는 계속해서 모세 전승들과 정복을 언급한다. 이스라엘의 불순종은 마침내 포수(捕囚)를 자초하였다. 그런 다음 기자는 이렇게 결론을 내린다 :

그러나 우리의 당한 모든 일에 주는 공의로우시니 우리는 악을 행하였사
오나 주는 진실히 행하셨음이니이다(33절)

이 전승에 대한 아주 비슷한 접근방식은 다니엘서 9장에서 찾아볼 수 있다. 요컨대 족장 전승들은 물론이고 실제로 이스라엘 역사의 나머지도 일관되게 하나님 중심적인 관점에서 하나님의 크신 구원 행위들에 대한 증언으로 해석된다. 또한 응답은 끊임없이 촉구되고 있지만, 그것은 결코 윤리적 모델로서의 역할을 하지는 않는다. 도덕적 부적합성을 완화하기 위한 어떠한 변증도 제시되지 않는다.

(d) **족장 이야기들.** 이제 족장들에 관한 윤리적 문제가 처음으로 등장한 창세기의 이야기들을 살펴보기로 하자. 창세기의 구조는 오랫동안 고찰되어 왔다. 족장 이야기들은 한쪽으로는 원시 역사의 구도 안에 놓여져 있고(1-11장) 다른 한쪽으로는 민족과 시내산 언약의 확립 안에 놓여져 있다. 약속이라는 요소는 그 부분들을 함께 연결시키는 요소이다. 구체적으로 땅과 관련된 조상들에 대한 약속들은 원래 머지않아 성취될 전망을 가지고 족장들에게 향해져 있었다는 것을 보여주는 충분한 비평적 증거가 있다. 이것은 가장 초기의 전승 단계에는 여호수아에 의한 정복을 통해 땅의 약속이 이루어질 때까지 애굽에서의 종살이를 비롯한 수백년의 간격이 의도되었다는 것을 보여주는 것이 아무것도 없었다고 말하는 것이다.

하지만 창세기의 정경적 맥락 안에서 족장들에 대한 약속들은 분명히 다른 역할이 부여되었다. 이러한 새로운 해석은 몇몇 명시적인 구절들(참조. 15 : 13)과 약속들을 배열한 보다 큰 구도에 의해 실현되었다. 하나님의 다짐의 말씀들은 아브라함으로부터 여호수아에 걸치는 예언과 성취하는 종말론적인 패턴 안에 놓여졌다. 고대의 족장 이야기들에 있어서 이러한 새로운 역할의 신학적 효과는 아주 광범위하다. 족장들과 관련된 모든 개별적인 이야기들은 종말론의

구도 안에 자리를 잡게 되었다. 약속은 이 아주 변화무쌍한 역사의 모든 변화하는 상황들 한가운데에서 불변의 요소를 제공한다. 정경화 과정이 보전하였던 개별 전승들 내의 엄청난 다양성에도 불구하고 족장들에 대한 묘사는 이스라엘의 소망의 담지자(擔持者)라는 한 역할에 다시 초점이 맞추어졌고, 다른 모든 것은 배경으로 밀려났다.

더욱이 약속의 담지자라는 주제는 단지 형식과 관련된 맥락으로서만 기능한 것이 아니라 개별 이야기들 자체의 편집에도 깊이 관여되었다. 아브라함은 처음 그의 본토로부터 나오도록 부르심을 받고 땅과 자손의 약속이 주어졌다. 그가 사라를 배신한 두 가지 병행되는 이야기들(12장과 20장)은 이제 약속과 관련된 서로 아주 다른 논점들을 말하기 위하여 놀라울 정도로 다른 방식으로 기능한다. 12장에서 약속의 담지자로서의 아브라함은 바로의 위협으로부터 구출되어 이스라엘 땅으로 돌아온다. 20장에서 약속한 아들을 오게 할 유일한 수단인 사라가 노출되었고 약속은 위험에 처하게 되었다. 하지만 하나님은 자신의 신실하심에 따라 아브라함과 사라를 구원하셨다.

또 창세기 22장에서 이삭을 결박한 이야기는 약속에 대한 위협이다. 이 기사는 "네가 네 아들 네 독자라도 내게 아끼지 아니하였으니 내가 이제야 네가 하나님을 경외하는 줄을 아노라"(12절)라는 하나님의 천명으로 정점에 이른다. 아이를 희생제물로 바치는 관습을 벗어남을 통하여 윤리 의식의 발전을 나타내 보이기 위하여 이 이야기를 가나안의 유사한 예들과 대립적으로 놓으려는 모든 초기의 비평적 시도들은 창세기 내에서의 이 이야기의 핵심을 너무도 빗나간 것이었다. 이 이야기는 아들을 희생제물로 바치라는 하나님의 명령은 하나님의 약속 자체와 갈등을 일으키는듯이 보이기 때문에 약속에 대한 아브라함의 관계와 관련하여 엄청난 긴장을 만들어내는 시험을 묘사한다.

끝으로 나는 창세기 23장의 사라의 장례에 대한 폰 라트의 해석은 전적으로 정곡을 찌르고 있다고 생각한다. 아브라함의 아내인 사라는 가나안에서 죽었고 아브라함은 아직 약속을 받지 않았다. 그는 땅이 없는 거류민으로 남아 있다. 그러므로 그는 자기가 약속받은 바로 그 땅의 한 조각을 사는데, 그 과정에서 심하게 속는다. 하지만 그는 자기의 땅에 자기 아내를 장사지냄으로써 자신의 유업을 미리맛봄을 통하여 이 모든 땅이 언젠가는 자기의 소유가 될 것이라는 약속에 대한 자신의 믿음을 증언한다.

이 이야기들에는 생각해야 할 한 가지 특징이 더 있다. 그것은 이 장의 처음에서 말하였던 하나님의 의라는 주제로 돌아간다. 창세기 15장의 이야기는 그의 의(義)라는 견지에서 아브라함에 대한 강령적인(programmatic) 해석을 보여준다. 아브라함은 하나님의 약속이 성취될 것이라는 어떠한 조짐도 볼 수 없었을 때 하나님께 심하게 불평하였다 : "주 여호와여 무엇을 내게 주시려나이까 나는 무자하오니 나의 상속자는 다메섹 엘리에셀이니이다"(2절). 하나님이 대답하셨다 : "그 사람은 너의 후사가 아니라 네 몸에서 날 자가 네 후사가 되리라". "그를 이끌고 밖으로 나가 가라사대 하늘을 우러러 뭇별을 셀 수 있나 보라. 네 자손이 이와 같으리라 아브람이 여호와를 믿으니 여호와께서 이를 의로 여기시고"(5−6절).

이 이야기를 이해하기 위해서는 의(義)는 이상적이고 절대적 규준이 아니라 올바른 관계라는 것을 상기할 필요가 있다. 언약 관계에 수반하는 권리 주장들을 올바로 행하는 사람이 의로운 자다. 창세기 15장에서는 하나님에 대한 아브라함의 믿음은 아브라함을 하나님 보시기에 의로운 자로 확정했다고 선포하고 있다. 그의 의는 희생제사든지 순종의 행위든지 어떤 업적의 결과가 아니다. 오히려 하나님의 약속에 대한 믿음만이 하나님에 대한 아브라함의 올바른 관계를 확정하였다고 강령적으로 말해지고 있다. 그는 믿음을 통하여 올바른 응답을 하였던 것이다.

4. 요약

이 장의 관심을 독차지했던 문제의 신학적 함의들을 도출하기 위하여 요약이 필요하다. 하나님에 대한 이스라엘의 응답과 관련된 전승들은 구약 정경 내에서 신학적으로 어떠한 기능을 하는가?

첫째, 족장들의 비도덕성을 잘 둘러대어 모면하려는 모든 변증적인 시도들은 이스라엘의 응답에 대한 성경의 증언은 도덕적 행위의 모범이라는 견지에서 존재한다는 그릇된 전제 위에서 수행된다. 이것은 보수적인 주석과 자유주의적인 주석 모두에 계속해서 존재하는 성경에 대한 근본적인 잘못된 해석 방식으로서 진정으로 복음주의적인 구약 읽기에 중대한 위협이 되고 있다.

둘째, 구약 정경 자체는 이스라엘의 응답에 대한 신학적 이해에 있어서 해석학적 지침들을 보여준다. 시편 기자들과 선지자들은 이러한 전승의 이야기들의 증언이 하나님의 활동에 놓여 있다는 것을 발견하고 있다. 하나님은 모든 정의의 근원이시며 이스라엘로부터 자신의 거룩함과 합치하는 응답을 불러일으키려고 하신다. 시편은 족장 이야기들을 이러한 관점에서 해석함으로써 원래의 전승들을 새로운 패턴으로 체계화하는 신학적 맥락을 제공해준다.

끝으로 창세기의 이야기들에 대한 연구는 하나님 중심적인 해석은 오래전부터 이스라엘에서 시작되었다는 것을 밝혀준다. 족장들의 이야기들은 자신의 약속의 말씀에 대한 하나님의 신실하심에 관한 것이다. 모든 인간적인 업적은 하나님의 신실하심에 대한 신뢰에 의하여 측정된다. 궁극적으로 하나님은 인간의 응답을 의롭다고 여기시는 분이시다. 기독교 신학자로서 우리는 윤리학 전체를 포괄할 극히 포괄적인 신학적 표제인 하나님의 의에 대한 이해를 발전시키기 위해서는 사도 바울의 보다 심화된 신학적 성찰들을 기다려야 한다고 나는 판단한다. 하지만 구약의 증언은 이미 결정적으로 이러한 방향으로 움직였으며 기독교인들은 구약의 증언 속에서 이미 명료하게 울려퍼지는 좋은 소식을 들을 수 있다.

참고 문헌

R. **Bainton**, 'The Immoralities of the Patriarchs according to the Exegesis of the Late Middle Ages and the Reformers', *HTR* 23, 1930, 39–49; J. **Barr**, *The Semantics of Biblical Language*, Oxford 1961; W. **Eichrodt**, *Theology of the Old Testament*, ET, II, London and Philadelphia 1967, 216–48; J. **Hempel**, *Das Ethos des Alten Testaments*, BZAW 67, 1938; A. R. **Johnson**, *The One and the Many in the Israelite Conception of God*, Cardiff 1942; J. B. **Mozley**, *Ruling Ideas in the Early Ages and their Relation to the Old Testament*, London and New York 1877; J. **Muilenburg**, *The Way of Israel: Biblical Faith and Ethics*, New York 1961; H. **van Oyen**, *Ethik des Alten Testaments*, Gütersloh 1967; J. **Pedersen**, *Israel. Its Life and Culture*, ET, I–II, Copenhagen and London 1926; III–IV, 1940; G. **von Rad**, *Old Testament Theology*, ET, I, Edinburgh and Philadelphia 1962; ' "Righteousness" and "Life" in the Cultic Language of the Psalter', in *The Problem of the Hexateuch and Other Essays*, ET Edinburgh and New York 1966, 243–66; *Wisdom in Israel*, ET Nashville and London 1972; H. W. **Robinson**, *Inspiration and Revelation in the Old Testament*, Oxford 1946, 231–61; N. H. **Snaith**, *The Distinctive Ideas of the Old Testament*, London 1944; A. **Weiser**, 'Religion and Sittlichkeit des

Genesis in ihrem Verhältnis zur alttestamentlichen Religionsgeschichte'
(1928), reprinted *Glaube und Geschichte im Alten Testament*, Göttingen 1961,
50–98; G. E. **Wright**, *God Who Acts*, SBT 1.8, 1952; W. **Zimmerli**,
'Zwillingspsalmen', in *Wort, Lied und Gottesspruch, FS J. Ziegler*, Würzburg
1972, 105–13.

19

위협 아래에서의 삶

이스라엘의 삶이 처음부터 끝까지 헤아릴 수 없이 많은 위협들의 그림자 아래에서 영위되었다는 엄연한 현실을 정면으로 다루지 않았다면 구약에 대한 그 어떠한 신학적 성찰도 성경 자료를 정당하게 다루었다고 주장할 수 없다. 사실 이 위협들은 구석구석에 스며들어 있고 구약의 모든 장절들에 걸쳐 있기 때문에 이 논의를 어떻게 구성하는 것이 가장 좋은지 그것이 문제이다. 이 주제는 구약에서 분리된 항목으로 다루어지는 것이 아니라 다른 주제들과 섞여 짜여져서 정경의 다양한 부분들에 나타난 서로 다른 많은 관점들로부터 보아진다.

1. 시원적인 위협, 창세기 1–11장

창세기에 나오는 시원사(始原史)의 편성은 이스라엘의 선택과 관련된 전승들에 대하여 부차적으로 발전되었음을 보여주는 몇몇 문학적 표지(標識)들이 있다. 이스라엘의 신학적 성찰은 창조가 아니라 구원으로부터 시작되었다. 그렇지만 언약의 하나님의 본성에 대한 이스라엘의 이해는 곧 자기 백성의 구속주임과 동시에 우주의 창조주로서의 여호와의 역할에 대한 천명을 포함하였다는 것은 마찬가지로 중요하다. 더욱이 이스라엘의 신성한 전승들의 처음에 우주, 세계, 열방들이라는 우주적인 차원들을 지닌 창조를 최종적으로 위치시킨 정경적 과정은 아주 진지하게 고려되어야 한다. 마찬가지로 창조 자체의 한 요소로 시원적인 위협을 포함시켜 구약 첫머리에 놓은 것은 이스라엘의 나머지 역사를 바라보는 기준이 되는 중요한 현실 이해의 역할을 한다.

우리가 창세기의 처음 몇 절을 "태초에 하나님이 천지를 창조하시니라 땅이 혼돈하고 공허하며…하나님이 가라사대…"라는 식으로 일종의 표제(表題)로 해석하든 아니면 "하나님이 천지를 창조하실 때 땅이 혼돈하고 공허하며…하나님이 가라사대…"라는 식으로 시간의 절(節)로 해석하든 그런 것과는 상관없이 괴로운 혼돈의 현존이라는 상태는 지속적인 문제로 남는다. 하나님은 하늘과 땅을 창조하셨지만, 그와 동시에 그와 같은 수준으로 모양이 갖추어지지 않은 실체에 관한 언급이 나온다. 하나님이 처음에 세계의 질서를 세우기 이전에 2절의 혼돈을 창조하였다—이것은 말 자체가 모순이다—고 하는 등 이 문제를 피하기 위한 여러 가지 시도들은 성공하지 못했다. 또 데미우르게 (demiurge)와 같이 하나님과 별도의 또 다른 시원적 권능이 있었다고 주장하는 것은 구약 전체의 증언과 정면으로 배치되는 것이다. 하나님은 처음에 세상을 창조한 다음 사단의 축출과 아울러 혼돈이 되게 허락하였다고 하는 것은 고대의 영지주의 이단이며, 보다 최근에는 「스코필드 주석성경」에 의해 부활하였다.

이 문제의 심각성은 하나님께서 홀로 이전의 물질의 사용 없이 자신의 창조의 말씀에 대한 완전한 주권의 행사를 통하여 완전한 자유 가운데서 세상을 창조하였기 때문에 일어난다. 그렇지만 창세기 1장의 성경 기자는 또 하나의 세력, 극복되어야 했던 창조에 대한 하나의 위협을 증언한다. 칼 바르트는 「무(無)」(das Nichtige, CD III /3, 209ff.)라는 표제 아래 이 주제와 씨름을 한다. 구약에서 창조는 비존재(非存在)가 아니라 혼돈과 대비되어 놓여 있다. 예레미야는 하나님이 자신의 손을 거두시는 것이 심판이라고 말한다. 의미심장하게도 세상은 사라지는 것이 아니라 시원적인 혼돈의 상태로 돌아간다 :

내가 땅을 본즉 혼돈하고 공허하며
하늘을 우러른즉 거기 빛이 없으며
내가 산들을 본즉 다 진동하며
작은 산들도 요동하며
내가 본즉 사람이 없으며
공중의 새가 다 날아갔으며
여호와의 앞 그 맹렬한 진노 앞에…(렘 4 : 24ff.)

물론 이 문제는 처음부터 신학자들을 혼란에 빠뜨린 문제이다. 하나님은 어떻게 절대적으로 권능이 있으신 동시에 절대적으로 선하실 수 있는가? 하나님이 악을 창조하지 않았다면 악이 어떻게 세상에 들어왔겠는가? 구약은 이 문제점을 인정하고 그것을 두 가지 매개변수 안에 포괄하는 듯이 보인다. 한편으로 하나님은 홀로 자신의 위엄있는 권능과 절대적인 자유 안에서 하늘과 땅을 창조하셨다. 하나님은 홀로 자신의 선하심 가운데서 세상을 존재케 하였고 그것을 좋다고 선포하셨다. 다른 한편으로 하나님이 극복하고자 애를 쓰셨던 모양도 없고 공허하고 창조되지 않은 창조에 반하는 시원적 위협이라는 신비가 있다.

이어서 우리가 창세기 3장으로 넘어갈 때 이 문제점은 보다 더 강화된다 :

> 여호와 하나님의 지으신 들짐승 중에 뱀이 가장 간교하더라 뱀이 여자에게 물어 가로되 하나님이 참으로 너희더러 동산 모든 나무의 실과를 먹지 말라 하시더냐. 너희가 결코 죽지 아니하리라 너희가 그것을 먹는 날에는 너희 눈이 밝아 하나님과 같이 되어 선악을 알 줄을 하나님이 아심이니라 (1-4절)

뱀은 이 이야기에서 어디선지 모르게 나타난다. 뱀은 사단이 아니며 마귀도 아니고 단지 하나님이 만드신 짐승들 중의 하나이다. 예기치 않은 요소는 뱀의 대화 내용이다. 우리는 뱀의 사악한 유혹 기술을 어떻게 설명하여야 하는가? 뱀은 나무에 관하여 어떻게 알며 왜 그러한 무익한 동기들을 하나님께 전가함으로써 하나님을 미워하는 것으로 보이는가? 처음에 단순한 뱀으로 보이던 것이 복합적인 성격을 띠게 된다.

다시 한번 악의 문제가 표면화되었다. 뱀은 악의 기원에 원인을제공한 하나님의 주관하심에서 동떨어진 독자적인 권능을 갖고 있지 않다. 그러나 악은 공격적인 의도를 가진 마귀적 세력으로 돌출하지만 하나님에 의해 창조되지는 않았다. 더욱이 창세기 3장에서 이 '부정적인 실체'는 세상 안에서 분열을 실현하는 창조에 대한 단순한 위협의 영역을 남겨놓았다. 창세기 본문은 창조에서 그 존재가 부정되었지만 세상에 대하여 적극적이고도 마귀적으로 영향을 미치는 실체를 이해할 수 없다는 증언을 함으로써 긴장을 보여준다.

죄의 침투가 얼마나 파악하기 어려운 것인가 하는 것은 성경 기자에 의하여 부끄러움의 형태를 통해 묘사된다. "이에 그들의 눈이 밝아 자기들의 몸이 벗은 줄을 알고"(3 : 7). 나체와 벌거벗음은 차이가 있다. 전자는 품위없는 행동으로 인한 쑥스러움을 함축한다. 후자는 자기 노출에 대한 깊은 두려움을 나타낸다. 순진했던 시절에는 "아담과 그 아내 두 사람이 벌거벗었으나 부끄러워 아니하니라"(2 : 25). 그들은 하나님 및 세상과 걸림없는 조화를 이루고 있는 완전한 존재들이었기 때문에 부끄러워 하지 아니하였다. 자아가 온전한 곳에는 부끄러움이 없다. 그런데 갑자기 창세기 기자는 변화를 묘사하기 위하여 이 이야기에 전혀 새로운 용어를 도입한다. 아담이 말했다 : "내가 벗었으므로 두려워하여 숨었나이다"(3 : 10). 부끄러움이라는 느낌은 내면의 와해를 보여주는 외적인 표지(標識)가 된다. 폰 라트는 위대한 식견으로 이렇게 쓰고 있다 :

> 부끄러움은 우리 인류의 가장 당혹스러운 현상 중의 하나이다…그것은 언제나 내면의 통일성의 상실, 우리 실존의 토대에 있어서 타파할 수 없는 모순을 보여주는 신호로 보아져야 한다(*Genesis,* 개정판, 85).

구약이 인간의 성을 붕괴의 거울로 묘사하는 것은 결코 우연이 아니다. 성은 하나님의 선한 창조의 은혜로운 행위들의 일부로서 2장에서 도입된다. 하나님은 말씀하셨다 : "사람이 독처하는 것이 좋지 못하니"(2 : 18). 그런 다음 하나님은 하와를 대동하고 나타나고 아담이 놀라는 모습이 묘사된다(참조. *Genesis Rabbah*). 2장의 결론 부분은 남자와 여자가 연합하여 한 몸을 이루었을 때 기뻐하는 열광으로 울려퍼진다.

바로 그 직후에 세상은 폭력으로 가득차고 라멕은 자기의 서너명의 아내들 앞에서 자신의 잔악함을 자랑한다(4 : 23f.). 인간의 성이라는 하나님의 선물은 왜곡되어서 신앙과 생명에 대한 주요한 위협이 된다. 구약의 나머지는 한때 선을 위한 창조적인 추동력이었던 것이 이제는 마귀적인 파괴력을 가지고 방출될 때 성적인 남용의 이야기들로 가득차게 되었다(창 38 : 1ff. ; 삿 20 : 1ff. ; 삼하 13 : 1ff.). 동성애를 통한 인간의 성의 왜곡이 성경 본문의 이야기 배경으로 가라앉아 있을 때조차도(창 19 : 1ff.) 그것은 계속해서 그 인물들을 포위하는 검은 그림자 역할을 한다. 선지자들에 있어서 이스라엘의 신앙에 대한 근본적인 도전은 가나안 제의의 신들이 성과 풍산(豊産)의 권능을 주장하는 것과 마찬가지로 새로운 차원의 성적인 왜곡이라는 형태로 등장한다(호 2 : 2ff. ; 렘 3

: 1ff. ; 겔 23 : 1ff.).

구약학자들은 시원(始原)의 역사의 정경적 기능을 어떻게 해석할 것이냐를 놓고 어느 정도 의견이 갈라져 있다. 한편으로 폰 라트는 이 장(章)들의 목적을 하나님으로부터의 점증하는 소외의 역사를 묘사하는 것으로 해석한다. 에덴으로부터의 추방으로 시작해서 죄는 퍼지고 자라나서 결국 죄의 역사는 바벨탑에서 정점에 도달하여 창조 전체를 혼돈으로 되돌아가게 할 정도로 위협이 된다. 폰 라트의 해석에서 전환점은 아브라함의 부르심에 놓여진다. 이스라엘의 선택은 인간의 죄악됨에 대한 하나님의 심판과 긍휼의 보편적인 역사를 창세기에서 보는 관점을 제공해준다.

다른 한편으로 베스터만(Westermann)은 이 처음 장들은 역사의 수평적 평면에서 움직이는 것이 아니고 하나님과 인간이라는 수직적인 차원을 묘사한다는 점을 강조한다. 이에 따르면 이 장들은 특정한 시대나 문화에 묶여 있지 않는 위협 아래에서의 인간 실존의 보편적 현실을 다룬다. 베스터만에 있어서는 무죄(innocence)의 시원적인 시대도 없고 '타락'도 없고 오직 연약함과 한계를 지닌 실존으로서의 인간 실존의 존재론적 문제에 대한 묘사만이 있을 따름이다(*Genesis*, 89ff.).

내 판단으로는 베스터만이 시원의 역사를 단순히 이스라엘의 선택의 인과관계론으로 읽음으로써 신학적으로 창조를 구속에 종속시킨 폰 라트를 비판한 점에 있어서는 옳다고 본다. 이스라엘의 전승들의 역사적 발전에 토대를 둔 이러한 신학적 움직임은 창세기의 최종적인 정경적 해석 방식과 정면으로 배치된다. 하지만 창세기 1−11장에 대한 존재론적 해석으로 대체하려는 베스터만의 시도는 엄청나게 많은 신학적 문제들을 일으킨다. 이 장들에 나오는 위협을 사람됨을 구성하는 실존의 특질에 대한 묘사로 해석하는 것은 정경적보증이 없다. 오히려 낙원 상태의 핵심은 인간의 죄악됨이라는 존재론적 규정에 이의를 제기하는 것이다. 인류는 하나님과 동료 인간과 자기 자신으로부터의 소외를 원래부터 가지고 창조되지 않았다. 무죄의 시대의 신학적 기능은 하나님의 임재를 통해 비존재(非存在)의 위협을 극복한 태초의 하나님의 창조와의 조화를 증언하는 것이다. 또한 그것은 모든 위협들이 정복될 하나님의 새 창조의 종말론적 회복을 증언한다.

이리가 어린 양과 함께 거하며

표범이 어린 염소와 함께 누우며.
나의 거룩한 산 모든 곳에서 해됨도 없고 상함도 없을 것이니
이는 물이 바다를 덮음 같이
여호와를 아는 지식이 세상에 충만할 것임이니라(사 11 : 6ff.)

2. 언약과 저주

하나님이 이스라엘과 언약을 맺으실 때 자기 백성에 대한 영원한 신실을 서약하셨다 : "나는 너희 하나님이 되고 너희는 나의 백성이 될 것이니라"(레 26 : 12). 그 결과 이스라엘은 더 이상 하나님이 자기에게 무엇을 요구하시는지를 모르는 양 불확실성 속에서 걸을 필요가 없었다. 발작적인 폭력으로 화를 발하고 그 뜻은 수수께끼 속에 은폐되어 있었던 자의적이고 고집세고 변덕스러운 이방 신의 위협은 이스라엘로부터 단번에 제거되었다.

사람아 주께서 선한 것이 무엇임을 네게 보이셨나니
여호와께서 네게 구하시는 것이
오직 공의를 행하며 인자를 사랑하며
겸손히 네 하나님과 함께 행하는 것이 아니냐(미 6 : 8)

하지만 언약에는 또 하나의 면모가 있다. 순종하는 백성에 대한 신적인 축복의 이면에는 언약의 저주들이 놓여 있다. 모세는 모든 백성들에게 이렇게 말하였다 :

네가 네 하나님 여호와의 말씀을 순종하면
이 모든 복이 네게 임하며…
네가 만일 네 하나님 여호와의 말씀을 순종하지 아니하여…
이 모든 저주가 네게 임하고 네게 미칠 것이니
네가 성읍에서도 저주를 받으며 들에서도…
네 몸의 소생과 네 토지의 소산…저주를 받을 것이며(신 28 : 1ff.)

구약에 있는 나머지 이야기 자료의 많은 부분은 이스라엘이 언약을 위태롭게 하고 위협된 저주들을 새어나오게 한 여러 가지 죄악들에 넘어갔다는 것을 증언한다. 출애굽기와 민수기에서 이런 저런 얘기들을 전해주는 전승들은 굶주림, 목마름, 공격의 위협에 직면한 백성들의 불평, 반역, 불신앙을 묘사하는 데 많은 지면을 할애한다. 음식, 음료, 보호라는 하나님의 은혜로운 선물들은 모두 허사가 되어버린다. 시편 기자는 만나를 천사들의 빵, 신들이 먹는 음식으로 묘사한다(78 : 25). 그러나 이스라엘은 이 "쓸데없는 만나"라고 불평하고(민 11 : 6) 애굽의 오이와 수박을 갈망하였다. 결국 시내산에서의 하나님의 나타나심을 체험하고 모세와 아울러 언약을 맺은 이 세대는 광야에서 불신앙으로 멸망하였다.

여호수아로부터 열왕기에 걸친 역사서에 편집 흔적을 남겼던 신명기 사가는 민족의 멸망을 설명하는 역사 원리로서 언약의 저주라는 주제를 사용한다. 이 긴 역사 전체에 걸쳐 신명기 사가는 이스라엘이 직면하였던 서로 다른 형태의 유혹과 위험을 묘사한다 : 우상숭배, 부패, 동화, 민족주의. 그리고 그는 다가오는 재난에 대비하여 훈계하기 위하여 신명기에 나오는 보다 초기의 경고들을 흔히 채택한다. 신명기 8장은 풍부한 부요를 가지고 있는 땅의 유혹들이 위협이 될 것을 경고하였다 :

네가 먹어서 배불리고…풍부하게 될 때에 두렵건대 네 마음이 교만하여 네 하나님 여호와를 잊어버릴까 하노라 여호와는 너를 애굽 땅 종 되었던 집에서 이끌어 내시고 너를 인도하여…광야…를 지나게 하셨으니… 내가 너희에게 증거하노니 너희가 정녕히 멸망할 것이라(17-20절)

최종적으로 요약하는 단락에서 신명기 사가는 택함받은 백성의 슬픈 역사를 되돌아보고 언약의 저주를 초래한 것을 역사에 남긴다 :

이스라엘 자손이…다른 신들을 경외하며…이방 사람의 규례…를 행하였음이라…여호와께서 각 선지자와 각 선견자로 이스라엘과 유다를 경계하여 …저희가 듣지 아니하고…여호와께서 이스라엘을 심히 노하사 그 앞에서 제하시니…이스라엘이 고향에서 앗수르에게 사로잡혀 가서 오늘까지 미쳤더라(왕하 17 : 7ff.)

3. 선지자들

하나님의 위협에 대한 거의 빠짐없는 묘사를 통해 하나님의 심판이 터져나오는 모든 차원들을 경험하기 위해서는 우리는 고전적인 선지자들에게로 돌아가지 않을 수 없다.

아모스는 무시무시하게 포효하는 사자, 자기 백성에 맞선 하나님의 포효 소리로 시작한다. 그 다음에 하나님의 진노의 다른 모습들을 보여주는 엄청나고 무시무시한 심상들에 대한 불안한 묘사가 이어진다. 신실한 이스라엘이 언약으로부터 이끌어내었던 모든 소망과 위로는 가차없이 벌거벗겨져 버린다. 신실한 남은 자들에 대한 믿음에 반응하여 아모스는 냉소적으로 단지 몇 조각의 뼈만을 남긴 채 잡혀먹힌 짐승의 회색빛 잔해들을 묘사한다(2 : 12). 그는 하나님이 정하신 이스라엘의 예배를 하나님으로 하여금 구역질나게 하는 것, 하나님이 견딜 수 없는 야단법석으로 규정한다(5 : 21). "여호와의 날"이라는 미래에 대한 이스라엘의 소망마저도 단지 환상으로 묘사된다. 그 날은 "어두움이요 빛이 아니라…빛남이 없음"이다(5 : 18ff.).

하나님의 위협 아래에서의 삶에 관한 아모스의 묘사에 있어서 불안한 특질의 일부는 불확실성과 예기치 않은 것에 대한 심한 공포이다. 여호와는 예측할 수 없는 마귀로 돌변하였다 :

어떤 성읍에는 내리고 어떤 성읍에는 내리지 않게 하였더니…
내가 풍재와 깜부기 재앙으로 너희를 쳤으며…
내가 너희 중에 염병이 임하게 하기를 애굽에서 한 것처럼 하였으며(4 : 7ff.)

아모스의 공격을 교훈을 위한 것이라고 해석함으로써 아모스의 메시지를 부드럽게 하려는 주석자들의 모든 다양한 주석학적 시도들은 하나님의 심판의 성격을 전혀 파악하지 못하고 있다. 선지자는 이스라엘을 돌이키려고 하는 것이 아니라 시체 위에 만가(挽歌)를 울리고 있는 것이다(5 : 1-2). 그러한 범죄자들에게는 그 어떠한 미래도 없다 ; 심판은 확정적이다.

내 백성 이스라엘의 끝이 이르렀은즉

내가 다시는 저를 용서치 아니하리니…
시체가 많아서
사람이 잠잠히 처처에 내어버리리라(8 : 2)

보라 주 여호와 내가 범죄한 나라에 주목하여 지면에서 멸하리라(9 : 8)

호세아는 이스라엘을 치유할 수 없는 질병으로 고통받는 거절당한 백성－
"로암미"(내 백성이 아니라, 1 : 9)－으로 본다. 그 결과 땅조차도 울며 짐승과
새들과 물고기들은 제거된다(4 : 3). 마찬가지로 이사야는 이스라엘 땅과 그 백
성을 소돔과 고모라에 비유한다(1 : 10). 이상한 무감각 상태, 광기가 민족을
붙잡았다. 사회는 술취하여 비틀거리는 지도자들과 아이들로 이루어진 통치자
들로 갈갈이 찢겼다(3 : 6ff. ; 28 : 7ff.). 또 예레미야는 혼비백산케 하는 으스
스한 음성을 발한다. 공포가 대적과 함께 북방으로부터 내려오며 민족은 마비
되어 어찌할 수가 없다. 피하거나 도망할 수 없어서 이 민족은 하나님의 격노를
집행하는 무시무시한 무리들을 체념한 채 기다리고 있다(6 : 1ff.).
　또한 예레미야는 이러한 종말, 하나님의 위협의 최종적인 실행 이후의 삶을
묘사한다. 도성은 함락되었고, 몇몇 사람들은 내키지 않아 하는 선지자를 자기
들과 함께 애굽으로 데리고 피하였다. 백성들은 자신들의 공포와 미신 속에 사
로잡혀서 하늘의 여왕을 예배하기로 결심한다. 예레미야는 그들의 어리석음에
오로지 재난만을 예언할 수 있을 뿐이다 :

보라 내가 경성하여 그들에게 재앙을 내리고 복을 내리지 아니하리니 애굽
땅에 있는 유다 모든 사람이 칼과 기근에 망하여 멸절되리라(44 : 27)

에스겔에 나오는 마지막 한 구절은 커다란 무게를 지니고 있다. 20장에서 선
지자는 이스라엘의 슬픈 역사를 회고한다. 하나님이 은혜로운 구원의 행위들을
통하여 개입하셨을 때마다 이스라엘은 반역하였고 신성모독과 속이는 거래들
을 통하여 자신을 더럽혔다. 따라서 마침내 하나님은 생명을 낳으라고 주었던
자신의 율법으로 하여금 뒤틀려 죽음을 내도록 허용하였다 :

내가 그들에게 선치 못한 율례와 능히 살게 하지 못할 규례를 주었고 그들

이 장자를 다 화제로 드리는 그 예물로 내가 그들을 더럽혔음은 그들로 멸
망케 하여(20 : 26)

우리가 선지자의 메시지 전체를 고찰하려고 할 때 우리는 죄를 말하는 어휘
의 엄청난 다양성에 놀라게 된다. 여러 표준적인 용어집은 그 용어 사용의 범위
를 일탈(逸脫)로서의 죄로부터 깨끗치 못함, 범죄, 반역으로서의 죄까지 도표
를 작성하려고 하였다. 이러한 단어 연구들은 어느 정도까지는 도움이 될 수 있
지만 특히 선지자들에 의해 논의된 이 문제의 심대한 심각성을 놓칠 수 있다.
예를 들면 죄(ht')라는 단어의 어근에 대한 어원학적 연구는 단지 표적을 놓친
것을 의미한다라고 말하는 것은 이 단어가 실제로 성경에서 어떤 기능을 하는
지를 적절하게 기록하지 못한다(참조. 시 51 : 4). 범죄에 대한 큰 범위의 비유
적 표현들과 아울러 전문 어휘들의 끊임없는 교체 사용은 선지자의 말씀들의
특징이며 이 주제에 대한 다차원의 공격을 보여준다(사 1 : 4ff. ; 렘 3 : 1ff. ;
겔 20 : 1ff.). 무엇보다도 죄는 보편적인 반역의 수문(水門)을 열어서 인간의
의도를 훨씬 뛰어넘는 연쇄적인 우주적 재난들을 가져오는 하나님에 대한 고의
적인 모욕이다.

4. 다니엘과 묵시문학

히브리 정경은 다니엘서를 세번째 부분인 성문서로 분류하고 예언서 모음으
로부터 분리해 놓는다. 이와는 대조적으로 정경의 헬라어판은 다니엘서를 예언
서에 포함시킨다. 내용면에서 다니엘서는 예언서들과 연속성과 불연속성의 요
소들을 모두 공유하고 있다. 다니엘서는 흔히 구약 예언의 연장으로 기능하지
만 헬라어의 '묵시문학'이라는 용어가 새로운 영역을 연 이 메시지의 종말론적
차원을 강조하는 데 유용하다. 물론 다니엘서의 최종 편집 이전에 묵시문학의
특징적인 요소들은 예언서들에서도 이미 나타났었다. 예를 들면 요엘은 마지막
날에 열방들이 모여서 예루살렘으로 내려오는 모습을 묘사한다. 그는 수많은
무리들이 여호와의 날에 결단의 골짜기에서 심판받는 우주적 심판―해와 달이
어두워진다―을 묘사한다(3 : 11ff. ; 참조. 슥 14 : 1ff.). 마찬가지로 곡과 마
곡에 대한 예언(겔 38 : 1ff.)은 이 땅의 군대의 멸망을 훨씬 뛰어넘어 하나님

의 거룩한 이름을 훼방하려고 하는 우주적 악의 형태로 투영된다.

다니엘서는 완전히 마귀적이라고까지 할 수 있는 기괴하고 신화시적인 심상들을 통하여 이스라엘이 놓여 있는 위협의 상황을 묘사한다. 느부갓네살은 권능있고 무시무시한 외관을 가진 황금 신상을 만들어서 모든 사람으로 하여금 그 신상을 엎드려 경배하라고 명령한다. 또 왕은 신실한 자들을 태우기 위하여 일곱배나 더 뜨거운 거센 용광로를 준비하라고 명령한다. 이때 우리는 열 뿔 달린 짐승들, 적그리스도의 거대한 이빨, 신성모독, "멸망케 하는 미운 물건"(11 : 31)에 관하여 읽는다. 신실한 남은 자들이 벽에 등을 기대고 버티면서 유혹과 훼방의 세력들에 의하여 압도되고 있는 모습이다. '경고 없이', '휩쓸리다', '흩어지다', '유혹되다'—이것들이 위협의 용어들이다. 성도들은 구원을 요청하는 눈길로 지평선을 흘낏 바라보면서 이를 악물고 버티고 있다. 그 구원은 하나님으로부터 와야 한다. 왜냐하면 다른 근원이 없기 때문이다. 얼마나 오랫동안?

5. 시편 —심연(深淵)에 관하여

시편 전체에 걸쳐 고통받는 믿음의 공동체는 삶과 죽음의 세력들 사이에 서 있다. 시편의 압도적인 강렬함의 많은 부분은 죽음과 스올(Sheol)의 영역으로부터 끌려가고 있는 자신의 모습을 보는 자들의 비탄으로부터 기인한다. 죽음은 궁극적인 위협이다. 죽음과의 접촉은 개인의 총체(總體)를 포함하는 것으로 인식하는 것이 시편의 특징이다. 죽음의 영역으로 들어감으로써 우리는 완전히 죽음에 가담하게 된다(참조. C. Barth, *Errettung vom Tode*). 부분은 전체를 나타내는 것이다. 병들었다는 것은 이미 생명이 서서히 새어나가는 가운데 죽음의 실체를 맛보는 것이다. 언약으로부터 거절당하는 것도 생명을 상실하는 것이다.

위협으로서의 죽음은 권능이자 장소이다. 죽음은 생명을 집어삼키는 무시무시한 세력이며 여호와로부터 독립적이지는 않지만 우리를 생명에서 죽음으로 끌어가는 비존재(非存在)의 힘인 '복수자'이다. 때로 시편 기자는 여호와의 요청으로 행동하는 죽음의 사자를 묘사한다. 그러나 이스라엘은 하나님은 자기 피조물을 향하여 생명을 원하신다는 것을 알고 있다. 따라서 이스라엘이 뒷걸음질치는 죽음은 여전히 신비로 남아 있다.

또한 죽음은 장소, 통치의 영역이기도 하다. 그것은 많은 이름으로 불린다 : 스올, 죽은 자의 땅, 돌아올 수 없는 곳, 망각의 땅, 갈증의 사막, 함정. 장소로서의 죽음은 죽음의 정수(精髓)와 정확히 일치한다. 거기에는 생명이 없으며 단지 '유혼들'의 존재만이 있을 뿐이다. 간구의 강렬함은 이러한 침략의 위협 앞에서의 공포에서 기인한다 :

주께서 나를 깊은 웅덩이
어두운 곳 음침한 데 두셨사오며
주의 노가 나를 심히 누르시고
주의 모든 파도로 나를 괴롭게 하셨나이다…
나는 갇혀서 나갈 수 없게 되었나이다
곤란으로 인하여 내 눈이 쇠하였나이다…
주께서 사망한 자에게 기사를 보이시겠나이까
유혼이 일어나 주를 찬송하리이까(시 88 : 6-10)

6. 지혜

끝으로 위협 아래에서의 삶은 지혜문학에서는 아주 다르게 묘사된다. 욥에 나오는 삶에 대한 위협은 시편의 것과 밀접하게 관련되어 있지만(참조. Childs, *Introduction to the Old Testament,* 536) 전도서는 다른 음조를 보여준다. 폰 라트는 전도서를 "회의론"이라는 표제 아래 다루고 있다. 의심되고 있는 것은 하나님의 존재가 아니라 과연 하나님이 개인의 삶에 진지하게 개입하고자 하시는가에 대한 것이다. 폰 라트는 회의론의 위협을 설명하는 이론을 제시한다(I, 453ff.). 이스라엘은 '구원사'에 대한 이해를 상실하였고 따라서 자신의 신앙과의 연계성을 잃어버리고 표류하였다. 이 가설이 근원적인 원인을 적절하게 설명하고 있는지의 여부는 미해결로 남겨져 있다.

그렇지만 전도서에 묘사된 삶에 대한 위협과 관련된 폰 라트의 서술은 권장할만한 점을 많이 가지고 있다. 지혜자는 세상이 하나님에 의해 창조되었으며 하나님은 쉬지 않고 세상에 대하여 행위를 하신다는 것을 알고 있다. 사람의 재앙은 사람이 이 하나님의 행위에 접촉할 수 없다는 것이다. 세상은 구원을 향한 사람의 질문에 침묵으로 일관한다. 이러한 응답의 부재(不在)는 전적인 불안을 야기시킨다. 전도서 기자는 자기가 절망의 심연에 떠있는 것으로 본다. 하나님이 물러가셨기 때문만이 아니라 세상은 자기 밖에서 나름대로의 냉혹한 법칙들을 따라 운행하는 이질적인 실체가 되었기 때문에 고독은 그를 둘러싼다.

7. 위협의 한계들

위협에 한계가 있느냐 하는 문제는 이스라엘에만 관계된 것이 아니라 현대 샤회에 있어서도 갑자기 매우 실존적인 문제로 되었던 것이다. 죄악된 인류가 실제로 하나님의 창조를 파괴할 수 있는가 아니면 하나님의 안전망에 관한 성경적 확신이 주어져 있는가?

구약의 어느 곳에도 인간의 죄악됨이 인류를 파괴할 수 있다는 암시는 없다. 택함받은 백성인 이스라엘이 예루살렘은 파괴될 수 없다는 확신으로 스스로를 위로하였을 때 하나님은 선지자들을 일으켜 이 환상을 부수어버렸다. 그들의 종교의 특권들은 오로지 긍휼과 정의에 대한 언약의 요구를 폐기함으로써 자초한 임박한 심판을 강화시켜주었을 따름이다.

> 내가 땅의 모든 족속 중에 너희만 알았나니
> 그러므로 내가 (특별히) 너희 모든 죄악을 너희에게 보응하리라(암 3 : 2)

성경의 묘사 전체를 보는 것이 중요하다. 인류에 대한 위협은 단순히 무기들의 확산이나 불안정한 동맹에 있는 것이 아니다. 이사야는 이렇게 탄식한다 :

> 도움을 구하러 애굽으로 내려가는 자들은 화 있을진저
> 그들을 말을 의뢰하며 병거의 많음과 마병의 심히 강함을 의지하고
> 이스라엘의 거룩하신 자를 앙모치 아니하며
> 여호와를 구하지 아니하거니와(31 : 1)

문제는 인간 자체에 있는 것이기 때문에 정치적 경제적 해결책으로는 그 문제를 해결할 수 없다. 선지자들은 종합적인 사회적 프로그램들을 발전시키지

않았으며 청중들을 오로지 인간 역사라는 평면적 차원에만 묶어두지 않았다. 오히려 선지자들은 이스라엘의 사회적 삶의 모든 측면을 하나님의 심판 아래 두고 이러한 관점으로부터 예언적 비젼을 가지고 정치적 경제적 사회적 무질서의 구석구석을 꿰뚫어보았던 것이다. 이스라엘에 대한 진정한 위협은 앗수르나 바벨론이 아니라 그들이 버린 살아계신 하나님과의 대면이었다. 마찬가지로 성경적 관점에서 볼 때 현대 사회에 대한 위협은 핵무기 자체 있는 것이 아니라 하나님으로부터 벗어나려고 몸부림치는 병든 인류가 핵무기를 사용하려고 하는 광기에 있는 것이다. 이런 이유로 구약의 선지자들은 사회 개혁자들이 아니라 하나님의 의를 설교하는 자들로 남아 있었다.

요컨대 구약은 최종적인 파멸의 위협에 어떠한 한계도 설정하지 않는다. 세상이 살아남을 것이라는 그 어떠한 보장도 주어지지 않는다. 그러나 이스라엘의 옛 선지자들과 마찬가지로 기독교회는 계속해서 하나님의 통치는 지속될 것이며 하나님의 뜻의 신비 속에서 새 창조의 소망은 궁극적으로 인간의 교만에 의해 허사로 돌아가지 않을 것임을 고백한다.

8. 요약

위협 아래에서의 삶이라는 주제 자체를 다루는 것은 구약의 신학적 증언을 정당하게 다루는 것이다. 이 장은 이야기의 끝도 아니고 이스라엘에 대한 메시지 전체도 아니다. 분명히 우리는 약속 아래에서의 삶의 메시지도 들을 필요가 있다. 그렇지만 이 두 가지 성경의 증언들은 자동적으로 연결되지는 않는다. 위협은 자연스럽게 저절로 약속으로 흘러들어가지 않는다. 너무 빨리 위협에서 약속으로 옮겨가는 것은 하나님의 심판 아래에서의 삶의 엄청난 실체를 위태롭게 하는 것일 수 있다. 성경적 관점에서 볼 때 위협은 일시적인 국면이나 서론적인 단계가 아니라 언제나 존재하고 끊임없이 직면하는 반복되는 재난의 위험성이었다. 실제로 그 엄청나고 무시무시한 차원으로 인하여 구속, 약속, 미래의 삶이라는 특징은 이스라엘에게 엄청난 놀라움과 이해할 수 없는 경이로움으로 다가왔다 :

여호와께서 시온의 포로를 돌리실 때에

우리가 꿈꾸는 것 같았도다
그 때에 우리 입에는 웃음이 가득하고
우리 혀에는 찬양이 찼었도다(시 126 : 1ff.)

이 메시지를 기독교적 용어로 바꾸어본다면 다음과 같다 : 당신이 성 금요일의 두려움을 어느 정도라도 파악하지 못한다면 당신은 부활절의 기쁜 소식을 결코 이해할 수 없다.

참고 문헌

B. W. **Anderson**, *Out of the Depths*, Philadelphia 1974; C. **Barth,** *Die Errettung vom Tode in der individuellen Klage und Dankliedern des Alten Testamentes*, Basle 1947; K. **Barth,** *Church Dogmatics*, ET, III/3, Edinburgh 1961, 289–368; J. **Crenshaw**, *A Whirlpool of Torment*, Philadelphia 1984; G. **Fohrer**, 'Das Geschick des Menschen nach dem Tode im Alten Testament', *KuD* 14, 1968, 249–62; H. **Haag**, *Biblische Schöpfungslehre und kirchliche Erbsündenlehre*, SBS 10, 1966; S. **Kierkegaard,** *Fear and Trembling*, ET London 1939 and Princeton 1941; M. A. **Klopfenstein**, *Scham und Schande nach dem Alten Testament*, AbTANT 62, 1972; R. S. **Kluger,** *Satan in the Old Testament*, ET Evanston 1967; N. **Lohfink**, *Gewalt und Gewaltlosigkeit im Alten Testament*, Freiburg 1983; J. **Pedersen,** *Israel. Its Life and Culture*, ET, I–II, Copenhagen and London 1926, 411–96; G. **von Rad**, *Old Testament Theology*, ET, I, Edinburgh and New York 1962; *Genesis*, ET, rev. ed. London and Philadelphia 1972; C. **Westermann**, *Genesis* 1–11, BK I/1, 1974; N. P. **Williams**, *The Ideas of the Fall and of Original Sin*, London 1927.

20

약속 아래에서의 삶

1. 자료의 범위

구약신학은 전통적으로 몇몇 고전적인 문제들에 관심을 집중시킴을 통하여 미래에 대한 이스라엘의 소망에 관심을 가져 왔다. 이 주제들은 대략 네 가지 항목으로 나누어진다 :

(a) 1950년대에 시작해서 수십년 동안 구약과 관련한 '종말론'이라는 용어의 적절한 사용에 대하여 열띤 논쟁이 벌어졌다(참조. Preuss, *Eschotologie*). 일단의 학자들은 이 용어를 시간의 끝과 새로운 시대의 시작에 대한 믿음에 한정시키자는 협의의 정의를 주장하였다. 또 다른 부류는 이 용어를 보다 폭넓게 정의하여 하나님의 개입의 새로운 요소를 염두에 둔 미래에 대한 소망을 모두 포함시켰다. 첫번째 부류는 종말론이 등장한 시기를 포로기 이후 시대로, 두번째 부류는 포로기 이전 시대로 보았다.

(b) 구약 종말론의 역사적 기원을 놓고 많은 논쟁이 벌어졌다. 신화, 제의, 정치적 재난에서 생기는 심리적인 망상으로부터의 영향과 같은 다양한 외적인 요인들이 제기되었다. 이와는 대조적으로 보다 보수적인 학자들은 종말론의 뿌리를 시내산 언약을 비롯한 성경 내적인 발전의 산물로 보려고 하였다 (Bright).

(c) 이스라엘의 미래적 소망의 변천도 논의의 주요 주제가 되어 왔고 초기의 종말론 이전의 시대로부터 후기의 만개한 묵시문학에 이르기까지 발전의 서로 다른 단계들이 제시되었다.

(d) 끝으로 메시야, 남은 자, 하나님의 왕권, 내세와 같은 이스라엘의 소망의 전통적인 요소들을 포괄하는 다양한 개별적 주제들에 대한 많은 연구들이 있어 왔다.

2. 방법론적인 문제들

이스라엘의 종말론이라는 문제만큼 이견이 분분한 주제는 거의 없었다. 문제는 단순히 정의(定義)의 문제보다 훨씬 더 깊은 곳에 있는데 상반된 방법론적 접근방식들을 토대로 전개된 신학적 내용에 대한 서로 다른 평가들에 있다. 다시 한번 우리의 관심사는 일관되게 적용되어온 정경적 접근방식이 오래된 문제들과 관련된 우리의 태도를 변화시키고 신학적 성찰을 위한 새로운 일단의 문제들을 불러일으킬 수 있느냐를 결정하는 것일 것이다.

종말론이라는 용어와 관련하여 정경적 접근방식은 구약은 역사 내에서의 인간사(人間事)에 대한 하나님의 개입이나 역사의 종말에서의 개입 사이에 어떠한 뚜렷한 신학적 구별을 하지 않는다는 것을 인정한다. 현안 문제는 역사하고 있는 하나님의 뜻의 질적으로 새로운 요소들이다. 성경 자료에 대한 종교사적 정의를 강요하는 것은 성경 자료로 하여금 침묵하게 만드는 것이다. 이와 아울러 해석 과정의 일부로서 신앙 공동체에 의한 성경 본문의 지속적인 경청을 포함하는 정경의 기능은 대체로 원래의 시대적 차이의 신학적 의의를 상대화한다.

종말론의 기원이라는 문제와 관련하여 정경적 접근방식은 결정적인 요인으로서 본문 배후에 있는 성경 밖의 힘을 복원하려고 하거나 전승 내부에서의 그것의 관계가 결코 역사적 자료의 견지에서 이해될 수 없는 언약과 같은 단일한 성경 내적인 연관을 고집하는 것의 논리적 근거에 대해 비판적이다. 보다 적합한 주석학적 방법론은 소위 이 개념의 기원을 찾는 것이라기보다는 종말론과 이스라엘의 전승 사이에 신학적 관련들을 설정하는 풍부하고 다양한 방식들(참조. 암 5 : 18ff. ; 렘 31 : 31 - 34 등)을 탐구하는 것이다.

발전의 문제와 관련하여 정경적 접근방식은 전승 내에서의 발전을 기꺼이 인정하지만 전승 내부에서의 원래의 연대기적인 차서(次序)를 설정하는 데 집중하는 대신에 초기 요소와 후기 요소를 통합하는 것을 통하여 산출되는 본문간 관련성(참조. 사 1-11장)에 신학적 관심을 집중시킨다. 종말론과 묵시문학의 뚜렷한 차이를 가정하는 것도 특히 허약한 사회학적 이론들과 접목되었을 때 성경 본문을 조명해줌과 동시에 모호하게 할 수가 있다. 끝으로 여러 별개의 주제들을 다루는 것과 관련하여 구약신학의 정경적 접근방식은 비평적 분석을 통하여 자료를 쪼개거나 구약의 증언을 그 자체로 듣지 못하게 하는 신약의 관점으로부터 자료를 종합하려는 시도들을 피하려고 한다. 메시야 사상과 내세라는 주제는 특히 후자의 위험성에 상처받기 쉽다.

3. 정경 형성의 패턴들

구약의 종말론적 소망에 관련된 근본적인 논지는 이 전승은 정경화 과정 내에서 그 자료를 해석한 방식을 통하여 주요한 증언을 남겼다는 것이다. 때로 이 해석 방식은 편집자들에 의해 자료에 대하여 분명한 문학적 흔적을 남겨 놓았다. 어떤 때는 보다 큰 정경적 맥락이 원래의 성경 전승의 모습을 변경시킴이 없이 본문에 새로운 해석 가능성을 열어주기도 한다. 가장 분명한 정경적 지표들 중의 하나는 예언서들이 편집된 방식이다. 심판의 신탁들 뒤에 구원의 신탁들을 두는 패턴은 세 주요한 선지자들(이사야, 예레미야, 에스겔)만이 아니라 많은 소선지서들(호세아, 아모스, 미가, 스바냐, 학개, 스가랴)에까지 확대된다. 그 결과는 아주 다양한 예언 자료들이 결국 구원의 메시지로 기능하는 통일된 도식 안에서 체계화되어 있게 되었다(참조. Clements, *Old Testament Theology*, 144ff.).

또한 시편의 정경적 형태는 이 성경 자료에 대한 특유한 신학적 해석 방식을 증언하고 있는데, 이것의 지향점은 종말론적인 것으로 드러난다. 무엇보다도 여러 시편들은 구원의 약속이 결합된 개인적 비탄의 전통적인 형태를 보여준다(시 22, 102편 등). 그 취지는 찬송 전체를 하나님의 구속을 통한 이스라엘의 미래의 소망에 대한 증거로 해석하는 것이다. 또한 제왕 시편들(2, 45, 72, 110)은 시편에 기록되었고 적어도 포로기 이후 시기에 왕이라는 인물은 하나님의 종말론적 메시야로 이해되고 있었다는 것을 시사해준다. 마찬가지로 다윗에 대한 약속들은 곧 그의 상속자에게 확대적용되었다(시 132 : 11ff.).

끝으로 점점 더 시편의 원래적인 제의 언어가 예언적 메시지와 결합되어 들려졌을 때 '하나님을 기다림'과 같은 전통적인 관용어구들은 하나님의 최종적인 개입에 대한 갈망을 표현하는 수단이 된다(시 130 : 5f.). 마찬가지로 하나님의 출현에 관한 신의 현현(顯現)의 언어는 하나님이 종말론적 영광으로 오심이라는 추가적인 의미를 띠게 되었다(시 50, 68편 등).

또 오경의 보다 큰 구조와 개별 책들의 형성은 모두 약속이라는 미래 지향적인 관심사를 보여준다. 창세기 자료는 약속이라는 핵심어 아래에서 하나의 연속된 이야기로 편집되었다. 족장들 각각에 대한 여러 개별 약속들은 취해져서 책 전체에 걸쳐 신명기에 의해 선포된 성취를 향하여 하나로 꿰는 실로 사용되었다. 사도 바울이 아브라함에 대한 약속을 세계의 유업을 포함하는 것으로 확대했을 때(롬 4 : 13) 그는 오랫동안 전승의 정경적 해석 방식 속에 제시되었던 해석 방향을 수행하고 있었을 뿐이었다.

민수기와 신명기의 체계는 상당한 정도로 다르지만 이 두 책은 이스라엘의 미래의 약속에 대한 강렬한 소망을 공유하고 있다. 민수기는 옛 세대의 죽음(1-25장)과 새 세대의 재탄생이라는 패턴을 따라 두 개의 인구조사 목록들(1장과 26장)을 사용하여 그 자료를 해석하였다(참조. D. Olsen). 물론 민수기에 있어서 새 세대는 하나님의 약속을 실현할 약속의 땅의 가장자리에 포진한 순종하는 이스라엘인들이다. 약속에 대한 신명기의 증언은 구약에서 아주 독특한데 '실현된 종말론'의 이해와 아주 근접해 있다. 하나님의 거룩한 백성으로서의 이스라엘(7 : 6)은 이미 하나님의 축복의 실체를 경험하고 있고(30 : 14) 곧 약속의 땅을 소유할 것이다. 그러나 이스라엘은 거룩한 백성인 한에 있어서만 생명과 축복을 체험한다. 요컨대 신명기에 있어서 약속과 성취라는 두 극은 시간적 순서로 배열되어 있는 것이 아니라 이스라엘이 이미 들어간 순종과 불순종이라는 실존론적 긴장 속에 있다. 하나님의 새롭고 거룩한 백성은 이미 성취된 약속을 체험했지만, 이것은 광야 세대를 멸망시켰던 불법에 의해 상실될 수 있다(28 : 1ff.).

마지막으로 미래의 약속에 대한 이스라엘의 소망은 역사서의 편집에 반영되어 있었다. 처음으로 신명기사가의 편집의 문학적 구조(신명기-열왕기)를 밝힌 노트(Noth)는 그 목적은 단순히 이스라엘이 어떻게 땅을 잃었는가를 설명하는 것이었다고 주장하였다. 하지만 약속의 요소들이 보존되어 있었고(삼하 23 : 1-7 ; 왕하 25 : 27ff.) 이 요소들은 역대기 사가가 묘사한 이스라엘의 역사에 대한 새로운 비견과의 신학적 연속성을 이루고 있다는 것을 부인하기는 어려운듯이 보인다. 다윗 집에 대한 약속들은 무효화된 것이 아니었고 거룩한 남은 자들은 패배의 잿더미로부터 보전되어서 이스라엘에 대한 하나님의 최후의 신원을 기다리고 있었다. 긍휼에 풍성하신 하나님은 그 마지막을 심판이 아니라 은혜로 장식하였다(느 9 : 31).

4. 약속의 형태들

구약 약속의 가장 큰 특징은 약속의 형태들의 엄청난 다양성이다. 서로 다른 심상들은 고도로 체계화된 방식으로 결합되어 있지 않고 불완전한 단편으로 남아 있다. 유대인과 기독교인들이 그러한 다른 신학적 목적들을 위하여 동일한 성경 자료를 사용할 수 있다는 바로 그 사실만으로 구약 내에서의 하나로 꿰뚫는 통일된 틀이 없다는 것이 입증된다. 약속들은 이스라엘의 역사라는 맥락에 등장했고 그 구체적이고 시대에 규정된 특징들을 계속해서 지니고 있다. 따라서 약속들의 정수를 하나의 정식(定式)으로 추상해내려는 시도(참조. Baumgrtel, *Verheissung*)는 환원주의에 의해 성경 증언의 풍부함을 희생시킨다.

(a) **심판과 구원.** 이스라엘을 위한 심판과 구원이라는 주제는 모든 선지자들에 의해 공통으로 취급되고 있지만 이 신학적 증언이 행해지는 방식은 정형화의 상당한 자유를 잘 보여준다. 죄악된 이스라엘의 총체적인 멸망에 대한 아모스의 압도적인 강조는 마지막 장에 가서야 조금 누그러뜨려지고, 백성을 회복하겠다는 약속은 모든 역사적 우발사건들과는 상관없이 하나님의 뜻에 토대를 두고 있다. 또 종말론적 화해, 새 신부에 대한 호세아의 비젼(2 : 14ff.)은 궁극적으로 자기 자녀를 버릴 수 없는 하나님의 사랑에 토대를 둔다 :

> 에브라임이여 내가 어찌 너를 놓겠느냐
> 이스라엘이여 내가 어찌 너를 버리겠느냐…
> 내 마음이 내 속에서 돌아서…
> 내가 나의 맹렬한 진노를 발하지 아니하며…
> 이는 내가…하나님임이라(11 : 8-9)

이사야 1-11장은 계속해서 분명한 신학적 연계 없이 종말론적 심판과 구원이라는 주제를 나란히 놓는데, 오직 서서히 남은 자라는 새로운 실체가 새 백성의 징표와 전조로 등장하기 시작한다(임마누엘, 스알야숩, 참조. 8 : 16ff.). 그러나 선지자는 계속해서 하나님의 뜻의 행사가 기이하고 알 수 없다고 경탄한다(28 : 21 ; 29 : 13-14). 제2이사야의 메시지(40장 이하)가 예루살렘의 이사야의 메시지와 결합될 때 버림받고 눈먼 백성을 위한 하나님의 영광스러운 미래에 대한 완전한 경이로움이 엄청난 힘으로 나타난다(42 : 18). 낙원의 기쁨들을 상기시키는 새 예루살렘이 내려온다(62 : 1ff. ; 65 : 17ff.). "고난받는 종"(41 : 8ff. ; 42 : 1ff. ; 49 : 1ff. ; 50 : 4ff. ; 52 : 13ff.)의 역할은 계속해서 과거와 미래, 개인과 공동체, 실제와 이상 사이를 진동한다. 그러나 종은 자신의 순종 속의 고난을 통하여 하나님의 경륜 안에서의 심판과 구원의 신비를 극적으로 만든다.

예레미야는 자신이 심판으로 정죄했던 하나님의 백성을 새 언약의 약속으로 위로하지만, 율법을 마음에 쓰는 정확한 기제는 범죄를 용서하고 죄를 잊으시는 하나님의 새로운 개입에 맡겨진다(31 : 31-34). 또한 죽음으로부터 생명으로 옮겨지는 것에 대한 보다 급진적인 묘사들 중의 하나는 마른 뼈의 골짜기에 관한 에스겔의 이상(異像)에서 찾아볼 수 있다(37 : 1ff.). 그 약속의 일부는 이스라엘이 언젠가 여호와를 알 것이라는 것이다 :

> 내가 너희 무덤을 열고
> 너희로 거기서 나오게 하고 이스라엘 땅으로 들어가게 하리라…
> 내가 또 내 신을 너희 속에 두어 너희로 살게 하고
> 나 여호와가 이 일을 말하고 이룬 줄을 너희가 알리라(37 : 12-14)

묵시문학의 메시지에 있어서 새 시대에 대한 비젼과 예정된 도식에 따른 역사의 단절 사이의 불연속성에 대해서 많은 언급이 있어 왔다. 그러나 새로움이라는 주제는 자신의 때에 "영생을 얻는 자도 있겠고 수욕을 받아서 무궁히 부끄러움을 입을 자도 있을 것"(단 12 : 2)을 가져오는 하나님의 통치의 주권에 의문을 제기하지 않는 방식으로 보다 더 급진화되었다. 하나님의 축복은 이해하고 기다리는 자들에게 임한다(12 : 10-12). 묵시문학을 용기의 상실로 규정하는 현대의 해석자들은 약속의 성격을 파악하는 데 실패한 것이다.

(b) **메시야 왕국과 그 메시야.** 이스라엘의 종말론적 구속자라는 신약의 전문적인 의미로서의 '메시아'라는 용어는 구약 자체에는 나타나지 않고 오직 구약 이후 시대에 나타난다고 오랫동안 인식되어 왔다(참조. Mowinckel, *He That Cometh,* 4). 실제로 구약신학의 중요한 과제들 중의 하나는 구약 증언의 개략을 신약의 증언과 섞지 않고 자세하게 서술하는 것이다. 구약에 나타나는 것은 그 통치가 하나님 나라에 비유되는 다윗 계열로부터 난 의로운 왕, 기름부음받은 자에 대한 약속이다.

> 그 이름은 기묘자라 모사라 전능하신 하나님이라
> 영존하시는 아버지라 평강의 왕이라 할 것임이라
> 그 정사와 평강의 더함이 무궁하며
> 또 다윗의 위에 앉아서
> 그 나라를 굳게 세우고
> 지금 이후 영원토록 공평과 정의로 그것을 보존하실 것이다(사 9 : 6f.)

도래하는 통치자에 대한 묘사는 선지자마다 아주 다르지만 일관되게 이스라엘의 삶에 있어서의 우연적인 역사적 사건들과 결합되어 있다. 그는 미가의 예언에서는 앗수르와 맞선다(미 5 : 2ff.). 그는 예레미야에 의해 "의로운 가지"로서 시드기야와 대비된다(23 : 5ff.). 그는 스가랴에서는 "공의로우며 구원을 베풀며 겸손하여서 나귀를" 탄다(9 : 9ff.). 때로 메시야 왕국은 하나님과 무관하고 왕에 대한 언급도 없는 상태로 묘사되며(호 14 : 4ff. ; 사 65 : 17), 한 곳에서는 그 직임은 대제사장을 겸하는 것으로 나타난다(슥 6 : 9ff.).

구약 증언들의 다양하고 단편적인 성격에도 불구하고 몇몇 중요한 신학적 논점들이 나타난다. 이스라엘의 정치적 운(運)이 기울면서 메시야 소망이 사라졌다거나 줄어들었다는 것을 보여주는 지표는 없다. 오히려 그 반대의 움직임이 사실인 것 같다. 점점 더 다윗 계열의 의로운 왕은 인간의 특질들을 뛰어넘는 역할들을 지니게 된다(사 9 : 6). 더욱이 선지자들의 메시야 소망은 정경의 다른 부분들에 영향을 미쳤던 것으로 보이며 제왕 시편들이 종말론적 소망으로 변화되는 중요한 수단을 제공하였다.

그렇지만 메시야에 대한 단일한 묘사가 구약에 나타나는 것이 아니며 그것이 이스라엘 신앙의 단일한 주도적인 특징이 되지도 않았다는 점이 강조되어야 한다. 그러한 특질은 옛 언약 내의 별개의 모든 부분들이 갑자기 하나님의 약속 안에서 새롭고 통일된 의미를 띠게 되었을 때의 기독교적 신앙고백에 속한다.

(c) **땅.** 약속이라는 표제 아래 땅의 소유와 같은 구체적인 것을 포함하는 것이 처음에는 이상하게 보일지 모른다. 하지만 이러한 조치는 구약 자신의 해석 방식에 의해 정당화되는 듯이 보인다. 다시 한번 이 주제의 중요한 신학적 차원들의 몇몇을 처음으로 열어놓은 것은 폰 라트의 강령적인 논문('Promised Land and Yahweh's Land')이었다. 그는 이 개념의 뿌리를 이루고 있는 두 가지 흐름의 전승을 대비시켰다. 하나는 이 주제를 약속과 성취의 견지에서 발전시킨 오경의 역사 전승이었다. 다른 하나는 땅을 그 거주자들로부터 순수하게 지키려는 목표를 가지고 여호와께서 자기 소유된 백성에게 준 선물의 견지에서 땅을 묘사한 제의 전승이었다. 보다 최근에는 심화된 연구를 통하여 폰 라트가 생각한 것보다 더 복합적인 전승사를 발견하였지만, 그 연구들은 신학적으로 새로운 토대를 많이 깨지는 못했다(예를 들면, Diepold).

구체적인 땅의 소유가 구약 전체에 걸쳐 근본적으로 중요한 것으로 남아 있었다는 것은 신학적으로 핵심적인 의의를 갖는다. 그것은 영적으로 해석되지 않았다. 오히려 약속, 정복, 확장, 포수(捕囚), 회복을 통한 이스라엘의 땅과의 만남의 역사는 그 신학적 의의를 이해하려는 끊임없는 씨름의 중심을 이루었다. 오경에서 땅을 이해하는 지배적인 방식은 약속과 성취라는 표제아래에서였다. 자손의 약속과 함께 족장들에 대한 하나님의 땅의 약속은 기나긴 애굽의 포로 시절에까지 이어졌고 마침내 여호수아의 정복을 통하여 성취되었다(수 11 : 23).

폰 라트는 약속과 성취의 긴장 관계는 역사상의 땅의 소유로 해소되지 않았고 계속해서 보다 새로운 형태의 신앙으로 가는 길을 열어놓았다는 것을 훌륭하게 보여주었다. 이스라엘은 땅을 소유할 수는 있었지만 유업(nahalah)을 소유하지는 못했다. 땅은 선물로서보다는 함정과 덫으로 작용할 수 있었다(신 8 : 7ff.). 신명기 기자는 땅의 약속을 조건문의 형태로 표현하였다. 이스라엘은 땅에 들어가기 위하여 계명들을 지켜야 하였다. 더욱이 이와 아울러 땅을 하나님으로부터의 놀라운 선물로 바라보는 제사장 전승은 땅의 정(淨)함을 보존하기 위하여 율법에 대한 순종을 호소하였다.

예언서 전체는 땅의 신학적 문제와 끊임없이 씨름하였다. 예레미야는 북방으로부터 대적의 도래와 아울러 임박한 땅의 상실에 매우 민감하다(5 : 15ff.). 그는 땅으로부터 내쫓기고 약속이 무효화되는 철저한 부끄러움을 묘사한다(9 : 19). 땅 자체도 백성들의 악함 앞에서 애곡하며 모든 새들은 날아가버린다(12 : 4 ; 4 : 25). 물론 예레미야는 하나님이 땅에 결박되어 있지는 않지만(29장) 땅이 없이는 이스라엘을 위한 미래의 소망은 없다는 것을 잘 알고 있다(렘 32 : 36ff.). 그런 다음 선지자 자신이 약속된 땅 밖으로 옮겨져서 유형 상태에서 죽음으로써 이스라엘의 굴욕에 전적으로 참여한다.

신명기 사가의 주요한 주제는 민족의 불순종을 땅의 상실의 원인으로 묘사하는 것이다. 이스라엘은 땅이 하나님의 은혜로운 선물이라는 것을 이해하지 못했고 가나안의 풍산 제의들과 아울러 우상숭배를 행하였다. 열왕기하 24 : 20은 이 책의 슬픈 결론을 이렇게 요약한다 : 여호와께서 예루살렘과 유다를 진노하심이 저희를 그 앞에서 쫓아내실 때까지 이르렀더라

특히 예언서에는 땅의 소유가 포수로부터 돌아오는 것의 신학적 정당성을 설정하는 데 계속해서 중심적인 역할을 하였다는 것을 보여주는 많은 표지(標識)들이 있다. 예레미야는 포수(捕囚)를 "좋은 무화과"로, 그 땅에 남은 자들을 "악한 무화과"로 규정하였다(24 : 1ff.). 하지만 유다에 있는 사람들은 이 심판을 거꾸로 해석하여 땅을 하나님으로부터의 선물이라고 주장하였다(겔 11 : 15f.).

끝으로 약속된 축복으로서의 땅이라는 주제는 계속해서 새로운 형태들을 띠었다. 예언적 소망의 본질적인 부분은 땅이 낙원 상태로까지 회복될 것이라는 것이었다(암 7 : 13). 에스겔은 여호와가 불순종하는 백성들을 다시 이스라엘 땅('adamat)으로 인도하는 모습을 묘사한다(20 : 42). 하나님의 거룩한 임재는 땅을 통하여 구체적인 표현이 주어졌고 "영광"의 귀환은 종말론적 역전(逆轉)의 시작이었다(겔 43 : 4ff.). 또 하나 특징적인 것은 선지자들이 새 시대에 대한 그들의 소망을 땅을 통한 새롭고 회복된 공간과 결합하였다는 것이다. 마지막으로 땅의 역할은 후대의 오경의 편집 단계들에서도 중요한 역할을 하였다.

샌더스(J. A. Sanders)는 포로기 이후 시기에서의 오경의 최종적인 편집에 따르면 이스라엘은 여전히 땅의 소유를 기다리며 토라 아래에서 사는 하나님의 백성으로 정의되었다는 중요한 고찰을 하였다(*Torah and Canon*, 48–53). 바벨론에 포로로 끌려간 땅 없는 공동체에게 땅의 보유는 유대 신앙의 구성물이

아니라 아직 실현되지 않은 약속이었다.

요약하자면 실제적인 의미에 있어서 땅에 대한 구약의 이해의 신학적 문제는 땅에 대한 약속을 영적으로 해석하기를 거부하면서도 땅은 그 공간적인 경계 안에서 살아가는 사람들에 의해서도 상실될 수 있었던 하나님의 축복에 대한 암호 역할을 하는 변증법적 긴장 관계에 있다.

(d) **영생.** 랍비 유대교와 신약이 죽은 자로부터의 부활과 영원한 삶을 그토록 강조하는 데 반해 이러한 주제들은 구약 자체에서는 미미한 역할밖에 하지 못하는 것처럼 보임으로써 이것은 구약 해석자들을 오랫동안 당혹스럽게 해왔다.

창세기의 이야기들에서 족장의 죽음은 "자기 열조에게로 돌아가는"(25 : 8) 것으로 묘사된다. 개인을 위한 내세라는 이해는 없는 듯 하지만 강조점은 전적으로 사람들의 삶의 연속성에 두어진다. 고난받는 시편 기자를 엄습하는 위협은 죽음으로 인하여 그가 하나님의 예배로부터 끊어지는 것이다(88 : 10ff.). 선지자들은 새로운 백성의 재탄생에 전적으로 관심을 집중시키며, 아주 드물게만 개인의 내세에 대한 베일에 가린 암시가 있을 뿐이다(사 26 : 19 ; 56 : 5). 욥기는 내세라는 문제와는 단지 간접적으로만 관련이 있지만, 욥의 관심은 결국 자기를 의롭다고 신원하실 하나님과의 영속적인 관계에 있다(10 : 18ff. ; 19 : 25ff.).

그러나 또한 구약이 후대의 유대인과 기독교인들이 내세에 대한 이해를 발전시키게 된 토대를 제공해 주었다는 것도 분명하다. 구약은 죽음과 멸망의 세력들을 주관하시는 하나님의 권능을 증언하였다. 시편 기자는 자신의 고통 중에서 궁극적으로 아무것도 자기를 하나님의 임재로부터 떼어놓을 수 없다는 것으로부터 위로를 받았다 :

내 육체와 마음은 쇠잔하나
하나님은 내 마음의 반석이시요
영원한 분깃이시라(73 : 26)

하나님의 창조력과 구속의 긍휼에 대한 이해로 인하여 시편 기자는 점점 더 자기는 언제나 하나님의 깨어 보살피심 속에 있을 것이라는 확신에서 위로를 발견한다.

> 내가 하늘에 올라갈지라도 거기 계시며
> 음부에 내 자리를 펼지라도 거기 계시니이다…
> 내가 주께 감사하옴은 나를 지으심이 신묘막측하심이라…
> 내가 깰 때에도 오히려 주와 함께 있나이다(139 : 8ff.)

이러한 하나님에 대한 이해 때문에 성경 본문의 원래의 역사적인 의미를 뛰어넘어 구약을 통해 들려온 하나님과 함께 하는 영생의 약속 앞에서 그것은 먼 걸음이 아니었다. 장례식에 미래에 대한 소망의 선포를 울려퍼지게 한 시편 130편에서 기독교인들이 영생의 약속을 발견한 것은 우연이 아니라 하나님에 대한 믿음과 관련한 특유한 해석 방식이다 :

> 여호와여 내가 깊은 데서 주께 부르짖었나이다.
> 주께서 죄악을 감찰하실진대
> 주여 누가 서리이까
> 그러나 사유하심이 주께 있음은…
> 나 곧 내 영혼이 여호와를 기다리며
> 내가 그 말씀을 바라는도다
> 파수꾼이 아침을 기다림보다
> 내 영혼이 주를 더 기다리나니…
> 이스라엘아 여호와를 바랄지어다
> 여호와께는 인자하심과 풍성한 구속이 있음이라…

참고 문헌

F. **Baumgärtel,** *Verheissung*, Gütersloh 1952; J. **Becker**, *Israel deutet seine Psalmen*, SBS 18, 1966, ²1967; *Messianic Expectations in the Old Testament*, ET Philadelphia and Edinburgh 1980; J. **Bright**, *Covenant and Promise*, London and Philadelphia 1977; W. **Brueggemann**, *The Land*, Philadelphia 1977; R. E. **Clements**, *Old Testament Theology*, London 1978, 131–54; J. J. **Collins**,

The Apocalyptic Vision of the Book of Daniel, HTS 16, 1977; A. B. **Davidson**, *The Theology of the Old Testament*, Edinburgh and New York 1904, 356–532; P. **Diepold**, *Israels Land*, BWANT 95, 1972; W. **Eichrodt**, *Theology of the Old Testament*, ET, I, London and Philadelphia, 1961, 472–511; H. **Gese**, 'The Messiah', *Essays on Biblical Theology*, ET Minneapolis 1981, 141–66; P. D. **Hanson**, *The Dawn of Apocalyptic*, Philadelphia 1975; S. **Hermann**, *Die prophetischen Heilserwartungen im Alten Testament*, BWANT 85, 1965, 472–511; W. C. **Kaiser**, *Toward an Old Testament Theology*, Grand Rapids 1978, 71–261; J. **Lindblom**, 'Gibt es eine Eschatologie bei den alttestamentlichen Propheten?', *StTH* 6, 1952, 74–114; reprinted in Preuss, *Eschatologie*, 31–72; M. **Noth**, *Überlieferungsgeschichtliche Studien*, I, Halle 1943, partial ET, *The Deuteronomistic History*, Sheffield 1981 (cf. pp. 1–110); D. T. **Olsen**, *The Death of the Old and the Birth of the New: The Literary and Theological Framework of the Book of Numbers*, Diss. Yale University 1984; H. D. **Preuss**, *Eschatologie im Alten Testament*, WdF 480, 1978; G. **von Rad**, 'The Promised Land and Yahweh's Land in the Hexateuch' (1943), in *The Problem of the Hexateuch and other Essays*, ET Edinburgh and New York 1966, 79–93; J. A. **Sanders**, *Torah and Canon*, Philadelphia 1972; T. C. **Vriezen**, 'Prophetie und Eschatologie', *SVT* I, 1953, 199–229; W. **Zimmerli**, *Man and His Hope in the Old Testament*, ET, SBT II. 2, 1968; 'Land and Possessions', in *The Old Testament and the World*, ET Atlanta and London 1976, 67–79.

구약신학

초판 발행 1992년 11월 25일
중쇄 발행 2014년 2월 25일

발행처 **크리스챤다이제스트**
발행인 박명곤
주소 경기도 고양시 일산동구 정발산동 1193-2
전화 031-911-9864, 070-7538-9864
팩스 031-911-9824
등록 제 396-1999-000038호
판권 ⓒ 크리스챤다이제스트 1992
총판 (주) 기독교출판유통
　　　전화 031-906-9191~4
　　　팩스 0505-365-9191